서울교육대학교 초등국어교육연구소 교육총서 2

초등학교 독서 교육

서울교육대학교 초등국어교육연구소 교육총서 2

초등학교 독서 교육

방인태 김선민 전인숙 장애자 배창빈 신동구 김명수
이향근 김기선 한선혜 이정숙 양승만 이병승

도서출판 역락

▌序 文

　　독서는 인간의 삶에서 무척 중요하고 매우 필요한 일이라는 것은 누구라도 공감한다. 그리고 독서를 초등학교 학생부터 교육해야 한다는 것도 쉽게 동의한다. 이와 관련하여 독서에 관한 여러 학술적 논의와 함께 독서 교육에 관한 서적도 주위에서 어렵지 않게 접할 수 있다. 이러한 현실에서 우리가 이 책을 펴내고자 하는 것은 그 책들이 초등교사의 입장에서 보면, 독서 교육을 하기 위한 참고서나 지침으로 삼기에 적합하지 않기 때문이다. 또 좋은 독서 교육 안내서를 만나기는 생각처럼 그리 용이한 일도 아니다. 우리가 이 책을 집필하는 동기는 바로 이러한 저간의 사정에서 연유한다.

　　21세기 사회가 지식 정보화의 시대이므로 독서의 중요성과 효용은 날로 증대하고 그 가치에 대한 인식은 보다 많은 사람들이 공감하고 있다. 그렇지만 개인의 독서 능력을 키우는 교육에 관해서는 막연하게 생각하거나, 실제로 구체적인 방법에 관해서 진지하게 논의하지 않고 현장 교육의 실천적 경험 축적도 빈약하기만 하다. 독서에 관한 포괄적인 일반론은 실제로 독서 교육 현장에서 학생들을 직접 담당해야 하는 교사들에게는 우물에서 숭늉 찾는 것처럼 비현실적인 답답함을 느낄 뿐이다. 독서에 관한 일반적인 중요성과 필요성에 관한 논의는 이미 여러 책에서 쉽게 접할 수 있어서, 그것을 별달리 다룰 필요를 못 느꼈기 때문에 이 책에서는 다루지 않았다. 이 책은 초등학교에 재직하는 교사들이 담임한 학생들을 대상으로 각자의 교실에서 독서 교육을 실천한 방법들을 소개하는 것이 주류이다.

　　독서 교육에 관한 기존의 책들은 크게 둘로 나눌 수 있다. 하나는 주로 학술적인 논의로서 소위 선진국의 독서와 독서 교육의 이론과 방법을 번역 소개하거나, 번안하여 우리 실정에 대입하려는 시도의 책들이다. 그러한 책들은 대체적으로 우리의 독서 환경과 교육 여건에 적합하지 않아서 적용하기 어렵거나 적절하지 않은 이론적 논의가 중심이 되는 책들이다. 다음으로는 학교 현장에서 주로 독서 교육을 실천한 교사들이 자신이 가르친 학생들의 경험적 독서 교육 사례를 수집하고 정리하여 소개하는 책들이다.

그런데 소위 선진국의 독서 교육 방법을 소개하는 책들은 그 나름의 이론적 정합성을 갖추고 있으나, 우리의 독서 교육 현실과 다소 동떨어진 현실 여건으로 학교에서 실천하는 데 여러 문제가 있고 그 실질적 효과는 미지수인 경우가 적지 않다. 그리고 어느 한두 명이 각자 지도한 경험의 축적은 개별적인 특수성으로 일반 교사들이 두루 적용할 수 있는 보편성과 그 실제 지도의 효율성 면에서 그 나름의 문제를 소지하고 있는 경우가 있다. 이와 같은 문제점에서 이 책도 완전히 자유로울 수는 없다. 그러나 가능한 이와 같은 문제를 해소하려고 우리는 노력하였다. 가능한 논리적 근거를 갖추어 그 바탕에 두고 현실적 독서 교육 방법을 소개하였고, 그 효과 면에서 검증된 타당한 방법을 제시하였으며, 그 방법을 실제로 적용하고 학생을 지도한 뒤에 효율성을 점검하여 실천적인 방법을 안내하였다.

집필자 모두 초등학교 현장의 독서 교육에 관심을 두고 연구하였고, 열성적으로 독서 교육을 실천한 사람들이다. 그리고 이 책에 소개한 방법으로 먼저 임상적으로 지도하여 그 효과를 입증하고 효율성을 확인한 것들이다. 그러나 우리가 제시한 방법이 초등학교 독서 교육의 유일하고 완전한 방법이라고 주장하거나 강조할 생각은 없다. 왜냐하면 독서 교육의 방법은 세상에 존재하는 책만큼이나 수없이 많을 뿐 아니라, 엄밀히 말하여 각 책마다 고유한 독법(讀法)과 교육 방법이 별도로 존재한다고 하여도 과언이 아닐 것이기 때문이다. 그만큼 좋은 독서 교육 방법이 아주 많고 전래적인 것부터 새로운 방법까지 여러 종류가 있다. 그 방법들은 분명히 많은 장점도 갖고 있다. 그러므로 우리가 연구하고 실천한 방법을 소개하여 이 의견에 동의하고, 실제적인 방법을 필요로 하는 분들에게 도움을 주고자 하는 것이다. 즉 우리의 독서 교육 방식이라 할 수 있다.

그러므로 우리들의 논리와 방법과 다른 독서 교육도 있고, 또 새롭게 개발하고 적용할 수도 있을 것이다. 달리 말하여 우리의 논리와 방법에서 부족한 점은 우리가 다시 추후에 보완하거나 첨가할 수도 있거니와, 다른 분들도 우리의 문제를 지적하고 수정 보완할 수 있겠다. 이 점은 독서 교육에 종사하는 여러분들의 분발과 관심과 지원을 기대하는 바이다. 따라서 이 책은 독서 교육의 학술적인 주장을 펼치는 것이 지향하는 목적이 아니다. 초등학교 현장에서 묵묵히 독서 교육에 헌신하는 교사들을 위하여 우리의 방법을 제시하고 참고하도록 안내하는 것이다. 그러므로 우리의 글들은 가능한 학술 용어의 사용을 줄이고 평이한 용어와 문장을 쓰려고 하였으며, 동원한 논리의 근거는 참고문헌에 밝히되, 학술서의 각주 사용은 가능한 자제하였다. 또 난해한 용어는 한자를 병기하고 학술어는 원어를 밝혔다.

이 책의 시발은 우리 대학교 초등교육연수원에서 방학 중에 초등학교 교사들을 대상으로 시행한 독서 교육 연수 강좌였다. 그런데 이 연수에 참여하는 소수의 교사들에게만 강의 내용을 전하기에는 아쉽기도 하고, 효과적인 독서 교육 방법을 전파시키기에는 나름의 제약도 있었다. 그러므로 초등학교 독서 교육에 관심도 있고 열정을 가진 교사 여러분에게 이 연수 내용을 널리 전함으로써 초등 교실 현장에 바람직한 독서 교육이 확산되길 바라는 마음에서 출간하기로 한 것이다. 이에 본 대학교의 초등국어교육연구소의 교육총서로 발간하기에 이르렀다.

이 책은 초등학교 교사의 연수 교재로 제작되었지만, 장차 초등학교 교사로 봉직하려는 예비교사들도 이 책으로 독서 교육을 공부할 수 있고, 학교 교사가 아니어도 초등학생의 독서 교육에 관심이 있는 누구라도 유용한 책이 될 수 있기를 기대한다. 그리고 이 책은 어느 한 개인을 위한 독서 교육이 아니라, 초등학교 교사가 담임 학급을 대상으로 하는 독서 교육이다. 그래서 초등학생이라는 대상의 특성과 학교 교육이라는 공교육의 일반적 상황에 적용하기에 적절한 방법들을 제안하였다. 이렇기 때문에 한 개인이나 초등학생이 아닌 경우의 독서 교육은 이 방법들을 적용하기에는 다소간의 변용과 수정이 불가피할 것으로 생각한다.

끝으로 이 책을 발간하는 데 역시 역락출판사의 이대현 사장께 신세를 진다. 아무쪼록 이 책이 초등학교 독서 교육에 크게 기여하길 집필자 모두의 마음을 모아 간절히 희망한다.

2007년 7월
저자를 대표하여 方 仁 泰 적다

차 례

제1부
독서 교육과 독서

제 1 장

독서 교육의 이해

1. 독서 교육의 필요성

1) 독서 입문기 교육

초등학교 시기는 독서 입문기에 해당하므로 어떻게 시작하느냐가 매우 중요하다. 초등학생의 독서 습관은 평생 독서의 성패를 좌우할 수 있기 때문이다. 이 시기에 독서에 대한 의식을 어떻게 형성하고, 독서를 하는 방법에 따라 그 이후의 독서가 큰 영향을 미친다. 그러므로 독서에 대해 바르게 인식하게 하고 올바른 방법의 독서를 할 수 있도록 지도해야 하며, 적절한 안내가 필요하다. 아울러 독서할 때의 바른 자세와 태도를 가질 수 있도록 지속적인 지도와 효율적인 조언이 요구된다. 독서는 문자만 해득했다고 해서 저절로 가능한 것은 아니다. 그리고 책을 많이 읽는다고 독서의 바른 방법을 터득하는 것도 아니다. 독서도 일정한 과정과 절차, 내용을 선정하여 순차적으로 단계에 맞추어 교육해야 할 학습의 하나이다. 특히 초등생의 경우에는 독서 입문기이므로 독서에 대한 체계적인 지도가 무엇보다 필요하다.

2) 효과적인 독서 방법

독서를 잘하기 위해서는 효과적인 방법을 알아야 한다. 독서 방법에 관한 것을 입문기인 초등학생 시기에 보다 정확히 이해하고 그 방법을 체계적으로 익힐 필요가 있다. 초등 학습자 개개인의 문해력(文解力) 수준에 맞는 적합한 방법을 알고 이를 잘 터득하여 활용해야 한다. 독서 방법을 효과적으로 활용하기 위해서는 방법에 대한 충분한 이해가 있고, 그에 관한 실제 방법을 익혀야 한다. 독서 방법은 책에 따라 다르고, 독서의 목적에 따라 다르고, 독자의 수준과 관심사에 따라 다를 만큼 다양하고 복잡하다. 이와 같은 다양한 독서 방법을 바르게 알고 효과적으로 이용하기 위해서는 독서 입문기의 초등학생들에게 적절하고 필요한 독서 교육을 제공해야 한다.

3) 바른 독서 태도

독서를 초등학교나 중·고등학교 시절에만 필요한 것으로 오인해서는 안 된다. 독서는 평생을 함께 해야 할 일이다. 현재도 그러하지만 앞으로의 사회는 지식과 정보의 빠르고 정확한 습득과 바른 활용이 더욱 중요한 사회이다. 이와 같은 사회에 적응하여 이를 어떻게 활용하는가의 여부에 따라 각자 인생의 판도가 결정될 정도로 중요하다. 따라서 독서는 잠시 동안, 학창 시절에만 필요한 것이 아니다. 또한 독서 교육의 진정한 목표는 평생 독서이고 독서의 생활화에 있다. 이와 같은 독서 교육의 목표를 성취하기 위해서는 독서 입문기인 초등학교 시기에 바른 독서 태도를 확립할 필요가 있다.

4) 효과적인 책의 이용 방법

책을 잘 읽기 위해서는 책을 어떻게 이용하는 것이 효과적인지에 대한 학습이 필요하다. 책은 인류가 지금껏 문명을 발전시키고 지식을 축적한 종합적 결과물이므로 이를 잘 이용하게 하는 것이 중요하다. 책은 과거 지식과 문명의 집적에 그치는 것이 아니라, 현재도 지속적으로 여러 종류의 많은 책이 출판되고 있고, 미래에도 분명 새로운 책이 끊임없이 출현할 것이다. 이와 같이 계속 증가하는 다양한 책에 대해 자신에게 좋은 책과 적합한 책을 바르게 선택할 수 있어야 한다. 그러므로 이러한 여러 분야의 다양한 책에 대한 적절한 선택과 바른 이용 방법에 대한 교육이 필요하다.

5) 교과 학습의 독서 활용

초등학생의 일차 목적은 교과 학습을 잘하는 일이다. 이 일차적인 기본적인 목표를 성취하기 위해서는 독서를 잘 활용해야 한다. 교과 학습은 교과서로 학습하는 것이다. 그렇지만 교과서도 책이므로 독서와 다르지 않다. 다만 그것이 여타의 책과 다른 독서 방법이 필요한 것이다. 이 교과서를 읽는 방법을 안내하고 그 방법의 실제를 훈련해야 한다. 그러므로 교과 학습에 어떻게 독서를 활용하는 것인가에 관해서 그 필요한 지식과 적절한 방법을 익히고 그것을 잘 사용해야 한다. 이러한 것은 독서를 하면서 자연히 알게 되는 것이 아니고, 이에 관한 적절한 교육과 훈련이 필요하다.

2. 독서 교육의 성격과 의미

초등학생의 독서 능력을 향상시키려는 목적의 초등학교 독서 교육은 학교에서 학급 담임 교사가 수행하는 것이 일반적이다. 초등학교 교사는 초등학교 교육과정에 의한 각 교과 교육을 전담하여 지도한다. 초등학교 교육과정에는 독서라는 별도의 교과가 있는 것이 아니다. 이것은 고등학교 교육과정에서 국어과의 선택 교과로서 독서 교과가 있는 것과 대비된다. 이와 같은 실정에서라면 초등학교와 중학교 학생들은 고등학교에 진학할 때까지 교과로서의 독서 교육을 실질적으로 받지 못하는 셈이다. 그리고 고등학생도 독서 교과를 선택하지 않는 한 역시 독서 교육을 실질적으로 받지 못한다. 그러나 초등학생이 성장하여 중학생이 되고, 다시 고등학생이 될 때까지 독서 교육을 받지 못한다면 어찌될 것인가? 또한 독서 교육의 유실(遺失)이 자칫 한 인간의 성장을 저해하기라도 한다면 이것은 정말로 아주 중대한 의미를 띄지 않을 수 없다. 이러한 현실의 교육적 의미는 과연 무엇인가를 깊이 고려해야 할 것이다.

결론적으로 말하자면 초등학생이 고등학생이 될 때까지 독서 교육을 제외하고 교육을 말하고 실천할 수 없다는 분명한 사실을 우리는 심각하게 인식해야 한다. 이것은 한 인간의 성장에도 바람직하지 않고, 우리 사회와 국가적으로도 큰 손실이 아닐 수 없기 때문이다. 이러한 사태를 방관하지 않고 교육자로서 마땅히 대처해야 한다면 우리는 초등학교에 적합한 독서 교육을 실천해야 할 것이다. 사정이 이러하다면 과연 교과로서가 아닌 어떠한 관점에서 독서 교육을 수행해야 할지에 대하여 초등학교 독서 교육의 성격을 규정하고 그 의미를 먼저 살펴보는 것이 바른 순서가 아닐까 한다.

1) 전통적이고 본질적인 학습 방법

독서는 학습의 일종이다. 독자가 의식하고 책을 읽던, 그렇지 아니하던 책을 읽는 순간에 책에 있는 지식과 정보를 접촉하고, 그러한 과정에서 학습이 자연스럽게 수행된다. 독자는 학습하려는 의도를 가지지 아니하더라도 책을 읽는 과정에서 그 책에 담긴 여러 종류의 다양한 정보와 지식과 만나면서 자연스럽게 학습하게 된다. 이것은 책의 종류에 따라서 학습의 정도와 수준이 다를 수는 있고, 학습의 측면이 양과 질적으로 차이는 있지만 학습은 자동적으로 수행된다 할 수 있다. 다만 이 학습은 학생이 어떠한 책을 선택하여 읽는가에 따라서는 일정한 교과에 속하지 않기 때문에 범교과적이라 할 수 있다. 잘 알다시피 현행 우리 교육 제도가 교과로 분할하여 교육하기 때문에, 학교 교육에서 다루는 교과를 벗어나는 것은 학생이나 학부형 심지어 교사까지도 학습으로 인식하지 못하는 경우가 있을 뿐이다. 그렇지만 학습의 형태가 각급 학교에서 시행하는 교과 학습과 다를 뿐 독서는 분명 학습의 하나이다.

소위 교육의 관점에서 학습이란 무언가, 그것은 무언가를 지식으로 습득하고, 필요한 기능을 익히며 관련된 태도를 갖추도록 자발적이거나 강제적으로 수행하는 행위이다. 이러한 관점에서 보자면, 독서는 주로 인간의 삶에서 필요한 다양한 관련 지식과 경험, 정보를 책을 통해 자연스럽게 습득하게 한다. 그리고 책을 읽으면서 인간으로 살아가는 바람직한 여러 유형의 태도를 형성하게 한다. 그러므로 독서는 명확한 학습 행위인 것이다. 다만 이것을 책을 읽는 사람이나, 그것을 지켜보고 가르치는 교사가 충분하게 인식하지 못하는 것뿐이다.

　과거 우리 조상들의 전통적인 학습 형태는 경서(經書)를 읽는 일이 보편적이었다. 소위 사서삼경(四書三經)은 바로 그러한 학습을 위한 대표적인 서적이었다. 그것이 지식의 문제만이 아니라, 살아가는 데 필요한 여러 덕목(德目)과 행동 방식을 제시했기 때문에 마음으로 읽고 행동으로 익숙하게 하기 위한 몸으로의 실천도 중요한 학습의 하나로 삼았다. 그러한 전통적인 학습에서 일차적인 것은 경서에 담긴 내용을 파악하기 위해서 읽는 일, 즉 독서였다. 이러한 학습의 전통이 서양 학문을 받아들이면서, 주로 실생활에 직접적인 관련을 맺는 실용적인 기술, 실제적인 지식 중심으로 옮기면서 경서 중심의 독서에서 실용서 중심의 학습용 도서를 읽고 그것을 이해하고 적용하는 일로 분화되고 정착되었다. 그러면서 기본적인 학습인 다양한 분야의 광범위한 책을 읽는 학습인 독서가 소홀하게 되고, 그 본질적인 의미가 퇴색하게 되었다.

　그러나 명확히 독서가 학습이라는 측면에서 보자면, 각 교과의 교재인 교과서를 학습하기 위해서 읽는 것도 역시 독서 활동의 하나이다. 교과서를 읽는 활동이 교사의 지도로 학교에서 수업 시간에 읽거나 과제로 사전에 읽거나 그 방식의 차이가 다르지만 그것 역시 독서의 일종이다. 그러므로 독서를 교과(敎科) 학습과 별개로 취급할 것이 아니라, 학습의 일부, 학습의 전체로 해석하여 바라보아야 한다. 교과 학습을 위해서 교과서를 읽거나 학교의 수업 시간과 별개로 개인적으로 읽건 학교에서 교사의 지도에 의해서 읽거나 그것은 독서이다. 또 그러한 독서도 조금 넓은 의미에서 보자면 학습인 셈이다. 그러므로 독서는 교과 학습의 출발이고 학습의 내용이며 과정인 것이다. 결국 교과 이외의 독서도 충분히 학습의 일종이라 하겠다.

　특히 이 중에서 교과용 서적 이외의 도서는 각 교과로 분할된 것이 아닌 통합된 것이다. 그 대부분은 세상에 대한 폭넓은 지식과 경험의 집약체인 책들이며, 일반적으로 교양 인문 도서는 교과 학습과 직접적으로 일정 거리를 띄게 된다. 이러한 책이 일반적인 독서의 핵심을 차지하게 되면서 독서는 실제의 교과 공부와 동떨어진 일로 인식하고, 폭이 좁은 교과용 학습서, 소위 교과서가 학습의 중심을 차지하게 되었다. 그리고 또한 다인수 학급의 등장으로 평가의 신속성과 객관성이 필요하여, 선택형 문제를 통한 학습의 성취도 판단이 실용화되면서 단순 암기형 지식을 중심으로 학습이 정형화되고, 이에 따라서 점차 학습의 현장에서 일반적 독서는 학습과 거리를 두게 되었다. 그러나 이제 독서는 학습의 본질이라는 점을 분명하게 인식하고, 학습의 기본인 독서가 다시 본래의 의미를 찾아야 할 것이며, 그 전통적인 본래의 역할을 수행해야 한다. 따라서 이러한 것이 학교 현장에서 가능하도록 그 방법을 가르치는 것이 바로 학교 독서 교육의 바른 성격이라 할 수 있다.

2) 사회 유지와 문화 전승

독서는 책이 발간되고 읽히는 사회의 집단적 의사소통이며 집단간의 대화이다. 책을 읽는 사람들 간의 공감대, 어떤 시기에 어떠한 책이 가장 많은 독자에게 호응하여 소위 베스트셀러가 되는 일이 있다. 바로 이 베스트셀러는 그 사회의 공통된 인식을 보여준다. 어떠한 책이 잘 읽히고, 독자가 많다는 것은 그러한 내용을 갖고 대화하며 생각하고 즐기며, 그러한 인식을 공유하는 사람이 많다는 것이다. 이것은 그러한 책과의 대화인 독서 행위를 통하여 사회가 하나의 결속체로 유지된다는 의미이다. 이것은 거의 동시대 사람들 간의 수평적인 사회 구성과 그러한 상태를 통해 유대감을 유지하는 것이다.

그리고 과거의 인물들이 발간한 책을 읽고 대화하는 과정을 통하여 전대(前代)의 문화를 후대(後代)에 전달하며 문화적 일체감을 형성하는 행위이기도 하다. 바로 그 지점에 사회가 공유하는 의식이 관련되는 것이다. 그것을 통하여 사회의 공유된 의식을 서로 알게 되며, 빈번한 교류는 바로 그 사회가 문화적으로 성숙하여 그를 토대로 활동적으로 성장하고 문화적으로 교류한다는 것을 확인할 수 있게 된다. 이것이 어느 한 사회를 유지시켜주고 그 구성원간의 공감대를 유지하여 바람직한 사회를 형성하는 역할을 한다. 이와 같이 책을 통한 한 사회의 바람직한 지식과 경험이 공유되고 정보가 소통되면서 그 사회의 문화는 형성되고 유지되고 발전하면서 문화를 형성해 가는 것이다.

또 이것은 고스란히 책의 형태로 그대로 담겨서 다음 세대, 또는 다른 지역 공간의 사람들에게 전파되고 전승(傳承)이 된다. 바람직하고 가치가 높은 문화는 다른 문화에 충격을 주고 자극하여 서로 조화하여 상호 발전하게 하는 촉매제의 역할도 하며, 일부는 배척되고 변형되어 다른 형태로 문화적인 자극을 주고받게 된다. 이러한 인류 전체 문화의 전파와 전승이 바로 책을 통한 유대감의 유지와 문화 형성 발전과 전승의 수단이 된다.

21세기의 정보 사회는 많은 것이 책에서 인터넷을 통한 정보의 소통과 생산 성장이 이루어지지만, 아직도 책이 가진 더욱 정밀하고 보다 지속적이고 확산의 범위가 광범위한 유용성은, 인터넷을 통한 정보화 미디어의 세계일지라도 침해할 수 없는 독자적인 영역을 계속하여 유지해 나갈 것으로 보인다. 아무리 인터넷이 발달하고 유비쿼터스의 세상이 되어가고 있다 해도, 책이 가진 고유의 특성인 시간적 지속성, 정보의 축적과 보관, 무한대 공간의 유통의 특성 등의 장점으로 여전히 인류 문화의 전승과 발전에 핵심적인 역할을 할 것이다. 이러한 독서를 통하여 문화 전승을 하도록 하여, 바람직한 사회를 형성하는 기본적인 역할을 수행할 수 있도록 학습자에게 독서의 기본 능력을 기르고, 그 효과적인 방법을 가르치는 일이 독서 교육의 바람직한 성격이다.

3) 지적 성장의 방법

독서는 인간의 신체적 성장과 함께 인간의 성장에 필요한 지적(知的)이고 정신적 성장의 주요한 방법이다. 물론 실제 생활을 통한 체험의 방법에 의한 자연스러운 사회적 성장도 인간에게 필요하다. 하지만 책을 통한 지적 성장은 보다 직접적이고 더욱 정리된 지식에 의한 효과적인 성장의 방법이다. 학교에서 받는 교육을 통한 성장도 결국은 독서를 통한 지적 성장과 동궤(同軌)로 볼 수 있다.

인류가 책을 발명하고 인류 문화의 귀중한 자산들을 책에 보관하고 축적하면서 다양한 사람들의 지식과 지혜가 책에서 여러 사람에게 전하게 된다. 후세인(後世人)은 이러한 다양하고 심화된 지식을 책을 통하여 만나면서 자연스럽게 지식을 흡수한다. 특히 지식을 수용하기에 적합한 초보 독자들인 어린 학습자들은 실제적인 경험을 통하지 않고도, 책이란 지식 전달 매체를 통하여 가장 적은 비용을 들이면서 가장 수준이 높고 정선된 지식을 만날 수 있다. 책에는 수많은 사람들이 전(全) 인생 동안 또는 특수한 시기 동안에 특정한 지식을 잘 축적하고 정리하여 알기 쉽고 상세하게 친절히 책에다 담아 놓았다.

그러므로 어린이 독자는 이 책에서 많은 지식을 흡수하여 지적인 성장을 할 수 있다. 아주 효율적으로 필요한 지식을 접하고 필요한 만큼 충분한 정도의 지식을 소화할 수 있다. 대표적인 것으로 각 분야의 지식을 총합한 백과사전류가 대표적이고, 학교에서 배우는 교과서, 이것들 모두 어린 학습자들이 책을 통하여 지적 성장을 할 수 있는 효율적 독서자료이다. 이러한 독서의 장점을 살려 지적 성장을 이룩하기 위해서는 바른 독서 방법을 터득하는 일이 필요하다. 바로 이 방법들을 학습자들에게 지도하는 일이 곧 독서 교육이다. 따라서 독서 교육의 참된 성격은 그러한 지적 성장을 도울 수 있는 가장 효율적인 방법을 가르치는 일에 있다.

4) 인성 발달의 영향

학생은 독서를 하면서 여러 가지의 경험을 하고 내적 대화를 하게 된다. 독서 과정에서 사고 활동을 활발하게 하며 자신의 경험과 책의 지적(知的)이고 다양한 경험과 상호 작용하며 심리적인 변화를 겪게 된다. 그것은 전반적으로 인간성의 자극으로 이어지며 바람직한 방향으로의 인성 발달을 촉진하게 한다. 책에서 여러 상황을 접하면서 독자인 학습자는 그 때마다 그러한 상황 속의 인간의 다양한 심성(心性)을 겪게 되고, 그러한 인물들의 행동을 만나면서 심리적인 다양한 자극을 받게 된다. 그 자극은 그대로 책을 읽는 동안에나 읽은 다음에, 본래의 가지고 있던 각자의 여러 정서와 개인적인 성향과 접촉하고 충돌하고 비교된다. 이러한 과정에서 독자는 다양한 정서적인 충격을 흡수하면서 심리적인 변화를 겪게 된다. 이러한 독서 과정이 지속되고 반복되는 사이에 학습 독자는 인성에 영향을 받는다. 그리고 이것은 인성 발달에 작용한다.

사람이 어떠한 성격을 가지게 되는 것은 일차적으로는 유전적인 소인(素因)에 의한 것이 가장 본질적이고 큰 영향을 끼친다. 그 다음으로는 한 인간이 성장하는 주위의 환경이다. 어떠한 환경 요인이 그를 둘러싸고 그러한 환경에서 받은 영향이 또한 인간의 성정(性情)을 결정하는 중요한 요인이다. 그리고 어느 정도 자신의 정체성(正體性)을 인식하면서 자신의 사고와 행동에 주관적인 판단을 한다. 그러면서 자신이 어떠한 인물이 되고자 하는 의지를 갖게 되고 그에 맞추어 자신의 의지로 노력할 때, 각자의 성격이 유지되기도 하고 변화를 일으키기도 한다. 이것은 대체로 성장이 완성된 성인의 경우나, 성인에 근접한 청소년에게 가능한 일로서 초등학교 어린이들은 실제로 이러한 경우를 만나기는 대단히 드물다. 하지만 이러한 여러 변수를 겪으면서 사람은 자신의 정체성을 확립하고 그러한 상태의 유지와 변화를 겪으면서 삶을 영위하게 되는 것이다. 대다수의 많은 사람들은 일반적으로 이 세 요인이 상호 충돌하고 교차적으로 반응하면서 인성이 확립된다.

이 중에서 실제로 살아가면서 겪게 되는 유익한 경험 중에 바로 독서가 있다. 독서를 하면서 여러 다양한 경험의 인물들과 교류하게 되고, 그 과정은 바로 그러한 사람들의 인성을 통하여 자신의 인성에 영향을 미치게 되는 일이다. 이러한 상호 인성의 교류, 필자와 독자 사이의 매체가 바로 책이고 그것의 현실화가 독서이다. 이것을 가능하게 하는 것이 바로 독서 교육의 자리이다. 이러한 상호 교류의 장을 마련하도록 하는 것이 진정 독서 교육이 할 일인 것이고, 그 자리에 독서 교육의 성격이 위치한다.

5) 자율적인 학습 훈련장

독서는 독자가 혼자서 하는 활동이 정상적이다. 교사나 부모가 책을 읽어 주는 경우가 있지만 궁극적으로는 혼자서 하는 자율적 활동이다. 혼자서 책을 읽으면서 그곳의 여러 지적인 것과 접촉하고, 다양한 경험을 만나면서 자연스럽게 지적 학습을 훈련하고 경험의 충돌을 통한 학습을 경험하게 된다. 독서는 결국 자율적으로 하는 학습 행위인 것이다. 그러므로 독서 교육은 이와 같은 자율적인 학습인 독서를 활발하게 잘할 수 있도록, 인도하고 안내하고 효과적으로 수행하도록 돕는 일이다.

학생 스스로 학습하는 행위인 독서는 여러 책과 만나며 여러 독서 환경과 접하면서 그럴 때마다 어떻게 자율적으로 학습하는지를 스스로 조정하고 스스로 수행하는 방법을 터득하고 실천하는 일이다. 그러한 독서의 과정은 일종의 자율 학습의 훈련과 같다. 이러한 일반 독서의 자율적 훈련은 좁은 의미의 교과 학습을 할 때도, 넓은 의미의 독서를 할 때도 필요한 태도이고 습관인 것이다. 이것은 평소의 독서 습관을 어떻게 갖고 있는가에 따라서 다른 교과 학습을 할 때에 전이(轉移)될 수 있는 것으로서 학습의 실제적인 성취와 직결된다. 그러므로 독서를 잘 하는 학생은 다른 교과 학습을 자율적으로 충실하게 수행한다. 책을 혼자서 잘 읽는 것은 결국 개인이 하는 학습을 자율적으로 통제하고 조정하면서 집중력을 발휘하려 학습에 매진하는 것이기 때문이다. 그러한 학습 훈련의 장에서 효과적인 학습 훈련에 충실히 임할 수 있도록 그 방법을 가르치는 것이 독서 교육이다.

6) 창의력 향상의 기회

독서를 하면서 독자는 여러 경험을 하게 된다. 새로운 지적 정보와 만나고 인간의 새롭고도 특이한 경험을 만나고, 새로운 문제 상황을 접하고 등장하는 인물들이 벌이는 다양한 문제와 사건, 해결하는 과정에서 떠오르는 생각들, 그러한 경험을 겪으면서 일어나는 다양한 정서적 반응을 접한다. 또는 독서 중에 다채로운 사고(思考)를 경험하고, 다양한 방향의 문제 해결과 상호작용을 하는 가운데 전과는 다른 방법을 떠올리고, 남과 다른 문제 상황과 해결책을 찾으며 엉뚱한 상상도 하고 기발한 생각도 하면서 학습자의 두뇌는 자극을 받는다. 그것은 바로 창의적인 사고로 연결이 되면서 창의력의 향상을 가져오게 된다. 독서를 하는 과정의 무수한 자극과 새로운 접촉을 하면서 두뇌는 계속 자극을 받고 그에 대한 반작용을 통해 뇌는 새로운 것을 산출(産出)해 낸다. 그것은 바로 창의력에 의한 산출이다. 이러한 독서 과정에 의한 창의력이 활발하게 작용하게 된 다양한 상황을 만나면서 독서 활동은 진행 된다.

창의력은 잠재해 있을 때 결코 발휘될 수 없다. 누구라도 어떠한 특정한 상황에 처하면서 그에 대한 대응을 준비하게 마련이다. 그리고 새로운 생각을 하도록 자극적이고 도전적인 상황이 전개될 때, 그에 대한 응전으로 난처한 문제를 해결하고자 하는 노력이 전과 다른 변화된 생각을 떠오르게 하여 비로소 창의력을 발휘하기에 이른다. 바로 이러한 창의력이 자극을 받고 발휘할 수 있는 상황을 실제 생활에서 대부분의 어린 학습자가 접하기는 사실상 불가능하다. 그들이 비로소 책이란 가상(假想)의 공간에서 접촉하게 될 때, 창의력을 발휘할 수 있는 실질적 기회를 만나게 된다. 바로 이 지점에서 독서 교육은 시작되는 것이다. 창의력이 자극받고 그에 대한 대응을 할 수 있게 필요한 기회를 마련하는 것이 독서를 하면서 가능하게 되고, 그 기회에 그것을 잘 활용하여 보다 생산적이고 가치 있는 창의력을 향상하도록 다양한 방법을 활용할 수 있는 일이 교육의 할 일인 것이다.

독서는 훌륭한 창의력을 발휘하고 자극을 받을 수 있는 절호의 좋은 기회이다. 이 기회를 어떻게 활용하는 것이 유용한 결과를 낳을 수 있는가를 고려하여 다양한 독후 활동을 마련해야 할 것이다. 나아가서 그러한 활동을 하면서 책을 읽고, 그것을 기억의 창고 속에 저장하는 일에서부터 잘 활용하고 발달시키면서 얼마나 더 창의적인 활동을 제공하는가에 비례하여 창의력은 향상된다. 결국 독서에서 학습자는 활발한 창의력을 발휘할 기회를 만나는 것이고, 또 그것을 통해 효과적인 결과를 산출하도록 유도하는 데에 참된 독서 교육의 의미가 있다.

7) 소질과 적성의 발견

독서를 하면서 독자는 각종 책의 여러 필자의 경험과 지식을 얻게 된다. 독자의 경험과 지식과 관련된 문제를 접하고 그러한 과정에서 학습자 자신의 관심사와 흥미를 확인하고 내재한 소질의 일단을 발견하게 된다. 학습자는 책을 읽으면서 어떠한 분야에 자신이 관심이 있고, 흥미를 느끼는지, 어떤 지식을 더욱 궁금해 하는지에 대한 판단이 따르게 된다. 그것을 의식할 수도 있고 무의식적으로 독자의 내면에서 진행이 되기도 한다. 이것은 결과적으로 어느 순간에 도달하면 자신의 적성과 소질을 발견하는 계기가 된다. 초보 독자인 초등학생의 경우에 세상에 대한 경험이 부족하고 관련된 지식이 미흡하다. 그러므로 자신의 장래의 삶이 어떤 직업으로 살아야 할 지, 또 자신이 어떠한 소질을 가지고 있는지에 대해 판단하기가 어렵다.

여러 교과 활동을 하면서 자신의 소질을 발견하고, 부모나 교사가 그것을 발견하여 계발시키고 교육을 한다. 신체 활동을 하는 분야와 음악 미술 등의 예술 분야는 약간의 예외가 있을 수 있지만, 그 밖의 분야에서 자신의 소질을 발견하는 데에는 독서가 유용한 기회로 작용한다. 책은 세상의 여러 지식과 다양한 경험을 소개하고 알려주고 모르던 미지의 여러 다채로운 정보를 알게 한다. 그러한 책을 읽어가는 과정에서 자신의 흥미를 발견하고, 관심 분야를 확인하게 된다. 아픈 환자를 치료하는 일에 관심을 갖고 그러한 일에 종사해보고 싶은 생각을 한다면 의료계에 진출할 수 있는 계기가 될 것이며, 또는 스포츠 선수에 관한 글을 읽으면서 실제로 그러한 활동을 하고 싶다면 그것 역시 자신의 소질을 찾는 계기로 작용할 수도 있을 것이다. 바로 이러한 것을 가능하도록 독서를 활용하는 데에 독서 교육의 진정한 의미가 있다.

8) 인생 설계의 실험

독자는 책을 읽으면서 그곳에 소개된 여러 인생을 살고 있는 사람들과 만난다. 특히 문학 작품에 등장하는 여러 주인공들의 삶이나, 위인전의 훌륭한 삶의 주인공들을 만나면서 어린이 독자들은 그러한 삶을 기준으로 자신의 삶을 비추어보고, 그에 관한 인생을 나름대로 설계해보고 꿈을 꾸게 된다. 어떤 한 책에서 독자가 아름답게 보았던 사람의 삶을 동경하고 꿈을 꾸었는데, 다른 책을 읽으면서 그와 달리 정반대의 삶을 살았던 사람의 인생을 다시 만나게 된다. 그러면 다시 앞의 책에서 읽고 설계했던 자신의 장래 인생을 두고 다시 새로운 인생을 설계할 수도 있다. 다시 말하면 이러한 인생 설계와 저러한 인생 설계를 책을 읽어가면서 넘나들게 된다. 그 책에 나타난 인생들을 비교하고 대조하면서 이리저리 계획을 세우고 그것을 다시 헐고 다시 세우면서 계속 이어간다.

독서 활동이 지속되는 한 역시 그러한 인생 설계도 이어진다. 그것은 바로 현실의 삶을 살아가면서 성인이 하기 힘든 일이다. 어린 그들이 독서를 통해서만 가능한 인생 설계의 실험장이다. 바로 이것을 가능하게 하는 곳이 독서이다. 교사들은 학습자들이 독서 활동을 하면서 이러한 인생 설계를 잘 할 수 있도록, 그들의 소질과 적성에 맞는 설계를 하게 하고 또한 그것이 실제 인생에서 성공할 수 있도록 격려하고 지원하며 계속 책을 읽게 하는 일이다. 이것은 독서가 주는 가치로운 실험의 현장이다. 바로 이 현장에서 유능한 감독의 역할을 하는 사람이 바로 독서 교육자의 할 일이다.

3. 독서 교육의 목표와 영역

1) 독서 능력의 발달 지원

독서 교육은 학습자의 독서 능력을 발달시키는 것이 목적이다. 인간이 언어생활을 하며 문자를 습득하고 발현하는 자연스러운 과정에서 독서 능력을 발달시키고 더욱 향상시키기 위해 학습자를 지원하는 데 교육적 목적이 있다. 모든 교육이 기본적으로 타고난 인간의 능력을 발견하여 그것을 더욱 발달시키려는 행위라고 보면, 독서 교육도 역시 인간이 기본적으로 가지고 있는 독서 능력을 더욱 발달시키려고 하는 것이고, 이 독서 능력이 더욱 발달하도록 안내하고 유도하며 지원하고자 하는 것이다. 교육은 없는 것을 새롭게 심어 주는 것도 아니고 공장의 물건을 생산하듯이 무엇을 만들어주는 일과도 다르다. 인간이 각자 가지고 있는 소질을 발견하여 그것을 더욱 잘 발휘할 수 있도록 지원하고 키워주는 일이 교육인 것이다. 인간은 기본적으로 언어 능력을 타고 난다. 그것은 문자를 사용하고 문자를 이용하여 의사를 소통하고 그것을 통해 문화를 생산, 유통, 소비하는 일로서 본능적으로 타고 나는 것이다. 결국 이것을 더욱 활성화 시키고, 발전시키는 일이 교육 행위이고 독서 교육은 바로 이 능력을 계발하는 일인 셈이다.

독서 능력도 다른 것과 마찬가지로 인간이 갖추고 있는 기본적인 여러 능력 중의 하나이다. 인간은 동물적인 본능을 가지고 있듯이 문화적인 능력을 동시에 가지고 있다. 인간은 다른 동물과 달리 도구를 만들고 그것을 사용할 줄 아는 능력을 본능적으로 타고 난다. 이것은 인간이 다른 동물과 다른 지능을 소유한 데서 자연스럽게 나타나는 현상이다. 물론 도구를 만들고 사용하는 능력은 인간간의 지능의 차이에 따른 상대적인 차이는 있을 수 있지만, 동물과는 확연히 다른 능력, 즉 도구를 사용할 줄 아는 능력을 가지고 있다는 의미이다. 바로 이 능력으로 인간은 문자를 만들어 사용하고 있다. 동물도 그들 나름의 언어는 가지고 있다. 인간에 비하면 단순하고 간단하며 단어의 수가 극소량이지만, 그들끼리 의사소통하는 데에는 크게 불편함이 없이 사용하고 있다. 동물 중에서 가장 지능이 높은 동물 중의 하나인 돌고래가 사용하는 단어는 꽤 여러 개인 것으로 알려져 있기까지 하다.

그러나 인간의 언어와는 비교할 수 없다. 그리고 결정적으로 동물과 인간이 다른 점은 바로 문자라는 언어 도구를 사용할 줄 안다는 점이다. 음성은 청각의 형태로만 존재하고 동물들도 적지만 갖고 있는데 반하여, 시각적인 형태로 존재하는 문자를 동물들은 하나도 가지지 못하고 있다. 다시 말하면 문자는 인간이 문화생활을 영위할 수 있게 하는 것으로서, 동물과 달리 가장 확실하고 유일한 문명의 도구라고 할 수 있다. 인간이 선천적으로 소유하고 있는 문자를 사용할 줄 아는 능력이 바로 독서 능력인데, 이것은 문자를 읽을 줄 아는 능력이 그 기본 바탕을 형성하는 것이다.

물론 독서하기 위해서는 문자를 습득해야 하지만, 대다수가 어린 나이에 문자를 습득한다. 간혹 문자의 습득에 어려움을 겪는 어린이가 일부 있지만, 대부분의 경우는 문자 습득에 별 어려움을 겪지 않고 문자를 사용한다. 특히 문자를 이용한 지식의 습득과 정보의 수용은 문자를 통해서 대부분의 경우에 책이란 형태로 만나게 된다. 이것이 바로 독서 능력이고 일종의 타고난 본능적인 능력이라고 볼 수 있는 셈이다. 이러한 능력이 천부적이라고 할 수 있지만, 교육을 통하여 훈련하고 그 능력의 성장을 지원하고 돕지 않는다면 자유로운 사용도 어렵고, 더욱 다양하고 복잡한 독서 능력을 신장시킬 수도 없다. 바로 이것을 돕고 지원하여 각자 타고난 독서 능력을 키워주는 것이 곧 독서 교육의 목표인 것이다.

2) 능숙한 독자 양성

독서 능력을 발달시켜 독서 능력이 풍부한 사람을 우리는 능숙한 독자라고 할 수 있다. 그런 면에서 독서 교육은 바로 능숙한 독서인인 독자를 양성하고자 하는 것이다. 문자를 습득하면 독서를 할 수 있는 기본 조건을 갖추는 셈이다. 그러나 문자를 해독하고 글을 읽을 수 있다 하여도 그 사람이 바로 능숙한 독자가 되는 것은 아니다. 충분한 경험과 적합한 교육이 결합할 때에야 비로소 능숙한 독자가 가능하다. 결국 독서 교육이란 이러한 능숙한 독자 양성을 위해, 어떠한 방법이 보다 효과적이고 더욱 효율적인가를 연구하고 실천하면서, 미숙한 초보 독자를 능숙한 독자로 양성시키고자 하는 일이다.

능숙한 독자를 만들기 위해서는 책을 좋아하도록 만들고, 책을 가까이 하는 습관을 들이며, 책에서 제시한 사실과 지식 정보를 바르게 이해하기 위해 필요한 부분을 정확하게 습득하여 적절하게 수용해야 한다. 나아가 그 내용에 대해 무조건적인 수용에서 탈피하여 자신의 지식과 경험에 근거한 내용을 비판적으로 이해하고, 그러한 과정을 거쳐서 창의적인 이해에 도달하여야 한다. 그리고 수동적인 독자에서 능동적인 독자로, 책을 읽는 독자에서 자신의 사고와 경험을 한편으로 다른 사람에게 전달하거나 각자 의견을 주장하기 위해서 필자도 될 수 있어야 할 것이다. 즉 책의 소비자에서 책의 생산자까지 될 수 있어야 진정한 의미의 능숙한 독자로 볼 수 있다.

훌륭한 필자는 먼저 훌륭한 독자로부터 발원(發源)한다. 수많은 필자들의 책을 읽고, 그것을 잘 수용하여 지식을 쌓으며, 논리적인 훈련을 거치고, 객관적이고 과학적인 지식을 갖추어, 합리적인 독자적(獨自的) 의견을 형성하여 특별한 경험을 하였을 때는 누구라도 그것을 책으로 발간할 수 있는 필자가 될 수 있다. 이와 같이 책의 독자와 책의 필자가 서로 상호 지식과 경험을 주고받으면서 진정한 의미의 책을 통한 의사소통이 활발할 때 우리의 문화는 발전한다. 한 사회가 책을 통하여 활발하게 의사소통이 이루어지면 그 사회는 동일한 문화적 정체성을 가지고 건전한 사회로 형성해 나간다. 이러한 것이 가능하기 위해서는 능숙한 독자가 많아야 하고, 그 출발점인 초등학교 독서 교육부터 착실하게 다져갈 때 가능할 수 있는 이상적 세상인 것이다.

3) 독서 문화 향유자 육성

독서는 책을 읽는 일이고, 책은 인류 문화의 보고이다. 인류 문화의 축적도 책을 통해서 가능했고, 후세로의 문화 전달도 책을 통해서 가능하였다. 지역과 시간의 차이를 넘어서 인류가 문화를 전파하고 공유하고 서로 발전하고 경쟁한 것은 모두 책을 통해서 가능하였다. 그러므로 책이란 인류 문화의 원천이자 문화의 유통 수단이고 그 문화 자체이다. 이것은 책에 담긴 내용을 통하여 가능하고, 그것은 비로소 독자가 독서를 해야 실현되는 일이다. 아무리 많은 책을 생산하고 축적을 하여도 그것을 읽는 사람이 없다면 문화의 수용과 전파, 전달과 계승 발전은 불가능하다. 이 문화의 지속적인 발전과 문화적인 생활을 누리기 위해서는 독서가 그 중심이 되어야 한다. 이와 같은 독서를 통한 문화생활을 향유(享有)하기 위해서는 독서할 수 있는 능력을 키워야 할 것이고, 이러한 것이 바로 독서 교육으로 가능한 일이다.

독서 교육을 통하여 문화를 향유(생산과 소비)할 수 있는 문화 소비자를 육성하는 일도 독서 교육이 해야 하는 일이다. 충실한 독서 문화 소비는 또한 독서 문화를 지속적으로 발전시킬 수 있는 문화적 역량을 키워 미래에는 독서 문화를 생산할 수 있는 능력을 배양하는 일이 될 것이다. 이처럼 문화의 소비에서 나아가 문화의 생산이 가능하도록 하기 위한 기본적인 전제는 바로 독서인 것이고, 그것은 교육을 통하여 가능한 일이다. 이처럼 독서를 통한 문화의 향유와, 문화의 핵심이고 문화의 보고(寶庫)인 책을 향유하도록 이끄는 것이 바로 독서 교육이 해야 할 중요한 과제이다.

그렇다면 바로 독서를 통한 문자에 의한 문화, 곧 책의 소비자는 독자가 된다. 그러나 이 책의 소비자인 독자들이 소비자로 출발하지만, 궁극적으로는 독자를 위해 필요한 책을 출간할 수 있는 필자로의 발전과 전환이 가능하도록 하는 것을 그 최종 목적으로 삼을 필요가 있다. 왜냐하면 능숙한 독자에서 유용한 필자를 육성하는 것도 독서 교육이 나아가야 할 지향(指向)가치라고 볼 수 있기 때문이다. 그것은 비유적으로 말하여 우리가 우리 부모의 자식으로 태어났으나, 그 자식의 상태로만 머무르지 않고 언젠가는 또 자식을 낳는 부모가 되어야 하는 것처럼, 선생한테 배우는 학생이 성장하여 학생을 가르치는 선생이 되는 것처럼, 책을 읽는 독자에서 책을 쓰는 필자로의 전환은 자연스럽고 순리적이라 할 수 있는 것이다. 그리고 자식에서 부모가 되는 것도, 학생에서 선생이 되는 것도 필요한 학습과 교육이 필요하고 사회적 훈련이 요구되듯이, 독자에서 필자로 전환(轉換)하는 것도 역시 교육과 훈련이 필요하다. 바로 이 교육과 훈련이 독서 교육이 감당해야 할 목표이고 몫인 것이다.

4) 독서 생활화 유도

독서 교육의 최종 목표는 독서 생활화에 있다. 학습도 평생 학습이 요구되는 사회이듯이 독서도 학생 시절에 학습용으로만 독서하다가 생활인이 되고 나서 독서가 끝나서는 아니 될 것이다. 학창 생활이 끝나는 것과 동시에 교과서의 학습도 끝나고 아울러 독서도 중단한다면, 그 사람은 끊임없이 지식이 발전하고 새로운 정보의 습득이 요구되는 이 시대에 정상적인 생존이 불가능하다. 지식의 변화와 증폭이 학교에서 사회로 큰 변화가 없었던 20세기가 아니라, 그 변화의 폭과 깊이가 하루하루가 달라지는 21세기의 지식 정보화 사회는, 끊임없는 정보의 획득과 충전은 학교를 졸업하고 사회의 일터에 나갔어도 중지할 수 없다. 그렇다면 이러한 새로운 사회의 생존 전략으로는 참다운 의미의 학습, 즉 독서를 통하여 해결하는 방법이 있을 뿐이다. 이것의 실질적인 해결책은 독서를 좁은 의미의 학습으로 보는 관점에서 벗어나, 독서의 평생 학습화, 곧 독서의 생활화가 바른 길이다. 이 말은 독서가 없이는 진정한 의미의 발전도 인생의 참된 의미도 추구할 수 없다는 의미이다.

이제 독서는 학창 시절에 학습을 위해서 일시적으로 필요한 것이 아니다. 일생을 두고 항상 가까이 해야 하는 필수적인 인간 문화적인 행위이다. 인간으로서 책을 읽지 않는다면 짐승의 생활과 별반 다르지 않다. 그것은 문화의 중핵인 책을 떠나서 영위하는 생활이란 문화생활을 한다고 보기 어렵고, 또 문화생활을 하지 않는 사람은 동물과 별로 다르지 않다고 하여도 결코 지나치지 않다고 보는 것이다. 그러므로 사람이 생활하면서 숨을 쉬고 밤에 자고, 밥을 먹고 옷을 입어야 하는 생활의 일부처럼 독서도 역시 생활의 일부가 되어야 할 것이다. 그리고 그것을 학생 시절, 특히 초등학교 시절부터 습관화가 되도록 교육하여 학교생활을 떠나서 사회생활을 할 때에도 그 생활이 정착되어야 할 것이다. 이것의 시초는 초등학교 독서 교육이고, 기본적인 독서 생활화도 역시 초등학생 때부터 시작해야 할 일이다.

5) 독서 교육에서 다루어야 할 영역

독서 교육에서 다루는 영역은 첫째 독해력을 신장시키는 일이다. 독해력 신장은 특히 국어교육과 직결되는 영역이다. 초등학교의 경우에 읽기 영역에서 독해력 신장을 핵심적인 목표로 다루고 있다. 독서 교육의 첫 출발은 국어교육이고 이 출발이 전(全)

교과교육에로 확산된 상태인 범교과 교육이 최종의 목표 영역이 되어야 할 것이다.

다음에 독서 교육에서 다루는 영역으로는 독서 태도의 함양이다. 독해력을 신장시켜 독서를 할 수 있는 기본 능력을 갖추는 데에서 나아가서 바람직한 독서의 태도를 교육해야 한다. 독해력은 충분하되 독서에 관한 태도가 바람직하지 않다면 그것은 결코 바람직하지 않다. 넓은 의미로 독해력에 독서 태도를 포함할 수 있으나, 일반적으로 독해력과 독서 태도는 관련이 깊은 다른 범주이다. 그러므로 독서 교육에서, 특히 평생의 바람직한 독서 태도를 지녀야할 초기 독서 시기인 초등학교 독서 교육에서 강조할 영역은 바람직한 독서 태도를 기르는 일이다. 독서 태도에는 책에 대한 바람직한 인식과 적절한 행위를 포함한다.

세 번째로는 독서 생활 습관화를 돕는 일이다. 독해력이 신장되고 독서 태도가 바람직하면 독서가 생활이 되도록 교육해야 한다. 독서 교육의 최종 목표도 바로 독서의 생활화라고 할 수 있는 만큼, 독서 생활이 습관이 될 수 있게 교육하는 일도 마땅히 독서 교육의 영역에 포함된다. 끝으로 독서를 하기 위한 도서의 적절한 선택을 위한 지식과 그 방법도 독서 교육에서 다루어야 한다. 이것은 특히 독서 생활의 출발기인 초등학교 독서 교육에서 매우 중요하고 필요한 일이다.

4. 독서 교육의 방법

1) 독서 교육의 삼 요소

독서 교육을 수행하기 위해 교육자가 인식해야할 중요한 것으로 독서 교육의 삼 요소가 있다. 첫째는 학생이 지속적인 독서를 하도록 지도하는 일이다. 둘째는 학생이 독서를 흥미롭게 하도록 유도하는 일이다. 셋째는 학생의 독서가 효과적인 결과를 낳을 수 있도록 유용한 방책을 사용하도록 가르치는 일이다.

가. 지속적 독서

지속적 독서란 독자(학생)의 독서 활동이 독서 교육을 받은 뒤에도 중단되지 않고 지속적으로 유지되도록 지도하는 것을 말한다. 독서의 지속성이란 독서의 효력이 계속 유지될 수 있고 그것이 더욱 상승될 수 있도록 지도해야 함을 의미한다. 그리고 이러한 지속적인 독서 활동의 바람직한 결과는 독서의 생활화로 귀착되어야 한다. 독서 교육을 받고, 자율적인 독서로 발전하여 독서가 생활이 되어야 하지만, 교육을 받을 때는 독서 활동을 수행하다가 혹시 교육이 소홀해지면 독서 활동이 중단 되어서는 안 되는 것이다. 학습자가 독서 활동을 지속하도록 하기 위해서 교사가 어떻게 해야 할 지를 교육자는 독서 교육 전반에 걸쳐서 방안을 마련하고 준비해야 한다. 그러므로 학습자의 지속적인 독서를 성취할 수 없다면 독서 교육은 결코 성공한 것이라 볼 수 없다.

나. 흥미로운 독서

독서의 목적으로 보아서 그 유형을 나누어 본다면 오락용 독서, 정보용 독서, 학습용 독서, 정서용 독서가 있을 수 있다. 이러한 각각의 독서 목적에 적합하면서도 흥미로운 독서가 유지될 수 있도록 교육해야 한다. 이것은 독자에게 흥미 요소를 제공하는 일로 가능하다. 초보 독자일수록 흥미 요소를 제공해야 독서가 지속될 수 있고, 이것은 학습자의 자발적인 독서로 발전할 수 있는 계기를 가져온다. 특히 아직 독서가 미숙한 독자에게는 흥미는 독서의 유용한 유인책이 되기 때문이다. 이것은 흥미 요소를 제공하는 것에서부터 흥미가 계속 유지될 수 있는 방책(方策)을 고안하고 적용해야 한다는 것까지도 포괄한다. 그러므로 교사는 학생의 흥미가 도서를 선정하는 일과 독서 전(前)의 활동과 독서, 독후 활동하는 데까지 유지되도록 유념해야 한다.

다. 효과적인 독서

독서 교육은 의도적으로 시행하는 것이므로 당연히 상당한 효과가 있어야 한다. 효과는 독서의 목적을 성취하는 면에서의 효율성을 의미한다. 학습자의 독서하는 목적에 따라 어떠한 방법이 가장 효율적인 독서가 될 수 있는지를 고안하고 실천해야 한다. 모든 교육이 효율성을 추구하듯 독서 교육도 그 효율성면에서 예외가 있을 수 없다. 독서 목적이 정보 획득을 위한 것이라면, 가장 많은 정보를 가장 빨리 획득하는 것이 효율적일 것이다. 교과 학습을 위한 독서가 목적이라면, 학습의 목표 성취가 분명하기 위해서는 어떤 자료를 선택하여 이용하는 것이 효율적인지 다각도의 고려가 요구된다. 그러므로 교사는 학생의 독서 교육의 효과를 확인하기 위한 평가의 방식까지도 함께 검토할 필요가 있다.

2) 독서지도 교사의 삼 요소

독서를 지도하는 교사가 지녀야할 필수 요소를 생각할 수 있다. 이것은 독서와 그 교육에 대한 정확한 인식, 교사의 시범적인 독서 실천, 독서지도 교사의 교육적 열성, 이 셋을 독서지도 교사의 삼 요소라 할 수 있다.

가. 교사의 독서 인식

독서를 지도하는 교사가 독서에 대해 그리고 교육에 관해 어떤 인식을 하고 있는 가는 대단히 중요하다. 만일에 교사가 바르지 못한 인식을 한다면 그것은 바로 독자인 학생에게 거의 그대로 전달 될 수 있고, 한 교사의 잘못된 인식은 담임을 맡은 수십 명의 학급 학생에게 그대로 전염 될 것이다. 이것은 다음 해에 다른 교사를 만나게 되면 여러 가지 부작용을 겪게 된다. 그러한 점에서 교사는 독서와 독서 교육에 대한 정확한 인식을 하는 것이 매우 중요하다.

나. 교사의 독서 실천

교사는 독서 교육을 지도하는 교사로서만 존재 의의가 있는 것은 아니다. 그 자신이 훌륭한 독자가 되어야 한다. 특히 초등학교의 경우에는 독서에 대한 교사의 실천이 그대로 학생들에게 수용된다는 점을 유념해야 한다. 교사가 독서를 지도하면서 교사

자신은 훌륭한 독자가 아니라면, 학생들은 그것을 쉽게 눈치 채게 되고 그 독서 교육의 효과는 반감되거나 부정적 영향을 끼치기 쉽다. 그러므로 모름지기 독서 교육을 지도하는 교사는 그 자신이 책을 좋아하고 책과 가까이 지내며 독서를 생활화하는 훌륭한 독자가 되어야 할 것이다.

다. 교사의 교육적 열성

모든 일이 그러하지만 교육 역시 교육자가 얼마나 열성적으로 지도하는가에 따라서 교육의 성취도는 판가름이 난다. 독서 교육 역시 이에서 벗어나지 않는다. 교사의 독서 교육에 대한 열성 하나만으로도 교육은 효과를 볼 수 있을 만큼 교사의 열성은 무엇보다 중요한 요소이다. 그러므로 독서 교육을 실천하는 교사는 의무적으로 하거나 습관적 타성에 젖어서는 곤란하다. 훌륭한 독자로서의 교사는 장래의 우수한 독자를 양성한다는 의식을 지니고 더욱 열성적으로 지도할 때 독서 교육의 효과는 크게 빛날 것이다.

3) 독서 교육의 삼 주체

독서 교육을 수행하는 삼 주체를 교사, 학부모, 사회로 볼 수 있다. 독서 교육은 흔히 생각하기를 학교에서 교사만이 해야 하고 할 수 있는 것으로 이해하기가 십상이다. 그렇지만 어떠한 유형의 학교 교육일지라도 목적을 성취하기 위해서는, 학교 교사와 학생의 부모 그리고 학생과 교사가 생활하는 터전인 사회의 긴밀한 협조와 지원이 없이는 결코 성공할 수 없다. 이 점은 독서 교육도 예외가 아니다. 오히려 다른 교육보다 독서 교육은 그 관련의 정도가 아주 크다. 이 점은 독서 행위가 본질적으로 학교라는 정해진 공간과 주어진 시간에서 수행되기에는 턱없이 부족하다는 점이다. 독서 교육도 중요하지만 교육과정에 의한 일반적인 교과도 교육을 해야 하므로 독서 교육을 위한 시간 배정은 부족하거나 인색할 수밖에 없다. 책을 읽는 일은 지속적이고 오랜 시간을 필요로 한다. 학교 기관에서는 이러한 독서에 필요한 충분한 시간을 확보할 수가 없다. 따라서 이 충분한 시간이 요구되는 독서를 가정과 사회에서 지원하지 않고는 형식적인 교육, 흉내만내는 독서 교육이 되기 다반사이다.

현재 우리나라의 독서 교육이 결실을 얻지 못하는 가장 큰 이유 중의 하나 역시 가정과 사회의 협조를 충분히 받지 못하는 점이다. 학부모들은 독서를 교육, 학생이 반드시 해야 할 공부로 생각하기를 꺼린다. 사회는 당장에 필요한 즉각적인 지식과 정보에 치우친 나머지 독서를 통한 다양하고 심화 축적된 고급의 창의적인 지식과 사고를 기피하고 있다. 이런 면에서 학부모가 참여하여 가정에서 적절한 형태의 독서 교육을 지원하지 않으면 독서 교육의 실질적인 효과를 얻기는 상당히 어렵다. 학교에서 교사가 독서에 관한 과제나 활동을 제시할 때, 가정에서 부모가 어떻게 그것을 잘 활용하고 협조해서 성취할 수 있도록 돕지 않고는 독서 교육의 효과적인 성취는 사실상 불가능하다.

이 점은 역시 사회도 필요한 협조 사항이다. 사회는 독서 교육에 관해서 책읽기 운동도 벌여야 하고, 필요한 단체를 조직해서 음양으로 지원해야 할 것이다. 각 지역에 필요한 양의 훌륭한 시설과 양서를 갖춘 도서관을 짓고, 그것이 잘 이용되기 위한 여러 다양하고 적절한 편의 시설을 제공하지 않고는 독서 교육이 성공하기 어렵다. 근래에 어떤 일간 신문사에서 가정의 거실을 서재로 만드는 운동을 벌이고, 그에 부응하여 각 기업체가 학교의 독서 교육에 필요한 시설과 서적을 지원하고 독서의 붐을 조성하는 것은 바로 훌륭한 사회의 지원인 것이다. 이에서 한발 더 나아가 국가는 독서 교육에 필요한 정책을 세우고, 그것이 잘 시행되기 위한 예산상의 지원과 협조 인력의 제공 역시 독서 교육이 그 본연의 목적을 달성하기 위해서 당연시되는 사항이다. 결국 독서 교육이 소정의 목적을 제대로 달성하기 위해서는 학교의 교사와 가정의 학부모, 사회, 이 독서 교육의 핵심적인 삼 주체가 각각의 역할을 충실히 할 때 가능한 일이다.

4) 독서와 토론 및 논술

가. 독서의 활용

독서의 특성은 언어생활과 비견되는 사회 구성원의 의사소통 행위이고, 능동적이고 자발적인 정신 활동이면서, 이해(利害) 당사자들 간의 갈등의 문제를 해결하려는 문화적이고 지적인 활동으로 볼 수 있다. 또 독서의 기능으로는 인간 생활에 필요한 지식과 실용적 정보의 습득이고, 유용한 지혜와 합리적인 사고력의 증진에 있으며, 바람직한 인격의 함양과 아름다운 정서의 교류이다. 그리고 독서의 고유한 가치로는 유용한 정보와 실천적 경험을 제공하고, 개인의 지적 성장과 인격 함양에 적극적으로 기여하는 데에 있다. 또한 책의 필자와 독자가 공존하는 사회와 그 사회의 문화를 계승 발전시키는 효과적인 수단이 되기도 한다. 이러한 책을 통한 그 사회 구성원의 교류와 소통은 결과적으로 그 구성원간의 사회적 유대감을 낳고 결속력을 강화하게 된다. 이러한 특성과 기능을 가진 독서를 활용하면 개인의 사고력과 창의력의 발달을 가져오게 되고, 실생활에 효과적으로 적용시킬 때 인생의 참다운 가치를 고양하기에 이른다. 이러한 일련의 과정을 성공적으로 거치면, 책을 중심으로 소통하는 사회는 바람직한 상태로 유지되며 문화의 발달을 가져와 사회 구성원의 행복한 삶의 실현에 이바지하게 된다.

나. 토론의 특성과 의미

토론의 보편적인 개념은 논제(論題)를 두고, 그에 대한 찬성과 반대를 표하는 사람이 있어 각자의 논거(論據)를 바탕으로 주장을 펴는 매우 도전적인 화법이라 할 수 있다. 이 토론의 효용으로는 정보를 수집하고 산출하는 능력을 기를 수 있고, 토론의 과정에서 논리적 사고와 능동성, 실제성, 비판성, 유연성이 작용하게 되어 이를 통하여 참여하는 학생들의 경우에 이와 같은 능력 향상을 가져온다. 토론의 의제(議題)는 일반적으로 논쟁점이 있고 이것을 정책(定策)과 사실에 따라 진술하는 형식을 갖추면서 이에 필요한 용어를 정의하게 된다. 토론의 절차로는 논제의 설정과 그에 따른 주장을 제시하고, 반박과 그에 따른 선택 방안을 밝힌 뒤에 시간과 발언에 관하여 토론의 규칙을 정하고, 논제를 구두로 토론한 뒤에 판정을 하게 된다. 이 토론 과정이 충실하기 위해서는 토론 참가자들이 준비하여 실행하고 그에 따른 방식으로 평가하게 된다. 토론에서 다루는 논제는 개인적이거나 사회적 또는 문화적인 것이 일반적이며, 건전한 민주 사회를 지향하여 문화를 형성하고 복지 사회를 이룩하려는 데 참된 의미가 있다고 하겠다.

다. 논술의 기능과 지향

논술의 개념은 논증을 통해 서술하는 것, 즉 논리를 제시하여 증명하는 글이다. 토론이 화법의 하나라면 논술은 작문의 일종이라는 점이다. 논술을 쓰다 보면 비판적 사고를 확장하게 되고, 글을 조직하고 서술하는 과정에서 지식과 경험을 논리화하게 된다. 학생의 입장에서 보면, 문장력을 신장시키고 논리력과 사고력을 향상시키는 가치가 적지 않다. 논술이 지향하고자 하는 바는 토론과 유사하다. 사회 구성원 간의 복잡한 문제를 해결하기 위해서 객관적이고 합리적인 근거를 제시하여 각자의 주장을 펼치는 것이다. 토론의 시간과 공간의 공유와 달리 시간적 거리와 공간적 차이를 두고 개별적으로 제시하는 면이 말과 글의 본질적 차이와 함께 다른 점이다. 이 역시 토론과 동일하게 인간의 합리적인 문제 해결 방식의 하나로서 성숙한 민주 사회를 지향하는 지적이고 문화적인 행위이다.

라. 독서와 토론, 논술

독서와 토론의 관계는 문자로 표현된 글(책)을 이해하는 능력인 독서와 언어(음성)로 표현하는 말하기의 관계이다. 즉 독서와 토론은 이해력과 표현력의 관계이면서 글과 말의 만남이다. 반면에 토론과 논술의 관계는 같은 표현력의 관계이되, 말과 글의 만남으로 독서와 토론과 같은 양상이다. 그러므로 독서와 토론 및 논술의 삼자가 만나게 되면 말과 글, 이해와 표현의 통합이 된다. 이는 읽기와 말하기 글쓰기의 통합인데, 달리 말하여 책을 통한 인간의 문화적 이해와 표현의 총합이면서 의사소통의 도구인 언어와 문자를 통한 종합적 관계의 발현(發現)인 것이다. 결국 인간의 사고 작용과 가장 밀접한 관계로서 인간다운 문화를 생산하고 유통하며 소비하는 행위의 결정체이다. 따라서 독서와 토론, 논술은 성숙하고 선진화된 사회를 지향하는 인간의 필수적이고 기본적인 문화적 활동이라 말할 수 있다.

5) 독서 교육과 토론 및 논술

가. 독서 교육의 방안

독서 후(後) 활동으로 같은 책을 함께 읽은 여러 구성원들이 토론을 하게 한다. 토론 활동을 하게 한 뒤에, 이를 정리하여 논술문을 쓰게 하는 활동을 거치면 말과 글로 하는 독서 교육은 완료된다. 그런데 독서 후에 바로 논술을 하게 할 수도 있고, 토론으로만 독후 활동을 마무리할 수도 있다. 학습자의 독서 수준과 지적 관심의 정도, 책의 종류, 또는 독서 교육의 목적에 따라 이와 같은 독후 활동은 선택적으로 할 수 있다. 물론 독서한 뒤에 토론과 논술 활동을 반드시 지도해야 하는 것은 아니고, 독서만 하게 한 뒤에 독서 교육을 끝낼 수도 있다. 이와 같은 독서 교육 방안의 선택은 지도 교사가 독자인 학생의 다양한 독서 능력과 독서 상황과 관련된 여러 여건을 면밀히 검토하여 판단 적용하는 것이 효과적이고 바람직하다.

나. 토론의 활성화

독서 교육에 필요한 토론이 잘 수행되려면 가정에서도 토론이 활성화 되어야 하고 일정한 정도의 교육이 필요하다. 학생들은 학급 동료끼리 토론을 한다. 의제는 그들의 일상적 관심사가 대부분이다. 아이들 수준의 토론이란 어느 한 사항에 대해 각자 다른 의견들을 제시하고 교환하고 함께 나누는 것이다. 결론이 있을 수도 없고, 있다고 해도 논리적이거나 합리적이지 않은 경우도 많다. 달리 말해서 그들의 관심사를 놓고 서로 얘기하는 것이다. 그렇지만 이러한 동료끼리의 의견 교류가 독서토론의 중요한 바탕인 것이다. 학교의 토론에서 그치지 않고 이 토론 활동이 가정에서도 연장되어 활성화 될 필요가 있다. 가족끼리 일방적인 지시와 전달이 아닌 쌍방간의 의견 교류가 가능할 때 가정도 민주적인 운영이 되고, 이 경험이 독서토론은 물론이고 사회의 여러 문제를 토론으로 해결하는데도 긍정적으로 작용하게 된다. 이 가정의 토론이 학교의 토론 교육을 통해 범교과적 통합 활동으로 발전하게 되고, 이것이 다시 사회의 토론 활동으로 발전하여 이해(利害)로 대립하는 집단의 갈등을 조정하게 된다면 우리 사회는 더욱 빨리 선진 사회로 가게 될 것이다.

다. 논술의 일상화

독서 교육에 필요한 논술이 잘 되려면 가장 필요한 것이 글쓰기의 생활화이다. 글쓰기가 생활화 되었을 때, 학교의 논술 활동이 정착되고, 그 본연의 목적을 성취할 수 있다. 학교에서만 논술 활동을 하고, 독서를 하고나서 독후 활동으로만 논술을 한다고 하면, 학생들에게 논술은 지루하고 부담스러운 고역일 뿐이다. 그러므로 일상생활에서 글을 쓴다는 것이 자연스럽고 일상적인 일이 되어야 논술이 수월하고 효과도 얻을 수 있다. 이 글쓰기의 생활화에 가장 유용한 것으로 편지 쓰기와 일기 쓰기가 있다. 오늘날의 통신 매체의 발달에 따른 문자메시지의 활용도 일정 부분 그 몫을 할 수 있을 것이다. 또는 생활에 필요한 메모를 자주 쓰는 것도 가능하다. 그러나 대표적인 글쓰기의 생활화는 일기가 가장 적합하고 효과도 크다. 가정과 학교에서 학생들은 물론이고 교사나 일반인도 일기 쓰기가 일상화되어야 한다. 편지를 자주 쓰고, 일기 쓰기가 일상화 되어 글쓰기에 대한 부담을 덜게 될 때, 독서 후 논술 활동은 본연의 목적을 달성할 수 있을 것이다.

라. 독서와 토론 및 논술의 교육적 통합

독서토론과 독서논술의 통합은 독서토론 후에 주제를 선정하여 논술을 하는 것을 가리킨다. 독서를 함께 하고 책을 읽은 학생들끼리 그 내용을 자료로 토론을 벌인다. 이 과정에서 같은 책을 읽고도 각자 다른 생각을 하게 되는 것을 알게 되고, 책의 내용과 관련된 경험을 나누면서 그 폭을 확장하면서 독서의 내용을 개별적으로 다시 한번 정리하고 그 의미를 깨우치게 된다. 이와 같이 토론을 통하여 어느 정도 정리되고 심화된 각자의 독서 내용을 논술로 표현하게 한다. 이 논술을 쓰면서 다소 막연하거나 어설픈 생각들과 얼크러졌던 잡다한 내용들이 비로소 조직적인 체계로 정리가 되고, 합리적인 사고 작용을 거친 글로 표현되면서 독서의 참된 효과로 영글게 된다. 이처럼 독서 그리고 토론, 논술로 마무리를 짓는 연계 활동이 교육적으로 원만하게 수행된다면, 학교의 독서 교육은 그 바람직한 참모습으로 완성이 될 것이다. 따라서 독자로서 필자와 교류하고 같은 책을 읽은 독자(학생)끼리 상호 의사소통하여 토론하고, 자신만의 의견을 논술로 정리하여 제시하는 것은 독서와 토론과 논술의 교육적 통합이 된다. 이것은 바로 독서 교육이 지향하는 이상적인 활동이라 할 수 있다.

6) 독서토론과 독서논술, 독서 교육의 관계

독서토론은 독서 후의 지도로서 책에서 적합한 내용을 선정하여 토론 활동을 진행하는 일이다. 독서논술도 역시 독서 후의 지도로서 책의 내용과 관련된 주제를 선정하여 논술 활동을 하는 것으로서 독서토론과 독서논술은 독서 교육을 위한 효과적인 방법의 하나이다. 이것은 토론을 위하여 독서를 이용하는 것도 아니고, 논술을 잘 쓰기 위하여 독서를 활용하는 것 역시 아니다. 이러한 활동은 독서 교육의 분명한 목표를 성취하기 위한 것으로 그 중심은 역시 독서이고, 이러한 활동을 하게 되면 학생이 독서에 더욱 흥미를 느끼고 지속적으로 독서를 할 수 있게 되어야 할 것이다. 그런데 이것의 목표를 토론과 논술에 중심을 두면 독서는 변방으로 밀려나고, 토론과 논술에 대한 부담감이 작용하여 학생들에게 독서를 더욱 멀어지게 하는 결과를 낳으면 안 된다. 다시 말하면 독서가 주요 활동이고 토론과 논술은 부차적 활동, 추가적 심화 과정이란 점을 분명하게 인식하는 것이 독서 교육을 담당하는 교사들이 특별히 명심하고 유의해야 할 일이다.

5. 독서 교육의 자료와 평가

1) 일차 자료

독서 교육은 책을 대상으로 하는 교육이고, 책은 독서 교육의 기본 자료이다. 책을 읽게 하는 것, 책을 읽힘으로써 교육적 목적을 성취하고자 하는 것이므로 독서 교육의 대상이 되는 책에 관해서 독서 교육자가 알아야 하는 사항들이 있다. 이에는 책에 관한 사항으로는 책의 종류와 책의 성격이다. 책을 그 내용에 따라 분류하기 위한 기준으로는 도서관에서 일반적으로 분류하는 기준이 있다. 이 기준은 상당히 포괄적이므로 초등학생을 대상으로 독서 교육을 하는 데는 별다른 도움을 받기 어렵다. 그러므로 초등학생에 적합한 책의 분류 기준을 알아둘 필요가 있다. 초등학생이 관심을 둘 수 있는 내용을 기준으로 삼는 것과 학생의 성장 수준에 따른 분류가 있다. 또한 독서 능력 수준에 따라 책을 분류할 수 있다.

다음으로는 좋은 책을 고르는 방법이 있다. 독서 교육 대상자에게 적합한 책은 내용에 따라 학습자의 독서 능력과 수준에 따라, 관심과 소질에 따른 책을 선정하는 것이 좋다. 일반적으로 학교나 독서 교육 단체에서 필독서를 선정하는 경우가 많다. 이러한 것을 참고할 수 있으나 선정 기준을 확인하고 그에 따라 충분하게 검토하고 이용해야 한다. 무조건적인 신뢰나 판단의 근거 없이 일방적으로 준수하는 것은 바람직하지 않다. 가능하다면 교사가 직접 그 책을 읽어보고 학생에게 권하거나 교육 대상으로 삼는 것이 가장 안전하고 최선의 길이다. 그리고 독서 교육을 할 대상 학생에 관한 정확한 독서 능력과 수준을 파악하는 것이 필요하다. 그에 맞추어 책을 선정하는 것이 보다 나은 효과의 독서 교육을 성취할 수 있기 때문이다.

2) 이차 자료

책을 읽는다는 독서의 개념은 이제 시대의 변화로 그 폭이 상당히 넓게 되었다. 이점은 도서관에서 취급하는 자료를 보면 확인할 수 있다. 그리고 읽는다는 개념이 문자를 읽는다는 본질적 의미에서, 의미와 정보를 함유한 대상에서 그 의미를 해석하고 정보를 추출하여 정리하는 의미로 확대되어 왔다. 그러므로 전통적인 문자로 이루어진 책만을 대상으로 하기보다는 이제 미디어 재료도 독서 교육의 대상 자료로 삼아야 할 것이다. 특히 개정된 국어과 교육과정도 이 미디어에 관한 항목을 설정한 것을 보아도, 이제 독서 교육의 대상에는 미디어 교육을 확대 수용하고 그에 관한 자료도 역시 다루어야 할 것이다. 그러므로 이에 관한 독서 교육 교사로서의 관심이 충분하고 필요한 정도의 지식과 인식을 지녀야 할 것이다. 이것을 책을 대상으로 하는 독서 교육과 병행하거나 관련지어서 상호 소통하면서 지도할 수 있는 방안을 연구해야 할 것이다. 즉 책과 드라마와 영화, 만화와 애니메이션과 인터넷을 활용하는 방안도 점차 적극적으로 수용하고 검토해야 할 필요가 있다.

3) 독서 활동 평가

독서 교육을 실행하고 그것을 평가하는 일은 필요하고 중요하다. 평가는 독서 교육의 목적이 독서 능력을 향상시키는 것에 있는 만큼 독서 교육을 실시하기 전보다 얼마나 질적, 양적으로 능력이 향상되었는지 그것을 측정하고 판단하는 일이다. 그 결과를 바탕으로 삼아 차후의 독서 교육 자료로 활용하여 더욱 발전된 교육을 실천해야 한다. 또한 독서 교육의 평가는 필요하면서도 중요한 독서 교육의 기본적 내용이지만, 자칫 힘들고 어렵기 때문에 회피하고 싶은 유혹을 받기 쉽다. 그러나 독서 교육의 객관적이고 타당한 효과를 어떻게 평가하는 것이 학생들이 보다 즐거이 참여할 수 있는지 다각도의 방안을 탐색하고, 적극적으로 실천해야 한다.

또한 평가 활동도 독서 후의 지도와 연계하는 것이 좋다. 일부 현장에 널리 알려진 독후 활동 중에는 자연스럽게 평가를 포함하는 것도 적지 않다. 이처럼 평가가 반드시 정형적이고 학생의 부담을 주게 하는 것보다는 독후 활동의 하나로 즐겁게 참여할 수 있는 방안을 적극 개발하고 적용할 필요가 있다. 이것은 교사가 학급의 독서 교육 목표를 어떻게 세우는가에 따라서 다양한 평가 목표를 가질 수 있다. 그리고 이것을 객관적으로 측정하고 타당한 판정을 얻기 위한 효과적인 방안을 다양하게 구안(構案)하고 적용할 수 있다. 결국 평가가 독서 교육에서 필요한 활동이고, 그러한 평가 행위는 결과적으로 독서 활동을 촉진시킨다는 점을 유념해야 할 것이다.

제 2 장

독서의 이해

독서는 책을 읽는 일이다. 전통적인 독서의 형태는 종이 위에 문자로 표시된 내용의 글을 읽는 것이었으나 현대의 독서는 다양한 형태의 의미 전달 양식을 읽는 것을 의미한다. 전자(電子)시대의 도래는 전통적인 인쇄 매체의 변화를 가져왔다. 독서는 단순히 책을 읽는 것이 아니라 영상이나 음성 또는 다른 매체의 기호를 통하여 인간이 해독할 수 있는 모든 형태의 텍스트를 이해하는 것을 의미하게 되었다. 그 때문에 독서의 형태는 매우 다양할 뿐 아니라 다변화되었으며, 현대인은 보다 기술적이고 유용한 독서의 방법을 체득하도록 요구받게 되었다. 독서의 방법이 다양해지고 독서의 유형이 다변화되는 것과 동시에 책의 내용 또한 급변하는 현대사회의 지식과 정보를 담아내게 되었다. 독서의 내용은 인간이 독서를 통하여 얻을 수 있는 지식과 정보의 양을 의미하는 것이다. 지식과 정보의 양이 지속적으로 증가하는 현대사회의 독서는 독자의 기술적인 읽기 능력을 요구하고, 그러한 능력을 통하여 습득된 지식과 정보는 현대인의 문제를 해결하는 열쇠가 된다.

1. 독서의 개념과 본질

1) 독서의 개념

'독서(讀書)'를 글자 그대로 풀이하면 '책을 읽다'이다. 이 말에 따르면 읽기의 대상은 책 이다. 책은 일정한 크기의 종이 위에 문자를 기록하여 묶어놓은 전달 장치이다. 인간의 독서가 한 단계 발전할 수 있었던 가장 큰 이유 중 하나는 책의 발명이었다. 책이 없었다면 인간의 독서 행위는 매우 제한적이었을 것이다. 돌이나 나무껍질 또는 동물의 가죽을 이용하여 문자를 기록하던 시대의 독서는 매우 제한적이었을 것이다. 문자를 기록하는 장치로서의 돌이나 나무껍질, 동물의 가죽 등은 책에 비하여 그것을 생산하는 것은 물론 편리하게 운반하는 데에 어려움이 있었을 것이라는 추측이 그리 어렵지 않다. 사실 종이가 발명된 이후에도 보다 많은 내용을 종이 위에 적을 수 있었던 것은 아니었다. 그래서 종이는 많은 문자를 기록할 수 있도록 진화하였으며, 두루마리 종이의 시대를 거쳐 일정한 크기의 종이를 모아 묶어 놓은 '책'이라는 문자 전달 수단이 발명된 것이다. 이러한 책의 발명은 기록과 이동이 용이하여 많은 사람들이 소유하고, 교환할 수 있게 되었다. 결국 책의 발명은 인간의 독서를 발달시킨 결정적 계기가 되었으며, 인간의 독서는 물론 지식의 생산과 전달을 통한 사회, 문화, 예술, 과학 등 모든 분야의 발달을 가져오게 되었다.

전자시대가 도래한 지도 이미 한 세기가 지나가고 있을 뿐만 아니라, 과학 기술이 급속도로 발전하고 있음에도 불구하고 책의 수요와 공급은 전혀 줄어들지 않고 있다. 오히려 지식과 정보의 급속한 팽창으로 인하여 종이의 소비는 더욱 늘어가고 있는 추세이다. 그렇지만 앞으로 다가올 미래를 인식하지 않을 수가 없다. 종이가 모든 문자를 기록할 수 있을 것인지에 대한 회의적 견해는 현재 급속하게 확산되어 가고 있는 인터넷 문화와 무관하지 않다. 인터넷은 종이의 역할을 대신하는 것은 물론이요, 다양하고 방대한 지식과 정보를 담아낼 수 있다. 뿐만 아니라 책이 갖고 있는 제한적인 소유 상황을 완전히 무시하는 자유롭고 무제한적인 기능을 갖고 있다. 인터넷은 종이를 대신할 수 있는 기억 장치로 인하여 엄청난 지식과 정보를 저장할 수 있다. 인터넷의 확산은 종이가 지배하던 활자시대의 독서 문화를 전자시대의 독서 문화로 전환하는 계기가 될 것이다.

종이와 전자를 대표하는 독서 문화는 독서를 '책을 읽는 행위'로 보는 것으로부터 '읽는 행위'라는 보다 광범위한 개념의 확장을 의미한다. 현대의 독서는 무엇을 '읽는 행위'이며, 그 무엇이라는 것은 전통적인 독서의 관점으로부터 다양한 매체와 장치를 동원한 독서를 포함하게 되었다. 이러한 변화는 독서의 양상이 질적 또는 양적으로 급격한 변화를 가져왔음을 의미하는 것이며, 독자의 수용 양상에 따른 다양한 독서 개념의 분류를 유도하는 것이기도 하다.

전통적인 독서는 정서 함양과 인격 형성에 중심을 두었다. 책을 통하여 얻을 수 있는 지식과 정보들은 개인의 인격을 보다 차원 높게 형성하기 위한 수단으로 작용하였다. 또한 책을 읽음으로써 개인의 정서를 보다 순화하거나 아름다운 마음을 갖출 수 있다는 생각을 하였다. 그만큼 기존의 독서 활동은 인간의 인격과 정서에 매우 중요하게 작용하였을 뿐만 아니라 독서 활동이 지식과 정보의 습득, 또는 어떤 문제를 해결하기 위한 도구나 수단으로서가 아니라 좋은 인간을 형성하기 위한 매우 중요한 활동으로 자리매김하였다.

일상에서의 독서를 생각하여 보면 보다 쉽게 이해가 될 것이다. 만일 우리가 어디론가 기차를 타고 여행을 가고 있다고 상상하여 보자. 오랜 시간 기차를 타고 가면서 무료한 시간을 달래기 위하여 가방에 든 책을 펼쳐 읽는다. 목적지에 도착할 때까지 그저 책의 내용에 빠져 즐거움을 만끽하면서 읽을 것이다. 그 내용이 무엇이 되었든 간에 책의 재미에 빠진다는 것은 책이 주는 즐거움과 행복이다. 이러한 정서적인 측면의 읽기는 여행 중의 독서뿐 아니라 일상에서의 많은 독서와 유사할 것이다. 편안한 마음으로 책을 읽는 모습을 상상하면 개인의 정서를 함양하는 읽기의 모습이 그려질 것이다.

단순히 책의 내용에 대한 재미나 흥미를 느끼는 것뿐만 아니라 책 속에 담겨 있는 내용을 보다 집중하여 읽는다면 독서의 행위가 정서의 측면에 치우치지 않는다는 것을 알 수 있다. 책 속에 담긴 내용을 통하여 자신의 생각과 의견을 다른 사람에게 전달하거나 공유할 수 있다면 그것은 정서적인 측면에서의 읽기와는 다른 양상의 독서 행위로 작용할 것이다. 책의 내용이 무엇이든지 간에 단순히 재미와 즐거움을 찾는 것 이상 독서 행위를 하였을 때 독자는 책에 담겨 있는 내용에 집중하게 된다. 책에 담긴 내용은 자신의 인격을 형성시킬 수 있는 충분한 자료이며 활용 가치가 있는 도구가 될 것이다. 책의 내용에 보다 집중하여 독서를 함으로써 자신이 책을 읽어서 다른 사람의 인정을 받을 수 있었다면 그러한 독서는 독자의 인격을 형성하는 활동이 되는 것이다.

정서와 인격 형성이 따로 떨어져서 분리할 수 있는 것은 아니다. 그렇지만 동일한 제목과 내용의 책을 읽을 때에 독자의 관심이 무엇에 더 집중되는가에 따라서 독서 행위가 개인의 정서 함양에 작용하였는지 인격 형성에 작용하였는지 알 수 있을 것이다. 책의 내용에 집중하면서 즐거움과 흥미를 느낀다면 그것이야말로 정서 함양과 인격 형성을 동시에 추구할 수 있는 의미 있는 독서가 될 것이다.

현대의 독서 개념은 전통적인 독서가 갖고 있었던 정서 함양과 인격 형성의 두 가지 이로운 가치를 보다 세부적이고 실용적인 측면에서 바라본 관점이다. 지식과 정보의 양이 증가한다는 것은 새로운 지식과 정보 없이는 현대의 생활을 온전하게 유지하기 힘들다는 것을 의미하는 것이며, 지식과 정보의 팽창은 현대 사회의 급변하는 문화 속에서 현대인이 살아가야 할 방향을 제시하는 것을 암시하는 것이기도 하다. 현대사회의 급속한 변화와 질적 양적 팽창은 과학 기술의 발달과 문명의 다변화를 통하여 삶의 양상을 구조적으로 변화시켰다. 사회 문화의 발달은 인간의 욕망과 삶의 질을 향상 시키려는 욕구를 증가시켰으며, 삶의 질을 높이기 위한 가장 기본적인 행위로서의 '읽기' 활동의 중요성을 인식하게 하였다. 인간성의 황폐함과 기계 문명의 부조리함 속에서 인간은 자신을 순화시키기를 갈망한다. 그러나 현대 사회는 인간성 본연의 자연적 회귀를 갈구하는 것과 동시에 인간에게 봉착한 수많은 문제들을 해결하도록 요구한다.

어느 날 인터넷으로 주문한 전자 제품이 집에 도착하였다. 전자 제품은 수많은 성능을 갖고 있다. 그러나 그것을 사용할 방법이 없다. 한 번도 사용해본 경험이 없기 때문이다. 누군가 옆에서 도와줄 사람이 없다면, 비싼 돈을 지불하고 산 전자 제품을 사용할 수 있는 방법은 상자 안에 같이 들어있는 사용 설명서를 읽어 보는 것이다. 기능이 다양한 만큼 그 기능을 온전히 사용하기 위한 설명서 또한 적지 않은 양을 차지한다. 결국 사용자는 전자 제품 설명서를 하나하나 읽어 나가면서 전자 제품을 시연(試演)하여 본다. 사용법이 많은 만큼 한 번에 사용 설명서를 다 읽을 수는 없다. 따라서 자신에게 꼭 필요한 기능의 사용법을 알려주는 부분만을 발췌하여 읽기를 한다. 온 가족들이 이러한 과정을 거칠 것이다. 자신이 원하는 기능을 온전히 사용하기 위하여 사용 설명서를 꼼꼼하게 읽어나가면서 새로운 전자시대의 문화에 적응할 것이다. 비단 전자 제품만이 아니라 현대인은 수많은 문제에 봉착하게 된다. 이전에 동일한 문제를 경험하였거나 주어진 문제에 대한 배경지식을 갖고 있을 경우에는 문제를 해결하는 데에 도움을 얻을 수 있겠지만 그렇지 못할 경우에는 난처한 입장에 처하게 된다. 영화나 공연을 보기 위하여 인터넷이나 신문기사나 광고를 읽어야 할 것이며, 새로운 교통수단을 이용하기 위한 결제 방법을 알기 위하여 필요한 자료를 읽어야 할 것이다. 직업을 얻기 위한 해당 회사의 요구 지식을 습득하여야 할 것이며, 새로운 집단에 어울리기 위한 규약도 알아야 할 것이다. 이렇듯 수많은 환경과 상황에서 현대인은 자신의 문제를 어떻게 해결하여야 하는지에 대하여 고민할 뿐 아니라 문제를 해결할 수 있는 적절한 방법과 전략을 갖고 있어야 한다. 결국 현대인은 문제해결을 위한 지식과 정보를 얻을 수 있는 다양한 방법과 전략의 독서를 수행하여야 한다.

전통적인 독서의 개념과 현대 독서의 개념은 어떤 면에서 동일한 맥락을 형성하고 있다고 보아야 한다. 다만 그것이 어떤 상황에서 어떻게 작용하는가에 따라 독서의 개념을 어떻게 정의할 것인지에 대한 차이가 있을 뿐이다. 전통적인 독서의 개념은 '개인의 정서 함양과 인격 형성을 위한 읽기 행위'에 주안점을 두고 있으며, 현대의 독서 개념은 '주어진 문제해결에 요구되는 지식과 정보 습득의 읽기 과정'에 주안점을 두고 있다.

그런데 우리가 독서에 관하여 이론적인 방법과 전략적인 접근을 하려는 시도는 다분히 현대의 독서와 관련이 있다. 독서의 방법과 전략에 대한 이론적 접근은 현대의 독서가 전통적인 것과는 구별되어야 한다는 전제이다. 또한 가정과 사회는 물론 학교 현장에서 독서의 효용성과 실천성에 대하여 논의하는 것은 현대의 독서가 인간 삶의 질을 구체적으로 변화시킬 수 있는 지름길이기 때문이다. 여기서 논의하는 상당 부분들은 독자가 처한 문제 상황에 대하여 효과적으로 대처할 수 있도록 하는 독서의 이로운 방법과 전략에 관한 것들이다. 어떤 면에서 보면 현대인이 처한 가장 절실한 문제는 '정서 장애'나 '스트레스'일 것이다. 따라서 정서나 인격적인 측면의 독서 행위마저도 현대인이 당면한 문제를 해결하는 유용한 방법으로 작용한다. 독서치료가 새로운 학문으로 등장하게 된 배경이 그와 같은 맥락이다. 결국 현대의 독서는 '주어진 문제를 해결하기 위하여 지식과 정보를 습득하는 읽기의 과정'이라고 개념화할 수 있다.

2) 독서의 본질

독서는 본질적으로 '읽기' 행위이다. 읽기는 언어활동의 이해 과정이다. 언어를 이해하기 위해서는 기본적으로 듣고, 읽는 활동이 요구된다. 그러나 단순히 언어를 수용하는 소극적 행위로는 의미를 이해할 수 없다. 말을 듣는 것과 달리 글을 읽는다는 것은 문자의 기호적인 해석과 의미의 수용이 동시에 작용하여야 한다. 뿐만 아니라 의미를 이해하는 과정은 '독자', '텍스트', '상황'의 세 가지 맥락이 서로 유기적으로 통합되어 보다 의미 있는 내용을 구성하게 된다. 만일 어느 한 측면에 집중하여 읽기를 한다면 글의 원래 의미와 전혀 다른 해석을 하게 된다.

독서의 본질에 접근하기 위해서는 읽기 행위에 작용하는 세 가지 맥락에 대한 이해가 선행되어야 한다. 앞의 세 가지 측면이 독서 행위 과정에서 효과적으로 작용하였을 때 책을 읽는 주체의 문자 해독과 의미 구성이 효과적으로 이루어진다. 단순히 문자 기호를 시각적인 정보로 받아들이는 것은 독서의 본질과는 동떨어진 것이다. 문자 기호에 담긴 의미를 해석하고 각각의 문자 정보가 내포하고 있는 잠재적 의미를 추론하는 독서야말로 진정한 독서의 가치를 창출한다.

책을 읽는 행위를 통하여 차원 높은 의미를 구성하기 위해서는 독자의 새로운 시도가 요구된다. 글에 직접적으로 표현되지 않은 내용을 추론하고 해석할 수 있어야 한다. 또한 글과 글을 비교하거나 분석하는 일을 해야 한다. 훌륭한 독자는 독자로서의 역할만을 충실하게 수행하는 것으로 만족하지 않는다. 글을 읽을 때에는 자신이 갖고 있는 기존의 지식과 정보를 동원하여 작가(텍스트)가 표현하고 있는 직접적 표현과 내용을 새롭게 해석하고 구성하여야 한다. 겉으로 드러난 내용뿐 아니라 글 속에 담긴 의미를 추론할 수 있어야 한다. 그것은 독자가 작가의 입장이 되어서 텍스트에 표현된 내용을 새롭게 재구성하는 것이다. 주어진 글을 읽는 소극적인 입장에서 글을 쓴 사람이 되어 독자의 생각과 텍스트 사이를 오가면서 의미를 구성하여 가는 것이다. 또한 훌륭한 독자는 어떤 상황에서 독서를 하고 있는가에 대해 정확히 인지할 수 있다. 독서의 상황은 매우 다양하기 때문에 의미의 수용과 해석이 다양해진다.

가. 독자 맥락

독서 활동의 주체는 결국 독자이다. 독자는 책을 어떤 목적으로 읽든지 자신이 원하는 것을 얻기 위하여 나름의 방법을 동원한다. 단순히 정서적 만족을 위하여 책을 읽을 때조차 자신을 글 속에 투영하여 등장인물과 비교하거나 자신을 그 속으로 들여보내기도 한다. 만일 책 읽기를 통하여 자신이 봉착한 문제 해결에 필요한 지식과 정보를 얻으려고 한다면 독자는 보다 효율적인 방법과 전략을 동원하여야 할 것이다. 독자 맥락의 중요성은 독자가 원하는 지식과 정보를 습득하는 과정의 효율성과 관계가 있다. 독서를 통한 지식과 정보의 습득이 각각의 독자마다 차이가 나는 것은 독자 맥락의 차이가 있음을 입증하는 것이다.

독자 맥락에 작용하는 요인은 크게 세 가지로 나누어 볼 수 있다. '어휘', '자료활용', '배경지식'이다. 어휘는 텍스트 본연의 내용을 철저하게 이해하기 위하여 독자가 갖추어야할 가장 기본적인 요인이다. 그러나 독자의 어휘 수준과 능력은 독서를 통하여 습득되기 때문에 이것은 자료를 활용하는 독서 및 배경지식과 분리하여 설명할 수도 없다. 또한 자료 활용은 읽기 과정에서 발생하는 어려운 어휘들을 탐색하는 과정이기 때문에 이 또한 독서 활동의 한 부분으로 이해하여야 할 것이다. 결국 세 가지 요인은 배경지식을 활성화시키는 활동을 통하여 자연적으로 통합된다. 유능한 독자의 경우 모르는 어휘를 문맥을 통하여 유추할 수 있지만 그렇지 않은 독자는 어휘를 이해하기 위하여 사전이나 인터넷 등을 검색할 것이다. 어휘를 이해하기 위하여 다양한 자료를 활용함으로써 어휘를 이해할 뿐 아니라 어휘와 관련된 지식과 정보를 얻을 수 있다. 어휘는 사전, 백과사전, 인터넷, 신문, 방송, 미디어 등 다양한 자료를 활용하여 이해할 수 있으며, 어휘 능력을 쌓을 수 있다.

자료 활용을 통하여 얻은 어휘 능력과 관련 지식들은 독자의 기억에 저장되어 훌륭한 지식과 정보로 활용된다. 이러한 지식과 정보의 총체가 배경지식이다. 배경지식은 사전지식이라고도 하며, 스키마(schema)라고 하기도 한다. 다음의 글을 통하여 배경지식이 글을 이해하는 데에 어떻게 작용하는지 알 수 있을 것이다.

인화성 물질, 시멘트 및 석고가루 등은 절대로 흡입하지 마세요.

위의 문구가 무엇을 설명하려는 것인지 어떻게 알 수 있을까? 위 글에 대한 배경지식이 명시적이지 않을 경우 독자는 이 글만으로 이 글을 쓴 사람이 어떤 의도를 갖고 있으며, 이 글을 읽는 사람에게 무엇을 요구하는지 서로 다른 견해를 갖게 될 것이다. 독자는 이 글을 이해하기 위하여 자신이 갖고 있는 배경지식을 동원하여 글의 의미를 이해하려 할 것이다. 배경지식이 명시적이지 않을 경우 글의 의미 파악을 보류하기도 할 것이며, 아예 글의 의미 자체를 이해하려고 하지 않을 것이다. 만일 초등학교 저학년 아동에게 이 글을 보여주고 글의 의미가 무엇인지 해석하라고 한다면 먼저 어려운 어휘를 이해하기 위하여 자료를 활용할 것이다. 그러나 국어사전이나 백과사전을 찾는 것만으로 이 문구의 내용을 이해하기란 쉽지 않다. 결국 이 문구가 무엇을 의미하는지 아는 데에는 너무 많은 노력과 시간이 걸리게 될 것이다. 하지만 이와 관련된 배경지식을 갖고 있을 경우에는 이것이 얼마나 쉬운 문구인지 또한 알 수 있을 것이다.

위의 문구는 진공청소기 사용법의 한 부분이다. 만일 진공청소기 사용법에 관한 배경지식을 명시적으로 갖고 있는 독자였다면 이 문구를 이해하는 데에 아무런 지장이 없었을 것이다. 그렇지 않은 독자의 경우에는 위의 내용을 구체적으로 이해하는 데에 어려움이 있을 것이다. 많은 시간과 노력을 들여서 위의 글이 의미하는 것이 무엇인지 알아내야 하는 것이다. 뿐만 아니라 적절하지 못한 배경지식을 동원할 경우에는 글의 내용이 전혀 다른 방향으로 해석되기도 한다. 따라서 글의 의미를 적절하게 해석하기 위해서는 자신의 배경지식과 텍스트가 의도하는 바가 무엇인지를 적절하게 조절하고 통합하여야 한다.

배경지식은 학습자의 직접 또는 간접 경험을 통하여 형성된 지식과 정보의 총체이다. 인간의 직접 경험은 한계가 있다. 따라서 다양한 읽기 활동을 통하여 간접 경험하고 그것은 자신의 지식과 정보의 형태로 저장하게 된다. 배경지식은 바로 경험의 누적을 통하여 형성되는 것이며, 다양하고 지속적인 경험을 통한 배경지식의 습득은 읽기능력을 향상시킨다. 읽기 능력을 향상시키기 위하여 배경지식을 쌓을 수 있는 가장 구체적이고 명시적인 방법은 바로 독서이다. 결국 독서는 학습자의 배경지식을 습득하게하고 누적된 배경지식은 학습자의 읽기 능력을 향상시킨다.

독자 맥락의 문화적인 요인을 생각해 볼 수도 있다. 동일한 텍스트에 대하여 독자가 어떤 문화적 환경에 처해 있는지에 따라서 글의 의미를 구성하는 방식과 내용이달라진다. 만일 글 내용 중에 주인공이 사랑하는 여자와 음식을 먹는 장면에서의 식사예절이나 습관을 상상한다면 각 나라의 식사 문화를 기반으로 하여 그 장면을 상상할것이다. 또한 우리의 문화와 익숙하지 않은 언어나 생활 습관 등에 대하여도 많은 차이를 보일 것이다. 그렇지만 이러한 문화적 차이에 의한 독자 맥락 또한 다양한 문화를 설명하는 독서 활동을 통하여 배경지식을 쌓아간다면 그 또한 극복될 수 있는 부분이다.

나. 텍스트 맥락

글을 읽는 독자들은 간혹 글의 내용이 너무 어렵다거나 쉽다거나 하는 이유를 들어서 글을 잘 이해할 수 있다거나 잘 이해할 수 없다고 말한다. 이것은 바로 텍스트맥락에 따른 독해 과정의 영향을 의미하는 것이다. 주어진 텍스트가 자신의 읽기 능력과 관련하여 적정한 수준인지를 판별하여 독서 행위를 하기란 쉽지 않은 일이다. 특히읽기 능력이 부족하거나 문해력(文解力, literacy)이 낮은 독자의 경우에는 자신의 수준에맞지 않는 글로 인하여 상당한 스트레스를 받기 마련이다. 이러한 문제는 일상생활뿐아니라 학교 현장에서 빈번하게 발생한다. 학년 수준에 적절하지 않은 도서를 선택하여 읽게 하는 경우가 가장 대표적인 예이다. 단순히 저·중·고 학년으로 나눈 권장도서 목록을 무조건 신봉하여 학급의 모든 학생에게 동일한 수준의 책을 읽게 하였을 경우 학습자들은 서로 다른 읽기 능력으로 인하여 각각 다른 결과를 유발한다. 일반적으로 저학년의 유능한 독자는 고학년의 미숙한 독자에 비하여 독해 능력이 뛰어난 것으로 확인된다. 그렇다면 단지 학년 구분만으로 학생들의 읽기 능력을 단계화하여 도서의 수준을 결정하는 것은 장기적으로 학습자의 읽기 능력과 흥미를 감소시키는 결과를 가져올 것이다.

이독성(易讀性, readability)은 학습자의 읽기 능력과 관련하여 텍스트의 난이도를 결정하여 학습자의 읽기 능력과 수준에 맞는 텍스트를 연결하는 시도이다. 텍스트를 구성하는 단어, 어휘, 문장, 단락 등의 텍스트 구성 요인을 학습자의 읽기 능력과 관련하여 난이도를 공식화 한 것이 바로 이독성 공식이다. 만일 독자가 자신의 읽기 능력을 알고 있다면 이독성 공식을 참고하여 어떤 텍스트가 자신의 읽기 능력과 적절하게 어울리는지를 알 수 있다. 이미 미국에서는 군 작전 매뉴얼에 대한 군인들의 이해도를 높이기 위하여 동일한 텍스트를 다양한 수준의 형태로 재구성하여 보급하는 작업을 시행하였다. 예를 들어 초등학교 국어교과서에 나오는 고전문학 작품의 경우에는 원본 텍스트를 초등학생의 수준에 맞게 다시 쓴 것이다. 이독성 공식을 적용할 경우 모든 텍스트는 아무리 어렵더라도 다양한 수준의 읽기 능력을 가진 독자의 수준에 어울리는 텍스트로 재구성할 수 있다. 기존의 텍스트를 쉬운 텍스트로 변환하는 것도 이독성 공식의 활용이지만 기존의 텍스트를 이독성 공식을 적용하여 분석한 후에 어떤 수준의 독자에게 어울리는지를 숫자로 표시하여 나타낼 수 있다. 최근 우리나라의 대형 서점에서 이러한 이독성 공식이 표기된 도서를 발견할 수 있다. 그러나 이독성 공식의 명시적인 수치화의 이면에는 그것이 모든 독자에게 성공적으로 적용되지 않을 것이라는 불안감도 적잖이 작용한다.

다. 상황 맥락

정말 아무 생각 없이 책을 읽는다면 더 이상 독서에 관하여 어떤 말도 할 필요가 없을 것이다. 그러나 앞서 언급하였듯이 현대의 독서는 주어진 문제를 해결하는 데에 필요한 지식과 정보를 얻기 위한 활동이기 때문에 보다 효과적인 방법과 전략을 구안하지 않을 수가 없는 것이다. 책을 읽을 때에는 어떤 목적을 갖고 있어야 한다. 내가 왜 이 책을 읽어야 하는가? 내가 왜 지금 이 책을 읽고 있는가? 내가 어떻게 이 책을 읽고 있는가? 내가 어디에서 이 책을 읽고 있는가? 내가 이 책을 읽음으로써 무엇을 얻을 수 있는가? 등의 질문을 구체화하면서 독서를 해야 한다. 상황 맥락은 바로 독자가 처한 상황에서 독자의 독서 활동 과정과 효과적인 결과를 유발하는 조건들을 포함한다.

　독자는 학교, 가정, 직장, 여행지 등 다양한 환경에서 독서 활동을 한다. 그들이 어떤 환경에서 독서를 하고 있는지는 어떤 목적으로 독서를 하고 있는가와 관련이 있다. 학교에서는 주로 학습 독서를 위주로 하며, 직장에서는 관련 직종과 관련된 독서를 할 것이고, 여행지에서는 정서나 자아실현의 측면에서 독서를 할 것이고, 가정에서는 모든 조건들이 복합적으로 일어날 것이다. 이렇듯이 독자가 처한 환경 또한 상황 맥락의 중요한 요인으로 작용한다. 특히 상황 맥락에서는 독서 구성원들이 다르기 때문에 독자의 심리적인 부담과 독서 분위기 형성의 중요성이 부각된다. 학교 독서의 경우에는 교사와 학습자 상호간의 작용이 매우 중요하며, 직장에서는 직장 구성원뿐 아니라 직무와 관련된 사람들과 직장 상사와의 상호작용, 가정에서는 부모나 가족 구성원과의 상호 작용이 상황 맥락의 중요한 요인으로 작용할 것이다.

　상황 맥락의 여러 요인들이 성공적인 독서 과정을 형성하기 위하여 공통적으로 수행하여야 할 독서 활동은 바로 '말'이다. 언뜻 독서는 단순히 책을 읽고 이해하는 것으로 끝을 내는 것이라고 생각하는 독자가 매우 많다. 특히 유교적인 영향을 많이 받은 우리나라의 경우 혼자서 이해하고 혼자 아는 것으로 모든 독서 활동이 끝이 났다고 생각한다. 이러한 생각은 독서를 단지 흥미 거리를 얻기 위한 또는 남는 시간을 허비하기 위한 매우 의미 없고 소극적인 시각으로 바라보는 것이다. 독서는 지식과 정보를 얻기 위한 활동이며, 사고를 촉진하고 향상시키는 과정이다. 따라서 독서를 이해의 한 측면에서 접근하기보다는 표현 활동과 유기적으로 연결하여 수행하여야 한다. 책을 읽은 후에 책과 관련된 표현활동을 하는 이유가 바로 그것이다. 학교, 직장, 가정에서의 독서 상황은 교사, 부모, 직장 상사 등 다양한 상호작용 대상이 존재한다. 이들과 독서 활동을 상호작용할 수 있는 방법은 바로 표현이다. 사고의 즉시적 표현은 대화이며, 토론이다. 따라서 상황 맥락을 지배하는 독서 요인의 성공적인 수행은 바로 대화와 토론이다. 최근 독서토론 모임이나 북클럽 등이 유행하는 것은 이와 무관하지 않다.

2. 독서의 과정과 방법

독서의 과정을 이해하고 적절한 방법을 동원하여 책을 읽는다면 보다 성공적인 독서 활동을 수행할 수 있을 것이다. 주어진 문제를 해결하는 데에 필요한 지식과 정보를 보다 경제적으로 습득할 수 있는 길은 자기 주도적이고 적극적인 독서 태도를 갖는 것이다. 자기 주도적이고 적극적인 독서 태도는 원하는 지식과 정보를 효과적으로 습득할 수 있는 방법을 적용하면서 독서의 과정을 수행하는 것이다. 미숙한 독자들은 자신의 읽기 과정을 단순화하거나 수동적인 자세로 임하는 성향이 강하다. 단순히 문자를 해독하는 것만으로 독서의 과정을 이해하여 나아가는 경우가 많기 때문에 글이 담고 있는 유용한 지식과 정보를 효과적으로 습득하는 데에 어려움을 느끼게 된다.

1) 독서의 과정

일반적으로 독서의 과정을 설명할 때에는 독자의 인지 과정과 관련하여 글을 이해하고 해석하는 것을 말한다. 책의 내용을 일차적으로 이해한 후에는 자신의 배경지식을 동원하여 숨겨진 의미를 추론하고 분석하는 과정을 거쳐야 한다. 현대의 독서 과정은 이제 보다 차원 높은 사고를 동원한 활용을 요구한다. 글의 의미를 해석하고 분석하는 것은 물론 배경지식을 바탕으로 글에 담긴 지식과 정보를 새롭게 구성하는 활동을 하여야 한다. 지식과 정보는 서로 유기적으로 통합되거나 적용된다. 어떤 경우 서로 다른 텍스트 상의 지식과 정보가 각각의 공통점과 차이점을 사이에 두고 유기적인 관련을 맺는 경우가 있다. 두 개 이상의 텍스트를 관련하여 읽기 행위를 수행할 경우 특히 텍스트 간의 분석과 통합은 매우 중요한 의미를 갖게 된다. 통합된 지식과 정보의 유용성 또는 효과적인 적용과 재구성의 적합성은 초인지 과정을 통하여 보다 세련되고 합리적인 설득력을 갖게 된다.

독해 과정의 하위 과정으로 '분석', '통합', '초인지'의 과정을 둘 수 있다. 텍스트를 분석하고 통합하며, 초인지(超認知) 과정을 통하여 텍스트를 점검하고 재구성하는 과정은 총체적으로 독해 과정에 속한다. 여기서는 독해 과정의 하위 과정으로 분석, 통합, 초인지 과정을 두지 않고 별도의 과정으로 설명하였다. 이러한 독서 과정의 분류는 독해를 미시적(微視的)인 측면으로 이해하려는 것이며, 독해 활동을 독자 중심에서 수행하기 보다는 텍스트의 측면에서 수행하는 것을 중심으로 하기 때문이다. 이 글의 서두에서 밝혔듯이 현대의 독서는 개인의 정서와 인격을 함양하기 위한 것에 초점을 두는 것이 아니라 주어진 문제를 해결하는 데에 필요한 지식과 정보를 습득하기 위한 데 초점을 두고 있다. 따라서 주어진 텍스트가 함유하는 지식과 정보를 정확하게 이해하고 해석하는 미시적 활동의 중요성을 보다 강조하기 위함이다. 미시적 측면의 독해 과정을 충실하게 수행한다면 텍스를 분석하고 통합하는 활동은 자연스럽게 수행되며, 장기적으로 초인지 과정을 수행할 수 있는 읽기 능력을 형성할 수 있게 될 것이다.

가. 독해

독해과정은 말 그대로 글을 읽고 해석하는 과정이다. 그러나 독해의 과정을 구체적으로 설명하기란 쉽지 않다. 정확히 말해 독해 과정이 무엇인지 알 수 없다고 해도 과언이 아니다. 학습자가 글을 읽을 때에 머리 속에서 일어나는 과정은 분절적이고 단속적(斷續的)인 것이 아니라 총체적이고 통합적으로 일어나기 때문에, 텍스트의 시각적 정보가 독자의 머릿속으로 들어가는 순간부터 일어나는 사고 작용은 어떤 방식으로도 설명하기가 힘들다. 그럼에도 불구하고 독해의 과정을 몇 가지 하위 과정으로 나누어서 설명할 수밖에 없는 것은 독해 과정을 단계적으로 나누어서 학습한 결과의 유익함 때문이다. 또한 독해 과정을 몇 가지 하위 과정으로 나누어 독자의 독해 능력을 이해할 수 있으며, 학습자의 읽기 능력에 적합한 독해 활동을 수행할 수 있게 하기 위함이다.

먼저 글을 이해하기 위해서는 문자를 시각적으로 읽어 들이는 과정이 선행되어야 할 것이다. 기초적인 문해력이 있다면 문자의 시각적 정보를 확인하는 과정은 그다지 문제가 되지 않을 것이다. 그렇지만 텍스트가 어떤 수준의 읽기 능력을 요구하는지에 따라서 독해 과정은 하위의 미시 과정을 수행하여야 한다. 독해 과정의 가장 하위 과정은 단어 수준의 이해이다. 단어를 이해한 후에는 어휘 수준의 과정을 거치며, 어휘 수준에서 문장으로 문장에서 단락으로 단락에서 텍스트 전체의 내용으로 이행되어 간다.

능숙한 독자들의 독해 과정은 하위 과정을 일일이 거치지 않고서도 글의 의미를 이해하고 해석할 수 있다. 미숙한 독자들은 하위의 작은 과정에 머무르는 경우가 많기 때문에 독해 과정에서 어려움을 겪는다. 앞서 독자 맥락에서 어휘 요인은 이와 관련이 있다. 글에 표현된 어휘 수준의 독해 과정에 머무른 독자는 글을 해석하는 데에 매우 많은 시간과 노력이 요구된다. 따라서 다양한 자료를 동원하거나 타인의 도움을 받아야 할 것이다. 충분한 독서 경험을 통하여 배경지식을 습득한 독자들은 어휘 수준에 머무르지 않는다. 최소한 그들은 글을 어휘나 문장 단위로 쪼개어 내용을 구성하는 것이 아니라 내용의 한 단락 수준에서 이해하고 해석한다. 만일 이해할 수 없는 어휘를 만났을 경우에는 배경지식을 동원하여 문맥에 어울리는 어휘의 의미를 추론할 수 있을 것이다.

독해 과정은 어떤 면에서 텍스트의 의미를 온전히 추적하여 가는 과정이기도 하다. 글을 읽고 해석하는 과정은 텍스트 또는 작가의 뒤를 쫓아가는 수동적인 과정이 아니라, 독자의 배경지식을 충분히 동원하여 새로운 의미를 형성하는 것이다. 독해 과정에서 배경지식의 동원과 적용은 매우 중요하다. 그렇지만 배경지식의 동원과 적용이 텍스트의 본래 의미를 훼손하거나 변질하는 수준에서 적용된다면 독해의 과정을 온전히 수행하였다고 볼 수 없다. 독해의 기본 원칙은 텍스트가 담고 있는 의미(지식, 정보)를 작가의 측면에서 이해하고 해석하는 데에 우선적인 초점을 두어야 한다. 텍스트가 담고 있는 지식과 정보의 올바른 이해와 해석이 선행되지 않은 상황에서 독자의 배경지식만을 담보로 하여 텍스트의 의미를 일방적으로 해석할 경우 의도하지 않은 내용이 구성될 수 있다. 따라서 독해 과정의 기본은 하위의 단어, 어휘, 문장, 단락 등의 기초적인 과정을 온전히 이행하는 것을 전제로 독해 능력을 습득하고 의미를 구성하여야 한다.

나. 분석

분석은 독서의 한 과정이기도 하지만 앞서 언급하였듯이 독해의 하위 과정으로 수행되기도 한다. 독해 하위 과정으로서의 분석은 텍스트 자체의 내용 분석을 중심으로 한다. 그러나 독서 과정의 한 부분으로서의 분석은 보다 광범위하고 다양하다. 예를 들어 책을 읽기 전에 책과 관련된 지식과 정보를 수집하여 분석하는 작업이나, 책을 다 읽고 난 후에 습득한 지식과 정보의 유용성과 재구성, 가능성에 대한 분석을 할 수 있을 것이다. 특히 원래 의도하였던 텍스트 이외에도 원하는 지식과 정보를 습득할 수 있는 다른 관련 도서의 분석도 가능하다. 따라서 분석 과정은 다양한 방법으로 접근이 가능하여야 한다.

분석 과정의 가장 중요한 활동은 단일 텍스트의 내용에 대한 것도 있지만 텍스트와 텍스트 간의 상호성에 대한 비교 분석이 더욱 중요하다. 문제해결에 필요한 지식과 정보를 습득하고 그것을 통합하거나 재구성하여 유용하게 적용하기 위해서는 비교 분석하는 작업이 선행되어야 한다. 텍스트 분석의 가장 중요한 핵심은 비교 분석이다. 단일 텍스트 내의 내용을 분석하는 능력은 텍스트와 텍스트 간의 상호성을 인지하는 데에 중요하게 작용한다.

현대인의 독서는 시간적 경제적 효용성을 요구한다. 따라서 통권(通卷) 읽기의 경우보다는 필요한 부분들을 선택적으로 읽는 경우가 많다. 실용 독서의 경우에는 더욱 그렇다. 독자가 원하는 정보를 담고 있는 텍스트들을 선택하여 부분적인 읽기 활동을 한다. 주어진 문제를 해결하기 위한 지식과 정보가 단일 텍스트에 모두 존재한다면 문제가 없겠지만, 양질의 지식과 정보를 습득하기 위하여 관련된 자료들을 더 찾아서 읽을 필요가 있다. 이때 동일한 문제 해결에 요구되는 지식과 정보가 서로 다르다면 어떤 것을 선택하여야 할지 고민하지 않을 수가 없다. 이런 경우에 또 다른 텍스트가 동원될 것이다. 결국 독자는 원하는 지식과 정보를 얻기 위하여 다양한 텍스트를 접하게 될 것이고, 텍스트 간의 비교 분석 작업을 통하여 유익한 지식과 정보를 최종 선택할 것이다.

다. 통합

통합 과정에서 독자의 역할은 매우 다양할 뿐 아니라 자신의 생각과 판단을 일시 보류하여야 하는 조정 능력이 요구된다. 뿐만 아니라 독해 과정에 절대적으로 작용하는 배경지식을 어떻게 동원하여 적용할 것인지에 대한 상황적 맥락을 정확하게 인지하고 있어야 한다. 독자는 자신의 역할이 무엇인지 충분히 인지하고 있어야 한다. 통합 과정에서의 독자는 텍스트를 따라가는 수동적 독자가 아니라 작가의 입장이 되어 적극적으로 내용을 구성하는 독자의 역할을 수행하여야 한다. 또한 자신이 처한 독서 상황을 정확하게 인지하고 어떤 맥락에서 독서 행위가 수반되는지를 알고 있어야 한다. 자신이 수행하는 독서 활동이 지금 어떤 목적으로 어떻게 활용되기 위하여 수행하고 있는지를 알고 있다는 것은 텍스트의 내용이 내게 어떤 의미를 구성하여 줄 것인지에 대한 예측과 추론을 할 수 있게 한다. 텍스트의 표면적 내용을 이해하는 것만으로 독서의 과정이 충족될 수 없다. 독해 과정에서 반복 훈련된 단어, 문장, 단락 중심의 해석은 독자의 배경지식과 작가적 해석을 기초로 하여 보다 세련되고 차원 높은 의미가 구성된다.

주어진 텍스트의 의미를 독해하고 단일 텍스트의 내용이나 텍스트와 텍스트 간의 상호적 관계를 비교 분석하여 얻은 지식과 정보를 독자의 배경지식과 통합하여 새로운 지식과 정보를 재구성하거나 창출하는 활동이 통합 과정의 핵심이다. 문학적 읽기에서의 통합은 작가와 독자, 텍스트와 상황 등의 다양한 조건이 어우러진 추론적 독서 과정이다. 문제해결에 필요한 지식과 정보를 습득하는 독서 과정에서의 통합은 보다 체계적이고 생산적이다. 표면적 내용으로부터 잠재적 내용을 추론하고 추론한 내용을 근거로 하여 작가의 의도와 텍스트의 맥락을 주도적으로 파악할 수 있게 한다.

통합 과정의 성공적인 수행 결과는 표현 활동을 통하여 구체적으로 나타난다. 독서를 통하여 얻은 지식과 정보가 어떻게 재구성되어 생산적으로 적용되는지를 한 눈에 알아볼 수 있다. 능숙한 독자들은 독해, 분석의 기술적 능력을 바탕으로 새롭고 유용한 정보를 생산적으로 구성한다.

라. 초인지

　최근 인지심리학의 연구 분야에서 뿐 아니라 언어교육의 연구 분야에서도 학습자의 초인지에 대한 관심은 매우 지대하고 중요하게 작용한다. 초인지에 대한 정의는 학문 분야와 연구자들 간의 표현의 차이가 있기는 하지만, 말 그대로 인지를 초월하는 활동을 초인지라고 표현하는 데에 동의한다. 그렇다면 인지를 초월하는 인지는 무엇을 의미하는 것인지 생각하지 않을 수 없다. 일반적으로 학습 활동을 수행하는 모든 학습자들은 수동적 태도와 능동적 태도를 갖고 있다. 어떤 측면의 태도가 우선하는지에 따라서 어떤 학습자는 교사의 지시에 일방적으로 따라가고, 어떤 학습자는 주어진 학습 과제를 스스로 수행하기도 한다. 학습자에게 주어진 문제를 스스로 수행하는 과정에서 보다 유능한 학습자는 자신이 수행하고 있는 학습 활동이 주어진 문제를 해결하는 데에 적절한지 스스로 판단한다. 만일 자기 스스로 수행하는 학습 활동이 주어진 문제를 해결하는 데에 적절하지 못하다고 판단하였을 때, 학습자는 다시 자신의 잘못을 스스로 수정 보완한다.

　책을 읽을 때에 독자는 자신의 독해, 분석, 통합 과정이 유효적절하게 수행되고 있는지 스스로 판단할 수 있어야 한다. 이러한 자기 판단 능력은 책 읽기를 수행하는 학습자들이 갖추어야 할 매우 중요한 기능 중의 하나이지만 상당수의 능숙한 독자들의 경우에도 자신의 독서 행위가 문제를 해결하는 데에 적절한 지에 대한 의문을 갖는 경우가 있다. 그런 의문을 갖는 것으로 독서 행위를 유지하는 것이 아니라, 자신의 독서 행위에 대한 적절성에 대한 의문을 검증하고, 잘못된 부분을 수정 및 보완할 수 있는 계획 수립과 전략의 적용이 바로 초인지 독서 과정이다.

　어떤 독자들은 초인지 과정이 매우 상징적이거나 추상적인 활동이라고 판단하여 거부감을 느끼기도 한다. 그러나 초인지 과정은 독서 행위를 통하여 자연스럽게 체득된다. 실제로 초인지 과정을 연구하는 학자들은 유능한 독자들의 독서 과정을 관찰한 결과를 바탕으로 초인지적인 읽기를 수행하는 독자들에 대한 특징적 요인을 추출하였다. 미숙한 독자나 평범한 독자들은 글을 읽는 과정에서 봉착하는 새로운 문제에 대하여 자기 스스로 해결하기를 시도하려는 주도적 자세가 부족하였다. 문제를 해결하려는 노력이 부족하였다는 것은 문제를 해결할 수 있는 방법을 스스로 구안하지 못한다는 것 뿐 아니라, 자신이 어떤 문제를 지니고 있는지 조차 모르기 때문이었다. 그러나 유능한 독자들은 독서 과정에서 만난 문제들에 대하여 자신에게 어떤 문제가 있으며, 그 문제를 해결하기 위하여 어떤 자료를 동원하는 것이 효과적이고, 동원된 자료를 적용하여 기존의 지식과 정보를 자신의 배경지식과 자료의 내용을 바탕으로 해결할 수 있는지를 알고 해결할 수 있었다.

결국 초인지적인 독서 과정은 독해, 분석, 통합의 과정을 단계적으로 거친 독자에게서 발현될 수 있는 것이며, 앞서의 기본적인 독서 과정의 반복 훈련과 수행을 통하여 자신의 문제를 발견하고, 그 문제에 대하여 스스로 해결 방법을 구안(構案)하고, 해결 방법을 적용하여 문제를 해결한 후에 성공적인 독서를 수행하였는지 평가하는 것이다. 초인지적인 독서 과정을 수행하기 위해서는 앞의 과정에 대한 반복 연습이 필요하며, 독해, 분석, 통합의 독서 과정을 익숙하게 수행할 수 있는 독자에게 자기 평가와 자기 점검 기능과 태도를 갖도록 해야 할 것이다.

2) 독서의 방법

독서는 언어의 이해 과정을 통하여 인간의 사고를 발달시키는 가장 훌륭한 행위이다. 언어를 이해한다는 것은 독서를 통하여 언어에 담긴 정보를 수집할 수 있다는 것이며, 수집된 정보를 동원하여 일상생활에서 직면하게 되는 여러 가지 문제를 해결하게 한다. 언어의 이해 과정을 통하여 수집된 정보와 수집된 정보를 바탕으로 일상생활에서 직면하는 문제를 해결하는 과정은 매우 고차원적인 인간 활동이기 때문에 지속적인 사고 작용이 요구되며, 지속적인 사고의 작용은 사고의 발달을 촉진한다. 독서를 통하여 문제 해결에 필요한 지식과 정보를 습득할 뿐 아니라, 지속적인 사고 활동을 통하여 학습자의 사고력을 향상시킬 수 있다면 독서는 그야말로 가장 훌륭한 인간의 학습 활동이 될 것이다. 독서의 방법에 대한 연구와 독서 방법의 효율적인 적용이 독자의 읽기 능력을 향상시키는 것은 물론 학습자의 학습 능력을 향상시킨다는 연구 보고서는 얼마든지 있다. 따라서 무작정 책을 읽기보다는 목적에 맞는 독서 방법을 적용하여 읽기 활동을 수행한다면 보다 효과적인 독서 과정이 형성될 것이다.

여기서는 기존의 많은 독서 방법 중에서 가장 대표적이고 현대의 독서 활동에 효과적으로 적용할 수 있는 다섯 가지 독서 방법에 대하여 소개하기로 한다. 독서 맥락과 관련하여 독자의 역할과 지위에 따른 독서 방법으로 '상향식(上向式, bottom-up) 읽기'와 '하향식(下向式, top-down) 읽기', '상호 작용 읽기'에 대하여 알아보며, 문제해결적 읽기에 유용한 두 가지 읽기인 '통합적 읽기'와 'SQ3R'에 대하여 알아보기로 한다.

가. 상향식 읽기

상향식 읽기는 언어의 이해 과정을 모형으로 한 읽기의 이론이다. 이론적 모형으로서의 상향식 읽기는 방법적인 측면보다는 독자, 텍스트, 상황 등의 맥락에서 배경지식이 어떻게 작동하는지에 대한 검증으로 볼 수 있다. 그러나 여기서는 독서의 방법적 측면에서 설명하기로 한다. 상향식 읽기는 독자의 역할 또는 텍스트를 해석하는 과정에서 어떤 측면이 보다 강하게 작용하는 지에 대한 접근이다. 말 그대로 상향식 읽기는 아래에서 위를 향하여 가는 읽기의 방식이다. 상향식과 하향식 그리고 상호작용식 읽기의 위와 아래에는 독자와 작가가 위치한다고 보면 이해가 쉽다. 즉, 위에는 작가, 아래에는 독자가 위치하며, 작가와 독자 사이에 텍스트 또는 상황이 위치한다고 이해한다.

상향식 읽기에서 언어의 이해 과정은 아주 작은 단위(철자나 단어의 지각 및 확인)에서 시작하여 보다 큰 언어적 단위(단어→구→절→문장……)로 확대된다. 상향식 읽기를 하는 독자는 작은 단위에서 큰 단위로 나아가는 과정을 통하여 글의 전체 내용을 이해하게 된다고 가정한다. 따라서 상향식 원리에 의한 독서의 핵심은 무엇보다 언어(말/글)를 정확하게 해독(解讀, decode)하는 데에 있다. 언어를 정확하게 해독한다는 것은 문자의 기본적인 뜻을 정확하게 이해한다는 것을 의미한다. 책은 수많은 낱말들의 집합체이다. 각각의 낱말은 저마다 뜻을 갖고 있다. 낱말의 뜻은 문장의 뜻을 구성하고 문장은 단락을 구성한다. 단락과 단락은 모여서 전체 내용을 구성한다. 그런데 문제는 낱말이 갖고 있는 의미를 어떻게 이해하는가이다. 하나의 낱말이 하나의 뜻만을 갖고 있다면 문제가 없으나 낱말은 여러 가지 뜻을 갖고 있다. 이때 낱말을 이해하고 해석하는 방식에 있어서 독자는 소극적인 입장을 보이게 된다. 만일 주어진 낱말이 분명하게 하나의 의미만을 갖고 있다면 고민의 여지가 없다. 그러나 바라보기에 따라서 낱말의 의미가 달라진다면 독자는 자기 자신의 이해와 판단에 의존하는 것이 아니라, 필자의 의도를 따라간다. 즉, 상향식 읽기는 독자의 생각과 판단에 의존하는 것이 아니라 필자의 생각과 의도에 따라 글을 이해하고 받아들인다. 그래서 상향식 읽기는 다른 말로 '필자 중심의 읽기'라고 한다.

낱말의 의미가 달라지면 문장의 의미가 달라진다. 문장은 단락을 구성하기 때문에 글의 전체적인 의미를 변화시킬 수도 있다. 상향식 읽기의 단점은 독자의 주관적인 판단을 배제하고 필자의 의도와 생각을 추적하여 가는 과정이다. 때문에 독서를 통한 독자의 자유로운 상상력이 억제되는 단점이 있다. 반면 필자가 의도한 바에 따라 책의 내용을 받아들이기 때문에 하나의 책에 대하여 한 가지의 생각과 의도가 존재할 수 있다. 그럼에도 불구하고 전통적으로 상향식 읽기의 이론적 신봉자들은 상향식 읽기야말로 독서 활동의 가장 근간이 되는 것이라고 주장하였다. 상향식 읽기의 기본 관점은 텍스트에 담긴 의미를 정확하게 이해하는 것으로부터 출발한다. 그렇기 때문에 텍스트 본래의 의미를 손상시키지 않고 독서 활동을 수행할 수 있다고 보는 것이다. 이러한 상향식 읽기의 모형이 유행하던 시기의 독자의 역할은 작가의 의도를 정확하게 파악하고, 추적하는 과정을 통하여 글의 의미를 구성할 수 있다고 보았다.

상향식 읽기가 작가의 의도만을 쫓아간다는 생각은 일종의 편견이다. 작가는 텍스트에 자신의 생각과 의견을 담아낸다. 문학작품의 경우에는 작가의 의식과 생각을 파악함으로써 글의 내용을 보다 쉽게 파악하고 음미할 수 있었다. 그러나 현대의 독서는 글을 쓰는 사람에 집중하기보다는 글이 어떤 지식과 정보를 담고 있는가에 보다 중점을 두어야 한다. 작가가 누구이건 그 글에 어떤 유용한 지식과 정보가 담겨 있고, 그 속에서 나의 문제를 해결할 수 있는 지식과 정보가 무엇인지 정확하게 추출하여 유용하게 적용하여야 한다. 그렇다면 독자는 무엇보다 주어진 글에 담긴 지식과 정보를 정확하게 이해하는 것이 선행되어야 한다. 텍스트의 정보를 자신의 의견과 생각을 우선적으로 적용하여 먼저 비판하고 달리 해석한다면, 자칫 객관적 사실로부터 동떨어진

지식과 정보를 습득하게 된다.

현대의 독서는 문제해결적 독서 과정이다. 문제해결적 독서 과정은 주어진 문제를 해결할 수 있는 유용한 지식과 정보를 습득하는 활동이다. 유용한 지식과 정보는 개인적인 것이 아니라 사회적 상황과 동일한 맥락이어야 한다. 객관적 타당성을 확보하여야할 뿐 아니라 그것이 새로운 지식과 정보로 재구성되었을 때 다시 타자가 인정하는 지식과 정보로 창출되어야 한다. 그런 면에서 상향식 읽기는 현대 독서 활동 방법으로 매우 중요하게 인식되어야 한다. 특히 대학 입시와 관련된 읽기 행위에서 상향식 읽기의 중요성은 학습자의 성취 결과에 지대한 영향을 끼친다. 어떤 학생들은 글을 읽을 때에 자신의 배경지식을 우선적으로 동원한다. 이런 학생들은 글을 읽을 때에 텍스트의 자료에 의존하는 것이 아니라 자신의 선험적 개념에 의존한다. 즉, 텍스트에 담겨 있는 작가의 의도와 생각을 추적하는 것을 선행하는 것이 아니라 자신의 생각과 의견을 텍스트와 작가보다 먼저 작동하여 글의 본래 의도를 왜곡한다. 결국 객관적 사실에 입각한 지식과 정보를 요구하는 문제 풀이 과정에서 학습자는 상당 부분 글에 담긴 본래의 지식과 정보에 어긋난 방향으로 가게 된다. 책 읽기를 좋아하고 읽기 능력이 뛰어난 학생이지만, 학교 시험에서는 낮은 점수를 받는 학생들은 대부분 상향식 읽기를 선행하지 않는 읽기 습관에 기인한다고 보아야 한다.

나. 하향식 읽기

상향식 읽기와는 반대의 읽기 모형이 하향식 읽기이다. 하향식 읽기는 상향식 읽기와 달리 독자를 중심으로 하는 읽기 방식이다. 두 모형의 위에 작가가 있고, 아래에는 독자가 존재한다고 생각하였을 때 하향식 읽기는 독자 중심의 읽기이다. 즉, 읽기 과정을 수행하면서 독자는 자신의 생각과 의견을 우선적으로 작동시킨다. 상향식 읽기에서 독자는 자신의 생각과 의견을 앞세우기보다는 독자가 표현한 텍스트에 담긴 의미를 정확하게 이해하는 것에 초점을 둔다고 하였다. 글을 해석하는 관점은 크게 두 가지임을 알 수 있다. 작가의 입장에서 글을 해석하는가, 독자의 입장에서 글을 해석하는가이다. 작가의 입장에서 글을 해석할 때에는 텍스트의 작은 단위에 세심한 주의를 기울여야 한다. 작가가 표현한 단어 하나하나는 텍스트의 내용을 구성하는 매우 중요한 요소이기 때문이다. 따라서 한 문단이나 단락에서 어떤 단어가 어떤 의미로 쓰였는지를 정확하게 파악해야만 작가의 의도를 파악할 수 있다. 그래서 상향식 읽기는 텍스트 본래의 객관적 지식과 정보에 의존한다.

상향식 읽기는 객관적 사실을 바탕으로 한 지식과 정보의 습득이다. 주어진 자료를 바탕으로 텍스트에 담긴 작가의 의도를 충실하게 따라가는 읽기 방식이다. 때문에 글을 읽을 때에 독자의 어떤 자율적 생각과 의견이 선행되어서는 안 된다. 앞서 지적하였듯이 하향식 읽기에 익숙한 학습자가 학교의 객관식 시험 평가에서 낮은 성취도를 보이는 것은 바로 이 때문이다. 그러나 이러한 학습자의 읽기가 잘못되었다고 볼 수는 없다. 하향식 읽기에 익숙한 학습자가 객관식 평가에서 낮은 성취 결과를 보이는 것처럼 상향식 읽기에 능숙한 학습자 역시 논술 평가에서 좋은 점수를 받을 수 없다. 오로지 작가의 생각만을 쫓아가는 학습자는 자신의 생각과 의견을 어떤 곳에서도 개진(開陳)하지 않는다. 개진할 능력도 없거니와 언제 어디서 자신의 생각과 작가의 의도를 비교하고 적용할지 알지 못한다. 이것은 하향식 읽기에 대한 습관이 형성되어 있지 않기 때문이다. 상향식 읽기가 자료적 읽기라면 하향식 읽기는 개념적 읽기에 해당한다. 예를 들어 글을 읽다가 모르는 단어가 나왔을 경우 상향식 읽기에 치중한다면 작가의 입장을 추적하면서 글에 드러난 자료나 관련 자료를 검토하여 작가의 의도를 파악하려 하겠지만, 하향식 읽기에 집중한다면 자신의 생각과 의견 또는 경험이나 배경지식을 동원하여 자의적(恣意的)으로 글의 의미를 구성하여 갈 것이다.

상향식 읽기는 매우 제한적이고 소극적인 읽기임에 틀림이 없다. 글의 의미와 작가의 의도를 객관적으로 파악하려 하고 자신의 판단을 보류하고 배경지식의 동원이 수동적이다. 따라서 글에 드러나지 않은 내용에 대한 추론이 불가능한 경우가 많다. 따라서 기존의 지식과 정보를 바탕으로 새로운 정보를 재구성하려는 시도가 불가능하며, 독서의 과정이 매우 단선적이고 수동적일 수밖에 없다. 글을 읽는 행위는 반드시 표현 활동과 관련을 맺어야 한다. 글을 읽은 후에는 그것을 말이나 글로 다시 표현하여야 한다. 이때 상향식 읽기에 치중하는 독자는 글의 내용을 재인(再認)하거나 요약하는 수준에 머무를 지도 모른다. 그러나 하향식 읽기에 능숙한 독자는 글에 드러나지 않은 잠재적 내용을 추론하여 보다 적극적인 내용의 표현이 가능할 것이다.

하향식 읽기에서는 이해자의 가정 또는 추측을 우선적으로 고려한다. 즉, 필자의 생각이나 의도를 먼저 생각하는 것이 아니라 독자의 가정이나 추측을 우선적으로 고려한다. 상향식 읽기에서 하나의 주어진 낱말을 해석하는 방식이 필자 중심이었다면 하향식에서는 독자 중심으로 낱말을 해석한다. 낱말의 해석이 달라지면 문장의 의미가 달라지고, 단락의 중심 내용과 글의 주제가 필자의 의도와는 다른 방향으로 이해되고 해석된다. 하향식 읽기에서 내용 이해의 수준은 독자가 갖고 있는 지식과 정보의 영향을 받는다. 독자의 지식과 정보는 글의 내용을 이해하고 받아들이는데 결정적인 역할을 한다. 지식과 정보를 잘 갖춘 독자는 책의 내용을 이해하는 관점과 방법이 다양할 뿐 아니라 모르는 단어를 유추하거나 글의 내용을 추론하는 능력이 우수하다. 독자가 이미 갖고 있는 지식과 정보는 이미 읽은 책이나 경험한 사실에 근거한다. 하향식 읽기는 상향식에 비하여 독자의 주관적인 이해와 판단이 많이 작용하기 때문에 필자의 의도와 생각을 정확하게 파악하려하지 않는다. 때문에 하향식 읽기를 '독자 중심의 읽기'라고 말하기도 한다. 독자 중심으로 글을 이해하고 해석하는 과정에서 필자의 원래 의도는 다른 방향으로 전개될 수 있다. 하향식 읽기가 상향식 읽기의 단점을 모두 극복할 수는 없다. 결국 독자는 텍스트를 통한 작가와의 상호작용을 통하여 독서 방법의 문제점을 해결할 수 있을 것이다.

다. 상호 작용 읽기

글에 담긴 필자의 의도를 충실하게 쫓아가는 것이 이상적인 독서의 방법이라고 생각하는 전통적인 독서 시대에서 상향식 읽기는 모든 독서 이론과 방법을 아우르는 이상이었다. 독자는 필자를 절대적인 존재로 인식하고 그의 의식 세계에 몰입하여 가는 심리적 충족에 만족하였다. 필자의 이상적인 사고를 따르는 것이야말로 독서의 가장 숭고한 행위라는 생각이 지배적이었다. 그러나 독자의 위상이 존중되면서 독자는 필자의 생각을 뛰어넘는 상상력을 발휘하기 시작하였다. 필자의 의식 세계로부터 이탈하여 자신의 세계를 구축하는 독서의 새로운 시대를 열었다. 하향식 읽기의 등장은 바로 독

자의 위상을 높이는 것과 동시에 더 이상 책을 읽는 행위가 작가의 의식세계에 빠져
드는 것만이 아니라는 것을 외치는 일탈이었다.

　　그러나 시대가 변하고 과학 문명이 발달하면서 인간의 독서 양상은 매우 다양하고
빠르게 변해갔다. 독서의 목적과 상황이 다양해졌을 뿐만 아니라 독자와 필자 사이의
경계가 가까워지고 무너지기 시작하였다. 독자와 필자 사이의 경계가 무너지기 시작하
였다는 것은 필자는 동시에 독자이며, 독자는 동시에 필자일 수 있다는 것이다. 실제
로 최근에는 수많은 독자들이 다양한 미디어를 통하여 필자의 역할을 수행하고 있다.
특히 인터넷 매체를 통하여 상당수의 독자들이 필자의 역할을 수행한다. 이러한 현상
은 독서 행위가 독자와 필자의 역할 구분이 아니라 어떤 맥락에서 독서 행위가 수행
되는지에 대한 증거이다. 독서의 목적과 맥락이 어떤 것인가에 따라 독자의 역할과 기
능이 다양하게 수행되어야 한다.

　　상호작용적 읽기에서의 상호작용이란 독자와 필자의 작용만을 의미하는 것은 아니
다. 여기서 상호작용 하는 것은 독자를 중심으로 필자, 텍스트, 상황의 맥락을 포함한
다. 상호작용적 읽기를 지배하는 요인은 세 가지이다. 첫째는 독자의 배경지식의 활성
화이다. 책을 읽는 과정에서 독자의 배경지식은 텍스트의 의미를 구성하는 데에 절대
적인 영향을 미친다. 이때 배경지식이 텍스트를 능동적으로 지배하고 있는가 아니면
수동적으로 작동하는가에 따라 텍스트 의미 구성의 변화가 있다. 독자의 배경지식이
텍스트의 내용에 선행하여 작동한다면 그것은 독자 중심의 내용구성이 될 것이다. 반
대로 텍스트를 이해하기 위한 수단으로서 배경지식이 작동된다면 그것은 수동적인 작
동이 될 것이다. 수동적이건, 능동적이건 배경지식의 활성화는 텍스트를 이해하는 데
에 매우 중요하게 작용한다. 앞서 진공청소기 사용법에 관한 문구를 이해하는 것에 자
신의 배경지식을 선행하여 글을 이해하려 하였다면 그 문구는 다른 제품으로 이해되
었을 가능성이 많다. 그러나 텍스트에 후행하는 배경지식으로 작동한다면 그 문구가
의미하는 바가 무엇인지에 대한 자신의 판단을 보류하고 정확한 증거를 찾으려고 노
력할 것이다. 이처럼 상호작용적 읽기에서 배경지식은 글의 내용을 이해하고 해석하는
의미 구성 과정의 매우 중요한 요인으로 작용한다.

　　둘째, 글을 올바로 이해하고 해석하기 위해서는 자료 중심(상향식 읽기)과 개념 중심

(하향식 읽기)의 읽기가 동시에 요구된다. 무엇을 먼저 해야 하는지에 대한 인지심리학적 주장은 분명하지 않다. 그러나 독서의 목적이 무엇을 위한 것인지에 따라서 자료중심의 상향식 읽기에 중점을 두어야 하는지, 아니면 개념 중심의 하향식 읽기에 중점을 두어야 하는지 다르다. 주어진 문제 상황이 어떤 것인지에 따라서도 읽기의 방식이 달라진다. 예를 들어 어떤 제시문을 읽고 다음과 같은 문제를 주었다고 하자.

① 위의 글 가)의 필자의 생각을 기술하시오.
② 위의 글 가)에 대한 나의 입장을 기술하시오.

위 두 문제는 하나의 글에 대한 독자의 읽기 방식 두 가지를 요구하고 있다. 1)번 문제를 해결하기 위해서 독자는 철저히 필자의 입장이 되어 글의 본래 의미를 정확하게 파악하여야 한다. 필자와 출제자는 같은 생각을 갖고 있다는 전제하에 글을 이해하고 해석하여야 한다. 그러나 ②번의 문제는 ①번 문제와는 달리 독자의 생각과 의견을 묻는 것이다. 이러한 경우에는 독자의 배경지식이 텍스트에 선행하여 활성화되었을 때 보다 효과적인 읽기를 수행할 수 있을 것이다. 동일한 텍스트에 대하여 어떤 문제가 주어졌는가에 따라서 읽기의 방식이 다르다는 것은, 읽기의 방식이 한 가지에 국한되는 것이 아니라 두 가지가 서로 상호 작용하고 보완하면서 온전히 수행된다는 것을 의미한다.

라. 통합적 읽기

통합적 읽기는 기존의 독서 방식과는 조금 다른, 보다 실용적이고 경제적인 독서 방법이라고 할 수 있다. 통합적 읽기는 독서의 모든 과정을 잘 수행할 수 있는 유능한 독자들에게 유용하다. 통합적 읽기는 앞서 독서의 과정에서 설명하였던 통합 과정과 관련이 있지만 보다 구체적인 절차를 동원한다. 무엇보다 독서의 목적이 매우 명확할 때에 통합적 읽기의 방법이 효과적이다. 여러 목적 중에서도 연구자들의 독서 목적은 다른 사람들에 비하여 매우 분명하다. 특정 분야의 연구를 목적으로 독서를 하는 경우에는 자신의 연구와 관련된 지식과 정보를 얻기 위한 데에 초점을 맞춘다. 특정 분야의 연구를 목적으로 하는 독서는 매우 실질적이고 간결하며, 경제적이고 효과적이어야 한다. 연구에 필요한 지식과 정보는 자신의 연구 분야와 관련이 있어야 하며, 관련된 내용은 원(原)저자의 것이지만 그것을 자신의 것으로 변용할 수 있어야 한다. 또한 자신이 원하는 지식과 정보가 무엇이며, 내가 어떤 연구를 위하여 글을 읽고 있는 지에 대하여 끊임없이 질문하여야 한다. 이러한 질문을 통하여 연구의 논점과 자신의 배경 지식 그리고 독서를 통한 쟁점이 무엇인지 제시해야 하며, 쟁점을 근거로 연구 분야의 논의와 내용을 명확하게 규정해야 한다.

연구자들이 학술 논문을 쓸 때에 유용하게 활용하는 독서 방법인 통합적 읽기는 논술을 위한 독서의 방법으로서도 매우 유익하다. 책의 전체를 다 읽는 독서가 가장 유익하고 도움이 되지만 때로는 필요한 부분만 발췌하여 읽어야만 할 경우가 많다. 실제로 현대의 문제해결 독서는 통권(通卷) 읽기보다는 부분 읽기나 제시문 읽기의 단문 읽기의 형태가 많다. 통합적 읽기는 이런 독서 방법의 대표적인 예이다. 필요한 정보를 얻기 위하여 필요한 부분만을 발췌하여 읽을 수밖에 없는 경우에는 통합적 읽기를 통하여 문제해결에 필요한 지식과 정보를 습득할 수 있다. 통합적 읽기의 단계를 열거하면 다음과 같다.

① 원하는 지식이나 정보와 관련된 내용을 발췌하라

연구 주제나 논제 또는 얻고자 하는 지식과 정보가 담겨 있을 만한 관련 서적을 탐색하고 정보가 있을 만한 부분들을 발췌하여 독서한다. 필요한 정보를 얻기 위한 단서로는 주제와 관련된 제목의 책을 먼저 탐색한 후에 목차를 검색한다. 그리고 관련 내용이 담겨있을 것으로 추정되는 목차를 중심으로 내용을 검색한다. 이러한 절차를 거쳐서 필요한 정보를 얻을 수도 있지만 그렇지 못할 경우도 있다.

② 관련된 지식과 정보를 나의 것으로 만들어라

관련된 도서 검색을 통하여 원하는 지식과 정보를 얻을 경우에도 그것이 온전히 나의 것은 아니다. 따라서 관련 도서의 저자가 의도했던 지식과 정보를 내가 원하는 지식과 정보의 형태로 변용하여야 한다. 동일한 지식과 정보가 어떤 용도로 쓰이는가에 따라서 의미가 달라진다. 따라서 나의 것으로 적절하게 변용하는 것은 지식과 정보를 새롭게 재구성하는 창조적 생산 과정이다.

③ 질문을 계속하라

원하는 정보를 얻기 위하여 수많은 책을 뒤적일 필요가 있다. 특정 연구와 관련된 지식과 정보를 얻기 위해서는 도서관의 모든 서고를 다 뒤져야 할 때도 있을 것이다. 수많은 관련 서적을 부분적으로 읽는 과정에서 독자는 자신이 왜 이런 행위를 하고 있는 지에 대하여 혼란스러울 때가 있다. 비록 원하는 지식과 정보를 얻기 위하여 그와 관련된 도서를 검색하고 있지만 각각의 저자들은 동일한 주제나 연구에 대하여 서로 다른 견해를 밝히고 있기 때문에 나의 질문이 무엇인지 명확하게 설정되어 있지 않으면 나의 주제나 연구, 나의 의도와 목적이 혼란스러워지게 된다. 결국 독서의 의미가 사라지고 더 많은 책을 읽을수록 필요한 지식과 정보를 얻기는커녕 미궁에 빠지게 된다.

④ 쟁점을 파악하라

한 가지 연구 분야 또는 주제에 대하여 모든 책들이 똑같은 견해를 갖고 있지 않다. 동일한 견해를 갖고 있다는 같은 분야에 대하여 그렇게 많은 책이 있을 필요가 없다. 그렇기 때문에 독자는 책을 읽으면서 각각의 관련 도서들이 갖고 있는 핵심적인 논의의 주제가 무엇인지 파악한 후에 서로 비교하는 작업을 하여야 한다. 이런 과정을 통하여 관련 도서들의 저자들이 어떻게 서로 논리적으로 충돌하고 있는 지를 발견하게 된다. 관련된 도서들의 쟁점(爭點)을 파악하는 활동을 통하여 나의 연구가 어떤 방향으로 나아가야 하는지 또는 어떤 합리적 해결점에 도달하여야 하는지를 가늠할 수 있게 된다.

⑤ 비교 분석하라

쟁점이 무엇인지 파악하였다면 관련 도서의 발췌를 통하여 필요한 지식과 정보를 어느 정도 수집하였을 것이다. 각각의 관련 도서의 발췌문들은 서로 견해의 차이가 있을 것이다. 내가 원하는 지식과 정보가 나의 연구 분야나 주제와 어떻게 관련이 있는지 또는 그것이 어떻게 적용될 수 있는지를 비교 분석하여야 한다. 각각의 발췌문들을 열거하여 놓은 상태에서 관련 주제를 기준으로 분석하는 작업은 지식과 정보를 세련되게 정제하는 과정이다. 어떤 것은 실제로 나에게 유용하게 쓰일 수 있지만 어떤 것들은 불필요할 수 있다. 관련 도서로부터 발췌한 내용들을 정제(整齊)하는 비교 분석 과정을 통하여 보다 유용한 내용이 재구성된다.

⑥ 대안과 전망은 무엇인지 생각하라

독서는 사고 과정임과 동시에 창조적 재구성 과정이다. 독서를 통하여 의미를 구성하는 사고 과정은 자연스럽게 표현의 결과로 나타난다. 대안과 전망을 제시하는 것은 독서를 통하여 자연스럽게 구성된 배경지식이 타인에게 어떤 형태로 유익하게 작용할 것인지에 대한 보상이다. 독서를 통하여 얻은 지식과 정보가 나의 배경지식과 융합하여 새로운 지식과 정보로 재구성되면 그것이 사회의 변화를 위하여 어떤 영향을 미칠 수 있을지에 대한 합리적 설득이 있어야 한다. 그것이 바로 대안(代案)과 전망이다. 대안과 전망은 개인적 주장이 아니라 미래 사회를 이끌어갈 수 있는 합리적 설득이어야 한다.

마. SQ3R

읽기의 방법은 매우 다양하다. 독서 행위의 기능적 측면에 초점을 둔 읽기 연구들은 독자가 글의 내용을 효과적으로 이해하도록 하는 것이었다. 인간의 언어와 사고에 대한 연구가 행동주의에서 인지주의로 다시 구성주의로 이양되는 과정에서 행동주의 방식의 읽기에 관한 연구는 인간의 사고를 수동적으로 고착시켜 놓는다는 견해가 지배적이었다. 인간의 고차원적인 사고는 상위 인지 기능을 활성화 할 때에 형성될 수 있으며, 그러한 사고 기능은 보다 상위의 인격체들과의 교류를 통해서 얻어진다는 비고츠키(Vygotsky)의 제안을 따르는 것이다. 그럼에도 불구하고 행동주의 시절의 몇 가지 읽기 방법들은 인지심리학자들이나 구성주의자들의 비난에도 불구하고 매우 유익할 뿐 아니라 가시적인 성과를 보이고 있다. 그 중 대표적인 것이 바로 SQ3R이다.

SQ3R은 1920년대 로빈슨(Francis Robinson)에 의하여 읽기의 방법적 연구의 결과로 탄생한 것이다. 이전까지 읽기에 대한 전략적 연구는 거의 없었으며, 읽기에 관한 어떠한 방법이나 이론적 검증을 찾아보기 힘들었다. 이 방법은 이후 많은 연구자들에 의하여 비판적으로 수용되면서 변화를 거듭하여 왔다. 그러나 아직도 그때의 읽기 방식 그대로를 적용하더라도 어떠한 문제를 일으키지 않을 뿐만 아니라 학습독서 특히, 평가와 관련된 읽기에서 매우 성공적인 결과를 보장한다. 이 읽기 방식은 훑어읽기(Survey), 질문하기(Question), 읽기(R1, Read), 꼼꼼하게 읽기(R2, Recite), 점검하기(R3, Review)의 과정을 순환(Feedback)한다. 이 과정은 순차적이라기보다는 회귀적(回歸的)이다. 즉, 각각의 단계들은 일직선으로 진행되는 것이 아니라 어느 단계를 건너뛰기도 하고 어떤 단계를 다시 반복하기도 한다. 능숙한 학습자는 각각의 모든 단계를 순차적으로 이행하는 것이 아니라 특정 과정에서 독해할 수 있게 된다. 미숙한 학습자일수록 각각의 모든 단계를 충실히 이행하는 것을 원칙으로 하며, 장기적인 반복 훈련을 통하여 읽기 기술을 습득할 수 있게 된다. 연구 관찰에 의하면 읽기 능력이 매우 뛰어난 학습자는 SQR3 과정만으로 문제해결을 위한 독해가 가능함을 알 수 있다.

① 훑어 읽기(Survey) : 주어진 제시문을 빠르게 읽는 과정을 말한다. 이때 주어진 글의 주제와 관련된 핵심어나 주제어를 파악하는 데에 초점을 두고 핵심어와 주제어에 대하여 두 줄 긋기의 방식으로 표시한다.

② 질문하기(Question) : 평가 문제를 풀 때에 이미 문제가 무엇인지 파악하였을 것이다. 여기서는 주어진 문제가 무엇인지 파악하는 것과 제시문에 나타난 문제가 무엇인지 생각하는 것도 중요하다. 주어진 문제가 무엇인지 다시 한번 정확하게 인식하여야 한다.

③ 읽기(Read) : 글의 내용을 개괄적으로 이해하는 수준에서 글을 읽어 나간다. 이때는 문장 단위에 초점을 두어 주어진 문제와 관련된 문장, 주제와 관련된 문장, 핵심어와 관련된 문장들에 한 줄로 밑줄 긋기를 하며 읽는다.

④ 꼼꼼하게 읽기(Recite) : 내용이 이해되지 않았을 경우 다시 한번 내용을 꼼꼼하

게 읽어 나가는 반복 읽기이다. 글의 난이도에 따라 이 과정을 거치거나, 미숙한 학습자들이 충실한 읽기를 통하여 독해력의 미숙함을 극복할 수 있다. 이 과정은 능숙한 독자가 되면서 점차 소멸되는 현상을 보인다.

⑤ **점검하기(Review)** : 주어진 문제를 잘 해결하였는지 또는 제시문의 독해를 올바르게 하였는지 자기 점검을 하는 과정이다. 문제 해결의 타당도와 내용 독해가 일치하는지의 여부와 작가나 출제자가 의도한 바를 충실하게 수행하였는지에 대한 자기 점검이다.

3. 학습 독서

최근 학습 독서에 관한 연구가 증가하고 있는 것은 독서의 성향이나 독서의 목적이 변화되었다는 것을 의미한다. 독자의 독서 목적이 현대 사회를 살아가면서 봉착하는 문제를 해결하기 위한 수단으로 인식되면서 보다 효과적인 방법을 동원하여 유용한 지식과 정보를 습득하려는 의도가 강해진 것이다. 학습 독서의 중요성은 독자의 독해 방식이 글의 종류에 따라서 다르다는 것에 기인한다. 이야기 글의 경우에는 글의 내용을 이해하기 위하여 등장인물, 사건, 배경 등에 초점을 두고 글을 읽어야 하지만, 설명적 글의 내용을 이해하기 위해서는 다른 읽기의 전략과 방법을 동원하여야 한다. 설명적 글 읽기가 가장 보편적으로 행해지는 공간은 목적 독서가 행해지는 곳이다. 학교, 직장, 군대 등이 그런 곳이다.

설명적 텍스트의 특성은 '문제-해결', '상세기술', '원인-결과', '열거-범주화', '계열성', '비교' 등의 요소를 포함한다. 학교 교육에서 행해지는 읽기의 대상은 교과서이며 교과서의 내용은 바로 설명적 텍스트의 구성 요소를 갖고 있다. 직장은 업무와 관련된 교육적 교과서를 갖고 있고 군대는 군사 작전을 수행하기 위한 교본을 갖고 있다. 학습독서의 중요성은 바로 이러한 목적 독서가 행해지는 곳에서 필요한 지식과 정보를 효과적으로 습득할 수 있는 전략을 활용하는 데에 있다.

1) 학습 독서 과정

학습 독서의 과정은 읽기 전, 읽는 중, 읽은 후의 활동으로 구분하여 수행할 수 있다. 텍스트의 내용을 이해하고 내용에 포함된 지식과 정보를 습득하기 위한 전략적 과정이기도 하거니와 책을 읽는 과정에서 효과적인 전략을 수행함으로서 독해력 향상을 도모하기 위한 것이기도 하다. 상당수의 학습자들은 교과서를 읽을 때에 일반적인 독서의 과정을 수행하는 경우가 많다. 그렇지만 설명적 텍스트의 독서 과정은 구체적이고 분석적인 전략을 요구한다. 특히 읽기 과정을 이해하고, 과정 중에 수행하여야 할 활동이 무엇인지 인식하는 것은 매우 중요하다. 실제로 읽기 전, 읽는 중, 읽기 후에 자신이 무엇을 수행하여야 하는지를 알고 독서하는 경우와 그렇지 않은 경우의 학습 성취도의 차이는 매우 크다. 비슷한 수준의 학습 능력을 갖고 있는 학생들 중에 같은 내용의 교과서를 읽으면서 어떤 학생은 성취도가 높고, 어떤 학생은 성취도가 낮은 것은 학습 독서 과정을 적절하게 수행하였는가 아닌가에 따른 것이다.

가. 읽기 전

학습 독서는 기본적으로 지식과 정보를 담고 있는 설명적 텍스트에 대한 읽기를 바탕으로 한다고 하였다. 따라서 목적이 구체적이고 명시적이어야 한다. 글을 읽기 전부터 독자는 자신이 어떤 목적으로 어떤 의도를 갖고 왜 읽는지를 알고 있어야 한다. 미숙한 독자들은 책장을 펼치는 순간부터 읽기를 시작한다고 생각하지만 사실은 그이전에 읽기가 시작되어야 보다 효과적인 독서를 수행할 수 있다. 읽기 전 활동에서 가장 우선되어야 할 것은 '주제와 관련하여 내가 이미 알고 있는 것은 무엇인가', 그리고 이 책을 읽음으로써 '무엇을 배우기를 원하는가'에 대한 질문을 구체화 하는 것이다. 가장 분명한 독서의 목적을 갖고 시작하는 것은 그 다음 단계로 나아가는 초석이 된다.

주제와 관련하여 이미 알고 있는 것들은 바로 배경지식이다. 그 배경지식에다 독서를 통하여 더 배울 수 있는 것이 무엇인지를 생각하는 것이 선행되어야 한다. 학습 독서의 최우선 활동이 바로 이 두 가지 질문이다. 이러한 질문이 올바로 성립되지 않으면 학습 독서의 의미가 없다. 학습 독서는 필요한 지식과 정보를 의도적으로 습득하는 과정이기 때문에 두 가지 질문이 유기적으로 어울리고 독서의 활동에 적용되지 않으면 독서의 목적이 분명하지 않을 뿐더러 독서를 수행하였다고 하더라도 필요한 지식과 정보를 습득하기는커녕 시간을 낭비하는 사태가 발생할 것이다. 이러한 두 가지 질문을 구체화하는 방법으로 자신이 알고 있는 사전 지식을 그림으로 나타내어 보거나 앞으로 알고 싶어 하는 주제와 어떤 관련성이 있는지를 생각해보는 활동이 필요하다.

특히 앞으로 읽게 될 책을 통하여 내가 배울 수 있는 것이 무엇인지를 상세화하기 위하여 주제와 관련된 사전 정보를 미리 검색하거나 수집하는 활동도 효과적이다. 백과사전을 활용하여 주제어나 주제와 관련된 핵심 어휘들을 미리 파악하는 것이 좋다. 또한 인터넷 검색을 통하여 주제어와 관련된 다양한 정보를 수집하고 신문이나 뉴스의 정보를 검색하는 활동도 필요하다. 이런 활동은 앞으로 자신이 읽을 책의 내용을 예측하고 추론할 수 있는 단서를 제공하여 준다. 물론 앞으로 읽을 책의 내용이 무엇인지 미리 진단하는 것은 매우 어려운 일이다. 그렇지만 배경지식과 읽기 전의 다양한 활동을 통하여 예측한 내용이 읽는 글에 나올 경우에는 색다른 흥미를 체험하게 된다.

학습독서 능력이 뛰어난 학습자들은 읽기 전에 앞서의 과정을 거의 다 수행한다. 실제로 언어, 수학, 과학, 예술 등 내용 교과목의 학습독서 능력이 뛰어난 학생들의 학업 성취도는 비례적으로 뛰어날 뿐 아니라 읽기 전 활동을 매우 효과적으로 수행한다는 연구 관찰 결과가 있다. 앞서의 활동을 통하여 학습자는 자신이 책을 읽는 목적을 분명히 하고 책 읽는 과정을 통하여 어떤 지식과 정보를 습득하게 될지를 아는 것이다. 이러한 읽기 전 활동의 효과적인 수행은 학습자의 읽는 중 활동을 원활하게 수행하는 것은 물론 독서 집중력을 높여서 효율성을 증가시킨다.

나. 읽는 중

읽기의 목적이 분명해지면 학습자들의 독서 의식이 강해지고 동기성도 높아진다. 뿐만 아니라 독서 집중력이 증가되어 읽기를 하는 동안 자신의 목적과 의도를 점검하고 필요한 지식과 정보가 무엇인지 정확하게 파악할 수 있게 된다. 본문 책장을 펼치면서 읽기의 활동은 시작되고 이때부터 학습 내용이 무엇인지 독해하여야 한다. 읽는 중에는 본문의 내용을 이해하고 해석하며, 분석하고, 통합하는 과정 등이 효과적으로 이루어져야 한다.

읽는 중 활동의 가장 기본적인 것은 자신이 읽는 텍스트의 내용을 구체적으로 표상하는 것이다. 기호로서의 표상이 아닌 내용으로서의 내적 이미지를 구체화 하는 것이다. 이것은 단순히 어떤 모양이나 형상을 기억하는 것이 아니라 글에 담긴 내용을 하나의 지식과 정보의 덩어리로 인식하는 과정이다. 대부분의 일반적인 독자는 이러한 내용 형상화를 수행한다. 여기에 자신이 무엇을 읽고 있는지에 대한 점검과 반성을 지속하여야 한다. 학습독서는 일반 독서와 매우 다른 특성을 지닌다. 여가 시간에 문학 작품을 읽을 때에는 무심코 지나친 내용을 다시 집중하여 반복 독서하려는 성향이 약하다. 그러나 학습 독서의 경우에는 학습과 관련된 내용을 보다 정확하게 이해하고 기억해야 하기 때문에 책을 읽는 동안 지속적인 점검과 반성이 수반되어야 한다. 학업 성취도가 낮은 학습자들의 학습 독서 성향을 관찰하여 보면 그들이 책 읽기를 수행하는 과정에서 단순히 문자를 이미지화 하거나 글을 해독하는 수준의 읽기를 할 뿐, 읽기 전에 의도하였던 독서의 목적과 활동에 대한 점검과 반성을 수행하지 않는 경우가 많다.

유능한 학습자들의 읽는 중 활동에서 뚜렷하게 발현되는 양상은 자신의 독서 목적과 의도를 분명히 하고 읽기 과정 중에 지속적으로 읽기 목적과 의도가 무엇인지를 점검하고 반성하며, 주제와 관련된 내용이 무엇인지 확인한다. 이것은 내용 읽기를 하는 과정 중에 계속하여 질문을 하는 것과 같은 것이다. 내가 무엇을 알고자 하는가? 이 독서의 목적이 무엇인가에 대한 질문과 점검은 본문 읽기를 하는 과정에서 발생하는 어려움을 해결할 수 있는 의지를 형성한다. 본문의 내용 중에 어려운 단어나 어휘 또는 독해가 어려운 문구가 나왔을 경우에 그것을 해결하기 위한 다른 방법을 동원하게 한다. 교사에게 질문을 하거나 친구들의 협조를 받거나 백과사전이나 관련도서의 검색을 통하여 문제를 해결하려고 한다. 읽기를 수행하면서 그들은 '지금 내가 읽은 부분에서 가장 중요한 내용은 무엇인가' 또는 '지금 읽은 이 부분의 요점은 무엇인가' 라는 질문을 계속하며 새로운 지식과 정보를 습득하려 한다. 이러한 자기 점검과 반성

그리고, 질문을 수행하면서 읽는 중에 형성된 새로운 지식과 정보의 내용들을 밑줄을 그어 표시하거나, 별도의 공간에 내용을 요약하거나 메모하고, 기억된 지식과 정보를 일목요연하게 정리하고, 이해한 내용들을 하나의 지식 체계로 정리하여 표로 구성할 수도 있다.

다. 읽은 후

읽기의 과정에서는 책을 다 읽은 후에 읽은 내용이 무엇인지 되돌아보고 그것을 점검하는 전략이 필요하다. 전체적인 내용을 요약하는 활동을 하거나 내용을 바꿔 써 보는 활동도 효과적이다. 읽은 내용을 문자의 형태로 표현하는 것도 효과적이지만 읽기를 통하여 습득한 지식과 정보가 무엇이며, 그것이 어떤 효용성을 갖고 있는지에 대하여 음성 언어를 통한 대화나 토론 활동을 통하여 보다 효과적으로 수행될 수 있다. 주제와 관련된 내용을 학습자 상호간 대화를 통하여 점검하는 활동은 자신과 동료의 독서 과정 전체를 점검하는 것은 물론 지식과 정보가 올바른 것인지 확인할 수 있다. 가장 효과적인 것은 주제와 관련된 토론이다. 소그룹 구성을 통한 학습자간의 토론은 읽은 후 활동으로 가장 효과적이고 이상적인 활동이다. 문자적인 표현보다 말을 통한 의사교환은 사고의 활성화를 도모할 뿐 아니라 즉시적 반응과 수용을 통하여 읽기의 과정을 즉시 점검하고 수정 보완하게 한다. 최종적으로 인터넷이나 미디어 매체 또는 보고서 등을 통하여 결과물을 생산할 수도 있을 것이다.

라. K-W-L

읽기의 과정과 관련하여 읽기 전, 읽는 중, 읽은 후의 활동을 구체화하여 정리할 수 있는 활동이 K-W-L이다. 이것은 '내가 이미 알고 있는 것은 무엇인가(What do I already know?)', '무엇을 알고 싶은가(What do I want to know?)', 그리고 '무엇을 배웠는가(What did I learn?)'를 생각하고 정리할 수 있는 활동이다. '무엇을 더 배우고 싶은가(What do I still want to learn?)'를 추가한다면 K-W-L-S 또는 K-W-L-L의 활동을 할 수 있다. 이 활동은 학습자들이 읽기 활동을 하면서 자신의 목적과 의도를 구체화하는 것은 물론이요, 읽기 전, 읽는 중, 읽기 후 활동을 일목요연하게 정리할 수 있는 틀을 구성할 수 있게 한다.

K	W	L	S
주제 :			
주제와 관련하여 이미 알고 있는 것은 무엇인가? What you KNOW about the topic?	주제와 관련하여 알고 싶은 것은 무엇인가? What you WANT to know about the topic?	주제와 관련하여 배운 것은 무엇인가? What did you LEARN about the topic?	주제와 관련하여 더 알고 싶은 것은 무엇인가? What did you STILL want to know about the topic?

2) 학습 독서 전략

학습 독서 과정을 수행하면서 어떤 전략을 활용할 것인지는 학습 독서의 효과를 상승시키는 데에 매우 유익할 뿐만 아니라 학습자의 독서 목적을 달성하고, 학습 독서를 통한 학업 성취도 향상에 기여한다. 각각의 전략은 독서 과정과 관련하여 적용되고 수행되어야 한다.

가. 배경지식의 활성화

자신이 얻고자 하는 지식과 정보는 어떤 목적을 갖고 있다. 보름달이 뜨는 이유를 알기 위해서는 달과 관련된 배경지식을 갖고 있어야 한다. '달'이 무엇인지 알지 못하면 보름달이 뜨는 이유를 읽어봐야 의미의 구성이 어렵다. 삼각형의 내각의 합을 구하기 위해서 '삼각형'에 대한 기본 지식을 갖고 있어야 하며, 대통령이 하는 일이 무엇인지 파악하기 위하여 대통령과 관련된 기본 지식을 갖고 있어야 한다. 배경지식은 모든 지식과 정보를 습득하기 위한 매우 기초적이고 유용한 자료이다. 새로운 내용을 학습하기 위하여 책을 읽을 때에 어려운 단어나 어휘 또는 문맥에 부딪혔을 때 학습자의 배경지식은 매우 유용하게 작동하여 글의 이해를 도울 뿐 아니라 읽기의 과정을 보다 원활하게 수행할 수 있게 한다. 읽기의 주제와 관련하여 자신이 이미 알고 있는 내용들을 점검하고 되새겨 보는 배경지식의 활성화는 일은 읽기의 가장 우선적인 활동이며, 읽기 과정에서 지속적으로 수행되어야 한다.

나. 질문 생성

읽기 전, 읽는 중, 읽은 후 과정을 수행하면서 질문은 계속되어야 한다. 앞서 K-W-L은 바로 읽기 과정에서 수행하는 자기 점검과 반성의 의식적 활동이다. 질문을 지속적으로 함으로써 학습자는 자신의 읽기 의도와 목적이 무엇이며, 읽기를 통하여 어떤 유용한 지식과 정보를 습득할 수 있을지 자극한다. 또한 읽기의 과정을 수행하면서 읽기의 본래 목적과 의도로부터 벗어나는 것을 막아주는 장치이기도 하다.

다. 추론과 예측

배경지식의 활성화와 지속적인 질문의 생성을 통하여 학습자는 내용을 추론할 수 있다. 내용의 추론은 읽기의 과정 중 학습자의 사고를 촉진하며, 새로운 지식과 정보가 자신의 목적과 의도에 어떻게 부합하고 적용될 지를 비교 분석할 수 있게 한다. 추론 활동은 학습자의 읽기를 보다 고차원적인 사고 활동으로 만들어가게 하며, 추론을 통하여 형성된 문제해결 방법의 구안(構案)은 학습자의 읽기 동기와 흥미를 형성하게 하여 보다 적극적인 학습독자의 역할을 수행하게 한다.

이어질 내용과 결과의 예측은 추론을 근거로 한다. 읽기 과정 중에 습득한 지식과 정보는 자신의 배경지식과 어울려 새로운 지식과 정보를 생산할 수 있다. 이렇게 재구성된 지식과 정보는 보다 확장되어 다양한 예측을 가능하게 한다. 때로 학습자의 예측이 빗나가는 경우도 있다. 하지만 예측을 통한 학습자 읽기의 기대심리 형성은 읽기의 주도성을 형성하며, 새로운 지식과 정보를 생산하고자 하는 학습자의 창조적 성향을 발현하게 한다.

라. 비교 분석

모든 학습 독서는 일반적인 사실에 근거한 지식과 정보의 습득을 목적으로 한다. 특히 학교에서 이루어지는 학습 독서는 대부분 교과와 관련된 지식과 정보에 관한 내용이다. 따라서 보다 능숙한 학습자들은 주어진 읽기의 주제와 관련된 지식과 정보를 습득할 수 있는 방법을 구안한다. 주제와 관련된 다른 자료를 활용하여 원래의 주제와 관련된 내용을 보충할 수 있을 것이다. 주제와 관련된 자료들은 서로 같거나 다른 내용을 담고 있을 수 있다. 학습자는 각각의 자료들을 비교하여 같은 점과 차이점을 분석하여야 한다. 보다 유용한 지식과 정보는 보다 깊이 있고 폭넓은 자료들을 동원하여 각각의 자료가 갖고 있는 내용을 비교 분석한 후에 최선의 것을 택하여 얻을 수 있다.

마. 요약 정리

학습 독서를 통하여 습득한 지식과 정보는 어떤 목적과 의도를 위하여 생성된 것이다. 학습 독서를 통하여 습득한 지식과 정보의 적용과 활용을 위하여 그것들은 어떤 형태로든 저장되어야 한다. 학습자의 머리 속에 불변의 상태로 영원토록 저장될 수 있다면 가장 좋겠지만 그렇지 않은 현실을 극복하기 위하여 내용을 요약하고 정리하는 활동이 필요하다. 학교 교과와 관련된 학습 독서의 결과는 주로 문자표기 형태로 저장되는 것이 일반적이고 가장 효과적이다. 앞서 제시한 K-W-L의 표기 양식은 이러한 학습 독서의 요약 정리를 효과적으로 수행하도록 한다.

4. 독서 동기

독서 동기는 독자마다 서로 다르다. 독서 동기가 다른 이유는 여러 가지가 있지만 주로 독서에 대한 관심과 흥미, 목적과 필요성, 개인적 성향과 환경 요인에 따라 각기 다르게 작용한다. 독서 동기는 책 읽기에 매우 중요한 요인으로 작용한다. 어떤 독서 동기를 갖고 있는가에 따라 독서 활동의 과정과 결과의 차이를 보이며, 어떤 동기를 부여하는 가에 따라 읽기의 능력을 좌우하는 매우 중요한 변수이기도 하다. 자발적인 독서 동기가 형성된 독자일수록 읽기 능력과 성취도가 매우 높으며, 그렇지 못한 독자의 경우에는 자발적 동기를 형성할 수 있는 외부 자극을 주어 독서 수행 능력을 향상 시킬 수 있을 것이다.

1) 독서 동기와 읽기 능력

문해력을 갖춘 초등학교 이후의 독자를 대상으로 한 최근의 연구 결과에 의하면 저학년 아동일수록 그리고 남학생보다 여학생이 자발적 독서 동기가 잘 형성되어 있는 것으로 나타났다. 저학년 아동들의 자발적 독서 동기가 고학년이 되면서 점차 감소하는 이유는 주로 독서 활동이 정서적인 측면에서 인지적인 측면으로 전환하는 것과 깊은 관계가 있다. 초기의 독서는 개인의 정서 발달과 흥미 위주의 독서로 이루어지는 경향이 많지만 학교생활이 시작되면서 글을 읽는 목적이 학습과 관련되기 때문에 순수한 의미의 자발적 독서 동기가 소멸되는 현상을 보인다. 그럼에도 불구하고 자발적 독서 동기를 형성하는 독자들은 여전히 존재하며, 이러한 독자들의 읽기 능력은 그들이 갖고 있는 자발적 독서 동기에 비례한다는 연구 결과가 보고되고 있다. 결국 독자들에게 자발적인 독서 동기를 형성하게 한다면 읽기 능력을 향상사킬 수 있다는 결론에 도달한다.

자발적인 독서 동기가 잘 형성된 독자가 시간이 지나면서 점차 자발성을 상실하고 끝내 외부의 자극에도 독서 동기를 형성하지 못하는 현상을 보이는 경우를 볼 수 있다. 평범한 독자나 미숙한 독자들은 그만큼 자발적인 독서 동기의 형성이 일반적인 수준이지만 자발적인 독서 동기가 매우 잘 형성된 독자들은 능숙한 독자로서의 역할을 충실하게 수행한다고 보아야 한다. 그런데 시간이 지나면서 자발적 독서 동기를 상실하는 경우는 반드시 그 원인을 찾아 본래의 독서 동기의 환원 내지는 평범한 수준의 동기성(動機性)을 갖추도록 도와주어야 한다. 다음의 예화가 바로 그런 경우이다.

초등학교 4학년 학동이의 어머니가 2학기 중간 무렵 학교에 찾아와 담임 선생님과 상담을 하던 중에 이런 말을 하였다.

"선생님 저…… 저희 아이가 요즘 좀 이상해요. 우리 학동이가 전에는 책 읽기를 무척 좋아하고 틈만 나면 책상에 앉아서 책을 읽었었는데 요즘은 통 책 읽기를 싫어하고 아예 책이라면 등을 돌리기 일쑤에요. 게다가 그냥 책 읽기만 싫어하는 게 아니라 교과서도 보려고 하지 않아요. 전에는 안 그랬었는데 왜 요즘 들어서 이러는지 모르겠어요."

그 말을 들은 선생님은 속으로 이런 말을 하고 있었을 것이다.

"아니 그럼 내가 맡은 다음부터 학동이 녀석이 책 읽기를 싫어하고 아예 교과서도 보지 않으니 그게 다 내 책임이란 말인가?"

학부모도 사실은 속으로 이런 말을 하고 싶었을 것이다.

"맞아요. 선생님이 우리 아이를 맡은 이후부터 우리 아이가 이렇게 망가져 버렸어요. 우리 학동이 이제 어떻게 할 거에요. 책임지세요."

학교 현장에서 이런 상황이 발생하는 경우가 있다. 학동이는 원래 글 읽기를 시작할 무렵부터 실제로 글 읽기를 무척 좋아하고, 자신이 스스로 책을 찾아서 읽는 습관이 잘 형성되어 있었다. 누가 시키지도 않고, 누가 보아주지 않아도 스스로 책을 찾아 읽고 책의 세계에 빠져 있는 것만으로 너무나 즐겁고 행복했던 것이다. 그런데 학교에 들어오면서부터 학동이의 책 읽기 습관은 다른 대우를 받게 된다. 학교에서는 독서를 잘하는 아이들에게 여러 자극을 준다. 책을 많이 읽는 아이들은 교실 뒤 게시판에 예쁜 스티커를 붙여주고, 책을 많이 읽고 독후감을 잘 쓰면 상도 준다. 학교에서는 학동이와 같은 아이들에게 '독서왕'이라는 칭호까지 붙여주면서 모든 학생들 앞에서 크게 칭찬하여 준다. 수시로 칭찬과 상을 받은 학동이는 언제부터인가 책을 읽는 것은 칭찬과 보상의 조건이 된다는 것을 알게 된다. 자신이 그냥 좋아서 스스로 책 읽기를 좋아했던 것인데 그것이 주변의 칭찬과 보상을 이끌어낸다는 것에 더욱 신이 나고 즐거운 일이었다.

그런데 4학년이 되어 새로운 선생님을 만났더니 선생님은 학동이의 책 읽기에 대하여 칭찬이나 보상에 인색하다. 선생님은 자기보다 훨씬 독서량도 적고 책 읽기 능력이 떨어지는 아이들에게만 관심을 갖는 것이다. 선생님은 독서를 무척 좋아하고, 독서량도 많고, 독후감도 잘 쓰고, 읽기 능력이 뛰어나고, 국어시험도 잘 보는 학동이를 칭찬하지는 않고, 평소에 책 읽기를 좋아하지도 않고, 독서량도 적고, 독후감도 잘 못 쓰고, 읽기 능력도 떨어지고, 국어시험도 잘 못 보는 아이들에게 관심을 갖고 있다. 이런 선생님의 모습을 관찰한 학동이는 언제부터인가 책 읽기를 의도적으로 거부하기 시작하였다. 자신의 독서 행위가 당연한 칭찬과 보상의 대상이었는데, 어느 날 갑자기 자기보다 못한 아이들에게 칭찬과 관심이 옮겨간 것을 느끼고 의도적으로 독서 거부감을 드러낸 것이다. 학동이는 학교에서뿐 아니라 가정에서도 독서에 대한 의도적 거부로 인하여 책 읽기는커녕 교과 학습마저도 멀리하게 된 것이다.

칭찬과 보상이 동기 형성에 매우 중요하다는 것은 이미 연구 결과로 잘 알려진 것이다. 그러나 원래 자발적 독서 동기가 잘 형성된 아동들에게 독서는 너무나 당연하고 자연스러운 행위이다. 자발적 독서 동기가 잘 형성된 독자들은 외부 자극이나 보상이 없이도 자신의 독서 행위가 자기 스스로를 위한 것임을 알고 주도적으로 수행한다. 그러나 이러한 자기 주도적 독서 행위가 지속적인 외부 자극으로 인하여 자발성을 상실하게 되는 경우가 있는데 그것이 바로 과도한 칭찬과 보상이다. 성인의 경우에는 이미 동기 형성이 정형화 되어서 외부의 자극에 민감하게 반응하거나 급속한 변화를 초래하지는 않지만, 나이가 어린 독자들의 경우 특히, 문해력이 형성되기 시작하는 초등학교 저학년 학생들의 경우에는 칭찬과 보상이 매우 중요한 변화 요인으로 작용한다.

적절한 칭찬과 보상은 학생들의 독서 동기를 형성하는 데에 매우 유익할 뿐 아니라 읽기 능력을 향상시키는 조건으로 작용한다. 그러나 특이한 경우, 앞의 예화를 통하여 살펴보았던 자발적 독서 동기가 잘 형성된 아동들에게 칭찬과 보상이 득보다 실이 될 수 있다는 것을 알아두어야 한다. 그런데 학교 현장은 모든 아이들에게 거의 똑같은 수준의 칭찬과 보상을 적용할 뿐 아니라 동일한 수준의 책을 권장하고 동일한 수준의 결과물을 요구한다. 어떤 아이들에게 칭찬이 필요하고, 어떤 아이들에게 보상이 요구되며, 어떤 아이들에게 조건 강화를 하여야 하는지에 대한 기본적인 분석과 적용이 있어야 한다. 아이들이 어떤 수준의 독서 동기를 갖고 있으며, 어떤 수준의 읽기 능력을 갖고 있는지 알고 있다면 최소한 자발적 독서 동기 형성 아동이 읽기에 대한 흥미와 기능을 상실하는 경우는 막을 수 있을 것이다. 그러기 위해서는 독서에 대한 동기성 검사를 정기적으로 시행하여 독자의 동기성이 자발적인 내적 동기에 가까운지 외부 자극에 의하여 반응하는 외적 동기에 가까운지 파악하여야 한다. 평범하거나 일반적인 독서 동기를 갖고 있는 아동들에 대한 분석에 우선하여 자기주도적 독서 수행 능력을 갖추고 있는 내적 동기 형성 아동에 대한 인식과 외부 자극에 의해서만 독서를 수행하는 지극히 외적 동기 형성 아동들에 대한 대처 방안을 마련해 두어야 할 것이다. 특히 외적 동기 형성 아동에 대한 적절한 칭찬과 보상 그리고 강화를 통하여 자발적이고 자기주도적인 독서 수행 능력을 형성하는 것을 주안점으로 삼아야 하며, 자발적이고 자기주도적인 아동에게 과도한 칭찬과 보상으로 인하여 독서 동기의 자발성을 상실하는 불행한 결과를 초래하는 일이 없도록 하여야 할 것이다.

2) 독서 동기 검사

독서 동기 검사는 독자의 독서 수행이 어떤 의도와 목적을 갖고 있으며, 어떤 조건과 자극에 의하여 수행되는지를 파악할 수 있는 지표가 된다. 독서 동기 검사는 정기적으로 실시하는 것이 효과적이다. 의욕적인 교사는 학생들의 자발적 독서 동기 형성과 읽기 능력의 향상을 위하여 다양한 독서 전략과 실천 방법을 구안하여 학생들에게 적용한다. 학년 초 실시한 독서 동기 검사 지표를 근거로 학기 단위의 독서지도를 수행한다. 한 학기 후에 다시 동일한 동기 검사를 통하여 학생들의 독서 동기가 어떻게 변화되었는지 분석하면 학생들의 독서 동기의 자발성을 알 수 있을 뿐만 아니라 어떤 학생에게 어떤 조건과 보상 또는 강화를 부여해야 할지를 알 수 있다. 칭찬과 보상의 유효적절한 투입과 과도한 칭찬과 보상의 절제를 통하여 학생들의 독서 능력을 향상시킬 수 있는 것이다.

만일 학생들에게 특별한 독서 방법을 일년 동안 적용하여 학생들의 독서에 대한 흥미나 읽기 수행 능력을 알아보고 싶다면 독서 동기 검사를 정기적으로 실시하여 분석하는 것이 효과적이다. 앞서 언급하였듯이 독서 동기는 읽기 능력과 관련이 있으며, 읽기 능력은 교과 학습 성취도와 비례적 관계가 있음이 밝혀졌다. 따라서 독서 동기가 자발적인 성향으로 변화되었다면 읽기 능력이 향상되었다는 것을 의미하는 것이고 학업 성취도의 향상을 기대할 수 있다는 추론이 가능하다. 보다 좋은 독서 전략과 실천 방법을 구안하고 학생들의 책 읽기에 대한 흥미를 유발하고 자기 주도적인 독서 수행 능력을 형성하기 위해서 독서 동기 검사는 필수적으로 실시하여야 한다. 다음은 독서 동기 검사 문항과 동기성 지수에 대한 분석 지표이다.

〈독서 동기성 검사표〉

나의 생각과 같거나 비슷하다고 여기는 곳에 ○표 하세요.

학교	학년	반	이름		
활 동 명	독서(책 읽기)			예	아니오
1	나는 ( )이 나에게 정말로 중요한 것이라고 생각한다.				
2	내가 ( )를 할 때 부모님이나 선생님께서 칭찬을 해주실 거라고 생각한다.				
3	내가 ( )를 할 때 나는 정말로 알고 싶었던 것을 배우고 있다는 느낌이다.				
4	내가 ( )를 얼마나 잘하는지 부모님이나 선생님께서 알아주셨으면 좋겠다.				
5	나는 ( )를 하고 싶어서 부모님을 설득하거나 조르기도 한다.				
6	나는 ( )를 할 때에 좀 더 쉬운 내용이나 활동을 골라서 하고 싶다.				
7	내가 ( )를 하는 것은 정말로 그것에 호기심이 많기 때문이다.				
8	나는 ( )를 하여서 미래에 많은 돈을 벌거나 유명해 지고 싶다.				
9	나는 ( )를 하면서 더욱 어려운 내용이나 활동에 도전해 보고 싶어진다.				
10	내가 ( )를 하는 이유는 부모님이나 선생님께서 능력이 있다고 해서이다.				
11	나는 ( )를 한 후에 내가 한 활동에 대하여 되돌아보고 반성하길 좋아한다.				
12	내가 ( )를 할 때에는 친구나 부모님, 선생님께서 잘 봐주기를 기대한다.				
13	나에게 여러 가지 활동 중에서 한 가지를 하라고 하면 ( )을 고르겠다.				
14	나는 다른 사람들이 내게 ( )을 잘한다고 생각하기 때문에 그 활동을 한다.				
15	나는 ( )를 하고 있는 동안 다른 일을 잠시 잊어버리기도 한다.				
16	내가 ( )를 하고 난 다음에 다른 사람들이 날 어떻게 평가할지 고민한다.				
17	내가 ( )를 잘 한다는 느낌이 들 때에 기분이 아주 좋아진다.				
18	만약 내가 ( )를 하고 있다는 것을 다른 사람들이 모르면 아무 소용이 없다.				
19	나는 ( )를 할 때에 어떤 내용이나 활동을 할 것인지 스스로 결정한다.				
20	내가 ( )를 하는 이유는 부모님이나 선생님께서 시켰기 때문이다.				

21	나는 ( )이 나에게 주어진 과제나 일거리가 아니라 즐거움이라고 여긴다.		
22	나는 ( )를 정말로 좋아서 하는 것이 아니라 아무 생각 없이 그냥 한다.		
23	내가 더 이상 ( )을 할 수 없게 되었을 때 기분이 별로 좋지 않다.		
24	나는 ( )를 할 때에 다른 사람의 도움을 받으면 기분이 좋아 진다.		
25	나는 ( )를 함으로써 나 자신에 대한 새로운 느낌과 자신감이 생긴다.		
26	나는 ( )를 함으로써 상이나 선물을 받기를 원한다.		
27	나는 ( )를 할 때에 시간 가는 줄을 모를 정도이다.		
28	다른 친구가 나보다 ( )을 더 잘한다고 여겨지면 나도 더욱 열심히 한다.		
29	나는 ( )를 하는 것이 내 생활의 중요한 일부이라고 생각한다.		
30	내가 ( )를 하지 않아도 된다면 나는 이 활동을 그만하고 싶다.		
동기 지수	내( ) : 외( ) = ( ) / ( )		

※ 1. 검사 지수를 (내적동기/외적동기) 산정한 후 아동의 내, 외적 동기 여부 확인. 즉, 25/5인 경우는 내적 동기가 강한 아동이며, 5/25일 경우에는 외적 동기가 강한 아동임. 지수가 클수록 내적 동기가 강한 아동이며 작을수록 외적 동기가 강한 아동임.

  2. 지수 결과에 따라 어떤 강화와 보상을 할 것인지 결정하여야 함. 내적 동기가 강한 아동에게 보상과 강화를 지속할 경우 내적 동기 유발 자체를 감소시키는 부작용이 있으며, 외적 동기가 강한 아동에게 자발성이나 자기주도성만을 강요할 경우에는 동기성 자체를 상실할 수 있음. 따라서 학급에서 독서 교육 및 기타 활동을 할 경우 교사가 모든 아이들에게 동일한 강화와 보상을 하기보다는 동기성 여부를 판단하여 적절한 선택적 강화와 보상을 실시하여야 함.

제 2 부
독서 교육의 방법

제 1 장

독서토론의 활용

1. 독서토론의 성격

'해리 포터의 나라' 영국에는 각 지역별로 'storytelling'이라는 '책 읽고 이야기 나누기 모임'이 현재 몇 천 개에 이른다. 'storytelling' 모임에서는 매주 한 가지 주제를 정하고 그 주제에 따라 각자 책을 선정하여 일주일 동안 읽는다. 책을 읽고 난 후 함께 모여 읽은 책의 내용, 인물, 저자의 의도, 글쓰기 방식, 자신의 생각, 그 주제에 관련된 다른 장르의 책, 현재 생활과의 관련성 등 일주일 동안 독서한 내용에 대해 다양한 이야기를 자유롭게 나눈다. 그 과정에서 'storytelling' 구성원들은 책 내용에 대한 깊은 이해는 물론, 책에 대해 다양한 이해를 가지게 된다. 이것이 바로 독서토론의 모습이다. 이와 같은 독서토론의 영향으로 영국은 해리 포터의 작가와 같은 세계적인 작가를 배출했을 뿐 아니라 많은 국민들이 평생 독자 또는 평생 작가로의 삶을 살고 있는 것이 아닐까? 그렇다면 과연 독서토론과 나 홀로 독서는 어떤 차이가 있을까?

1) 독서토론의 개념

가. 토론의 개념

'토론'이란 간단히 말하자면 문제를 해결하기 위해 서로의 생각이나 의견을 나누는 과정이다. 일반적으로 토론에서는 정해진 주제에 대해 찬성과 반대 중 자신의 관점을 한 가지로 정하고, 상대방을 자신의 의견에 따르도록 설득하기 위해 주장에 대한 적절한 근거를 제시하거나 상대방 의견에 대한 반대 근거를 제시한다. 학교에서 주로 이루어지는 토론 교육이 이에 해당하며 이것을 그림으로 나타내면 다음과 같다.

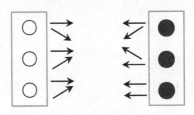

〈그림 1〉 일반적인 토론 모습

<그림 1>에서 각각의 원은 찬성자와 반대자를 나타낸다. 찬성편의 각 개인은 개별적인 생각보다는 '찬성편'이라는 의견을 함께 가지며, 반대편도 이와 마찬가지다. 즉 각 개인의 생각과 의견보다는 각 개인이 속한 그룹이 찬성편이냐 또는 반대편이냐가 중요하다. 또 의견을 나누는 과정에서 화살표가 불규칙적으로 상대방을 향해 있지만, 이것이 다시 자신을 향해 돌아오지 않는 것은 토론을 통해 자신의 의견을 수정하거나 상대방으로부터 새롭게 무엇을 알게 되는 상황이 좀처럼 발생하지 않는다는 것을 나타낸다. 즉 토론의 목적은 상대방을 자신의 의견에 동조하도록 설득하는 것이 목적임을 단적으로 드러내 준다. 따라서 토론에서는 상대방을 설득하기 위해서 근거나 이유가 되는 정보를 충분히 제공하는 것이 중요하다. 이와 같이 우리는 토론 학습에서 상대방과 정보를 교환하는 방법에 대해 가르치기 보다는 상대방의 의견과 반대되는 자신의 입장에 대해 역설하는 방법을 가르치는 데 초점을 두었다.

그 결과 토론은 찬/반 양극단으로 학습자를 구분지음으로써 상대방의 의견을 존

중하고 이해하는 사고 형성에 부정적인 영향을 미칠 위험이 크다. 실제로 종종 토론 활동 후에 아이들은 상대방의 의견을 더 잘 이해하고, 사람들마다 다양한 사고를 가지고 있다는 것을 인식하기보다는 오히려 토론 상대편에 대해 감정이 격앙되고, 자신과 다른 의견을 가진 이와는 편을 가르는 상황에까지 이르기도 한다. 또 TV 토론 프로그램에서 자신과 다른 의견을 가진 이와 토론하는 과정에서 소소히 발생하는 분쟁 또한 토론에 대한 잘못된 이해 또는 '상대 쓰러뜨리기'식으로 토론을 해 왔기 때문이다.

그러나 진정한 토론은 찬성과 반대의 대립된 관점만을 가지는 것을 의미하지 않으며, 실제 삶에서 찬성과 반대의 양극단의 의견만 존재하는 경우는 오히려 드물다. 즉 대부분의 사람들은 동일한 문제에 대해서 'A라는 면에서는 찬성하지만 B라는 면에서는 반대한다.'라는 식으로 찬성과 반대의 두 관점을 함께 가지기 마련이다. 따라서 우리는 토론을 일방적으로 상대방이 내 의견에 따르도록 하기보다는 두 사람 이상이 얼굴을 마주하고 정보와 아이디어를 교환하는 과정으로 이해해야 한다. 즉 토론 교육에서도 참여자들 간의 의사소통 행위라는 측면이 강조되어야 한다.

우리는 삶 속에서 다양한 토론 상황을 경험한다. 용돈 문제로 서로 이야기를 나누는 어머니와 아이, 모둠 활동을 통해 문제를 해결하기 위한 학급 동료 간 대화, 회사에서 팀 단위로 이루어지는 회의, 가족끼리 외식 장소와 메뉴를 정하기 위한 협의 등이 모두 토론에 해당한다. 왜냐하면 이것들은 모두 각자의 생각을 가지고 있으나 상대방의 의견을 듣고 자신의 생각을 수정하거나 더 견고하게 만드는 참여자 간의 의사소통 행위이기 때문이다. 토론에 참여하는 사람은 각자 자신이 가진 정보와 의견을 제시하고 다른 사람이 제시한 정보와 아이디어를 평가함으로써 당면 문제를 해결하거나 정보를 체계화하고 아이디어를 통합한다. 이와 같이 토론은 문제를 해결하기 위한 의사소통 과정으로, 체계적이며 협동적인 활동이라고 할 수 있다. 독서토론 또한 이와 같은 의사소통으로서의 특징을 강조한다.

나. 독서토론의 개념

독서토론이란 '토론을 통해 독자가 독서한 내용의 의미를 재구성하는 것을 돕는 활동'이다. 따라서 '논쟁(discussion, debate, argument)'이 아니라 읽은 책에 대한 '대화하기(talking)'를 가리킨다. 독서토론은 교사가 정해 준 한 가지 주제를 정하여 토론 참여자들이 논쟁을 벌이는 것이 아니라, 일차적으로 책 내용에 대한 이해를 목적으로 이야기를 나누는 의사소통 행위이다. 독서 과정에서 접하게 되는 궁금한 점, 새롭게 알게 된 점, 이해하지 못한 점, 필자의 의도, 구성, 삽화 등 책 내용과 관련된 것과 책을 읽는 과정에서 독자가 생각한 것을 자유롭게 이야기 하는 활동이다. 토론 과정에서 독자들은 자신이 미처 이해하지 못한 내용을 다른 독자와의 말하기를 통해 이해하게 된다. 또 책에 대한 감상이나 평가가 사람마다 다를 수 있다는 것을 경험하게 되어 결과적으로 책에 대한 다양한 경험과 이해를 하게 된다.

이와 같이 독서토론은 책에 관해 다른 사람과 의사소통하는 과정을 중요하게 여기며, 의사소통의 결과 독해력과 책을 통한 다양한 의미 구성을 가능하게 만드는 역할을 한다. 이 독서토론 과정을 그림으로 나타내면 다음과 같다.

〈그림 2〉 독서토론

<그림 2>를 보면 독서토론 참여자는 각자 다른 이해와 생각을 가진 독립적인 존재로 토론에 참여한다. 일반적인 토론이 찬성편과 반대편의 두 가지 입장으로 나뉘는 것과 비교해 볼 때 독서토론에서는 각 개인의 글에 대한 이해와 경험이 중요하다. 따라서 토론에 참여한 독자들은 상호작용 과정에서 다른 독자의 사고와 독해에 영향을 미치며, 자신도 토론 상대로부터 영향을 받는다. 또 책 내용과 관련된 자신의 경험, 생각, 궁금한 점 등을 대화를 통해 해결하거나 미처 해결하지 못한 부분에 대해 지속적

인 호기심을 갖게 된다.

우리는 책을 읽을 때 단순히 문자를 소리 내어 읽거나 문자의 사전적 의미를 해석하는 것이 아니라 책 내용과 관련된 자신의 경험을 떠올리거나 앞 뒤 문맥을 통해 어휘를 해석하기도 한다. 또 글을 쓴 필자의 의도가 무엇인가를 따져보고 이에 동조하기도 하고 비판하기도 한다. 예를 들면 '눈'과 관련된 글을 읽을 때 '눈'에 대한 어휘가 여덟 개 이상인 에스키모인과 눈을 직접 만져 본 경험이 거의 없는 아프리카 독자 간에는 내용 이해와 의미 구성에 있어서 차이가 발생하는 것과 같다. 이와 같이 책을 읽을 때에 독자가 가지고 있는 배경지식(schema)은 책의 의미를 이해하는 데 중요한 역할을 한다. 같은 책을 읽고도 독자마다 다르게 해석하는 것은 바로 독자마다 가지고 있는 배경지식이 다르기 때문이다.

그렇다면 나 이외의 독자들은 글을 읽고 어떻게 그 글을 이해, 해석했는가를 알 수 있는 방법은 무엇일까? 바로 '함께 이야기하기' 과정, 즉 '독서토론'을 통해서 가능하다. 따라서 독서토론이 한 가지 주제에 대해서 찬성 또는 반대 입장을 취하는 일반적인 토론의 성격을 띠는 것은 문제가 있다. 그렇게 되면 독자들은 책에 대한 다양한 이해보다는 찬성과 반대에 대한 이유를 찾는데 주의를 집중하기 때문이다.

독서토론의 유형은 일정하지 않다. 교사가 주도하는 전체 학급 단위 교사가 안내하는 소그룹 단위, 동료가 안내하는 소그룹 단위, 일대일 단위 등 그 규모나 형식면에서 자유롭다. 취학 전 엄마가 유아에게 책을 읽어 주며 유아와 나누는 대화, 어린 아이가 자신이 읽은 이야기를 타인에게 다시 말하기(retelling)를 통해 들려주는 것도 아직 형식적인 토론의 모습을 띠고 있지 않지만 독서토론에 해당한다. 이 때 아이의 이야기를 듣는 타인이 아이의 말하기에 반응을 하면 그 아이의 이야기 말하기는 더욱 아이의 사고를 자극하고 읽은 내용을 정교하게 만들어 주는 의사소통 행위이기 때문이다. 교사 또는 동료 주도의 독서토론은 집단 구성원들이 서로를 바라볼 수 있는 자리에 둘러앉아서 자유로이 의견을 교환하고 평가한다. 이 과정에서 리더(leader)의 유무(有無)는 문제가 되지 않으며, 리더가 있을 경우, 리더는 토론이 주제에서 벗어나지 않고 토론 참여자간에 혼란이 야기되지 않도록 적절한 중재를 해야 한다.

독서토론은 독서 전 과정에서 이루어질 수 있다. 독서 전에는 독서할 책과 관련하여 이미 갖고 있는 배경지식을 활성화하거나 내용을 예측하기 위한 활동을 독서토론으로 할 수 있다. Raphael은 독서 전 토론 활동을 위해 K-W-L(알고 있는 것(Know)-알고 싶은 것(Want)-알게 된 것(Learned))을 활용하여 책을 읽기 전에 간단하게 각 항목에 메모하는 활동이나 교사가 직접 읽을 책과 관련된 질문하기 등을 제안하였다.

그러나 독서토론은 주로 독서 후에 이루어진다. 그것은 독서토론의 목적이 읽은 내용에 대한 정확한 이해와 의미 구성을 목적으로 하기 때문이다. 독서토론 과정에서 독자들은 책 내용에 관한 이야기를 나누면서 자신이 미처 이해하지 못했던 것을 새롭게 알기도 하고 어렴풋하게 이해했던 것을 정교화(精巧化)한다. 또 책 내용을 그대로 수용하는 것이 아니라 독자의 상황에 맞게 텍스트를 재해석하거나 비판하면서 독자 나름대로 의미를 구성한다.

또 독자는 토론 과정에서 자신이 읽은 텍스트 내용에 관해 다시 말로 표현함으로써 자신이 책 내용 중에 이해하고 있는 것과 그렇지 못한 것이 무엇인가를 인식할 수 있게 된다. 자신의 독해 상태에 대해 아는 것을 인지(사고)에 대한 인지라는 의미에서 초인지(metacognition)라 부른다. 그러나 토론 과정 없이 독서만 한다면 읽은 내용에 대해 독자의 초인지가 발달하지 않는다. 결과적으로 독서를 통해 다양한 내용 확보는 가능하게 하지만, 사고력은 향상 되지 않는다.

독서 후에 이루어지는 독서토론은 말하기를 통한 사고의 정교화, 내용에 대한 깊은 이해, 책 내용의 공유(共有), 읽은 내용에 대한 기억 능력 향상, 비판적 읽기 능력 향상 등 고등 사고 기능 향상에 중요한 역할을 한다. 또한 독서토론은 점차 찬/반 토론의 수준으로 발전할 수 있는 토대를 마련함으로써 민주 사회에서 개인 간 또는 집단 간에 갈등을 조정하고 문제를 해결하는 능력을 신장시킨다. 이것은 학생들이 민주사회와 직업사회에서 정보적이며 효율적인 개인으로서 기능할 수 있도록 준비시켜야 한다는 교육의 최종 목적과도 부합한다.

독서토론의 효용성을 알고 있는 교사라면 열 권의 책을 학생 혼자 묵독하게 하는 것보다 한 권의 책을 읽고 나서 토론을 하는 것이 아이의 사고와 독해 능력 향상에 더 효과적이라는 것을 벌써 경험하였을 것이다.

2. 독서토론의 중요성

현재 우리나라는 대학입시에서 논술의 비중이 커짐에 따라 초등학생부터 논술 바람이 불고 있다. 그래서 논술을 잘 하기 위한 방법으로 독서와 토론을 활용하고 있다. 결국 독서와 토론을 능숙한 논술을 위한 방법이나 수단으로 여기고 있다. 그러나 독서를 하고 토론을 하였음에도 불구하고 논술 능력이 눈에 띄게 또는 기대만큼 향상되지 않는 경우가 많다. 이것은 독서 후 토론이 논술에 직접적으로 영향을 미치기보다는 독서 능력 향상에 관여하여 글 구조 이해와 독해 능력을 향상시키기 때문이다. 독서와 토론 활동이 지속적으로 이루어지면 학생들은 글 구조와 독해 능력이 향상되어 결과적으로 논술을 위한 글 구조와 쓸 내용, 그리고 비판적 사고가 향상되어 논술 능력에 영향을 미치게 된다. 그러므로 단기간의 독서토론 활동으로 독서 능력과 논술 능력이 향상되기를 바라는 것은 '우물가에서 숭늉 찾기'와 같다. 독서토론의 중요성을 알고 나면 독서토론이 인간의 사고(창의력)와 관련되기 때문에 장기간에 걸쳐 꾸준히 이루어져야 한다는 것을 알 수 있을 것이다.

1) 읽은 내용에 대한 기억을 도와준다

우리의 기억 용량은 한계가 있기 때문에 듣거나 읽은 내용을 모두 기억하는 것은 불가능하다. 인지심리학자인 Miller는 인간이 기억을 하기에 가장 용이한 단위를 7±2로 추정하고 이를 마법의 수(magic number)라고 하였다. 예를 들면 7~8자리로 된 전화번호, 6자리로 된 주민번호가 기억을 돕기 위한 대표적인 것이다. 글에서도 독자의 기억 용량의 한계를 고려한 예를 찾을 수 있다. 한 문단을 구성할 때 문장 수를 5~9개 수준으로 하는 것이 그것인데, 이는 내용의 이해와 기억에 쉽기 때문이다. 그러나 책 한권을 읽을 때 문장이나 의미의 수는 마법의 수(7±2)보다 훨씬 많다. 이 때문에 우리는 읽은 책 내용을 그대로 모두 기억장치에 저장할 수 없다.

인간의 사고 과정을 기억을 중심으로 살펴보자. 인간의 정신 작용은 크게 세 가지로 구분된다. 하나는 처리 대상이 되는 언어를 상(象 : 말의 경우는 소리, 글의 경우는 모양)

그대로 포착하여 파지하는 상 기억이다. 상 기억에서 포착된 언어는 다음 단계인 작업 기억 또는 단기기억으로 넘어가 처리된다. 이때 작업기억에서 하는 처리는 언어에 의미를 부여하는 것이다. 예를 들면 '학교'라는 문자 기호를 시각적으로 받아들여 이를 단어로 확인하고, 이에 '학교'라는 의미를 부여하는 작업이 바로 작업기억 또는 단기기억에서의 처리 내용이다. 이렇게 처리된 정보 즉 의미 부여가 된 정보는 셋째 단계인 장기기억(또는 저장기억)으로 넘어가 저장된다.

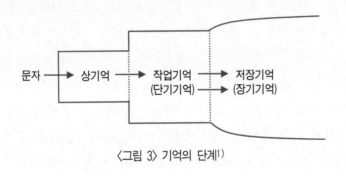

〈그림 3〉 기억의 단계[1]

위 기억의 단계에서, 읽은 책의 내용 중에서 '나의 것'으로 만들어진 것은 저장 기억 속에 위치하게 되어 이와 관련된 문제 상황에 직면했을 때 저장기억으로부터 회상하여 사용할 수 있다. Miller가 추정한 7±2의 기억 용량은 단기기억에서의 처리 내용이다. 그런데 책을 읽을 때 상기억을 통해 들어 온 내용들이 작업 기억에 머무르는 시간이 길지 않기 때문에 우리는 읽은 내용을 저장 기억에 입력하기 위해서 요약하기, 구조화하기, 관련짓기, 추론하기 등을 통해 정보를 덩어리지어야 한다.

능숙한 독자의 경우는 단기기억에서 장기기억으로 변형시키는 사고 작용과 거꾸로 장기기억에 있는 지식들을 불러들여 글을 읽을 때 깊은 이해를 하는 것이 스스로 가능하지만 미숙한 독자의 경우 이런 사고 작용이 제대로 이루어지지 않는다. 그러므로 독서 중 또는 독서 후에 다른 사람들과의 토론을 통해 단기기억 속에 임시 저장된 내

---

1) 위의 그림에서는 정보의 흐름과 처리가 한쪽 방향으로만 되어 있다. 그러나 실제 정보 처리의 지적(知的) 과정은 쌍방적 상호작용으로 이루어진다. 특히 작업 기억에서의 의미 처리는 상당한 정도 하향식(top-down) 또는 개념 중심(concept-based) 처리의 양상을 띤다.

용을 장기기억에 저장하기 쉽게 요약, 추론, 관련짓기를 해야 한다. 반대로 다른 사람과 이야기를 나누는 과정에서 책 내용과 관련하여 장기기억에 저장된 배경지식을 회상하여 새로 들어온 내용과 이미 자신의 장기기억 속에 저장된 내용을 비교하여 통합하기도 한다. 이것이 의미의 구성 과정이며 책 내용에 대한 이해 과정이다.

이와 같이 독서토론은 독서한 내용을 더 잘 기억할 수 있도록 도와주는 역할을 한다. 인간의 기억 용량에 한계가 없다면 우리는 읽은 내용을 하나도 빠짐없이 모두 기억할 것이다. 과거에 읽은 책 내용을 모두 기억하지 못하는 것은 어쩌면 기억 측면에서 보면 당연한 것이다. 독서토론은 인간의 한정된 기억 용량에 대한 해결책과 같다. 독서만 한 그룹과 독서 후 이야기 나누기를 한 그룹의 내용에 대한 회상 정도를 비교했을 때 독서만 한 그룹에 비해 이야기를 나눈 그룹이 훨씬 더 많은 내용을 회상하였다는 연구는 독서 후 토론 활동이 내용의 기억에 미치는 효과를 보여주는 좋은 예이다.

2) 사고를 정교화한다

독서를 할 때 우리는 짧은 시간 내에 수많은 정보를 눈을 통해 받아들인다. 제목, 삽화, 새로운 어휘, 글의 줄거리, 이야기 구조 등 책이 담고 있는 수많은 정보들은 일정한 형식으로 구성되어 우리의 머릿속에 들어오는 것이 아니라 폭풍처럼 밀려온다. 그래서 분명 독서를 했음에도 불구하고 머릿속에 내용이 명료하게 정리가 되지 않거나, 다른 사람에게 읽은 내용을 다시 말하는 데 어려움을 겪기도 한다.

이와 같은 독서 과정을 '시장에서 물건사기'에 비유해 보자. 시장에 가서 물건을 살 때 우리는 장바구니에 물건을 차곡차곡 일정한 규칙에 맞게 정리할 여유가 없다. 사야할 물건을 일단 장바구니에 마구잡이로 담는다. 이것은 독서 과정에서 책을 읽을 때 다양한 정보들이 마치 장바구니에 물건 담기듯 우리의 머릿속에 체계적으로 정리되지 않은 상태로 들어오는 것과 같다. 그런데 시장 보기가 끝난 후 장바구니에 담긴 물건들을 계속 장바구니에 담아 둔 채 필요할 때마다 장바구니에서 찾아야 한다면 시간과 노력이 많이 요구될 것이다. 이런 부담을 덜기 위해 사람들은 장바구니에 담긴 물건을 품목별로 분류하고 정해진 서랍장에 정리를 하는 과정을 거친다. 이 과정에서 정해진 서랍장에 물건을 그냥 넣기도 하고, 서랍장에 물건이 있다면 새로 사온 물건을 넣을 공간을 마련하기 위해 기존에 있던 물건의 위치를 바꾸기도 한다.

이와 같이 장바구니에 담긴 물건이 독서 과정에서 받아들인 정보라고 했을 때 독서토론은 서랍장에 물건을 정리하는 행위와 같다. 만약 독서 후 토론 과정을 거치지 않는다면, 장바구니에 체계 없이 담긴 물건을 사용할 때 찾기 어려운 것처럼 읽은 내용에 대한 정리 및 정교화가 이루어지지 않는다. 또 독서 하는 중에 받아들인 많은 정보들을 머릿속에 있는 사고의 일정한 서랍장에 유형별로 또는 유사한 경험별로 정리하는 과정을 거치지 않으면 독서한 내용을 말하기, 쓰기, 다른 독서 상황 등 필요한 상황에 맞게 머릿속에서 불러와서 사용할 수 없다. 독서토론은 장바구니 물건을 서랍장별로 정리하기 위해 분류하듯이 읽은 책 내용을 중요한 사건, 인물, 새롭게 알게 된 내용 등으로 체계적이며 정교하게 사고하게끔 도와준다. 또 분류한 물건을 서랍장에 넣는 것과 같이 이미 우리 머릿속에 자리 잡고 있는 배경지식과 비교하여 유사한 내용이 있으면, 그 배경지식과 결합하여 새로운 지식을 만들어 내고 새롭게 알게 된 내용을 저장하기 위한 사고 공간을 마련하기도 한다. 사람들의 대화 내용을 녹음하고 전사하여 대화에서 나타나는 특징을 분석하는 대화분석 연구자들은 일반적으로 사람들이 대화나 토론을 제대로 못하는 이유는, 표현력이 없기 때문이 아니라 머릿속에서 생각이 정리되지 않았기 때문이라고 한다. 즉 독서토론 과정에서 읽은 책 내용에 대해 말하기를 두려워하는 것 또한 말하기 능력의 부족이 아니라, 읽은 내용이 정교하게 정리되지 않았기 때문이다. 그러나 독서토론 과정을 통해 책 내용에 대한 이해를 더 정교하게 함으로써 의사소통 상황에서 적절하게 말하고 글쓰는 능력을 발휘하게 된다.

3) 고등사고(창의력)를 계발한다

언어 사용 능력 신장을 통해 '사고력' 또는 '창의력'을 계발하는 것은 국어과 교육의 목표이다. 그렇다면 사고력 또는 창의력이란 무엇인가? 일반적으로 어릴 적 친구의 이름을 기억한다거나 지난주에 읽었던 책 내용을 회상하는 것 등은 창의력 또는 사고력이라고 부르지 않는다. 그것은 '사고력', 또는 '창의력'이 기억의 단순 회상을 넘어서는 좀 더 '높은 차원의 능력'이라고 여기기 때문이다. 따라서 우리는 창의력이나 사고력을 계발한다고 할 때 기억력이나 회상 능력을 계발하는 것 이상을 의미한다. 이 때문에 창의력 또는 사고력을 '고등 수준의 사고'라고 일컫는다.

많은 교육 관련자들이 창의력 교육을 강조하고 있으면서도 정작 창의력이 무엇인가에 대한 명쾌한 대답은 제공하지 못하고 '기발하고 독창적이며 기존에 있던 것에서 새로운 것을 창조하는 능력'이라고 한다. 따라서 창의력 계발을 위한 구체적인 교육 요소나 방법은 제시하지 못하고 있다.

창의력이 유(有)에서 또 다른 새로운 것을 만들어 내는 능력이라고 할 때 창의력을 계발하기 위해서는 기존에 존재하는 것은 무엇이고, 새롭게 창조된 것이 무엇인가에 대해 알아야 한다. 과학 분야에서는 새로운 원리나 물건을 만들어 내는 것이 창의력이라고 할 수 있겠지만 국어과에서는 창의력에 대한 개념을 정의하는 것이 쉬운 일이 아니다.

이런 점에서 Bloom은 교육목표 분류를 통해 창의력 또는 고등 사고가 무엇인가를 명확하게 제시하였다. Bloom은 인간의 사고를 다음과 같이 분류하고 학습과 평가의 기준으로 삼았다.

독서토론을 위 그림의 사고력과 관련하여 보면, 아이들이 책을 읽고 나서 토론 과정을 거치지 않는다고 해도 가장 낮은 사고 수준인 지식의 재인(再認) 및 회상은 가능하다. 즉 읽은 책에 나온 주인공과 중심 사건 정도는 기억해 낸다는 것이다. 그러나 이해에서 평가에 이르는 고등 수준의 사고를 미숙한 수준에서는 혼자서 행하기 어렵다. 예를 들어 흥부전을 읽고 토론을 하는 과정에서 나는 흥부라는 인물을 '착하다'라고 이해하였는데, 동료 친구는 '답답하다'라고 이해했다고 했을 때, 나와 친구의 생각이 다르기 때문에 서로의 의견을 가지고 토론을 한다. 토론 과정에서 친구에게 흥부에 대한 나의 생각을 설명하기 위해 주위에 흥부와 같은 인물을 찾아 말하고(적용), 흥부가 왜 착한지 책 내용 중에서 구체적인 사건이나 행동을 제시해야 한다(분석). 나와 다르게 '흥부'를 이해한 친구 또한 나에게 이와 같은 방법으로 자신의 생각을 설명할 것이다.

이런 토론 과정을 거치면서 독자는 '흥부'를 여러 관점에서 '이해'하게 되고, 흥부의 삶의 방식 중 한 가지를 자신의 실제 삶에 '적용'하기도 하고, 그와 같은 인물을 내 기억 속에서 찾아내 흥부를 이해하는데 활용하기도 한다. 그 결과 '흥부는 착하다'라는 관점을 넘어서 다양한 이해를 '종합'하여 인물에 대한 새로운 의미를 구성해 낸다. 그것을 바탕으로 흥부라는 인물에 대해 독자 나름의 '평가'를 내리게 된다.

독서토론을 통해 계발되는 '이해, 적용, 분석, 종합, 평가'의 고등 사고는 기존에 자신이 갖고 있는 사고를 변형시켜 새로운 지식(schema) 만들어낸다는 점에서 창의력이라고 할 수 있다. 또한 이런 고등 사고는 범교과적으로 요구되는 문제 해결능력이다.

4) 인지와 초인지를 계발한다

인지란 쉽게 말하자면 사람의 사고 또는 생각을 가리키며, 인지심리학은 인간의 인지(사고)를 연구 대상으로 하여 인간이 왜, 어떻게, 무엇을 사고하는가를 연구하는 학문 분야이다. 인지심리학자인 Hynds와 Rubin에 의하면 학습 상황에서 대화는 대화 참여자 간에 '정보 공유', '알고 깨닫기' 기능을 가진다고 한다. 서로 정보를 공유하기 위해서는 먼저 정보나 내용을 알려야 하는데 정보를 정확하게 알리기 위해서는 추상적인 말보다는 듣는 사람이 이해할 수 있는 언어로 표현해야 한다. 또 알고 깨닫기 위해서는 먼저 자신이 머릿속에 가지고 있는 지식을 재생산 할 수 있어야 한다.

더 나아가 말하기는 단순히 기존에 가지고 있는 지식을 재생산하는 데 그치지 않고, 두 개의 주장을 비교해서 새로운 주장을 만들어 낼 때 자신의 기존 지식을 변형하는 등 지식 변형의 도구로도 사용된다.

우리는 경험적으로, 말하기가 사고를 정교화하고 명확하게 한다는 것을 알 수 있다. 가령, 소인수분해를 할 수는 있지만 그 절차나 방법을 친구에게 말로 설명해 주지 못하는 경우가 있는데 사실 그것은 소인수분해를 완전하게 이해하지 못했기 때문이다. 또 책을 읽고 친구에게 다시 말하기를 제대로 못하는 것은 말하기가 미숙해서가 아니라 글 내용을 요약하지 못했거나 제대로 이해하지 못했기 때문이다. 이와 같이 우리는 우리 머릿속에서 일어나는 인지 작용들을 '말'이라는 도구를 통해 겉으로 드러냄으로써 자신이 알고 있는 것과 모르는 것이 무엇인가를 명확하게 할 수 있다. 자신이 무엇을 알고 있고, 무엇을 모르고 있는가를 인식할 수 있는 것은 초인지(超認知)가 작용하기 때문에 가능한데, 말은 인간의 초인지를 발달시키는 기능을 한다.

초인지는 독서 과정에서 중요하게 작용한다. "주인공은 왜 이렇게 행동을 할까?, 과거에 내가 읽었던 책에도 이와 비슷한 사건이 있었는가?, 앞의 내용을 잘 이해하지 못했네?, 다시 돌아가 읽어야지." 등 책읽기 전반을 조절하는 것이 바로 초인지다. 그런데 초인지는 다른 사람들과 말을 주고받으면서 자신의 인지를 점검하는 과정에서 발달하게 되고, 초인지가 발달한다는 것은 자신이 무엇을 하고 있으며, 무엇을 해야 하며, 어떻게 해야 하는가를 조정하는 능력이 발달하는 것을 의미한다. 결과적으로 초인지는 인지 계발의 중요 원인이 된다. 그리고 독서토론은 초인지와 인지 발달의 힘으로 작용한다.

5) 글(언어)이 담고 있는 의미를 알게 해 준다

언 어	의 미
시간적, 공간적, 명시적, 분석적, 공유적, 순차적	비시간적, 비공간적, 비명시적, 비분석적, 비공유적, 비순차적

글은 언어로 표현되지만 의미를 담고 있다. 위의 표에서 볼 수 있듯이 언어는 시간적이며 공간적이다. 우리가 하는 말이 시간 순서에 따라 앞에 나오는 말과 뒤에 이어지는 말로 구분되는 것이 바로 언어의 시간성을 말해 준다. 우리가 쓴 글이 공간적으

로 앞과 뒤로 구분되는 것은 문자 언어의 공간성을 의미한다. 언어는 또 명시적, 분석적, 공유적, 순차적이다. '자전거'라는 언어가 '자전거'라는 대상을 명시적으로 지시해 주는데 이것이 바로 언어의 명시적 기능이다. 그리고 '남자'와 '여자'라는 언어는 언어의 분석적 기능을 보여 준다. 그리고 한국어권에 살고 있는 우리들이 '자전거'라는 단어를 오해 없이 의사소통에서 적절히 사용할 수 있는 것은 언어가 갖는 공유성 때문이다. 그리고 순차성(順次性)은 언어의 시·공간성을 가리키는 말이다.

그런데 의미는 언어와 다른 특징을 지닌다. 의미는 그 자체가 언어가 아니다. 우리의 마음속에 있는 모든 '앎'이 의미이다. 느낌, 지식, 정보, 개념, 감각도 모두 앎의 일종이며 의미이다. 그런데 이런 것들은 모두 시간성, 공간성을 갖고 있지 않으며 분석적이며 명시적이지도 않다. 그래서 연구자들은 사람들이 덩어리(chunk)형태로 의미를 가지고 있으며 그것을 문제 상황에 맞게 구체적인 형태로 재생산해서 사용한다고 주장한다. 의미가 가진 이런 특성들 때문에 우리는 의미를 바로 언어로 생산해 내는 것이 어렵다. 예를 들어 책을 읽고 어떤 느낌이 들기는 하는데 그 느낌을 뭐라고 표현해야 할까 망설이게 되고, 인물의 성격을 말할 때도 머뭇거림 없이 명쾌하게 말하지 못하는 경우가 종종 있다.

언어와 의미는 이렇듯 그 본질에서 큰 차이를 보인다. 한 마디로 언어는 의미가 아니고, 의미는 언어가 아니다. 따라서 언어로 표현된 글을 읽고 그 의미를 이해한다는 것은 대단히 어려운 일이다. 그러므로 글의 의미를 언어로 표현하는 과정은 비시간적, 비명시적, 비분석적, 비순차적, 비공유적인 것을 시간적, 명시적, 분석적, 순차적, 공유적인 것으로 변형하는 것으로 대단히 고등적인 사고 행위이다. 그리고 이런 고등 사고 행위를 수행하기에 문자언어는 그 자체가 추상적이며 직접적인 반응을 받기 어렵기 때문에 음성 언어로서의 말하기가 적합하다. 음성언어로서의 말하기는 의미를 언어로 표현하기에 쉽고, 수정이 용이하며, 대화 참여자 간에 직접적인 피드백이 있으며, 직접적인 정보 교환이 가능하기 때문이다.

지금까지 토론을 자신의 주장에 대한 근거 제시로 상대방을 설득하는 행위로만 인식했다면, 독서토론 활동을 통해 '토론은 글의 의미를 언어화하기 위한 최적의 수단'이라는 인식을 가져야 한다.

6) 타인에 대한 이해의 폭을 넓혀준다

비고츠키(Vygotsky)[2]에 의하면 인간은 어릴 때는 자기중심성(egocentrism)이 대단히 강한데 발달 과정을 통해 점차 자기중심성이 사라진다고 하였다. 어린 아이들은 어른이 알아들을 수 없는 자신만의 언어로 말을 하는데 이것은 어른들이 당연히 자신의 말을 모두 알아듣는다고 여기는 자기중심성 때문이다. 우리가 성인이 되어도 이와 같은 자기중심성에서 완전히 벗어나지 못한다. 그래서 글을 쓸 때도 독자가 자신의 의도를 100% 이해할 것이라는 자기중심적인 사고에서 자기만의 의미를 담은 어휘나 문장으로 글을 쓰는 경우가 종종 있다.

독자도 글쓰기의 필자와 마찬가지로 자기중심적으로 글을 이해한다. '새 학년이 되면 열심히 생활하겠다.'라는 글을 읽고 독자는 '열심히 생활하겠다.'라는 표현을 자기중심적으로 이해한다. 즉 지각을 자주하는 독자의 경우 지각을 하지 않겠다는 의미로 이해할 것이고, 공부를 잘 못하는 독자는 공부에 최선을 다하겠다는 의미로 이해할 것이다. 즉 자신의 경험, 지식, 상황, 목적 등에 따라 글에 대한 이해와 감상이 달라진다. 결과적으로 동일한 글과 책을 읽더라도 독자마다의 자기중심적 사고에 따라 글에 대한 이해와 감상이 발생한다.

그런데 독서토론을 통해 독자들은 사람마다 글 내용에 대한 이해가 다르다는 것을 경험하게 된다. 글 내용에 대한 각자의 이해를 서로 교환하면서 자신이 이해한 것과 비교하면서 자신의 이해와 상충되는 것은 '왜 그럴까' 고민하게 된다. 반복적인 독서토론 경험은 타인이 나와 다름을 이해할 수 있게 해 준다. 즉 타인이 나와 다른 사고를 하는 것을 당연한 것으로 여기며, 타인의 사고를 존중하는 마음이 점차 신장되어 타인에 대한 이해의 폭을 넓혀 준다.

---

[2] 러시아의 심리학자인 비고츠키는 인간은 학습을 통해 발달하게 되는데, 학습은 자기보다 유능한 타인과의 대화를 통해 가능하다고 주장하였다. 즉 인간은 사회적인 상호작용을 통해 학습함으로써 지식을 구성한다는 사회적 구성주의의 대표적 학자이다.

3. 단계별 독서토론의 유형

1) 단계별 독서토론

독서토론의 단계는 사실 학년 수준보다는 학생의 독해 수준에 맞추는 것이 타당하다. 같은 학년 내에서도 독서 수준이 최대 5년 정도의 간격이 발생하지만[3] 학교에서 독서토론을 할 때 일반적으로 학년 단위로 이루어지므로 독서토론 단계를 학년별로 나누었다. 각 단계별 토론 내용은 토론 그룹의 특성에 따라 혼합된 형태를 취할 수 있으며 각 단계는 분절적으로 존재하지 않는다. 즉 중학년 수준에서도 1단계의 토론이 가능하며, 2학년 교실에서도 중학년의 독서토론이 가능하다. 따라서 독서와 토론을 수행하기 전에 학생들의 독서 수준을 먼저 진단해야 한다.

가. 1단계(저학년)

1단계는 초등학교 1~2학년으로 주로 독서한 내용에 대해 자유롭게 의견을 나누는 단계이다. 이 단계는 토론이라는 말보다는 '이야기 나누기'라는 말이 적절하다. 글에 대한 사실적 이해를 중심으로 독서한 책의 내용이 토론 내용의 70~80%를 차지한다. 주로 '글 내용을 제대로 이해하고 읽었는가?', '중요한 사건이 무엇인가?', '주인공은 어떤 인물인가?', '나도 주인공과 같은 경험이 있는가?', '글에 나오는 주인공과 비슷한 사람에 대한 이야기를 알고 있는가?'에 대한 이야기를 나눈다.

예를 들어 '강아지 똥'을 읽고 독서토론을 한다면, '이야기에 누가 등장하는가?' '가장 마음에 드는 인물은 누구인가? 왜 그런가?', '강아지 똥이 슬퍼한 이유는 무엇인가?', '나도 이런 경험이 있는가?', '강아지 똥이 민들레꽃을 위해 한 일은 무엇인가?', '나라면 이렇게 할 수 있을까?', '강아지 똥과 비슷한 인물을 찾아본다면?' 등에 관해 이야기를 나눈다. 즉 줄거리와 중요한 사건, 등장인물을 중심으로 이야기를 나누도록

---

3) Vaca & Vaca(2006)는 아동의 읽기 발달 수준이 동일 학년에서도 가정환경이나 부모의 지위, 주거환경 등에 따라 최대 5년 정도까지 차이를 보인다고 한다.

질문을 구성한다. 그리고 책 내용을 자신의 경험이나 생각과 관련짓는 질문을 함으로써 배경지식(스키마)을 활용하도록 유도하며 등장인물과 자신을 비교하거나, 친구의 생각과 자신의 생각을 비교하면서 글 내용을 이해하고 분석하고 평가하는 고등사고가 가능하도록 안내한다.

1단계에서 책의 종류를 굳이 이야기책으로 한정할 필요는 없지만 인간의 삶 자체가 이야기이므로 어린아이일수록 이야기 구조에 익숙하기 때문에 이야기책을 이용하는 것이 좋다. 이야기책이란 동화뿐 아니라 이야기 형식으로 되어있는 다양한 분야의 책을 모두 포함한다. 이야기 과학책, 이야기로 된 정보를 전달하는 글, 그림 사전 등이 가능하다. 책의 읽기 난이도(難易度)는 일반적으로 한 쪽을 읽는 동안 모르는 어휘가 5개 이상이면 그 독자에게 어려운 수준으로 본다.

1단계에서 교사는 아이에게 책 내용을 가르치려는 입장이 아니라 독자 대 독자의 입장에서 토론이 이루어져야 한다. 교사도 한 명의 독자이며 대화 참여자일 뿐이다. 그러나 동시에 교사는 독서토론의 초점이 글 내용에서 크게 벗어나지 않도록 적절한 질문을 통해 암묵적으로 토론을 이끌어 나가야 한다.

나. 2단계(중학년)

2단계는 3~4학년 수준에서 이루어지는 독서토론 활동으로 독서한 내용에 대해 낮은 수준의 개인적 의견 진술과 의견 교환이 이루어지는 단계이다. 중학년 단계의 독자는 글을 쓴 필자의 의견에 부분적으로 동의하지만 자신의 비판적인 시각을 가지기도 한다. 예를 들면 독자에 따라 '신데렐라'를 읽고 신데렐라가 심성이 곱고 착한 인물이라고 인정하기도 하고 반대로 적극적인 삶의 의지와 태도를 보이지 않았다는 점에서 비판적으로 받아들이기도 한다. 이와 같이 필자의 의도와 다르게 인물을 이해하고 비판할 수 있다. 또 독서한 것과 관련한 다른 이야기나 의견을 교환하면서 읽은 글에 대한 비판적 이해가 가능하다. '신데렐라'와 비슷한 상황에 놓였지만 다르게 적극적인 삶을 산 '알프스 소녀 하이디'를 관련지으면서 서로의 생각과 의견을 나눌 수 있다.

2단계에서는 독서한 내용이 토론의 50~60% 가량 차지한다. 이 단계에서는 보편성과 개별성이 비슷한 수준으로 담긴 내용의 책이 무난하며, 보편성이 약간 우위에 있는 정도의 책이 가장 적절하다. 1단계에서 이야기 글이 주로 독서 대상이었다면 2단계에서는 사실적인 이야기로서의 전기나 위인전, 자연과 환경에 관한 설명적인 글 등이 무난하며, 책 속의 인물이나 사건에 대해 다양한 관점을 가질 수 있는 것이 좋다.

이 단계에서 아이들은 "나는 주인공의 ~ 행동을 보니, ~생각이 들어.", "나도 인물과 같은 일을 경험한 적이 있는데, 그래서 인물이 이해가 돼." 등의 토론이 가능하다. 또 독서 과정 중에 인상적인 부분 또는 생각해 볼 부분에 포스트잇 등을 활용하여 표시한 후 그 부분에 대해 이야기하는 활동도 가능하다. 따라서 교사는 이런 토론이 가능하도록 도서 선정과 토론을 안내하는 데 주의를 기울여야 한다. 이 과정에서 교사는 독서토론의 목적이 상대방이 내 생각에 따르도록 하는 것이 아니라 친구의 다양한 생각을 내 생각과 비교하거나 같은 책을 읽고도 서로 중요한 부분이 다른 이유, 그렇게 생각한 까닭 등을 거리낌 없이 이야기하도록 안내해야 한다.

다. 3단계(고학년)

3단계는 초등학교 5~6학년 수준에서 비판적인 글 읽기와 토론에 초점을 둔다. 이 단계에서는 독서한 것에 대해 자신의 의견을 말하고 이에 대해 동료가 또 자신의 생각을 말함으로써 서로의 의견을 교환하는 활동이 주로 이루어진다. 3단계에서 글을 쓴 작가는 독자와 서로 다른 관점을 가지거나 대립된 의견을 가지게 된다. 즉 글 내용에 대한 이해를 위해 독자 나름대로 자신의 배경지식(스키마)을 토대로 새롭게 의미를 구성하고, 본격적으로 독자들 간에 논쟁을 벌이게 된다.

토론에서 독서한 내용은 보통 20~30% 가량을 차지하는 것이 적절하다. 이것은 독서의 목적을 의미 구성과 비판적인 사고력 신장에 두는 단계이기 때문에 구체적인 글 내용에 대한 의견 나누기보다 일차적으로 글 내용을 유사한 주제의 다른 글과 비교하거나 자신의 생각이나 경험과 비교하고 이를 다시 다른 친구들의 생각과 비교하는 활동이 주로 이루어져야 한다.

이 단계에서는 토론할 쟁점이 담긴 책, 개별적 특수성이 보편성보다 우위인 책이 적합하다. 예를 들면 직업에 대한 이야기, 권선징악을 벗어나 다양한 삶의 모습을 보여주는 등장인물 이야기, 역사적인 인물 이야기, 역사소설 등이 이에 해당한다.

예를 들면 '정약용'을 읽고 토론을 할 때, 정약용의 행동을 요즘의 정치인 또는 사회에서 지도자의 역할을 하는 사람들과 비교하거나 정약용의 삶과 행동을 그 당시 사회에 대한 이해를 바탕으로 비판하기도 한다. 독서토론은 비판적인 텍스트 읽기를 가능하게 할 뿐 아니라 책에 직접 드러나지 않은 사회 문화 전통을 이해할 수 있는 기회를 제공함으로써 학습자의 사회화를 촉진한다. 고학년 수준에서는 교사가 점차 토론에서의 안내를 줄이고 독서토론에 익숙해지게 되면 모둠 단위로 토론하는 것이 좋다. 또 질문도 학생들끼리 주고받도록 하고 교사도 학생의 한 사람이 되어 의견이나 생각을 듣고 그에 대한 질문을 한다. 이 단계의 토론을 통해 아이들은 글로 인쇄된 것이면 모두 그대로 믿고 받아들이는 수동적인 독자가 아니라, 작가의 의도를 파악하거나 등장인물의 행동을 비판하거나 글에 담긴 사회적인 문제를 발견하는 것이 참된 독서임을 깨닫고 능동적인 독자로 성장하게 된다.

2) 독서토론의 확장 : '독서-토론-논술' 교수·학습 유형

독서-토론-논술 교수·학습에서는 독서, 토론, 논술 세 가지 활동이 규칙적인 순서에 따라 이루어지는 것은 아니다. 즉 독서 전에 간단한 토론 활동이 이루어지기도 하고 논술 후에 쓴 글에 대한 토론이 이루어지기도 한다. 위 세 가지 활동은 선조적(線條的)으로 이루어지는 활동이 아니라 학습자와 학습 상황에 따라 다양한 형태와 순서로 변형이 가능하다.

'독서' 활동은 글을 읽기 전에 배경지식이나 경험, 느낌 등을 공유하는 활동과 글을 읽는 활동이다. 글을 읽기 전에 제목, 소제목 등을 보고 앞으로 나올 내용을 예측하거나 자신의 경험과 비교하게 하는 활동 등이 전자에 해당한다. 글을 읽을 때는 고학년의 경우는 사고기술(think-writing)을 활용하면 효과적이다. 사고 기술이란 글을 읽으면서 독자가 머릿속에서 일어나는 일련의 사고 과정을 그 해당하는 어휘, 문장, 문단 등에 글로 쓰거나 독자가 개발한 일련의 기호로 표시하며 읽는 것이다. 사고 기술 전략으로는 의문 나는 곳에는 물음표하기, 동의하는 부분에는 느낌표하기, 특정 어휘에 대해 떠올린 생각을 간단히 메모하기, 한 문단이 끝났을 때 중심 생각이나 어휘를 책의 빈 공간에 쓰기, 필자의 생각에 대한 비판 메모하기 등을 들 수 있다.

'토론' 활동에서는 읽은 글에 대한 자신의 이해를 서로 교환하는 이야기 나누기 활동을 한다. 구체적으로 살펴보면, 학생들은 작가의 글쓰기 목적, 의도, 글의 중심 내용, 글 내용의 조직이나 구조, 특별히 중요하다고 생각하거나 관심이 가는 부분, 글에서 얻을 수 있는 교훈이나 생활에의 적용 등 여러 가지 생각을 이야기한다. 학생들이 읽은 글은 하나이지만 여러 학생이 서로 글 내용과 관련한 자신들의 이해와 감상을 이야기하는 과정에서 학생들은 자신이 미처 생각하지 못했던 여러 가지 의미와 해석을 동료 학생들의 이야기를 통해 배운다. 이 과정에서 교사는 학생들의 이해가 미흡한 부분이나 글 내용을 더 깊고 넓게 설명해 주기도 한다.

'논술' 과정에서 교사는 학생들에게 읽은 글과 이야기하기를 통해 배운 내용을 정리하고 생활에 확장 적용해 보는 글을 쓰게 한다. 읽고 이해한 내용을 새롭게 정리하거나 더욱 확장하여 생활 사태에 적용해 보는 쓰기 활동은 읽기보다 훨씬 더 어려운 과제이다. 이 과정에서 학생들은 자신의 앎을 '지식'으로 분석하고 명료화하는 고등 수준의 지적 사고를 하게 된다.

4. 단계별 독서토론의 실제

독서토론 활용이란 두 명 이상이 책을 정하여 읽고 책의 내용 중에서 안건을 만들어 생각을 나누어 보는 것이다. 독서 후 토론 방법을 익히게 되면 자기의 생각을 논리적으로 펼치고 비판적 사고력을 향상시키는 데에 도움이 된다.

초등학생들은 보편적으로 조용히 책상에 앉아서 독서하기를 무척 싫어한다. 그런데 교사, 학부모, 학생이 서로 읽은 책의 내용을 두고 독서토론을 하게 된다면 가만히 책 읽는 것보다는 덜 지루하게 여긴다. 자리에 앉아서 책 읽기만 강요하다 보면 학생들은 독서를 더 멀리할 가능성이 크다. 그보다 더 재미있고 다양한 독서 활동을 하게 하여 읽은 내용을 토대로 이야기나 토론을 해 봄으로써 독서 능력을 향상시킬 수 있다. 특히 토론을 함으로써 더욱 조리 있게 말하고 논리적으로 사고할 수 있게 된다.

학교와 가정에서, 또는 사회에서 독서 후 간단한 이야기를 나누는 방식으로 의견을 교환하고, 각자의 입장에서 토론해 보기 위해서 초등학생들에게 시도하기 용이한 초등 독서토론 방법을 단계별로 나누어 보고 그 실천 방법을 소개한다.

1) 1단계(1~2학년) : 이야기식 독서토론

독서 입문기에 해당하는 저학년은 비교적 논리적 사고력이 부족한 반면 창의적 사고력을 키울 수 있는 시기이다. 따라서 독서한 내용을 중심으로 자유로운 의견을 말하게 하고, 상대방이 이야기 하는 것을 듣고 서로의 생각이 다른 경우 메모해 두고 의견을 교환하는 방향으로 진행해 나간다.

토론 진행은 대개 학급 전체 토론으로 진행하면서 교사가 던지는 질문에 대답하는 방법으로 이끌어 가면 좋다. 한 명의 등장인물이 겪은 사건에 대해 자기 생각을 말하면 다른 학생은 '어떻게 생각하는지, 왜 그렇게 생각하는지' 등의 내용으로 이야기를 나눌 수도 있다.

따라서 저학년에서는 이야기식 토의모형 중에서 배경지식과 독서 내용(텍스트)에 관련한 사실적 사고와 창의적 사고를 중심으로 발표하게 하도록 하는 것이 효율적이다. 이야기식 토의 모형을 이용하여 발표자들에게 말하도록 할 때, 발표자들 간의 생각의 차이가 많이 있다는 것을 알게 한다. 이렇게 진행함으로써 독서한 내용 중에서 자신이 미처 발견하지 못한 것을 더욱 깊게 다루는 정독의 효과를 거둘 수 있다.

따라서 초등 저학년인 1~2학년에서의 토론은 발표를 하게 함으로써 사실적 사고력으로 정독의 효과를 얻게 하고, 창의적 사고력으로 발상의 전환과 생각의 차이를 느낌으로써 새로운 생각을 얻을 수 있게 하면 된다.

✔ 책의 표지를 보고 어떤 생각을 하게 되었나요?

책 표지를 보고 무엇이 생각나는지 생각나는 것을 그려 볼까요?	그것을 보고 무슨 생각이 떠오르는지 글로 써 볼까요?

✔ 책을 읽으면서 재미있게 읽은 글을 옮겨 써 보고 왜 재미가 있었는지 자기의 생각을 적어 볼까요?

재미있게 읽은 글 옮겨쓰기	나는 왜 그 글이 재미있었나요?

✔ 1단계-발표자와 발표 주제 제시

> 이 시간에는 김○○이 '강아지똥'을 읽고 생각한 느낌인 '작은 것도 소중하다'
> 는 주제로 발표하겠습니다.

✔ 2단계-작가, 작품 소개 및 감상 발표

> '강아지똥'을 지은 권정생 선생님은 약하고 작은 것들을 따뜻한 시선으로 바라
> 본 이야기를 많이 만들었습니다. 저는 이 책을 읽고 평소에……

✔ 3단계-토의 및 토론

> "강아지똥은 바보 같았습니다. 스스로 자기는 쓸모없다고 생각했으니까요."
> "하지만, 주위 사람들에게 칭찬을 받은 경험이 없다면 강아지똥처럼 저도 그랬
> 을 것 같아요."
> "외모만 보고 친구를 놀리는 것도 안 된다고 느꼈어요."

✔ 4단계-질의 응답

> "발표자는 가장 인상 깊었던 장면이 어떤 것이었나요?"
> "강아지똥이 민들레 뿌리를 감싸 안은 장면이었습니다."

> 발표자 ○○○는 책을 읽고 책 내용을 바르게 이해했습니다. 그리고 느낀 점도 잘 이야기 했습니다. 친구의 발표를 주의 깊게 듣고, '작은 것도 소중하다'는 생각을 나눌 수 있는 좋은 시간이었습니다.

2) 2단계(3~4학년) : 이야기식 독서토론(우포늪에는 공룡 똥구멍이 있다)

3~4학년 경우에는 독서한 것에 대한 낮은 수준의 개성적 의견 진술과 의견 교환이 필요한 단계이다. 발문을 할 수 있는 능력을 갖추고 있고 또 지은이가 말하고자 하는 글 속의 내용에 일부는 동의할 수 있고, 일부는 비판할 수 있는 능력이 있다.

또 토론할 때는 책 내용 중에서 50~60% 정도의 창의적 사고력과 비판적 사고력을 겸한 발문을 하도록 한다. 토론 후에는 발문자의 의견에 대한 동의와 그 의견의 수용 여부를 토론자들이 스스로 결정할 수 있도록 지도교사의 도움아래 토론에 대한 점검을 거치는 것이 중요하다.

앞에서 제시한 이야기식 토의모형 구안 모형을 모두 적용해도 소화할 수 있는 학년이다. 해당 도서의 배경지식에 관한 발문, 책의 내용에 관한 발문, 책의 내용과 관련된 현실의 생활이나 사회 문제에 관련된 쟁점을 다른 발문 등으로 확대 이용할 수 있는 단계이다.

배경지식에 관하여

✔ 여러분이 길을 가다가 달리는 자동차의 배기가스가 시커멓게 나오는 것을 봤을 때 어떤 생각을 하게 되었나요?

✔ 여러분은 '늪'하면 생각나는 것이 무엇인가요?

✔ 우포늪은 실제로 존재하는 늪일까요?

✔ 공룡은 중생대 트라이아스기 후기에 나타나 쥐라기와 백악기에 크게 번성하다가 백악기 말에 멸종된 동물입니다. 그런데 이 책 '우포늪엔 공룡 똥구멍이 있다'는 제목에서 정말 공룡이 우포늪에 존재하고 있을까요? 있다면 공룡이 우포늪에서 어떻게 지내며 어떤 모습을 하고 있을지 상상해서 이야기 해 봅시다.

✔ 푸름이는 매일 호박밭에 오줌을 누러 갑니다. 집에서 오줌을 눠도 되지만 일부러 호박밭까지 오줌을 누러 달려갑니다. 그 이유는 무엇일까요?

✔ 여름에 푸름이네 포도밭에 읍내 녀석들이 청포도를 몰래 따 먹으러 침입합니다. 옛날 어른들은 여럿이 남의 물건을 훔쳐다 먹는 장난을 '서리'라고 했습니다. 여러분은 '서리'에 대해 알고 있습니까? 예전에는 서리를 많이 했다고 합니다. 서리는 나쁜 것일까요? 아니면 장난처럼 해도 되는 것일까요? 함께 생각해 봅시다.

✔ 선호 아버지는 자연생태계를 보존하기 위해서 농약도 사용하지 말고 가축 분뇨도 마구 버려서는 안 되기 때문에 정화조를 설치해야 한다고 합니다. 그러나 마루 아버지나 푸름이 할아버지는 농사짓고 살려면 어쩔 수 없다고 생각합니다. 이러한 일로 선호 아버지와 우포마을 사람들은 서로 사이가 좋지 않습니다. 여러분은 누구의 말이 옳다고 생각합니까? 그리고 이유는 무엇입니까?

✔ 마루는 태어날 때부터 한쪽 다리가 짧고 입이 약간 일그러져 말도 어눌하게 합니다. 이런 장애 때문에 학교에 입학했다가 한 학기도 못 채우고 학교를 그만 두었는데 불편한 몸으로 학교에 가기도 어렵고 마루를 놀리는 아이들도 적지 않았기 때문입니다. 그래서 마루 아버지는 마루를 재활학교에 보냅니다. 재활학교에서 공부도 하고 아픈 몸에 맞는 운동도 해서 건강해지라고 보내는 것입니다. 여러분은 마루아버지처럼 마루가 재활학교에 가는 것이 좋다고 생각합니까? 아니면 그냥 일반 학교에 가는 것이 좋다고 생각합니까? 그리고 이유는 무엇입니까?

✔ 야생 청둥오리인 청실이는 푸름이네 마당에서 살고 있습니다. 청실이는 왜 함께 살게 되었을까요? 그리고 푸름이가 청실이에게 날마다 나는 연습을 시키는 이유는 무엇일까요?

✔ 이 책에서는 푸름이 아버지, 선호 아버지, 마루 아버지 세 사람의 아버지가 나옵니다. 세 분의 아버지는 각각 다른 일을 하고 다른 성격을 가지고 있습니다. 이 세 분의 아버지의 하는 일과 성격 그리고 아들에 대한 마음을 써 봅시다.

	하는 일	성격	아들에 대한 마음
푸름이 아버지			
선호 아버지			
마루 아버지			

✔ 여러분은 애완동물을 기르고 있습니까? 이 책에서 푸름이는 다친 청실이를 치료하고 되돌려 보내 주기 위해 많은 노력을 합니다. 그것은 청실이는 야생오리이며 애완동물은 아니기 때문입니다. 그러나 어떤 사람들은 야생동물을 집에서 애완동물로 기르는 사람들도 있다고 합니다. 여러분은 야생동물을 집에서 기르는 것에 대해 어떻게 생각합니까? 길러도 될까요? 아니면 기르지 말아야 할까요? 의견을 말해 봅시다.

✔ 마루는 장애를 앓고 있는 아이입니다. 태어날 때부터 다리가 짧아 걷는데 불편합니다. 이런 마루를 위해 선호와 푸름이는 목발을 만들어 줍니다. 두 아이는 친구를 위해 목발을 만들어주는 마음을 가졌지만 실제로 장애인을 배려해 주지 않는 어른들도 있습니다. 혹시 여러분은 여러분의 부모님들이나 다른 어른들이 자동차를 주차할 때 주차장이 없어서 장애인 주차장에 주차를 하는 어른들을 본적이 있습니까? 본적이 있다면 어떤 생각을 했습니까? 자리가 없으니 주차를 해도 괜찮을까요? 아니면 주차를 하면 안 될까요? 여러분의 의견을 말해 봅시다.

✔ 푸름이와 선호 그리고 마루는 우포늪을 지키는 우포지킴이입니다. 그들은 주어진 환경을 훼손하지 않기 위해 다양한 노력들을 합니다. 여러분은 이 아이들처럼 주변에서 자연보호를 위해 무엇을 하고 있습니까? 그리고 자연보호를 할 수 있는 방법에는 어떤 것들이 있을까요?

✔ 일제 강점기까지만 해도 우포늪 주변은 10여 개의 늪이 더 있었다고 합니다. 그러나 무분별한 개발과 농경지의 잠식으로 대부분의 늪이 사라졌다고 합니다. 여러분은 우포늪처럼 개발이 환경오염에 영향을 준다고 생각합니까? 그렇다면 개발은 다 나쁜 것일까요? 개발은 환경오염과 어떤 관계가 있는지 생각해 보고 환경오염을 줄이면서 개발을 할 수 있는 방법은 없을까 생각해 봅시다.

3) 3단계(5~6학년) : 5~6학년 찬반 대립 독서토론의 실제(나폴레옹)

독서 능력이 어느 정도 형성되는 5~6학년은 학급 토론뿐 아니라 모둠 토론도 학생 스스로 이끌어 나가도록 한다. 고학년은 독서한 것에 대한 독자적인 자신의 의견을 진술할 수 있는 능력이 있고 어느 정도 논리적 사고를 할 수 있는 학년이다. 따라서 쟁점에 대한 논증 능력을 키우기 위해서 정해진 룰에 따른 토론 방식을 도입할 필요가 있다. 1, 2단계 질문을 만드는 것에서 시작하여 토론 주제 찾기와 토론 진행까지의 모든 과정을 가능하다면 학생 스스로 하도록 한다.

2단계 3~4학년 과정에서 이야기식 토론 방식 중 도서 내용 외의 사회적 문제와 연관한 쟁점을 발문으로 이용하여 토론을 진행하는 경우와 달리, 고학년에서는 상호 교차 방식의 질문을 통한 토론을 진행하는 찬반 독서토론과 신세대 독서토론을 적용한다. 판정을 내리지 않는 범위 내에서 진행하고, 토론 후에는 모여서 토론의 쟁점에 대해 교환한 의견을 토대로 상대방에게 편지글을 써 서로의 감정적 대립이 있었던 부분에 대한 해명을 하는 마무리가 중요하다.

주어진 논제에 따라 6단 논법을 활용하여 규칙을 지켜가며 토론을 하고, 자신의 견해를 이유와 논거를 세우고 논증하는 것을 기초로 하는 신세대 독서토론은, 읽은 도서에서 논제(안건)을 찾아 토론하고 논거를 책과 기타 객관적 자료에서 찾고 논증하는 데에 역점을 둔다. 제시된 도서에서만 논거를 찾기에는 한계가 있으므로 여러 책을 많이 읽음으로써 논제를 뒷받침할 만한 사례를 찾아 논증해야 하는데 역점을 둔다.

따라서, 선행 작업으로 책을 읽고 나서 요약하는 법을 알아야 중심 문장과 내용을 이해할 수 있고 이야기 요약 훈련이 잘 되었을 때 비로소 독해 능력은 향상된다.

✔ 1단계 - 인사하기

구성원 소개	안녕하십니까? 서울○○초등학교 독서 모둠에서 '나폴레옹'을 읽고 독서토론을 시작하겠습니다. 사회자 ○○○, 찬성 토론자 ○○○, ○○○, ○○○ 반대 토론자 ○○○, ○○○, ○○○입니다.

✔ 2단계 - 독서토론 도서 소개

토론할 도서 소개 (책명, 지은이, 지은이의 약력, 출판사 등)	여러분! 나폴레옹에 대하여 잘 알고 계시지요? 나폴레옹 보나파르트는 1769년 8월 15일 프랑스의 코르시카 섬에서 태어났습니다.

✔ 3단계 - 독서토론 주제 제시

토론 주제 및 방향 제시	그러면 나폴레옹을 읽고, '나폴레옹은 영웅인가? 침략자인가?'라는 주제로 토론을 하겠습니다.

✔ 4단계 - 독서토론 시작

찬성(옹호) ↓ 반대(반박) ↓	[찬 성] 나폴레옹은 많은 전쟁에서 승리했습니다. 그리고 많은 국민들이 나폴레옹을 존경하고 좋아했습니다. …… 그래서 저는 나폴레옹을 영웅이라고 생각합니다. [반 대] 저는 그 의견에 동의하지 않습니다. 나폴레옹은 많은 전쟁에서 승리하였지만, 그 전쟁으로 인하여 많은 군인들이 죽

	었습니다. 그리고 침략을 당한 나라의 많은 백성들도 죽었습니다. ……
재웅호 ↓ 재반박	[재웅호] 물론 나폴레옹 때문에 많은 군인들과 백성들이 죽은 것을 인정합니다. 그렇지만 또 다른 세계적인 영웅이 알렉산더 대왕도 많은 전쟁을 하였지만 영웅으로 대접받고 있습니다. …… [재반박] 물론 그런 면도 있습니다. 좋은 면만 놓고 본다면 분명 영웅이라고 생각할 수 있을 것입니다. 그러나 침략을 당한 쪽에서 보면 나폴레옹은 침략자입니다. 우리나라 역사를 보더라도 임진왜란을 일으킨 풍신수길은 일본에서는 영웅으로 추앙 받고 있지만, 우리나라에서 보면 용서하지 못할 침략자입니다. …… [질문과 및 답변]

✔ 5단계-토론 내용 정리 및 결론

	지금까지 나폴레옹은 영웅인가, 침략자인가에 대하여 열띤 토론을 하였습니다. 영웅이라고 주장하는 쪽에서는 많은 전쟁을 승리로 이끌었고, 백성들이 좋아했으며, 많은 업적을 남겼기 때문에 나폴레옹은 영웅이라고 했습니다. …… 여러분들은 어떻게 생각하십니까? 나폴레옹은 영웅일까요? 아니면 침략자일까요?
토론 정리 및 지도 교사 조언	이상 나폴레옹은 영웅인가 침략자인가에 대한 독서토론을 모두 마치겠습니다. 감사합니다.

5. 독서토론을 위한 신세대 토론 방법

신세대 토론의 순서

(1) 안건은 미리 알려주어 자료를 찾아볼 수 있게 한다.
(2) 토론 시작 전에 심지를 뽑아 찬성·반대를 결정한다.
(3) 사회자는 안건을 말하고 토론자와 심사자를 소개하며 주의점을 알려 준다
(4) 반드시 찬성쪽이 먼저 주장과 이유와 논증을 편다.
(5) 그 다음 반대쪽은 찬성쪽이 주장하는 이유와 논증을 중심으로 반대하는 이유와 설명을 한다. 찬성쪽의 잘못된 점을 찾아 반론을 제기하려는 노력을 한다.
(6) 반대쪽의 발언이 끝나면 이어서 다시 찬성쪽의 발언이 자기네 긍정 이유와 논증을 더욱

강화하면서 발언한다. 그리고는 서로 상대방의 이유와 논증의 잘못을 지적하는 논박을 전개한다.

(1) '남이 나와 다른 생각을 할 수도 있다'는 토론의 기본 자세를 갖추고 시작한다.
(2) 이유, 설명, 반론꺾기, 예외 정리를 기준으로 토론내용의 우수함을 정한다.
(3) 토론에서는 반드시 찬성쪽이 제시하는 이유를 반대쪽이 집중적으로 비판하여야 한다. 만일 이 룰을 어기고 반대쪽이 찬성쪽 이유의 비판을 하지 않는다면 그것은 결과적으로 찬성쪽의 이유가 옳다고 인정한 것이 된다. 따라서 승리는 찬성쪽으로 돌아갈 가능성이 크다.
(4) 필요 없는 말은 하지 않는다.
(5) 같은 글을 읽게 하는 것이 좋다. 그 이유는 '배경지식'이 같으니까
(6) 토론에서는 내용보다는 이유, 설명, 반론꺾기가 제대로 되었는가가 중요하다.
(7) 말을 할 때 눈은 토론자나 관람자에게 향한다.
(8) 시간은 제대로 꼭 지킨다.
(9) 이유에 대한 설명을 할 때 개인경험을 일반화시키는 것은 잘못이다.
(10) 웃으면서 말을 하면 발음이 정확하다.
(11) 눈은 선풍기처럼 이쪽저쪽 서서히 돌아가며 본다.

(1) 첫 번째−〈찬성 1번 토론자〉
　ㄱ. 안건의 개념 정의−사전적인 정의
　ㄴ. 안건의 분석
　ㄷ. 토론의 중심 내용과 이유(원리)를 적어도 2가지 제시
　　−중심내용은 찬성쪽이 왜 찬성하는가를 요령 있게 표현한다.
　ㄹ. 이유 중 한 가지 전개−나머지 이유는 찬성 2번 토론자에게 넘긴다.
(2) 두 번째−〈반대 1번 토론자〉
　ㄱ. 찬성 1번의 안건 개념 정의와 분석에 대한 찬−반 토론. 찬성쪽의 안건 개념 정의와 분석을 분쇄할 수 있으면 유리하다. 찬성1의 연사가 무슨 말을 할 지 모르므로 그 토론을 듣고 즉석에서 반대 1번의 토론 내용을 새로 전개해야 하므로 대단한 순간적 재치와 충분한 배경지식을 가져야 한다.
　ㄴ. 반대 입장의 중심내용과 적어도 2가지 이유를 제시한다.
　ㄷ. 종합−찬성 주장 내용과 반대 주장을 서로 대조시키면서 반대쪽에 유리하도록 결론을 맺는다.

(3) 세 번째-<찬성 2번 토론자>
ㄱ. 안건 개념 정의와 분석내용을 다루기도 하고 찬성 1토론자의 주장도 받아서 다룬다.
ㄴ. 찬성 1토론자가 넘겨 준 두 번째 설명을 다룬다.
ㄷ. 종합-시간이 없으면 그냥 넘어갈 수도 있다.
(4) 네 번째-<반대 2번 토론자>
ㄱ. 찬성 토론자 1, 2의 발언을 받아서 처리한다.
ㄴ. 반대 1토론자가 넘겨준 반대 중심 내용인 이유 2를 전개한다.
ㄷ. 종합-하지 않을 수도 있다.
(5) 다섯 번째-<반대 3번 반박 토론자>
ㄱ. 선행 찬-반 토론의 일반 내용을 반대에 유리하게 대조시킨다.
　　-찬성 팀의 주장을 종합하면서 문제점을 지적해서 타당성을 무너뜨린 다음 반대 팀
　　주장을 종합하면서 찬성 팀의 주장과 대조시키고 다시 반대주장을 강화할 수 있다.
ㄴ. 찬성2의 구체적인 토론 내용을 반박한다.-생략할 수도 있다.
ㄷ. 종합 결론-자기편에 유리하도록 전체토론 내용을 결론짓는다.
(6) 여섯 번째-<찬성 3번 반박 토론자>
위의 3번 반박 토론자와 비슷하게 진행한다. 단 마지막 연사로서 반대 3번 반박 토론자
의 토론을 반박할 수 있고 토론 전체를 마무리 짓는 입장의 '종합 결론'을 지을 수 있는
이로운 면이 있다.

신세대 토론 학습을 위한 여건

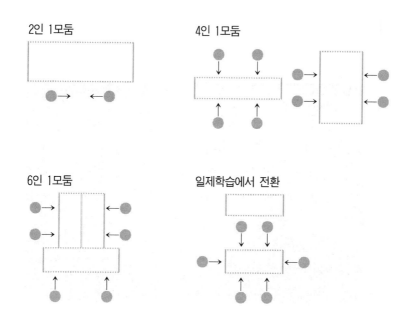

2인 1모둠

4인 1모둠

6인 1모둠

일제학습에서 전환

표준 토론 좌석배치

참관인	판정인 ●●●●	참관인
반대측 팻말		찬성측 팻말
● 반대3　● 반대2　● 반대1		● 찬성1　● 찬성2　● 찬성3
	● 사회자	

질의 토론 좌석배치

	판정인석 ●●●●	
참관인석	● 반대3 / ● 찬성3 ● 질의 / ● 질의 ● 반대2 / ● 찬성2 ● 질의 / ● 질의 ● 반대1 / ● 찬성1	찬관인석
	● 사회자	● 교사

영 역	준비 자료
팻 말	찬성 측, 반대 측, 심사위원
목걸이용	찬성 연사 1,　찬성 연사 2 찬성 연사 3,　찬성 연사 4 반대 연사 1,　반대 연사 2 반대 연사 3,　반대 연사 4 사회자 1개,　판정인 4개 참관인 8개
칠판에 붙일 코팅자료	안건, 이야기 요약법, 주인공 상황, 동기, 행동, 방해, 결과

• 사 회 자 : 지금부터 '유관순'을 읽고 6단 논법을 사용한 신세대 토론을 시작하겠습니다. 오늘의 토론 안건은 「유관순은 자기의 죄를 가볍게 할 수 있는 기회에도 그렇게 하지 않았습니다. 유관순의 행동은 바람직한가?」입니다. 각 5명으로 구성된 양측 토론자들께서는 토론 규칙을 잘 지켜서 알찬 토론이 이루어 질 수 있도록 힘써 주시기 바랍니다. 그럼 먼저 찬성 측 1번 토론자 ○○○님 발언하여 주시기 바랍니다.	• 유관순 책 • 모래시계 • 차임벨
• 찬성 토론자1 : ○○○입니다. 유관순이 자기의 죄를 가볍게 하지 않은 것은 옳은 일이라고 생각합니다. 그 이유를 두 가지만 말씀드리겠습니다. ~이기 때문입니다. 첫 번째 이유에 대한 그 예를 들면 ~이므로 저는 ~합니다.	• 주장을 먼저하고 이유를 밝힌다.
• 반대 토론자1 : 저는 ○○○입니다. 저는 유관순이 자기의 죄를 가볍게 하지 않은 것은 옳지 않은 일이라고 생각합니다. 그 이유를 두 가지 말씀드리면 첫째, ~이고 둘째, ~이기 때문입니다.	• 질문자의 질문에 대해 토론자가 답변이 아닌 주장을 하면 안 된다 (감점 요인).
• 반대 질문자1 : 저는 ○○○입니다. 찬성 토론자1 ○○○님께 질문하겠습니다. 주장하신 내용 중에 ~는 ~라고 말씀하셨는데 그건 쉽게 이해할 수 없는 주장이라고 생각합니다. 그에 대한 답변을 간단하게 해 주시기 바랍니다.	
• 찬성 발표자1 : ○○○님께서 하신 질문에 답변하겠습니다. 질문하신 내용은 책 ~에 근거해서 말한 것입니다.	
• 찬성 질문자1 : 저는 ○○○입니다. 반대 토론자1 ○○○님께 질문하겠습니다. 주장하신 내용 중에 ~는 ~라고 말씀하셨는데 그것 역시 발표자님께서 잘못 알고 계신 것 같은데 어떻게 생각하십니까? 그에 대한 답변을 간단하게 해 주시기 바랍니다.	
• 반대 발표자1 : ○○○님께서 하신 질문에 답변하겠습니다. 질문하신 내용은 선정도서 ~쪽에 나온 내용을 배경으로 말한 것입니다.	
• 찬성 토론자2 : 저는 ○○○입니다. 저는 ~이유 때문에 옳다고 생각합니다. 선정도서 ~쪽에 나온 내용과 현재 저희들이 알고 있는 ~일 들을 같이 놓고 생각해 보면	

저희 측 주장이 옳다고 생각합니다. 물론 ○○○님께서 주장하신 ~도 무시할 수 없는 내용입니다. 하지만 제 생각은 ~을 ~방법으로 하면 해결할 수 있다고 생각합니다. ~은 ~이유 때문에 현재 저희들이 사용하고 있지 않습니까? 이런 예외적인 것도 있을 수 있지만 일반적으로 ~때문에 저희 주장이 옳다고 생각합니다.

- 반대 토론자2 → 반대 질문자2 → 찬성1, 또는 2 토론자 대답 → 찬성 질문자2 → 반대1 또는 반대2 토론자 대답

〈중간 점검 : 모둠별 최종 발표할 내용 정리한다〉
- 반대 토론자3 → 찬성 토론자3
- 판정인, 방청인 : 토론을 듣고 채점하며 메모하기
- 사회자 : 지금까지 「유관순은 자기의 죄를 가볍게 할 수 있는 기회에도 그렇게 하지 않았습니다. 유관순의 행동은 바람직한가?」라는 안건에 대해 토론해 보았습니다. 판정인 대표께서 판정 결과를 모아 말씀해 주십시오.
- 판정인 대표 : 판정 결과를 모아 판정한다.
- 사회자 : 이상으로 선정도서 '유관순'을 읽고 주어진 안건에 대한 신세대 토론을 마치겠습니다.

제 2 장

독서논술의 활용

1. 초등학교 독서논술

초등학교 독서논술 교육은 어린이의 발달 단계에 맞는 총체적 학습 활동을 통해서 이루어져야 한다. 초등학교에서 논술을 가르치는 근본 목적은 대입 논술고사를 대비한 것이 아니고, 글쓰기 능력만을 생각하는 것이 아니다. 학생들이 해당 학년에서 이수해야 할 교과 내용을 충실히 익히고 종합적으로 이해해서 자신의 생각을 논리적으로 펼쳐 다른 사람을 설득시키는 능력을 길러주기 위한 것이다. 따라서 단순히 글을 통해서 표현 기교를 익히는 것이 아니라, 학생들의 사고 발달을 자극할 수 있는 다양한 학습 활동이 더욱 중요하다. 학생들이 해당 학년에서 모든 학습 활동의 성취가 그러하듯이 논술 능력 또한 단기간에 이루어지는 것이 아니다. 논리적인 표현 능력을 자연스럽게 습득하도록 독서, 사고 훈련, 글쓰기 등의 다양한 활동을 꾸준히 해야 한다. 독서를 통하여 생각하는 훈련, 사고하는 방법을 익히고, 학생들이 실생활에서 문제에 부딪혔을 때, 자신의 생활 경험이나 독서 경험과 관련지어 다양한 사고를 할 수 있도록 지도해야 한다. 또한 독서와 토론을 통하여 학생들의 사고를 확장하고 다양한 생각을 하게 하여 좋은 논술을 쓸 수 있는 밑바탕을 만들어 주어야 한다.

2. 학년별 독서논술 활용

국어과 교육과정에 제시된 설득하는 글쓰기 내용 수준과 어린이 발달 단계에 따른 독서 교육을 살펴보고 학년별 독서논술 활용 방법을 제시한다. 기본적으로 초등학교에서는 어린이들의 발달 단계에 맞는 독서논술 활용이 이루어져야 한다. 왜냐하면 어린이들의 발달 단계를 고려하지 않고, 초등학교 저학년 때부터 주장하는 글, 논설문 쓰기를 위한 독서논술을 강요해서는 안 되기 때문이다.

1) 저학년(1 · 2학년)

국어과 교육과정에 제시된 설득하는 글쓰기 내용 수준을 보면, 1학년에서는 초보적인 수준에서 자신의 생각(의견)을 말하는 활동을, 2학년에서는 '생각을 분명히 나타내는' 활동을 하도록 한다. 저학년은 논술을 위한 준비 단계라 할 수 있다. 이와 관련하여 어린이의 발달 단계에 따른 1, 2학년의 독서 교육을 보면, 책읽기가 그림 중심에서 글 중심으로 옮겨가는 시기이긴 하나, 그림책 읽기를 끝내는 시기가 아니라 독서의 범위가 확대되는 시기로 생각하는 것이 바람직하다. 듣고 즐기며 상상의 세계에 푹 젖어 있을 때이므로, 책읽기도 이러한 감성을 자극하고 상상력을 한층 풍부하게 펼쳐나갈 수 있도록 도와주는 것이 좋다. 또한 무엇보다 이 시기는 이제 막 본격적인 독서의 세계로 들어가는 시기이므로 책읽기가 '즐겁다'는 생각이 들게 하는 것이 가장 중요하다. 책에 대한 흥미를 가질 수 있도록 다양한 방법을 통해 책읽기의 세계로 어린이들을 이끌어주는 것이 필요하다.

따라서 초등학교 저학년에서 독서논술은 어린이들이 여러 가지 읽을거리를 즐겨 읽는 독서 습관 형성에 중점을 두고, 자신의 생각을 분명하게 말하고 이를 글로 나타낼 수 있는데 중점을 두어야 한다. 따라서 꾸준한 독서를 통하여 생각을 명확하게 표현하기 위한 어휘력을 키울 수 있는 활동을 많이 하게 한다. 생활에서 어떤 문제에 부딪혔을 때, 자신의 생활 경험이나 독서 체험과 관련 지어 다양한 사고를 할 수 있도록 지도한다. 일상생활에서 친구나 어른들에게 자신의 생각을 말하는 것처럼 쉬운 글쓰기, 자꾸만 쓰고 싶은 재미있는 글쓰기를 할 수 있는 지도에 중점을 둔다. 그리고 성실하게 일기쓰기 습관을 들이는 것만으로도 충분한 글쓰기 효과가 있다.

또한 저학년 어린이에게 말하고 듣는 독서 교육이 중요하다. 여러 가지 읽을거리를 많이 읽어주고 바르게 듣도록, 또 어린이가 책을 소리 내어 읽어보도록 유도해야 한다. 어린 동생에게 책을 읽어 주거나, 부모님께 자랑스럽게 책의 내용을 말할 수 있는 분위기를 조성해 주어야 한다.

2) 중학년(3 · 4학년)

국어과 교육과정에 제시된 설득하는 글쓰기 내용 수준을 보면, 3학년에서는 '원인과 결과가 잘 드러나기' 활동을, 4학년에서 '주장과 근거'에 관한 학습을 하도록 되어 본격적으로 설득하는데 초점을 두고 있다. 이와 관련하여 어린이의 발달 단계에 따른 중학년의 독서 교육을 보면, 이 시기는 어른에게 의존하던 태도가 자주적으로 바뀌어 가는 시기이다. 친구들끼리 그룹이 생기고 자기들끼리의 비밀도 즐기는 한편 사회 현실에 눈 떠가며 관심을 갖기 시작한다. 가정에서 사회로 관심의 폭이 넓어지는 시기인 만큼 창작동화, 인물 이야기, 또래들 글모음 등 다양한 분야의 책읽기를 시도한다. 신기하고 우스운 이야기, 모험의 세계를 즐기는 반면 책의 내용과 현실을 구분하는 힘이 아직은 미약하므로 책의 내용을 현실로 받아들이기도 한다. 개개인의 독서 성향과 독서 습관이 조금씩 형성되기 시작하며 책을 좋아하는 어린이와 책을 싫어하는 어린이의 구분이 생기기 시작한다. 이 때 어린이가 좋아하는 분야의 책을 골라 읽다 보면 한 분야의 책만 읽을 수도 있다. 그러므로 다양한 책읽기를 통해 생각의 폭을 넓히고, 지적 세계를 넘나들 수 있는 즐거움을 누릴 수 있도록 지도하는 것이 바람직하다.

3학년 어린이들은 또래에 대한 관심이 높아져 소집단을 이루게 되고, 또래 친구들과의 어울림에 더 관심을 갖게 되는 시기이다. 아동 발달 심리학에서는 사회성이 점차 고조되어 동화세계보다는 실제 세계에 대한 적응기라고 보기도 한다. 따라서 자기 표현을 적극적으로 하려고 하는 의지와 함께 자기 세계를 지키려고 하는 방어력도 가지게 된다. 사물을 입체적으로 이해하는 시기로, 따뜻하고 아름다운 세계를 만나게 하고 품게 하는 일이 필요하다. 남을 도우고 남을 위해 기도할 줄 아는 어린이로 가꾸어 가는 노력이 절실하다. 따라서 독서 활동도 이와 관련된 관점에서 접근하는 것이 바람직하다.

4학년 교과서 내용을 살펴보면 3학년 때와는 확실하게 구분되는 몇 가지 특징이 있다. 공동체에 대해 구체적으로 이해하기 위해 어른과 이웃, 친구에 대한 생활예절을 무척 강조하고 있다거나, 어린이 둘레에 있는 사회에 대한 이해를 돕기 위해 직업, 공공기관, 우리 문화와 민속놀이, 과학과 환경을 집중적으로 다루고 있다. 특히 추리력을 기르기 위한 교과과정이 많이 배치되어 있는데 이어질 내용 상상하기, 극본으로 만들어 이야기하기, 사건 전개 과정 추리하기, 책 속의 내용 상상하기 등이 단원마다 배치되어 있다. 또한 글 내용을 요약하여 정리하기, 제목 붙이기, 새로운 글쓰기 등 독해력과 창의력을 요구하는 질문이 쏟아지고 있다. 생각하는 범위도 꽤 확장되어 있는데, 뜻을 세워 삶의 목표 정하기, 행동이나 사건에 대해 비판적으로 말하기 등이 나온다.

따라서 이 시기의 어린이들에게는 어떤 독서논술 활동이 적절할 것인가를 고려해 보면, 어떤 상황을 가정하거나 전제하여 상상하게 한 후 현실 문제로 결합시키는 과정이 필요하다. 이 학생들은 우리 시대에 쟁점이 될 수 있거나 생활 속에서 일어나는 딜레마를 옛글을 텍스트로 하여 판단하게 하는 방식이 효과적일 것이다. 좀 더 세부적이고 깊이 있는 주제를 선택하여 폭 넓게 다룰 필요도 있을 것이다. 또한 아울러 고사성어, 속담이나 격언, 명언, 새로운 낱말 익히기 등을 꾸준히 지도할 필요도 있다.

3) 고학년(5 · 6학년)

국어과 교육과정에 제시된 설득하는 글쓰기 내용 수준을 보면. 5학년은 4학년에서 학습한 '주장−근거'에서 더 나아가, '자료(예시)'를 기본 내용으로 하고, 6학년은 여기에서 한발 더 나아가 '반박'이 포함되어 '주장−근거−자료−반박(반론)'을 기본 내용으로 하고 있다. 또한 어린이의 발달 단계에 따른 5 · 6학년의 독서 교육을 보면, 이 시기는 세상을 향한 관심이 폭넓게 열리는 시기이자, 이성(異性)에 대한 관심이 높아지는 시기이다. 또한 생각이 깊어지고 미래에 대해서도 구체적으로 생각하게 되며 우리의 역사, 사회, 문화에 대한 관심도 커진다. 이처럼 지적인 호기심의 범위가 넓어지고 자아의식이 강해지며 논리적인 사고를 시작하고 간접적인 이해력도 생긴다. 현실과 공상의 한계를 뚜렷하게 구분하며 시간과 공간의 이해도 확대되어 자연과학, 지리, 역사 등 현실 존재에 흥미를 느끼기도 한다. 또 세상을 향한 관심이 그야말로 폭넓게 열리는 시기이다. 그러므로 이러한 어린이들의 폭넓은 관심을 채워주고 올바른 가치관을 세워주며, 현대 사회를 살아가는 데 필요한 지식을 얻을 수 있는 책을 제공해 주는 것이 바람직하다. 아울러 스스로 목적에 맞는 독서를 할 수 있는 시기로 바뀌어 가는 때이므로, 독선적으로 기울지 않고 균형 있는 독서 생활을 할 수 있도록 이끌어주어야 한다.

따라서 초등학교 고학년에서 독서논술 활용은 역사 수업과 논리 수업이 필요하다. 역사 학습을 통해 세계를 폭넓게 인지하는 과정이 있어야 한다. 그를 바탕으로 자기 세계를 바라볼 수 있도록 하여야 하며, 냉철한 논리를 바탕으로 자기 생각을 표현하는 능력을 갖추어야 할 시기이기도 하다. 신문이나 텔레비전 뉴스를 보고 내 생각을 이야기 할 줄 알아야 하며, 사회적으로 화제가 되고 있는 것에 대해 관심을 가져야 할 나이이기도 하다. 따라서 독서논술 지도에서는 신문, 방송, 영화, 만화 등 매체를 결합한 다양한 방식으로 통합적인 수업을 해 나가는 것이 좋겠다.

주제 체험 수업이 나름대로 잘 받아들여질 시기이며, 어린이들 개개인에게 적합한 프로젝트 과제를 내어주고 그것을 스스로 수행해 나가는 방식도 많이 도입하여 학습 주체성을 키워야 할 때이다. 6학년 어린이들에게도 여전히 주제 중심 수업이 중요하다. 이 시기에는 모험심을 많이 길러 줄 필요가 있고, 예술에 대한 자기 태도와 능력을 가지고 있어야 함도 절실하다. 지식만 쌓을 것이 아니라 자신의 삶도 풍요롭게 가꿀 줄 아는 태도를 병행하여야 할 것이다.

3. 독서논술 활용 방법

1) 장르별 독서논술

저학년은 환상적 세계나 전래 이야기 등을 통해 무한한 상상력을 키울 수 있고, 어린이들도 흥미 있게 받아들인다. 그리고 환상적 이야기를 많이 접하면 학년이 올라갈수록 문학을 더욱 폭넓게 이해하고 다양하게 즐길 수 있다. 영상 세대에 익숙한 어린이들이 활자가 많은 책을 읽기 어려워하고 부담스러워 할 때, 쉽게 접근 할 수 있는 만화로 엮은 책을 먼저 읽히고, 관심을 갖게 한 후에 읽힐 수 있다. 다음에 장르별로 독서논술 활용의 일반적인 지도 방법을 제시한다.

저 학 년

그림동화	① 제목보고 내용 상상하기 : 먼저 제목을 보고 어떤 내용일까 상상해 보도록 한다. 특히 표지 그림을 보면서 이야기 할 수 있도록 한다. ② 그림에 빠져 있는 어린이와 이야기하기 : 느낌이 어떤지, 주인공들의 표정 살펴보기, 지금까지 본 그림들과 무엇이 다른지 등을 이야기하게 한다. ③ 내용과 함께 색깔의 변화도 살펴보기 : 도서가 가지고 있는 책의 내용에 따른 색깔의 변화를 어린이들이 찾아내고 즐길 수 있도록 하나의 단서와 암시를 준다. 예를 들어 '소피가 화나면 정말정말 화나면'을 보면, 소피가 화가 날수록 화면에 빨간색이 점점 많이 나타나고, 화가 풀리면서 파란색과 녹색이 주를 이룬다. 글씨도 변화를 줘서 화가 정말 폭발하는 느낌을 더해준다. '지각 대장 존'에도 존의 심정에 따라 전체 배경 색깔이 달라진다. 존의 표정은 나타나 있지 않지만, 색깔과 선생님의 표정을 통해 존의 심정을 충분히 느낄 수 있다. ④ 주변과 구석구석에 눈 돌리기 : 책의 내용 읽기도 재미있지만, 등장인물에서 벗어나 펼쳐져 있는 다른 모든 것들을 살펴보도록 안내한다. ⑤ 줄거리 다시 보기 : 처음에 그림을 실컷 보고 나서 첫 장부터 다시 보면서 이야기를 읽어나간다. 이때 질문은 가급적 피하고 어린이가 이야기에 몰두할 수 있도록 한다. 이야기를 다 읽고 독후 활동은 간단히 한다. 이때 만들기나 그리기 등이 좋다.
전래동화	① 내용 알기 : 전체적인 내용을 한두 문장으로 말하기, 읽고 난 후의 느낌을 말하기

	② 독후 활동 : 그림으로 전체 줄거리 표현하기, 가장 인상에 남는 장면 또는 중요한 사건 그림으로 나타내기, 느낀 점 한두 문장으로 쓰기
우 화	① 내용 알기 : 사건 알기, 각각의 인물 성격 파악하기 ② 독후 활동 : 독후화(讀後畵) 그리기, 그림 보고 말 주머니 넣기
창작동화	① 읽기 전 지도 : 내 경험 돌아보기 ② 바르게 읽기 : 내용 파악하기(인물, 사건, 배경), 글의 주제 살피기
위인, 인물 창작동화	내용을 이해하기 위해 인물의 성격을 살펴보게 한다.
과 학	① 읽기 전 지도 : 흥미로운 쪽을 보여 주며 궁금증을 불러일으키기, 일상생활과 자연의 모습에서 같은 내용을 보여주기, 책에 나와 있는 내용 중에서 알고 있을 듯한 내용을 질문해서 대답하기 등 ② 독후 활동 : 식물 기르기-관찰 일기 쓰기
문화, 사회, 풍속	생활 예절과 의식주 문화 명(名)의 유래와 전통 놀이 등의 책을 읽히고 알린다. ① 읽기 전 지도 : 교사는 관련 화보를 많이 준비한 후, 화보를 보면서 이름이나 용도, 무엇으로 만들었을까? 오늘날은 어떤 모습으로 변했을까(발달했나?) 등을 자유롭게 말한다. ② 내용이해, 깊이 읽기 : 저학년은 교사와 함께 책을 보고 읽으면서 하는 방법도 효과적이다.-놀이해 보기
동시집, 일기 모음집	좋은 동시집을 선택해서 꾸준히 계속 읽어보는 방법이 좋다. 처음에는 여러 사람이 다양한 소재를 가지고 쓴 시를 모아놓은 동시집이 적당하다. 소리 내어 함께 읽기도 좋은 방법이다.

중 학 년

전래동화	① 내용 알기 : 나라면 어떻게 했을까?, 비슷한 이야기도 찾아보고, 다른 나라 전래동화 중에서 비슷한 내용을 이야기해주기, 오늘날 이와 비슷한 일이 있는지 살펴본다. ② 독후 활동 : 느낀 점 쓰기, 주인공에게 편지 쓰기, 문제해결을 다른 방법으로 해결해 보기
우 화	① 내용 알기 : 이야기 꾸며보기, 새로운 등장인물을 이야기 속에 넣어보기, 주인공에게 편지 쓰기 ② 독후 활동 : 독후화 그리기, 그림 보고 말 주머니 넣기
창작동화	① 읽기 전 지도 : 관련성 찾아보기 ② 바르게 읽기 : 느낀 점, 깨달은 점 알아보기, 자신의 주변 돌아보기 ③ 깊이 읽기 : 내용과 관련짓기

	④ 독후 활동 : 독후감 쓰기−다양한 방법으로
위인, 인물 창작동화	① 내용 이해하기 : 인물의 성격 살펴보기 ② 독후 활동 : 미래의 내 모습 그리기
과 학	① 내용이해, 깊이 읽기 : 책의 내용을 정확하게 알고 있는지 확인하기, 새롭게 알게 된 사실을 정리하기, 더 알고 싶은 내용을 정리하기, 의문점, 이해가 안 되는 부분은 함께 해결하기 등 ② 생각 펼치기 : 실험해보기, 만들어 보기, 주변에서 찾아보기 ③ 독후 활동 : 독서 감상문 쓰기, 그림책 만들기
문화, 사회, 풍속	① 읽기 전 지도 : 오늘날은 어떤 모습으로 변했을까(발달했나?) 등을 자유롭게 말하기 ② 내용이해, 깊이 읽기 : 유래 알기, 의미 알기, 오늘날 새롭게 생긴 풍습과 비교해 보기 등 ③ 독후 활동 : 다른 종류 조사하기, 만들어 보기, 민속 박물관, 김치 박물관 견학하기 등
동시집, 일기 모음집	독서지도를 하면서 소홀히 할 수 있는 부분이 동시다. 지도하기가 매우 어렵다. 일상생활에서 일어나는 일이나 작은 느낌들이 동시의 좋은 소재가 될 수 있다는 예를 많이 접할 수 있도록 한다. ① 소리 내어 함께 읽기 ② 느낌 간단히 말하기 ③ 표현이 좋은 부분 찾아보기 ④ 동시 옮겨 쓰고 알맞은 그림 그려보기

고 학 년

전래동화	① 내용 읽기 : 줄거리 요약하기−재구성하기(사건이나 인물 중심으로 인과 관계에 의해 요약하기), 숨겨진 의미 찾기 ② 비판적으로 읽기 : 주인공을 바꿔서 입장 바꿔 보기, 사건 뒤집어 보기, 우연성을 필연성으로 만들어 보기, 등장인물 각각의 문제점과 비판할 점을 살펴보기, 다른 방법으로는 문제를 해결할 수 없을까?, 오늘날 동일한 사건이 일어났다면 어떻게 해결할까? ③ 독후 활동 : 인물, 행위 비판하는 글쓰기, 다른 입장 변호하기
우 화	깊이 읽기 : 내용 바꿔 쓰기(패러디하기), 문제해결을 다른 방법으로 해결해 보기, 결과 비판하기, 다른 의견 듣기, 수용하기, 문제 해결에 의문 갖기
창작동화	① 깊이 읽기 : 내용과 관련짓기, 범위 확대하기, 나의 삶과 비교하기 ② 생각 펼치기 : 내 행동의 변화 계획하기, 내가 실천 할 수 있는 방법 찾아보기, 구체적 계획하기

	③ 독후 활동 : 같은 종류의 책 찾아 읽기, 표현해보기 – 친구, 가족
위인, 인물 창작동화	① 내용 이해하기 : 전기문의 특성 살펴보기, 주인공이 살았던 시대 상황과 연결하여 이해하기, 어린 시절 성장과정 – 자신과 비교하기, 어려움을 극복하는 이야기, 업적이나 사회에 끼친 영향 알아보기, 내가 주인공이라면 어땠을까 ② 독후 활동 : 주인공 연보 만들기, 미래의 내가 지금의 나에게 편지 쓰기, 오늘날(2007년) 인물이 살아난다면 어떤 일을 하고 있을까 상상하기 등
역사소설	① 내용 알기 : 사실적 이해, 시대적 배경 알기, 특별히 관심이 가는 내용과 그 이유, 중요한 사건을 찾아 원인과 결과 찾아보기, 그 사건에 대한 나의 생각, 중요 인물의 역사적 역할, 시대적 선각자의 역할, 제도가 백성들에게 끼친 영향, 역사적 사건을 오늘날과 비교해 보기 ② 독후 활동 : 주제별로 분류해서 연보 만들기, 깊이 있게 조사하기, 박물관 견학하기, 역사책 만들기 – 미니북 만들기, 지도 그리기
설화(신화, 전설, 민담)	내용 알기 : 설화의 특징 알기, 비교하기(공통점, 차이점), 신화의 의미 찾아보기, 신화, 전설, 민담의 공통점 찾아보기, 설화적 요소 찾아보기, 설화를 통해 알 수 있는 그 나라의 정서와 정신세계, 설화(신화)를 표현하고 있는 예술 작품 알아보기 등
과 학	① 내용이해, 깊이 읽기 : 구체적이고 정확히 이해하기, 응용하기, 새로운 사실 발견하기, 일상생활과 연결하기, 문제점 발견하기, 원리 발견하기, 창의성과 논리성 발견하기, 비판하기, 발달에 따른 부작용 생각하기 등 ② 생각 펼치기 : 만들기, 새로운 생각하기, 뒤집어 생각하기, 과학의 역할과 과학자의 자세, 미래 예측하기, 다른 영역과 관련짓기, 전통 과학과의 관련성과 연계성 찾기, 발달 과정 살펴보기 등 ③ 독후 활동 : 독후감 쓰기 – 일반 독후감과 변별성 알고 적용하기, 실험 보고서 쓰기, 관찰 보고서 쓰기, 조사 기록하기, 책 만들기, 관련 내용 스크랩하기, 과학관 탐방 등
문화, 사회, 풍속	① 읽기 전 지도 : 오늘날은 어떤 모습으로 변했을까(발달했나?) 등을 자유롭게 말하기 ② 내용이해, 깊이 읽기 : 오늘날 해볼 수 있는 방법 연구하기, 사회적 의미 살펴보기, 변화 과정 정리하기 등 ③ 독후 활동 : 우리 명절을 새롭게 축제화하기 등
상식 – 예술, 경제, 시사, 법	어린이는 점차 자라면서 옛 이야기나 비현실적인 이야기에서 현실적인 이야기로 흥미와 관심이 확대된다. 어린이들은 매우 많은 지식을 새롭게 알게 되었다는 만족감을 얻게 될 것이다. 정보를 주는 글을 읽을 때는 담고 있는 내용이 무엇인지 알아내도록 하는 것도 중요하다. 또 내용은 합리적인지 늘 생각하며 읽도록 한다. ① 인상 깊은 내용은 어떤 부분인가? 왜 그런가?

상식 – 예술, 경제, 시사, 법	② 우리 생활에 어떤 도움을 준다고 생각하는가? ③ 미흡한 부분은 없는가, 깨닫고 새롭게 알게 된 사실은 무엇인가? ④ 비판할 점은 무엇인가? 등에 주의를 기울이게 해야 한다. 어린이와 관련된 내용을 예로 들어 설명하거나 시사적인 것과 관련시켜 쉽게 풀어 쓴 책이 좋다. 어린이들이 경제에 대해 이해하고 원리와 다른 것과의 상호 작용을 하게 된다는 것을 알도록 지도한다. 이 때 신문을 보충 교재로 사용하는 것도 효과적이다.
동시집, 일기 모음집	독서지도를 하면서 소홀히 할 수 있는 부분이다. 지도하기가 매우 어렵다. 그래서 좋은 동시집을 선택해서 꾸준히 계속 읽어보는 방법이 좋다. 처음에는 여러 사람이 다양한 소재를 가지고 쓴 시를 모아놓은 동시집이 적당하다. 특히 일상 생활에서 일어나는 일이나 작은 느낌들이 동시의 좋은 소재가 될 수 있다는 예를 많이 접할 수 있도록 한다. ① 동시 옮겨 쓰고 같은 소재로 동시 써보기 ② 같은 글감으로 다른 생각과, 관점으로 써 보기 ③ 자유롭게 써 보기

2) 과정 중심 읽기를 통한 독서논술

과정 중심의 읽기는 '읽기 전 활동' – '읽는 중 활동' – '읽은 후 활동' 속에서 다양한 사고를 할 수 있고, 폭넓게 글의 내용을 이해할 수 있게 해 줌으로써 좋은 글을 쓸 수 있게 한다.

가. 읽기 전 활동

① 그림을 보고 연상한 것 많이 쓰기

② 글자 가리고 그림만 보고 이야기 만들기(그림책) : 상상력 키우기

③ 책의 제목이나 표지를 보고 어떤 내용일지 추측도 해보기

④ 그림을 보고 등장인물의 대화를 새롭게 꾸며 보기

⑤ 글에 나오는 낱말 미리 알아보기

나. 읽는 중 활동

① 작품의 일부만이 교과서에 실렸다면 뒷부분을 상상해보기
② 읽으면서 연상되는 것 말하고 쓰기

다. 읽은 후 활동

읽는 사람의 반응은 책을 읽기 전과 책을 읽는 과정에도 나타나지만, 가장 활발하게 나타나는 시기가 '읽은 후 활동'이다. 책을 읽고 난 뒤의 활동은 내용에 대해 생각하고 느낀 점을 나름대로 정리하고, 내용에 대한 반성적인 사고와 창의적인 사고를 할 수 있는 기회를 준다. '읽은 후 활동'을 다중 지능 활동과 관련지을 때 보다 효과적으로 증진된다.

〈정보 회상적 질문과 확산적 질문〉

정보 회상적 질문	확산적 질문
(인물) 이 이야기에는 속에 누가 나왔니?	(가정) • 만약 네가 ~라면 어떻게 하겠니? • 만약 네가 이 동화 속에 나오는 어떤 사람이 되고 싶다면 누가 되고 싶니? • 아기별을 만나면 무슨 말을 해주고 싶은가? • 등장인물의 입장에서 어떤 일기를 쓰고 싶니?
(배경) 어디에서 일어난 이야기일까?	(경험 회상) • 주인공과 비슷한 처지에 있어 본 적이 있었니? 그 때 너는 어떻게 하겠니?
(사건) 어떤 일들이 일어났지?	(추론) • 강아지풀은 왜 처음에는 풀이 죽어있었나? • 강아지풀의 나이는 몇 살일까? • 이야기에 나오는 인물들의 별명을 지어보자.
(순서) 이야기 줄거리가 어떠니?	(감정이입) • 세찬 소나기를 이겨낸 강아지풀의 마음은 어떠하였을까?
(결론) 그래서 결국 어떻게 되었니?	(느낌) • 동화를 읽고 느낌이 어떠니? • 이 이야기를 왜 좋아하니?

4. 독서논술의 실제

[똥도 쓸모 있어요]

관련 교과	학년	수업 모형	읽을 도서
국어, 도덕, 사회	1학년 2학기	과정 중심의 읽기학습 모형	강아지똥

학습주제

이야기를 읽고, 등장인물에게 편지 쓰기

✔ 미리 준비하기
- 학생 준비 : '강아지똥' 읽기 혹은 lamia.busanedu.net 검색 : 강아지똥
- 교사 준비 : 실물화상기, PPT 자료('강아지똥' 표지, 권정생 선생님에 대한 자료), 동영상 자료(lamia.busanedu.net)

✔ 수업 펼치기
- 도입
  1) 동기 유발(3분)
     ① '강아지똥' 주제곡을 들어보자.
     ② 주제곡을 듣고, 떠오르는 생각을 말해 보자.
     ③ ('강아지똥' 표지를 보여주며) 보이는 것들이 무엇이 있나요?
  2) 학습 문제 확인하기(1분)

학습문제

'강아지똥'을 읽고, 등장인물에게 편지를 써 봅시다.

- 전개
  1) 학습 활동 순서 안내(2분)
  2) 읽기 전 활동(4분)
     ① 학급 아동들의 수준을 고려하여 다음 활동 중 선택하여 전개한다.
        • 글쓴이에 대하여 알아봅시다.
          - 누가 쓴 책인가요?
          - 쓰신 책에는 어떤 것들이 있나요?
        • 그림을 보고, 떠오르는 낱말이나 생각들을 써 봅시다.
          - 제목이나 그림 보고, 맨 처음 어떤 생각이 떠올랐나요?
          - '똥'하면 어떤 생각이 드나요?

－쓸모없는 물건도 쓸모 있는 물건이 될 수 있답니다. '똥'으로 할 수 있는 일을 생각해 봅시다.

3) 읽는 중 활동(10분)

① 누가 무엇을 했는지 생각하며 읽어 보자.

② 강아지똥의 마음이 어떻게 바뀌어 가는지 생각하며 읽어 보자.
- 동영상 자료를 활용하여 들려주어도 좋다(lamia.busanedu.net).
- 손가락연극하기 : 시간이 나면 학생들과 손가락연극을 해 본다. 미리 미술 시간에 손가락인형을 만들어 준비해 두고, 집에서 연습하도록 한다.

4) 읽은 후 활동(15분)

① 내용 파악하기(1분)
- 강아지똥은 참새의 어떤 말에 눈물을 흘렸나요?
- 강아지똥은 왜 흙덩이의 말을 듣고 눈물을 흘렸나요?
- 강아지똥이 민들레의 말을 듣고, 기뻐한 까닭은 무엇인가요?

② 함께 생각해봐요(4분) → 토론
- 여러분은 이야기 속에서 어떤 친구가 되고 싶은지 말해 보세요
- 저학년 학생들에게 토론이라는 말이 어렵고 부담이 된다. 이 용어는 쓰지 말고 친구들 생각을 듣고 자연스럽게 자기의 생각을 이어 발표할 수 있도록 유도한다.
  (예) ○○의 이야기를 들으니까 내 생각과 같았습니다. 나도 ……라고 생각합니다.
  나는 ○○의 생각과 똑같습니다.
  나는 ○○의 생각과 다릅니다. 등
- 자기 생각과 친구들의 생각을 쓸 것을 안내한다.
  (예) 정말로 '똥'하면 쓸모없는 것이라고 생각이 드는지요? 이 이야기를 통해 배운 점이 무엇인지 이야기해 볼까요?

③ 글쓰기(10분) → 논술
- 이야기 속의 등장인물에게 편지를 써 봅시다.
- 이야기에 나오는 강아지똥이나 참새, 민들레꽃 등한테 편지를 쓰도록 지도한다.

▌정리

1) 발표하기(4분)

① 쓴 글을 발표해 봅시다.
- 잘 쓴 글과 부족한 글을 구별하여 학생들에게 보여준다.
- 글의 대상에 따라 평가 관점이 달라질 수 있다.
- 학생의 이름이 나타나지 않도록 하는 일도 중요하다.

2) 차시 예고(1분)

✔ 잠깐 돌아보기

친구의 글을 듣고, 다음 항목 중 해당하는 곳에 ✔ 표시를 해 보세요

내 친구의 글 솜씨가 쑥쑥 이름( ) ※ 잘 썼다 '상', 보통이다 '중', 그렇지 않으면 '하'에 표시			
평가 평가 항목	상 (5점)	중 (3점)	하 (2점)
1. 편지에 하고 싶은 말을 잘 썼나요?			
2. 등장인물의 한 일과 편지의 내용이 잘 어울리게 썼나요?			
3. 편지의 형식에 맞게 썼나요? (받는이, 하고 싶은 말, 보내는이 정도)			
총 점	(　　) 점		

중 학 년

[내가 좋아하는 공룡]

관련 교과	학년	수업 모형	읽을 도서
국어, 과학	4학년 2학기	전문가 협력 학습 모형	공룡에 관한 도서

학습주제

공룡에 관련된 책을 읽고, 좋아하는 공룡에 대하여 설명하는 글쓰기

✔ 미리 준비하기
- 학생 준비 : '공룡'에 관한 책 읽기(공룡이 세상을 지배하다 등)
　　　　　　http://www.soodino.pe.kr, http://www.dinosaur.co.kr 등
- 교사 준비 : 실물화상기, PPT 자료('화석'과 '공룡'사진), 동영상 자료
- 사전 지도 내용 : 전문가 협력 학습 안내, 모둠 조직(한 모둠 6명)

✔ 수업 펼치기
- 도입
  1) 동기 유발(3분)
     ① '화석' 사진 보여주기
     ② 화석을 통하여 알 수 있는 점 이야기하기
     ③ 알고 있는 공룡 말하기
     ④ '공룡' 사진을 보고, 공룡 이름 말하기

2) 학습 문제 확인하기(1분)

공룡에 관한 책을 읽고, 자기가 좋아하는 공룡을 한 가지 골라 쓰고, 그 이유와 그 공룡의 특징에 대하여 써 봅시다.

┃전개
  1) 학습 활동 순서 안내(2분)
  2) 전체 탐구(4분)
    ① 공룡에 대하여 조사해 볼 주제 정하기
      • 공룡에 대하여 조사해 보고 싶은 부분이나 내용 생각해 봅시다.
      • 조사해 보고 싶은 내용을 어떻게 정할까요?
        −모둠에 맞게 5가지(공룡의 모습, 크기, 먹이, 종류, 멸종 이유)로 나누도록 한다.
      • 모둠원이 각각 조사해 보고 싶은 부분을 정하도록 하세요.
  3) 전문가 탐구(10분)
    ① 협의하기 → 토의
      • 각자 조사하고 싶은 부분끼리 모여서 이야기를 나누도록 합니다.
        −5가지를 협의할 수 있게 학급 공간 구성을 미리 안내하거나 텔레비전 화면으로 안내한다.
        −모둠별로 사회자를 정하여 진행하면 도움이 된다.
    ② 일반화하기
      • 사회자를 중심으로 조사하여 알게 된 점을 서로 이야기하며 보충하거나 잘못된 부분을 고쳐나가세요.
    ③ 상호 교수 준비하기
      • 조사한 내용을 학습지에 정리합니다.
  4) 상호 교수(5분)
    ① 상호 교수하기
      • 학생들이 본래 모둠으로 돌아가도록 합니다.
      • 전문가 집단에서 알게 된 점을 각 모둠에서 말해 주세요.
  5) 글쓰기(10분) → 논술
    좋아하는 '공룡' 한 가지를 골라, 좋아하는 이유와 그 공룡의 특징에 대하여 글을 써 보세요.
┃정리
  1) 발표하기 (4분)
      • 공룡에 대하여 쓴 글을 발표해 봅시다.
  2) 차시 예고(1분)

✔ 잠깐 돌아보기
친구의 글을 듣고, 다음 항목 중 해당하는 곳에 ✔ 표시를 해 보세요.

생각도 쑥쑥, 글 솜씨도 쑥쑥 ※ 잘 썼다 '상', 보통이다 '중', 그렇지 않으면 '하'에 표시		이름( )		
평가 항목	평가	상 (5점)	중 (3점)	하 (2점)
1. 좋아하는 공룡과 그 이유가 잘 나타나 있나요?				
2. 공룡의 특징을 잘 썼나요?				
3. 자기의 생각을 짜임새 있게 잘 썼나요?				
총 점		( ) 점		

고 학 년

[우리 스스로 인권을 보호해야 해!]

관련 교과	학년	수업 모형	읽을 도서
국어, 도덕, 사회	6학년 1학기	역할놀이 및 가치탐구학습 모형	홍길동

학습주제

책을 읽고, 보호해야 할 인권의 대상을 찾아 어떻게 보호해야하는지 자신의 생각 쓰기

✔ 미리 준비하기
▌학생 준비 : '홍길동' 읽기
▌교사 준비 : 실물화상기, PPT 자료('홍길동'표지, '허균'에 대한 자료), 역할놀이 준비하기
　　　　　　(4~6명 정도의 어린이, 10일 전부터 연습하기)
▌사전 지도 내용 : 가치탐구 학습 모형 안내

✔ 수업 펼치기
▌도입
1) 동기 유발(3분)
① '홍길동' 책을 텔레비전(PPT)이나 실물화상기로 보여준다.
② 책 내용을 대강 이야기 해 보자.
③ 알고 있는 공룡 말하기
④ '공룡' 사진을 보고, 공룡 이름 말하기
2) 학습 문제 확인하기(1분)

'홍길동' 속에 나오는 인물 중 인권을 보호받아야 할 대상을 찾아보고 어떻게 보호해야 하는지 자신의 생각을
써 봅시다.

▌전개

1) 학습 활동 순서 안내(1분)

2) 글쓴이에 대하여 알아보기(3분)

　① 글쓴이는 누구인가요?

　② 쓰신 책에는 어떤 것들이 있나요?

3) 선택하기(5분)

　① 역할놀이 및 문제 상황 인식

　　• 친구들이 하는 활동을 잘 봅시다. 친구들의 말과 행동을 잘 보고 들으면서 누구
　　　의 인권을 보호해야 하고, 어떻게 보호해야할지 생각해 보세요

　　　－이미 역할놀이 할 학생들과 책의 내용 중 어느 부분을 친구들에게 보여 줄
　　　　것인지 10여 일 전에 협의한 후, 연습하도록 한다.

4) 가치 선택하기(1분)

　① 누가 어떤 권리를 보호받아야 한다고 생각하는지 자기의 생각과 그에 따른 까닭
　　을 써 보자.

　② 자기의 생각이 옳은지 다시 한 번 생각해 보자.

5) 선택한 가치 발표하기(10분) → 토론

　① 이야기 속에서 인권을 보호받아야 할 사람이 누구라고 생각하는지 말해 봅시다.

　　• 사전에 토론 학습에 대한 안내가 이루어지는 것도 바람직하다.

　　• 토론 학습의 목적은 아동들에게 다양한 생각을 접하게 하여 다양한 생각을 알
　　　고 자신의 생각을 정리할 수 있도록 도와주는 활동이다. 상대방과 말다툼을 벌
　　　이거나 찬반으로 나누어 대립하는 것이 아니라는 점을 명확하게 인식시켜 준다.

　　• '홍길동'이라는 의견과 생각이 좀 더 깊은 학생은 '홍길동 아버지'라는 의견이
　　　나온다. 친구들의 의견을 듣고, 자신의 생각을 보충하거나, 다른 의견임을 내세
　　　워 자연스럽게 토론할 수 있는 시간으로 이끌어간다.

　② 이번에는 오늘날 우리는 이러한 인권을 어떻게 보호해야 하는지 말해보도록 합시다.

　　• '조선 시대의 신분 제도와 사회 제도의 모순' 등에 관한 이야기가 나오도록 유
　　　도한다.

　③ 각자 선택한 입장을 확인하기 위해 여러 방법으로 표현해 볼까요?

　　(아동들이 자기의 생각을 표어, 만화, 시 등으로 적어본다)

　　－생략할 수도 있는 과정으로, 논술을 쓰기 전에 미리 초고 쓰기 형식으로 간단하
　　　게 쓸 수 적는다.

6) 선택한 가치 글로 표현하기(10분) → 논술

　이야기 속에서 누가 어떤 인권을 보호받아야 하는지 적어보고, 오늘날 이러한 인권이
　어떻게 보호되어야 하는지 주장하는 글을 써 보세요.

▌정리
   1) 발표하기 (4분)
      • 쓴 글을 발표해 봅시다.
   2) 차시 예고(1분)

✔ 잠깐 돌아보기
친구의 글을 듣고, 다음 항목 중 해당하는 곳에 ✔ 표시를 해 보세요.

내 친구의 글 솜씨는? 이름( ) ※ 잘 썼다 '상', 보통이다 '중', 그렇지 않으면 '하'에 표시				
평가 항목	평가	상 (5점)	중 (3점)	하 (2점)
1. 자기의 생각을 짜임새 있게 잘 썼나요?				
2. 주장(중심 생각)에 대한 근거는 적절했나요?				
3. 글을 이해하기 쉽고 논리적으로 썼나요?				
총 점		( ) 점		

제 3 장

교육연극(드라마)의 활용

1. 교육연극(드라마)과 독서지도

　교육연극을 활용한 독서지도는 아이들이 함께 즐겁고 재미있게 책에 접근하도록 도와주는 방법이다. 이 방법은 연극적 기법들을 독서지도에 접목하여 학습자들로 하여금 창의적인 사고를 기르고, 책 속의 감춰진 내용들을 상상하여 읽도록 하는데 있다. 따라서 학습자들은 이런 방법을 통해 책 속의 인물과 친숙해지고, 책 속의 배경을 자연스럽게 체득하며, 이야기 속 사건을 총체적으로 이해할 수 있게 될 것이다. 그럼, 여기서 교육연극이 무엇인지 잠시 살펴보자.

　교육연극이란 20세기 초에 연극을 교육에 도입하려는 시도로 1960년대 중반 영국에서부터 시작하여 지금은 전 세계로 확산되었다. 전문 연극과 차별화된 연극 방법이며 교육방법으로 다양한 계층과 영역에서 활용되고 있다. 미국의 경우에는 창의성 계발 및 이민자를 위한 언어사용 능력 신장을 위한 방법 등으로 쓰이기도 하나, 우리나라의 경우는 교과 교육과 관련지어 수업 방법의 개선을 위한 도구로 발전되어 가고 있다. 최근에는 전문 연극인들도 많은 관심을 가지게 되어, 저학년 층의 아동들에게 상상력 및 창의성 계발을 위한 연극놀이를 개발하고 활용하고 있는 실정이다. 학교 현장에서는 2000년을 전후로 하여 빠른 속도로 수업개선을 위한 방법으로 자리를 잡아간다.

교육연극은 창의성과 미적 발달, 비판적 사고력의 계발, 사회적 성장과 협동심, 언어 능력 및 의사소통 기술의 증진, 도덕적, 정신적 가치 발달 및 자아 인식의 확대를 목표로 삼고 있다. 여기서 우리는 독서 교육의 목표와 공집합 부분을 찾을 수가 있다. 그럼 여기서 교육연극과 독서지도의 상관성을 살펴보도록 하자.

1) 교육연극(드라마)과 독서지도의 상관성

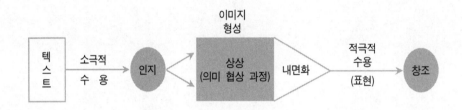

이 그림은 드라마의 사고 과정과 작용을 나타냈다. 여기서 중요한 것은 이미지와 표현이다. 일반적인 독서지도방법이 책을 읽은 후, 내용 파악(인지 단계-소극적 수용)과 간단한 글쓰기에 그친다고 할 때, 드라마는 이미지 형성과 표현(내면화-적극적 수용)에 중점을 둔다. 이것은 작품을 새롭게 해석하고 창조하기 위한 바탕과 기제를 제공한다. 이러한 과정이 생략될 경우에는 학습자들의 창의적인 활동을 기대할 수 없게 되고, 창조도 없을 뿐만 아니라 단순히 텍스트 이해에만 그치고 정해진 틀에 따라 활동하는 결과를 낳게 된다.

'선녀와 나무꾼'에서 '선녀가 떠나간 후, 나무꾼의 마음이 어떠한지 알아보자'의 예를 들어보자. 일반적인 독서지도 방법으로 접근하게 되면, 독자들은 텍스트의 내용만 인지하게 되므로 단순한 답만 내놓게 된다. 즉, '슬플 거예요. 마음이 아팠을 거예요. 또는 화가 났을 거예요.'와 같은 몇 가지 답에서 벗어나지 못하게 된다. 이런 결과가 생기는 이유는 독자가 이미지를 떠올리는 방법이 생략됐으므로 내면화가 이루어지지 않았기 때문이다. 단지 머릿속에 천편일률적인 이미지만 형성됐기 때문에(이미지가 구체화 되지 않았기 때문에) 틀에 박힌 답이 나오는 것이다. 하지만 드라마(교육연극)활동이 이루어지면 독자들은 개별 이미지를 떠올리게 되므로 내면화도 다르게 이루어진다. 내면화가 다르면 각기 다른 자신만의 개별 표현(드라마적 표현)이 이루어지고, 당연히 독자들이 자신만의 표현에 어울리는 답을 내놓게 된다. 따라서 교사들은 학습자들로 하여금 자신만의 이미지를 떠오르게 하고, 개별 표현을 하도록 하는데 초점을 맞춘다면 학습자들은 좀더 깊이 있게 텍스트를 이해하게 되고, 새롭게 작품을 보게 될 뿐 아니라, 오랫동안 이미지가 형성되어, 적극적으로 텍스트를 수용하게 된다.

2) 연극 활동의 기능 및 타블로 활용

연극 활동의 기능은 크게 비언어적 기능과 언어적 기능으로 편의상 나눌 수 있다. 비언어적 기능의 대표적인 것은 기능의 기초적인 활동인 마임놀이가 있고, 언어적 기능은 언어를 활용하는 연극놀이, 인형놀이, 즉흥극, 패널 활동 등 모든 활동을 말한다. 이러한 기능들은 독서지도를 하는데 있어, 매체가 될 수도 있고, 텍스트에 접근하는 방법이 될 수 있으며, 또한 깊이 이해하는 수단이 될 수도 있다. 그래서 많은 기능들을 익히고 있어야만 독서지도의 다양한 활용이 가능하다. 여기서는 대표적인 기능들 중 독서지도 활용에 매우 중요한 타블로를 중심으로 살펴보자.

가. 조각만들기(타블로)의 정의

타블로는 움직임이 없는 동작(still image)으로 일종의 신체를 이용한 조각상이라 할 수 있다. 여러 명이서도 할 수 있어서 모둠별로 책을 읽고 난 후의 느낌 등을 서로 공유할 수 있다.

나. 타블로의 특징

① 조각만들기는 누구나 쉽게 참여할 수 있다
움직임 활동의 가장 큰 장애는 학습자들이 표현에 두려움을 느끼고, 내면에 있는 것들을 드러내지 못하다는 데 있다. 관찰자(교사와 다른 동료들)를 의식하여 소극적으로

반응하다보니, 어색한 말과 행동이 나오고, 또한 그것에 심한 좌절을 느끼고 다음부터는 자발적인 표현 욕구를 상실한다. 문제는 이들에게 허용적인 분위기뿐만 아니라 쉽게 참여할 수 있게 하는 방법이 제시되어야 한다. 그러나 구체적인 방법이 어디에도 나와 있지 않다.

조각만들기는 학습자들이 그냥 표현 장소에 나와서 석고상처럼 서 있기만 하면 된다. 어색한 대사도, 어설픈 동작도 필요가 없다. 단지 서있기만 하면 되는 것이다. 이는 누구라도 할 수 있다. 모둠이 같이 할 경우에는 문제 상황을 토의한 후, 표현 장소로 나와 교사의 '얼음' 소리에 맞춰 정지 동작을 하면 된다.

② 연습이 필요 없다

다른 대부분의 교육연극적인 기능들도 마찬가지이지만 조각만들기는 특히, 연습이 필요 없다. 일반적으로 움직임 활동이나 역할 학습은 대사를 외워서 연습을 하는 것으로 인식되어 있다. 하지만 조각만들기는 특별한 연습이 필요 없다. 어떤 상황이 주어지면 모둠에서 토의하여 즉석에서 조각으로 표현하면 된다. 단지 그저 멈춰 있기만 하므로 연습이 필요 없다.

③ 짧은 시간 내에 학습자 모두가 참여할 수 있다

조각만들기는 목표했던 시간 단위 내에 학습자 모두가 다 참여할 수 있다. 토의하고 발표하는데 길어야 3~5분, 관찰자들과 적극적인 상호 교류하는 시간 2~3분. 이렇게 조각만들기는 짧은 시간 내에 표현하고자 하는 것을 충분히 드러낼 수 있으므로 시간적인 제약(시간이 늘어짐으로 해서 생기는 문제들)을 받지 않는다.

이런 특징들로 인해 학습자들이 책을 난 후에 활동을 연습 없이, 누구나, 짧은 시간에 할 수 있게 된다.

다. 타블로의 활용 방법

① 모둠별 같은 책 읽기 또는 교사의 책 읽어 주기
② 모둠별 토의 (의미협상과정)
③ 표현 장소에서 발표(교사의 '얼음' 소리에 맞춰)
④ 관찰자들의 질문
⑤ 실연자(實演者)들의 답변

②의 경우, 많은 시간을 줄 필요가 없다. 학습자들에게 주어지는 시간은 2~5분이면 충분하다. 그들은 상황을 이해하고, 어떻게 구성할 것인가를 의논하며 역할을 배정하는데 초점을 둔다.

③에서 발표할 때 소품은 주변에 있는 모든 것을 변형하여 사용할 수 있다.

드라마 활동에서는 연극과 달리 특별히 소품을 제작하고, 연습할 필요가 없다. 교실 주변에 있는 모든 것들을 마음대로 활용할 수 있다. 즉, 대걸레 자루가 기차로, 주전자가 방패로, 칠판 지우개가 전화기 등으로 변형될 수 있다.

④, ⑤단계에서 관찰자들과 실연자들은 조각상에 대하여 토의를 하는 시간을 갖는다. 이 때 만일 관찰자 중에서 조각상이 실연자의 의도와 다소 다르게 표현됐다고 생각될 경우에는 문제를 제기하고 그가 직접 그 작품에 참여할 수 있는 기회를 준다. 이를 통해서 관찰자들과 실연자들은 적극적인 상호교류를 하게 된다. 위와 같은 활동을 최소한 5번 이상 정도 하면 학습자들은 더 적극적인 활동을 하고 싶어 하고 교사들에게 요구한다.

"선생님, 저희들 대사 집어넣으면 안돼요?"
"선생님, 좀 움직이면 안 되나요?"

이러한 과정을 통해서 이들의 잠재된 표현 욕구가 분출하기 시작한다. 기존의 움직임 활동이 처음부터 대사와 움직임을 이들에게 요구했던 것과 달리 조각만들기 과정은 학습자들이 자발적으로 움직임과 대사를 표현 속에 넣고 싶어 한다. 따라서 조각만들기는 모든 움직임 활동의 초석이라 할 수 있다.

라. 조각만들기를 활용한 독서지도

① 인상 깊은 장면 표현하기

모둠별로 같은 책을 읽거나, 교사가 책을 읽어 주었을 때, 가장 인상 깊은 장면을 학습자들로 하여금 조각만들기로 표현하라고 한다. 그러면 학습자들은 책의 내용을 토의하며, 서로가 가장 인상이 깊었던 장면에 대하여 이야기를 나누면서 책 속의 내용을 더욱 깊이 탐색하게 된다. 이때 물론 동료들의 다양한 시각을 깨닫게 되고, 서로의 의견을 나누는 가운데 한 곳으로 인상이 깊었던 부분에 대한 초점이 모아진다. 그럼 서로 역할을 나누고 어떤 그림이 그려지는지 생각을 나눈다. 예를 들어, 선녀와 나무꾼에서 가장 인상 깊은 장면이 아이들을 데리고 하늘로 떠나는 선녀와 슬퍼하는 나무꾼의 모습이라고 하자. 학습자들은 아이가 될 수 있고, 슬퍼하는 나무꾼이 되기도 한다.

일단 역할과 표현 방법이 정해지면, 학습자들은 모둠별로 나와서 교사의 지시('얼음')에 맞춰 표현할 장소에 선다. 서 있다가 교사의 '얼음' 소리에 맞춰 나에게 주어진 정지 동작만 하면 된다. 즉, 슬퍼하는 장면이라면 가만히 서 있다가 신호에 따라 손을 머리에 감싸며 순간 멈추는 동작을 하는 것이다. 이런 행동은 연습 없이, 부담 없이, 아무런 준비물 없이, 두려움 없이 학습자 누구나 할 수 있다는 최대의 장점이 있다. 그러면 관찰자들(다른 모둠 구성원들)은 어떤 장면인지 서로 손을 들어 맞추기를 하게 된다. 서로 질의응답의 상호 활동이 끝나게 되면, 모둠 대표는 어떤 장면을 만들었는지 관찰자들에게 설명을 한다.

이런 활동을 통해서 학습자들은 한 작품에 대하여 폭넓고, 깊게 그리고 다양하며, 창의적인 상상을 할 수 있게 된다. 또한 이런 움직임 활동은 다른 사람 앞에서 표현할 때, 느끼는 두려움을 배제시켜 주므로 엄청난 흥미를 유발하고, 집중력을 생기게 한다. 또 다른 방법으로 조각만들기를 변형시켜 활용하면, 토의 시간을 아주 짧게 주고(1분 이하) 이들은 순서에 따라 한 사람씩 나가서 조각을 만들어 나간다. 학습자들은 절대 소리를 내지 않고 앞사람의 조각만을 보고서 자신의 위치와 모양을 만든다. 다 완성될 때까지 움직이지 않고 있다가 다 완성이 되면 모둠 대표가 내용을 설명한다. 또는 한 사람씩 무엇을 표현했는지 설명한다. 이것은 동일한 주제를 놓고 학습자들 각각이 통일되게 의미를 구성해야 한다는 점에서 창의적인 사고를 고도로 자극한다.

② 이야기 뒷부분 상상하기

똑같은 방법이지만 이것은 상상력과 창의적 사고, 인물, 사건, 배경 및 이야기 전반에 대한 이해가 있어야만 하는 활동이다. 모둠 구성원끼리 의논하여 표현(조각만들기)이라는 과정을 거쳐야 하므로 이야기를 읽고 뒷부분을 말로써 발표하는 것과 달리 추상적 내용을 구체화시켜야만 한다. 즉, 다른 모둠이 무엇인지 알도록 하기 위해서 핵심 장면을 한 컷으로 나타내려면 학습자들이 배경, 사물, 소품 등이 되어 이해를 도와주어야만 한다.

여기서 학습자들이 소품이 될 수도 있지만, 인원이 부족할 경우, 주변에 있는 모든 물체를 변형해서 즉석에서 소품으로 쓸 수 있다. 즉, 대걸레 자루가 말이나 택시가 될 수 있고, 세수 대야가 요술 모자가 될 수 있다.

③ 배경에 대한 탐색

일반적으로 학습자들은 독서를 할 때, 이야기 속 인물 및 사건에 초점을 맞춰 읽기 마련이다. 하지만 학습자들은 때론 이야기 속의 공간적 배경에 대한 이해가 부족하여 이야기 속 상황을 놓치는 경우가 있다. 따라서 배경을 타블로로 표현함으로써 작품에 대한 이해를 더욱더 높일 수 있게 된다.

장화홍련전의 예를 들어보자, 사또가 사는 공간(방)을 표현한다고 하면, 학습자들은 토의를 통해 그곳에 무엇이 있을 것인지 상상적 활동을 통해 여러 가지를 유추하거나 이야기 속을 탐색하게 된다. 학습자들이 병풍이 될 수도 있고, 사또가 쓰는 큰 칼이 되기도 하고, 촛불이 될 수도 있겠다. 또 표현을 한 후, 관찰자들과 상호 활동을 통해 '왜 저런 배경이 들어갔는가?'와 같은 질의응답을 통해 좀더 깊이 작품을 탐색해 들어갈 수가 있게 된다.

마. 즉흥극으로의 발전

타블로로 이야기 속 내용을 표현했을 때, 관찰자들이 이해를 못하는 경우가 많다.

특히 이야기 뒷부분 상상하기로 발전시킬 경우에는 거의 짐작을 못한다. 그것은 당연한 결과이다. 그런 것이 몇 번 반복되면 관찰자 및 실연자들은 답답해하기 시작한다. 따라서 그들은 좀더 변화를 원하기 시작한다. 즉, 좀더 움직이거나 말을 하도록 요구한다. 왜냐하면 관찰하는 이들에게 더 많은 것을 보여주고 싶어 하기 때문이다. 예를 들어, 선녀와 나무꾼의 경우, 뒷부분을 상상하여 표현하라고 했을 때, 한 장면으로 나타내기에는 어렵다는 것을 그들은 깨닫게 된다. 그래서 좀더 많은 움직임과 언어 사용이 필요하다는 것을 느끼게 된다. 그때, 교사(리더, 인도자 등)는 정지 상태에서 학습자들과 어떤 신호를 약속한다. 그 신호에 따라 학습자들은 교사의 다음 신호 때까지 다양한 표현(말, 음향, 움직임 등)을 할 수가 있게 된다. 이것의 시간을 늘려 가면, 나중에는 학습자들은 토의 과정을 거치지 않고도 즉흥극을 잘 표현할 수 있게 된다.

3) 표현활동 지도 시 유의점

드라마 활동 지도 시, 지나치게 활동에 치우치게 될 경우, 본말이 전도되어 독서가 주가 되지 않을 수도 있다. 이는 지도하는 교사가 연극 기능에 집착할 경우 생길 수 있는 문제이다. 드라마 활동은 단지 수단이 되어야 함에도 불구하고 드라마 활동에 학습자들을 너무 몰입시키다 보면 학습자들은 읽은 텍스트는 도외시하고 표현 자체에 일회일비하게 된다. 따라서 표현 활동과 독서를 적절히 연결시켜 어느 한 쪽으로 치우치지 않게 하여야 하며, 서로 관련성을 맺도록 교사들은 주의를 기울여야 한다. 예를 들어 인형 놀이를 할 경우, 학습자들로 하여금 인형 만드는 데 많은 시간을 허비하게 하고, 잘 만들도록 부담감을 주는 경우가 있다. 인형 자체에 의미가 있는 것이 아니고, 독서 후 인물의 특성을 이야기 속에서 다시 한 번 생각해보고, 표현하도록 하는 것이므로 잘 만들고 못 만드는데 비중을 두어서는 안 된다.

이처럼, 독서지도에서 드라마 활동의 표현은 표현 자체에 의미가 있는 것이 아니고, 텍스트 내용과 관련 있을 경우에만 살아난다는 것을 교사들이 깊이 이해할 필요가 있다. 즉, 창의성 교육이 목적일 경우에는 연극놀이(예)를 창의적으로 구성하는 자체가 의미가 있지만, 독서지도에서는 텍스트와 어떤 연관이 있느냐가 더 중요하다. 또한 언어 사용 기능 신장이 목적일 경우에는 학습자들로 하여금 언어적 기능을 많이 사용하도록 유도하는 것이 주가 되지만, 독서지도에서는 텍스트에 있는 상황에 맞는 언어적 활용이 연극 놀이 속에서 나와야 한다. 결국, 드라마 활동은 독서지도란 목적 속에서 활용되어야만 가치가 있다.

2. 교육연극(드라마)을 활용한 독서지도의 방법

1) 패널 활동

패널 활동이란 위에서 언급한 언어적 기능의 대표적인 것으로 책을 읽은 후, 책 속에 나오는 인물을 이야기 속에서 탐색하게 한 후, 패널로 불러내서 관찰자들과 질의응답을 하는 활동을 말한다. 이런 활동을 통해서 관찰자들과 패널들은 책 속에 숨은 미정성의 공간을 채우는 상상적 활동을 하며, 이를 통해 문학적 상상력을 키우고, 다같이 이야기 속에 깊이 빠져들게 된다. 장화홍련전을 예를 들어보자. 장화, 허씨 부인, 사또, 배 좌수―네 명의 인물을 교실 앞으로 불러들이고, 학습자들은 이들에게 궁금한 것을 질문한다.

- "왜 배 좌수 당신은 장화가 구박을 당하고 있었는데도 그렇게 무관심 했는가? 전혀 몰랐는가? 아니면 무시했는가?"
- "허씨 부인, 당신은 자식인 장쇠에게 그런 못된 짓을 시켰는데, 부모로서 못할 짓이 아닌가? 자식이 평생 동안, 죄를 지은 죄책감에 시달릴 텐데."

패널들은 자신의 관점에서 일관성 있게 답변을 하고, 관찰자들은 책 속 내용과 동떨어진 내용은 질문하지 않도록 교사는 주의를 준다. 이런 활동을 처음 하면 학습자들은 '아, 책 속 내용을 깊이 이해하지 않으면 안 되는 구나!'하는 생각을 하게 되어, 두 번, 세 번 하게 되면 학습자들이 필요에 의해 이야기를 깊이 탐색하며 읽게 된다.

관찰자들에게 질문을 하라고 하면 처음에는 상투적인 몇 가지를 질문하고 나중에는 할 것이 없어서 활동이 정지될 우려가 있다. 이런 경우 반드시 과제로, 또는 쉬는 시간에 질문지를 준비하여 3가지 이상 질문을 적도록 한다. 그러면 질의응답이 활발하게, 끊임없이 이루어진다.

2) 즉흥극 활용

타블로로 즉흥극에 대한 두려움이 사라진 학습자들은 이제 다양한 즉흥극 활용을 경험하게 된다. 학년별로 독서지도를 위한 방법을 제시하면 다음과 같다.

저학년용(1~2학년용)

✔ **소주제 : 책 속에 나올만한 음향 듣고 물체나 상황 표현하기**
1) 활동 제목 : 상상의 세계로
2) 활동 인원 : 모둠별 4~6명(인원 상관없이도 가능)
3) 활동 장소 : 교실 및 운동장
4) 활동 설명
   ① 교사 : 음향 테이프에 있는 여러 가지 소리(물 소리, 바람 소리, 기계 소리 등)를 들려준다.
   ② 학생 : 눈을 감고 1분 정도 주의 깊게 들은 후 모둠끼리 토의 시간을 갖는다.
   ③ 학생 : 그 소리가 연상시키는 물체나 상황을 정지 동작(조각)으로 표현한다.
   ④ 학생 대표 : 무엇을 나타낸 것인지 다른 모둠의 학생들에게 설명한다.
5) 활동의 효과
   ① 음향을 듣고 무엇인지 포착하려 노력하기 때문에 상상력을 발전시킬 수가 있다.
   ② 단순한 물체를 나타내는 것보다 상황을 묘사시키는 것에 초점을 두면 학생들은 상징적인 것을 찾으려고 노력하므로 한 단계 발전된 사고를 하게 된다.
   ③ 표현 후 그것을 많은 사람들에게 설명해야 하므로 언어 사용 능력이 신장되고 타인에 대한 두려움을 없어지며 자신감을 얻게 된다.
   ④ 직접 나와서 표현하는 것에 자신이 없는 아이들도 조각만들기를 하게 되면 어려움을 느끼지 않고 참여할 수가 있다. 왜냐하면 그냥 조각이 되어 서 있기만 하면 되므로.

✔ **소주제 : 동물의 모습 표현하기**
1) 활동 제목 : 동물이 되어
2) 활동 인원 : 인원 상관 없음
3) 활동 장소 : 공간이 있는 곳
4) 활동 설명

① "동물 농장" 노래를 부르면서 나오는 책 속에 나오는 동물 흉내를 몸으로 나타낸다 (소리는 나타내지 않는다).

② 예 : 닭장 속에는 암탉이, 연못 속에는 자라가, 풀숲에는 메뚜기, 어항 속에는 금붕어…….

③ 둘이서 또는 여럿이 해야 더욱 실감이 나는 동물도 있다(저수지에는 물뱀이, 지붕 밑에는 지네가, 초원 위에는 얼룩말, 동물원에는 코끼리, 북극에는 펭귄이……).

④ 하루 동안 동물이 될 수 있다면 어떤 동물이 될 수 있는지 정한다.

⑤ 교사는 동물의 짧은 하루를 자세히 얘기해 준다(예 : 새끼 호랑이―잠을 자고 있다 → 맛있는 짐승을 잡아먹는 꿈을 꾼다 → 배가 고프지만 참고 잔다 → 춥다. 몸을 웅 크린다 → 햇빛이 비춰 몸이 녹는다. 오줌이 마려워 잠이 깬다 → 일어나 기지개를 켠다 → 밖을 내다보니 눈이 부시다 → 천천히 걸어서 내 구역에 오줌을 싼다. 시원 하다 → 먹을 것을 찾으러 나간다 → 점점 배가 고프다. 큰 소리로 울어 본다 → 아니! 뿔이 큰 사슴이다 → 아이쿠, 아야! 뿔에 앞다리를 다쳤다 → 도망치자 → 한참을 달 려와 돌아보니 사슴은 보이지 않는다 → 피가 난다. 혓바닥으로 핥아 낸다 → 집으로 절룩거리며 돌아온다 → 싸움에 지쳐서 잠이 온다 → 배가 고프지만 우선 자야겠다 → 잠이 들려는데 신음 소리가 절로 난다).

⑥ 교사가 설명한 하루를 참조하여 창의적으로, 동물의 종류에 따라 하루의 생활을 표 현할 수 있다. 서로의 동작을 관찰한 후 비판적 의견을 낼 수 있다.

5) 활동의 효과

① 동물의 특성에 어울리는 흉내를 냄으로써 동물에 대한 이해를 더욱 깊게 할 수 있다.

② 감정이입을 통하여 동물의 행동을 추측하고 예상할 수 있다.

③ 세밀한 동작에 초점을 두는 지도를 함으로써 동작이 상황과 감정에 관련됨을 알게 한다.

중학년용(3~4학년용)

✔ 소주제 : 책 속에 나오는 물체를 이용한 즉흥극

1) 활동 제목 : 물체에 생명을

2) 활동 인원 : 모둠별 4~6명(또는 인원 상관 없음)

3) 활동 장소 : 공간이 있는 어느 곳이나

4) 활동 설명

① 모든 이들이 바라볼 수 있도록 원의 가운데에 물체를 둔다.

② 아무 말 없이 3~4분간 그 물체를 바라본다. 지루하게 느끼는 학생들에겐 잠시 눈을 감았다 다시 뜨게 한다.

③ 그 물체에 관한 이야기를 생각해 보게 한다. 그것은 어디서 왔을까? 책 속 내용과 어떤 관련이 있는가? 어떻게 이곳에 있나? 그것이 책 속 인물과 어떤 연관을 맺어 주는가? 그것에 관한 이야기를 생각한 뒤 말하게 한다.

④ 서로 이야기를 교환한 후 대충 뼈대를 구성했으면 배역을 정하고 주제와 상황을 결정한다. 서로 이야기가 형성되지 않을 때는 가장 논리적이고 개연성이 있는 학생의 이야기로 선택한다.

⑤ 3분 정도 즉흥극을 표현한다. 대사에 자신이 없는 아이는 그 물체가 되는 방법도 있다.

⑥ 다른 모둠의 학생들에게 물체와 즉흥극과의 관계를 살펴보도록 한 후, 발표하는 모둠의 학생들에게 비판적인 의견을 제시하도록 한다. 또한 직접 나와서 어느 부분을 어떻게 고치는 것이 좋겠다 라는 것을 직접 해보게 해도 된다.

5) 활동의 효과

① 사물에 대한 관찰력과 상상력을 개발한다.

② 책 속 내용을 깊이 있게 이해하게 되고, 책과의 모든 연관성을 유추하게 되므로 작가의 입장이 되어볼 수 있다.

③ 사물을 통해 논리적인 이야기 구조를 형성해야 하므로 논리적인 사고를 할 수 있게 된다. 또한 이야기 구조를 자연스럽게 익히므로 문학적인 사고가 내면화된다.

④ 한 가지 사물을 통해 이야기를 비약시켜야 하므로, 평면적인 사고에서 입체적인 사고로 전환시킬 수 있는 능력을 길러준다.

고학년용(5~6학년용)

✔ 소주제 : 인물로부터 출발한 즉흥극

1) 활동 제목 : 즉흥극 속에 인물이 되어

2) 활동 인원 : 1~6명(인원 상관없이 가능)

3) 활동 장소 : 공간이 있는 어느 곳이나

4) 활동 설명

① 인물로부터 즉흥극을 창조하기 위해서 교사는 그동안 읽었던 책 속 인물을 생각해 보라고 한다.

② 교사는 다음과 같은 질문을 한다.

－누구인가? 무엇을 하고 있는가? 특별히 할 말이 있는가? 어떻게 옷을 입었는가? 몇 살이냐? 너의 특별한 관심을 끄는 특별한 점은 무엇인가?

③ 각자 교사의 질문에 나름대로 정리가 됐으면 모둠끼리 토의를 시작한다. 토의 시간을 충분히 준다(10분 정도).

④ 적당한 인물이 정해졌으면 상황을 설정하고, 관련 인물들을 정한다. 핵심 장면을 중심으로 극을 진행한다.

⑤ 다른 모둠학생들에겐 누구에게 초점이 맞춰졌으며, 무엇을 말하려고 하는지를 알아내라는 과제를 제시한다.

⑥ 즉흥극 실연 후 책 속의 어떤 장면을 나타냈는지 아이들과 토론하는 시간을 갖는다.

5) 활동의 효과

① 관찰력과 상상력이 개발된다.

② 책 속 인물을 깊이 있게 이해하게 된다.

③ 다른 모둠, 즉 관찰자가 책 속 또 다른 인물이 되어 적극적으로 개입시키게 할 수 있다. 좀더 발전시킨다면, 극 실연 후 토의가 끝난 후에 관찰자들로 구성하여 다시 즉흥극을 실연할 수 있다.

④ 인물 설정에 있어서 개연성을 자연스럽게 익히게 된다.

✔ **소주제 : 등장인물의 성격 창조 탐구하기**

1) 활동 제목 : 이야기 속에 인물이 되어
2) 활동 인원 : 토의 내용에 따라 달라짐
3) 활동 장소 : 공간이 있는 장소
4) 활동 설명

① 동화 속의 한 등장 인물(모든 이들이 가장 중요하다고 생각하는)을 선정한다.
   예) 빨간 모자 아가씨

② 그 동화에서 가장 감동적이라고 생각하는 순간을 모둠과 함께 토의한다.

③ 선정한 장면에서 어떻게 하면 등장인물의 성격이 가장 확연히 드러나겠는가를 토의한다.

④ 배역을 정하고 무대에서의 큰 선(움직임의 선)을 그려보게 한다.

⑤ 준비한 모둠은 실연을 하고, 다른 모둠들은 무슨 동화를 선정했는가? 등장인물 중 누구에게 초점을 맞췄는가? 등장인물의 성격이 어떠한가? 무엇으로 그 등장인물의 성격을 알 수 있는가? 등을 생각하며 관람하게 한다.

⑥ 실연을 끝낸 모둠은 다른 모둠의 의견을 들어보고. 자신들의 동화 내용 장면과 성격 창조의 초점을 말한다.

⑦ 반드시 동화의 원작대로 극을 꾸밀 필요가 없으며, 창의적으로 성격을 변화시킬 수 있다. 예를 들면 흥부를 심술이 사납고 인색한 사람으로 설정할 수도 있다.

5) 활동의 효과

① 동화를 깊게 이해하고 독서에 대한 흥미를 유발시킬 수 있다.

② 책 속의 내용을 좀더 깊게 이해할 수 있고, 이해한 내용을 바탕으로 좀더 발전시킬 수 있으므로 사고력을 더욱 확장시킬 수 있다.

③ 책 속의 내용을 직접 실연함으로써 동화 속의 인물이 직접 되어 상황에 대한 이해를 할 수 있고 작가에 대한 통찰력을 갖게 된다.

④ 극과 동화와의 만남을 통해 독자의 내면화를 가능하게 하고, 책 속에 있는 내용의 의미 있는 분석을 통해 확산된 사고와 행동이 유발된다.

⑤ 유의할 점으로는 틀에 박힌 내용, 흔히 알려진 내용만을 실연하는 경우가 있다. 따라서 이를 학생들에게 미리 지도해야한다.

✔ **소주제 : 동화 속의 내용 발전시키기**

1) 활동 제목 : 내가 만든 이야기
2) 활동 인원 : 모둠별 4~6명(인원 상관없이 가능)

3) 활동 장소 : 교실 및 공간이 있는 곳
4) 활동 설명
　예) 동화 '아기 돼지 삼형제'를 읽고 발전된 상황을 주면 거기에 맞춰 즉흥극을 실연한다.
　　① 늑대 어머니는 늑대가 저녁 식사 거리로 돼지를 잡아오게 밖으로 보냈다. 그러나 지금 그는 빈손으로 집으로 돌아왔다. 그는 뭐라고 변명할 것인가? 그의 어머니는 어떻게 반응할 것인가?
　　② 돼지 부인이 아기 돼지 삼형제와 눈물어린 작별인사를 하는 모습을 표현하기
　　③ 아기 돼지 삼형제가 지켜보는 가운데 늑대가 심한 물보라를 일으키면서 가마솥으로 떨어지는 모습을 표현하기
　　④ 늑대가 짚으로 만든 집을 입김으로 날려 보내는 장면을 표현하기. 그리고 나서 나무로 만든 집을 입김으로 날려버리는 것을 표현하기.
　　⑤ 너는 늑대다. 돼지고기 요리 저녁식사에 너무 흥분한 나머지 네가 언제나 매번 날려 버린다고 말하는 노래를 잊어 버렸다. 이를 대신할 수 있는 다른 노래를 불러본다.
　　⑥ 짝을 지어서, 아기 돼지 한 마리가 너의 턱 수염을 면도하고 있는 모습을 표현한다. 거품 칠을 하고 전기면도기를 조심스럽게 다룬다.
5) 활동의 효과
　　① 동화를 읽고 책 속에 없는 부분을 상상하여 메우는 작업이므로 창의적인 사고와 상상력을 필요로 한다.
　　② 여러 명이 같이 표현을 할 경우 협동심과 적절한 배역 결정을 위한 토론이 선행되어야 하므로 자연스럽게 토론 수업이 이루어 질 수 있다. 한 모둠이 해야 할 경우에는 사람이 아닌 역할
　　예) 나무, 풀, 새, 짚, 솥 등이 될 수가 있다
　　③ 표현에 소극적인 아이들에게는 처음에는 가만히 서있는 역할을 줌으로써 참여를 자극한다.
　　④ 동화를 소재로 함으로써 독서 의욕을 불러일으키게 할 수가 있을 뿐 아니라, 책 속의 인물이 되어 극을 실연함으로써 내용 이해뿐 아니라 사고력이 확충된다.

예시　〈장화홍련〉을 읽고 하는 드라마 활동

요 약

　배 좌수 부부는 장화와 홍련을 낳고 행복하게 살았으나 배 좌수의 부인이 병이 들어 죽자 새 부인을 맞아들였다. 새어머니 허씨 부인은 심술이 사나워서 장화와 홍련을 못살게 굴다 흉계를 꾸며 장화를 죽게 만든다. 그 사실을 안 홍련도 장화를 따라 연못 속에 빠져 죽는다. 그 이후 그 마을에는 처녀 귀신이 나와 마을 사람들이 고을을 떠나게 된다. 그러나 지혜롭고 용기 있는 원님이 부임하여 문제를 해결하게 된다. 다시 결혼한 배 좌수는 장화, 홍련이와 똑같이 닮은 아이를 낳아 행복하게 산다.

✔ **일인 무언극 활동**

혼자 나와서 하는 마임 활동으로 모둠 토의를 통해 텍스트 속으로 들어간 후, 몸으로 직접 표현한다. 이런 활동을 통해 학습자들은 텍스트를 깊이 있게 이해하게 될 뿐만 아니라, 직접 내면화 과정을 거치므로 오랫동안 이미지가 남는다.

▌허씨 부인은 왜 장화와 홍련을 못살게 굴려고 하는지에 대하여 추측하라. (짧게 토의) 그런 후, 장화를 없애려고 무서운 흉계를 꾸미는 장면을 표현하라.
  ─아동 활동 : 예) 보자기에 쥐를 싸는 장면

✔ **느리고 빠른 무언극**

학습자들의 흥미를 유발시키기 위하여 음악을 이용하는 마임활동으로 느림과 빠름에 따라 다른 상황을 연출한다. 이를 통해 학습자들은 극적으로 다른 상황을 대비시킬 수 있으며, 또 되도록 대비되는 상황을 만들기 위해 텍스트에 더욱 깊이 탐색하게 된다.

▌장화와 홍련이 하루 종일 힘들게 일하는 동안, 허씨 부인이 낳은 아들 삼형제는 말썽을 피며 집안을 난리치는 장면을 표현 한다. 느린 음악이 나오면 장화와 홍련의 생활을 표현하고, 빠른 음악이 나오면 아들 삼형제의 생활을 나타낸다.
  ─아동 활동 : 예) 느린 음악에는 장화가 힘겹게 빨래를 하는 장면을 나타내고, 빠른 음악에는 아들 삼형제가 싸우고 노는 장면을 나타낸다.
▌빠른 음악을 튼 후 장쇠가 호랑이에게 혼나는 장면을 나타내라. 그런 후 느린 음악이 나오면 간신히 정신이 들어 집으로 돌아오는 장면을 표현한다.
  ─아동 활동 : 예)

✔ **일인 구두 활동**

드라마 활동은 비언어적인 활동과 언어적인 활동으로 크게 나눌 수 있다. 저학년의 경우는 비언어적인 활동이 주가 되지만, 고학년이 될 수록 언어적인 활동을 중시하게 된다. 따라서 몸짓 활동과 함께 개별 구두 활동을 강조하게 된다.

▌(학생들은 배 좌수다.) 너는 허씨 부인이 그런 흉계를 꾸미게 되기 전까지 이런 사실을 전혀 몰랐는가?
  ─아동 활동 : 예) ① 구박만 하는 줄 알았지 그렇게 흉계를 꾸밀 줄 몰랐다.
               ② 허씨 부인이 잘해 주는 것 같아서 전혀 몰랐다.
▌너는 직업이 뭐기에 집안일을 그렇게 소홀히 했는가?
  ─아동 활동 : 예) ① 먼 지방에 물건을 파는 사람
               ② 돗자리 만드는 직업─시간이 많이 걸리는 직업
               ③ 나라 일을 돕는 사람─바빠서 집안일을 소홀히 할 수밖에 없었다.
▌허씨 부인이 아들 삼형제만 예뻐한다는 사실을 그 전에 눈치도 못 챘는가?
  ─아동 활동 : 예) 몰랐다. 부인이 내가 있을 때는 칭찬을 주로 해서 전혀 몰랐다.
▌당신의 딸들과 대화도 전혀 없었는가?
  ─아동 활동 : 예) 시간이 없어서 잘 못했다. 내가 올 때는 아이들이 주로 잠을 자고 있어서……

▐ 마을에 사는 사람이다. 처녀 귀신이 나온다는 이야기를 정말로 믿는가?

  －아동 활동 : 예) ① 장화와 홍련이 평소 착했는데 일찍 죽은 것이 억울해서 나오는 것
  　　　　　　　　　　　같아서

  　　　　　　　　② 우리 고을의 원님만 자꾸 죽기 때문에

▐ 믿는다면 왜 당신의 마을에서만 나온다고 생각하는가?

  －아동 활동 : 예) 장화와 홍련이 죽었기 때문에

▐ 믿지 않는다면 왜 믿지 않는지 설명해 보라.

  －아동 활동 : 예) ① 한 번도 본 적이 없어서 안 믿는다. 원래 귀신은 없다.

  　　　　　　　　② 집안 일이 바빠서 귀신 생각할 틈이 없다.

▐ 너는 고을 원님인 정동호이다. 촛불을 켜 놓고 책을 읽으며 귀신을 기다릴 때 기분이 어
떠했는지 솔직한 심정을 설명해 보라.

  －아동 활동 : 예) ① 두려웠다. 실제로 나를 해칠지 모르기 때문에

  　　　　　　　　② 두려웠다. 부임한 원님들이 모두 죽었기 때문에

  　　　　　　　　③ 무섭지 않았다. 종교를 믿기 때문에

  　　　　　　　　④ 무섭지 않았다. 진실을 반드시 밝혀야 한다는 신념이 있었기 때문에

✔ 짝, 집단 무언극 활동

짝끼리, 또는 집단으로 하는 마임 활동으로 토의가 매우 중요하다. 모둠별 활동을 통해 작
품 속에 깊이 들어갈 수 있고, 텍스트 속에 드러난 공간적 배경 등을 이해하는데 매우 도움
이 된다.

▐ 변형 : 인물의 변화를 나타냄

  • 너는 산 속에 있는 산신령이다. 10을 세면 천천히 호랑이로 변하여 장쇠를 혼내 준다.

  　－아동 활동 : 예) 괴성을 지르듯 달려드는 모습들을 표현

▐ 공간 만들기 : 공간적 배경을 이해하기 위한 표현으로 학습자들이 모두 사물이 되어본다.
정지 동작으로 서 있다가 교사의 신호에 따라 음향을 내고 움직일 수도 있다. 즉, 교사가
신호를 하면 촛불이 움직이고, 바람에 문풍지가 우는 소리를 낼 수 있다.

  • 장화와 홍련이가 귀신이 되어 밤마다 나타나는 방을 만들어라.

  　－아동 활동 : 예) 바람에 날리는 촛불을 나타냄 / 귀신이 그려진 벽화 / 병풍이 세워진
  　　　　　　　　　모습 / 위엄이 있는 장검 등 표현

  • 허씨 부인의 삼형제가 놀고 있는 공간을 만들어라.

▐ 세고 멈추는 무언극

  • 장화와 홍련이 죽은 후 철산 고을에는 이상한 일들이 일어난다. 그 이상한 일들 중
한 가지를 나타내라.

  　－아동 활동 : 예) 가축들이 갑자기 죽는 장면을 표현

  • 너는 철산 고을의 원님으로 용감하게 귀신과 만났으나 혼비백산하여 달아난 사람이
다. 그 마을을 떠난 후 무엇을 하고 있는지 나타내라.

  －아동 활동 : 예) ① 가난한 집에서 공부하는 모습을 표현

  　　　　　　　② 정신병자가 되어 떠도는 모습을 표현 등

▮아들 삼형제가 장화와 홍련을 골탕 먹이는 장면 나타내기(5~6명이 모둠이 되어)
　　－아동 활동 : 예) 물 뿌리고 발 걸어서 넘어뜨리는 장면, 돌 던지는 장면 등을 표현

✔ **짝, 집단 구두활동**
　▮공개 토론 인터뷰
　　•(허씨 부인을 공개 토론자로 내세운다) 다음과 같은 질문들을 한다.
　　　왜 그렇게 당신 아들만 챙기며, 장화와 홍련을 미워하는가?
　　　　－아동 활동 : 예)
　　•장쇠가 호랑이에게 귀가 짤렸을 때, 그 때 기분은 어떠하였는가? 나쁜 짓을 하려면
　　　당신만이 하지 당신 아들 장쇠는 왜 끌여 들였는가?
　　　　－아동 활동 : 예) 혼자하기 힘들어, 책임을 회피하기 위해 등등
　　•당신은 시집오기 전에도 그렇게 나쁜 마음씨를 가졌는가?
　　　　－아동 활동 : 예) 원래 나는 나쁜 사람예요. 내가 하고 싶은 것은 다하고 자랐다.

✔ **조각하기**
　▮허씨 부인이 와서 변하는 모습을 세 장면으로 나타내기; 첫째는 처음 장화와 홍련을 만
　났을 때 반갑고 친절하게 반기는 모습, 둘째는 심술을 부리며 아들 삼형제만 감싸는 모
　습, 셋째는 죽이기 위해 흉계를 꾸미는 모습을 조각으로 표현하라.
　　－아동 활동 : 예)
　　•(배 좌수를 공개 토론자로 내세운다) 다음과 같은 질문들을 한다.
　　　당신은 재혼한 후, 장쇠와 홍련을 미워했는가?
　　　　－아동 활동 : 예) ① 이전 부인이 잘 키워 달라고 부탁했기 때문에 전혀 미워하지 않
　　　　　　　　　　　　　　　 았다.
　　　　　　　　　　　　　 ② 전혀 미워하지 않았다. 새 엄마와 재혼한 후 미안한 감정이 들
　　　　　　　　　　　　　　　 었다.
　　•(고을 원님 정동호를 공개 토론자로 내세운다) 처음 귀신들을 만났을 때 당신은 무슨
　　　말을 했는가?
　　　　－아동 활동 : 예) '누가 죽였소', '누구신데 사내 대장부가 있는 방에 들어오는 거요?'
　　　　　　　　　　　　　 등등
　　•장화와 홍련에 대한 인상은 어떠했는가? 배좌수에 대하여는 어떤 생각을 갖게 됐는
　　　가?
　　　　－아동 활동 : 예) 처음에는 무서웠다 / 배좌수는 집안일을 잘 모르고, 허씨 부인에 대
　　　　　　　　　　　　　 해서도 잘 모르는 것 같아 어리석다고 생각했다 등
　▮토론하기
　　•너는 허씨 부인이다. 모둠원들에게 네가 한 행동(장화를 죽인 일)을 정당화하려고 한
　　　다. 모둠원들을 설득하여 행동을 합리화하라.
　　•너는 허씨 부인의 둘째 아들이다. 장쇠와는 사이가 안 좋다. 장쇠가 호랑이에게 귀를
　　　잘린 후 너는 장쇠에게 어떤 행동을 할 것인지 모둠에서 토의하라.

▌대화하기

- 꿈 속에서 장화를 만난 홍련은 지금까지 하고 싶었던 대화를 시작한다.
  - 아동 활동 : 언니! 누가 죽였어. 엄마는 지금 어떻게 지내고 있어? 등등
- 장화가 어떻게 죽게 되었는지에 대하여 홍련이가 장쇠를 구슬리는 대화를 시작한다.
  - 아동 활동 : 사실대로 말하면 귀가 다시 생겨난다. 너는 원래 착한 아이야. 천당에
    가고 싶으면 바른 말을 해야 해 등등

▌즉흥 장면

- 고을 원님인 정동호가 배 좌수 부부를 붙잡아 문초하는 장면을 나타내기
  - 아동 활동 : 곤장을 치는 장면, 절대 그런 짓은 하지 않았다는 상황 연출
- 만일 장화가 연못에 빠졌으나 죽지 않고 살았다면 이야기의 결말이 어떻게 될지 결말
  부분을 즉흥극으로 나타내 보기
  - 아동 활동 : 예) 장화와 홍련이 같이 결혼하는 합동 결혼식을 연출한다.
- 허씨 부인이 장화와 홍련을 미워할 수밖에 없었던 일을 즉흥극으로 표현하라.
  - 아동 활동 : 예) 장화, 홍련이 일을 너무 서툴게 해서 허씨 부인을 속상하게 한다.
    특히 허씨 부인이 시집 올 때 가져온 비싼 보물을 깨뜨린다.

✔ 관련 활동들

▌ 귀신이 나오는 철산마을에 부임하기를 원하는 사람들은 누구나 지원만 하면 된다는 방
(게시문)을 만든다.

▌ 장쇠가 장화를 그렇게 죽게 한 것에 대한 사죄의 편지를 쓴다.

▌ 너는 처녀 귀신 때문에 죽은 마을 청년이다. 너의 원통함을 상징적인 그림으로 표현해보
라.

▌ 사태가 심상치 않음을 눈치 챈 허씨 부인이 아들 삼형제를 데리고 도망간다. 이들을 찾
는 몽타주를 그리고 죄명과 그에 대한 설명을 하라.

▌ 너는 재수 없이 장쇠에게 잡혀 죽은 큰 쥐다. 너는 나중에 다시 태어난다면 무엇으로 태
어날 것이며, 그 이유를 설명하라.

제 3 부
독서 교육의 실천

제 1 장

책 읽어주기를 통한 독서지도

1. 책 읽어주기의 의의

1) 책 읽어주기의 필요성

학교 교육 현장은 물론 가정과 사회는 예나 지금이나 독서 교육을 강조하고 있다. 출판 시장에서는 어린이 책이 가장 큰 자리를 차지하고 어린이 도서관이 지역마다 만들어지고 학교 도서관의 모습도 하루가 다르게 첨단화되어 가고 있다. 학교에서는 독서퀴즈 대회, 독서 인증제, 독서논술 등 다양한 방법들로 어린이들에게 끊임없이 책을 읽으라고 한다. 수많은 어린이 책이 출판되고 언제든지 쉽게 읽을 수 있는 풍부한 독서 환경에서도 어린이들의 독서량이 오히려 줄어드는 이유는 무엇일까? 그 원인을 살펴보면 학과 공부와 학원 수강으로 인한 시간 부족, 컴퓨터와 인터넷 등을 들지만 가장 큰 이유는 독서습관이 정착되지 않았기 때문이다. 독서 습관이란 생활 속에서 늘 책을 가까이 하며 스스로 찾아서 읽는 것을 말한다.

독서 교육의 목적은 어린이들이 올바른 독서 습관을 지니고 언제나 책을 가까이 하여 독서를 통해 자신의 삶을 풍성하게 만들 수 있는 사람이 되도록 하는 것이라고 할 때, 학교의 독서지도는 장기적인 독서습관을 길러주기보다는 어린이들에게 책을 읽도록 권하고 읽은 후 다양한 독후 활동을 하는 데 그치고 있다. 독서의 효용성만을 생각하고 독서를 권하는 것은 어린이들에게 또 하나의 일거리를 주게 되어 오히려 자발적인 독서를 막고 있는 결과가 되었다. 풍부한 독서환경에서도 책을 읽지 않는 아이들, 다양한 독서지도 방법이 쏟아져 나오는 데도 효과를 거두지 못하는 학교 현장에서 교사의 역할이 무엇일까 찾아보았을 때 다음과 같았다.

첫째, 어린이들에게 좋은 책을 골라 주는 것이다. 어린이 책의 종류와 수는 많아졌지만 책을 사주고 권하는 교사나 부모들의 어린이 책에 대한 인지도는 매우 낮다. 어린이에게 읽으라는 말은 하지만 어떤 책을 읽으라고는 자신 있게 권해주지 못하고 있다. 교사는 어린이의 발달 단계와 관심과 성향에 맞는 책을 끊임없이 권해줄 수 있어야 한다. 또 교육과정을 어린이 책과 연결하여 수업하도록 구성하여 독서와 학습을 분리하는 것을 막고 자연스럽게 책과 친해질 수 있는 계기가 되도록 하는 것이 필요하다.

둘째, 어린이들에게 책 읽는 즐거움을 느끼도록 해주는 것이다. 어린이들이 독서를 하는 이유는 즐거움 때문이다. 이 즐거움이 성장할 때까지 지속될 수 있도록 끊임없이 동기 유발을 해주어야 한다. 책 읽는 즐거움을 알게 되면 살아가면서 늘 책과 가까이 하게 되며, 어떤 필요와 목적이 없이도 책과 늘 함께 하게 된다. 그러나 책과 멀어져 있는 어린이들에게 아무리 좋은 책을 권해준다고 해도 금방 책과 친해질 수는 없다. 책이 얼마나 재미있는지 느낄 수 있는 기회를 주기 위해서 많은 교사들이 하고 있는 것이 바로 '책 읽어주기'이다. 책 읽어주기는 교사가 좋은 책을 직접 읽어주어 어린이들이 책에 대한 흥미를 갖게 하여 책 읽는 능력이 향상되고 스스로 책을 즐겨 찾아 읽는 자발적인 활동으로 이끌어주는 새로운 독서 교육 방법이다.

2) 책 읽어주기의 의의

군이 학교에서 글자를 깨우친 어린이들에게 시간을 내어서 책을 읽어주는 수고로움을 기꺼이 그리고 즐겁게 하는 이유는 무엇일까? 여러 가지 이유가 있겠지만 많은 교사들은 어린이들의 책읽기를 거들어 주어 책 읽기의 즐거움을 느끼게 하고자 하는 이유를 들고 있다. 책 읽어주기의 의의를 찾아보면 다음과 같다.

첫째, 여러 가지 언어 형태의 학습에서 듣기는 가장 기초이며 듣기 과정에서 아이들은 글로 읽는 것 이상으로 풍부한 상상력을 발휘하게 된다. 더구나 좋은 읽을거리를 찾아 읽어 주게 되면 TV와 인터넷이 차지해버린 메마른 요즈음 우리 아이들의 언어 환경을 좀 더 폭넓게 할 수 있다. 어린이들이 글자를 안다고 해서 문장에 담긴 뜻을 모두 이해할 수는 없다. 때로는 듣고 즐기면서 상상의 세계에 젖어 감성을 자극하고 상상력을 한층 풍부하게 펼쳐나가도록 도와주어야 한다. 아이들은 눈에 보이지 않는 것들을 상상하는 든든한 힘을 가지고 있기 때문이다.

둘째, 아이들은 듣는 즐거움을 통해 책을 바르게 이해하게 되고 자기 스스로 책을 찾아 즐겨 읽게 된다. 교사가 한 번 읽어준 책은 학급문고나 도서관에서 항상 인기이다. 책 읽어주기는 이제 막 책읽기에 관심이 생기기 시작한 저학년 아이들에게는 책 속의 세상으로 들어오라고 손짓해주는 것이며, 읽기에 능숙한 고학년에게는 다양한 읽기 자료를 선택할 수 있도록 해준다. 1년 동안 교사가 꾸준히 책을 읽어주면 적어도 아이들은 100권 가까운 책을 읽게 되는 것이다. 이 과정에서 아이들은 책이 주는 즐거움을 느끼고, 작가와 좋은 책에 대한 정보나 지식도 쌓이게 된다.

셋째, 책 읽어주기는 하나의 학급 문화를 형성할 수 있는 기반이 된다. 책 읽어주기는 학급 어린이 전체가 공유하는 것으로 교과학습 활동이나 특별활동, 재량활동은 물론 학급 행사의 소재가 될 수 있으며 모두가 함께 즐길 수 있는 학급 문화의 하나가 된다. 더 나아가 어린이 책과 시, 노래 부르기를 통해 어린이 문화를 가꾸는 중요한 바탕이 된다.

'이야기책 읽어주기'의 효과에 대해 Tompkin은 다음과 같이 말하고 있다. 첫째, 문학을 접하고 감상할 수 있는 기회를 제공하는 것으로 정말 좋아서 놓칠 수 없는 책과 어린이들이 너무 어려워서 스스로 읽기 어려운 책이나 갖기 어려운 책을 듣기를 통해 접할 수 있다. 둘째, 읽어주기는 어린이들에게 문자언어를 소개하고 어린이들의 어휘와 문장 패턴을 확장시킬 수 있다. 셋째, 공유하는 경험을 통해 즐거움과 여유를 주는 경험을 한다. 넷째, 책과 독서에 대한 어린이들의 흥미를 자극하여 어린이가 더 읽고 싶도록 동기화 한다. 읽기에 열의를 갖게 되어 어린이들의 독서 흥미를 고조시키고 수준 높은 문학을 위한 취향을 계발시키며 성인의 읽기와 즐거운 책읽기 시범을 통해 어린이들에게 평생 독자가 될 가능성을 증가시킨다. 다섯째, 책 속에서 삶의 모습을 보게 하며 자신과 타인에 대한 학습을 하고 어린이의 경험을 확장한다. 여섯째, 이야기에 대한 감수성을 계발한다. 일곱째, 다양한 장르와 다양한 글의 스타일로부터 다양한 언어 형태를 접할 수 있게 한다. 어린이들에게 문자언어에 대한 개념, 다른 장르의 문학, 시, 이야기 구조의 요소를 소개한다. 또한 어린이들의 언어 발달과 어휘 확장을 통한 문해력을 획득하게 한다. 여덟째, 듣기 기술과 태도 및 읽기에 대한 동기를 증진하고 창의적 쓰기를 위한 구조와 동기를 제공한다. 아홉째, 어린이들의 일반 상식을 풍부하게 하여 지식을 확대하고 개인적 의문점에 대한 답을 제공한다.

2. 책 읽어주기의 과정

〈책 읽어주기 절차와 전략〉

책 고르기	• 읽어줄 책 선정 기준 세우기		
	• '책 읽어주기'를 위한 문학작품 선정		
책 소개하기	• 책 제목 함께 읽어보기		
	• 작가의 이름 확인하고 전에 읽은 작품 떠올리기		
	• 책 표지 그림 보고 화가의 화풍 이야기하기		
	• 작가에 대한 안내 해 주기		
	• 화가에 대한 안내 해 주기		
	• 책이 주는 메시지 추측하기		
책 읽어주기	연간 전략	학기 초	• 흥미유발을 위한 책 읽기
		학기 중	• 작가별, 주제별로 읽기
		학기 말	• 수준을 높여 읽기
	학년 전략	언어 이해	• 글이 적은 책부터 읽기
		문학 경험	• 옛 이야기 읽기
			• 그림 동화 읽기
	읽어주는 시기에 따른 전략	아침시간	• 집중하여 읽기
		수업 중	• 교과 관련 책 읽기
		하교 직전	• 부담 없이 즐기며 읽기

			• 어려운 낱말 풀이하기
책 읽어주기	읽어주는 방법에 따른 전략	언어이해	• 의성어 함께 읽기
			• 읽는 속도조절하기
			• 소리의 높낮이 조절하기
		문학경험	• 인물 이름과 구성 파악하기
			• 이야기의 흐름 표시하기
			• 다음 페이지 상상해보기
			• 같은 주제 작품 찾아보기
			• 패러디 작품 찾아보기
책 읽은 느낌 나누기	• 사건을 순서대로 나열하기		
	• 입장 바꾸어 생각해보기		
	• 자신의 삶이나 일상생활과 관련짓기		
	• 느낀 점 이야기 나누기		
	• 책에서 얻은 메시지 잡아내기		
	• 책 만들기		

1) 책 선정하기

이오덕님은 '좋은 책이란 어떤 것인가?'의 물음에 "그 이야기에 푹 빠져서 다른 생각을 하지 않고 언제 읽었는지도 모르게 읽게 되는 작품"이라고 말했다. '재미'가 있어야 한다는 말이다. 재미가 있어야 어린이가 책의 세계로 들어갈 수 있기 때문이다. 이 '재미'라는 것이 가벼운 흥밋거리나 우스꽝스런 이야기를 일컫는 것은 아니다. 아이들을 새롭고 흥미진진한 이야기의 세계로 끌어당기는 것을 말하는 것이다. 그리고 내용이 재미있으려면 어린이가 알아들을 수 있는 쉬운 글이어야 한다. 사랑이나 우정 같은 추상적인 말들보다는 보고 만지고 느낄 수 있는 구체적인 요소가 더 잘 드러나야 한다. 그리고 글을 다 읽었을 때 느낌을 주어야 한다. 아이는 감성에 호소하는 것을 받아들인다. 흔히 감동이라고 하는 것인데 글의 주제가 무엇이냐 하는 것보다는 무엇이 재미있었는지 내용을 가지고 이야기할 수 있어야 한다. 현실의 아픔이나 어려움을 표현한 작품이라도 이야기 속의 어린이가 어떻게 생각하고 해결해나가고 희망을 가지고 변해가는지가 역동적으로 잘 나타나있는 글이 좋다. 자신이 느끼지 못한 아픔과 자신의 삶이 반영되어 이해할 수 있도록 하는 것도 책의 힘이다.

다음은 책의 내용을 중심으로 한 좋은 어린이 책의 선정 기준이다.

- 어린이들이 밝고 건강한 사고를 할 수 있도록 하는 데 도움이 되는 책
- 올바른 인격을 갖게 해 주고 인간의 따뜻한 정서를 키워 주는 책
- 자신을 비롯해 가족과 이웃, 나아가 우리나라에 대한 애정과 관심을 갖게 하는 책
- 우리의 문화적 정서와 역사를 배우고 익힐 수 있는 책
- 세계 여러 나라의 고유문화와 풍속 등을 이해하게 하는 민속 동화
- 성실하게 열심히 살아가는 삶의 태도를 배우게 하는 책
- 자연과 생명의 관계를 알고 소중히 여기며 가꿔 가도록 하는 책
- 자신이 살아 나가야 할 미래에 대한 꿈과 용기를 북돋아 주는 책
- 합리적이고 논리적인 사고를 가능하게 하여 학습 능력을 신장시키는 책
- 과학을 바로 알게 하며 폭넓은 관심과 이해를 가능하게 해 주는 과학도서
- 굽히지 않는 신념이나 꿈을 가지고 스스로의 노력과 용기를 통해 위인이 될 수 있었던 점을 보여 주는 위인들의 이야기
- 역경과 시련 속에서도 꿋꿋하고 밝게 살아가는 소년, 소녀나 장애인들의 이야기
- 이 밖에 인류의 평화와 행복을 추구하는 정서를 담고 있는 책

이러한 기준으로 난이도를 정해 각 학년에 적합한 책을 학기 초에 선정한다. 전체 학년이 모두 읽을 수 있는 공통적인 주제의 책도 있지만 학년의 특성에 적합한 책도 선정해두어야 한다. 책을 선정할 때는 여러 권장도서 목록을 참고하여 인지도가 높은 작품을 교사가 직접 읽고 난 후 선정한다. 책 읽어주기는 교사가 아이들과 함께 호흡하면서 읽어가기 때문에 교사의 작품에 대한 태도는 매우 중요하다. 기존에 다른 어린이들에게 반응이 좋았던 책과 반복적인 이야기 구조나 어휘 반복이 있어 말의 재미를 느낄 수 있거나 문학적으로 뛰어난 가치가 있는 책이 좋다.

전(全) 학년에 걸쳐 흥미를 끄는 책은 우정, 모험, 친구, 동물에 관한 내용이 많다. 1, 2학년의 경우는 동물, 자연, 아동이 주인공으로 나오는 내용을 좋아한다. 3, 4학년 아동은 모험, 일상적이고 아동에게 익숙한 경험, 자연, 동물 이야기 순서로 흥미를 가지며 사실적 소재와 자신들의 이야기를 다룬 동화를 더 많이 읽는다. 5, 6학년은 모험과 현실의 이야기를 담은 동화를 좋아하고 다양한 주제를 폭넓게 소화할 수 있다. 저

학년 아이들에게는 좋은 책은 되풀이하여 읽는다는 점을 명심하고 그 책의 내용을 이미 알고 있다는 것에 신경 쓰지 않고 읽어줄 책을 선정한다. 고학년의 경우도 교사가 좋은 읽을거리를 읽어주면서 같이 이야기 나누면 새로운 의미를 발견하고 흥미를 가지게 된다.

선정한 책은 다시 시, 역사, 과학, 우리 창작동화, 외국 창작동화, 옛이야기 등으로 나누고 주제별, 인물, 작가, 시대 등으로 분석하여 최대한 골고루 분배되도록 한다. 어린이들에게 읽어줄 책은 학교 도서관이나 학급문고에서 읽을 수 있도록 준비를 해둔다. 책 읽어주기와 동시에 학급문고를 만드는 일도 시작해야 한다. 어린이에게 읽어준 책을 쉽게 읽을 수 있는 환경을 만드는 데 학급문고가 큰 몫을 하기 때문이다. 학급문고는 교사가 정한 권장도서 목록을 기반으로 100~200권 정도 모일 수 있도록 각자 가져오도록 하고, 30권 정도는 교사가 학교 도서관에 빌려와 한 달 단위로 바꿔주면서 학급문고의 활용성을 높이는 것이 좋다. 좋은 책 선정과 학급 문고를 통한 독서 환경 만들기는 책 읽어주기를 시작하는 첫 단계이다.

2) 책 읽어주기

가. 책 읽어주기 전에 준비할 것은 무엇인가?

가장 먼저 되어야 할 것은 읽어줄 책 선정이다. 그리고 선정한 책을 언제, 무엇과 관련하여 읽을 것인지 구체적인 계획을 꼼꼼하게 짜야 한다. 책이 선정되면 언제든지 읽어줄 수 있도록 책을 가까이에 준비해둔다.

다음으로는 책을 읽어주고 들을 수 있는 환경을 마련해야 한다. 교실 공간을 어떻게 활용하는 것이 효과적인지, 어린이들이 어떤 곳에서 어떤 형태로 들을 때 가장 집중해서 들을 수 있는지, 직접 읽어줄 것인지, 실물화상기를 이용할 것인지를 고려해 가장 적합한 환경을 준비한다. 교사는 이야기를 읽어주기 전에 책을 여러 번 읽어보아야 한다. 교사가 아이들과 같이 호흡하기 위해서는 이야기 전체를 이해하고 있어야 하기 때문이다. 특히 옛날이야기는 교사가 외워서 들려주었을 때 어린이들이 오래 기억하며 그 효과가 매우 크다.

나. 언제 읽어줄 것인가?

책을 읽어주는 시간은 상황에 따라 다르지만 읽는 시간만 본다면 대략 5분에서 15분가량 걸린다. 책을 읽어주는 시간은 수업 중 남는 시간에 하기보다는 일정한 시간을 교사와 어린이들이 미리 약속해서 정해두는 것이 좋다. 아침 시간에 읽어줄 때는 집중이 잘 되며 수업이 끝난 후에는 가볍게 들을 수 있는 책이 좋다. 교과와 관련하여 읽을 수 있는 책도 많으므로 학기 초에 미리 교과와 책을 통합하여 교육과정을 짜도록 한다.

다. 어떻게 읽어줄 것인가?

책 읽어주기는 어려워하는 교사는 책 읽어주기를 동화구연이라고 잘못 생각하고 있는 경우가 많다. 책 읽어주기는 과장하지 않고 자연스럽게 낭독하듯이 읽으면 된다. 읽으면서 읽어주는 사람이 느낀 것을 듣는 사람도 느낄 수 있도록 눈을 맞추면서 읽어주고 반응을 살피면서 빠르기를 조절한다. 물론 목소리의 높낮이, 크기, 속도를 책의 내용에 맞추어 변화를 주고 적절한 표정이나 몸짓도 있다면 더욱 효과적이지만 과장되게 하지 않아도 좋다. 무엇보다도 책 읽어주기는 어린이들과 같이 책의 내용을 공감하고 즐기는 과정이기 때문에 아이들의 즉각적이고 자연스러운 반응을 통해 함께 이야기 나누는 과정이 가장 중요한 활동이다.

그림책은 다인수 학급일 때는 실물화상기로 그림을 보여주면서 읽는다. 소인수 학급은 아이들을 교사의 앞에 가까이 모이게 한 다음 직접 그림책을 보여주면서 읽는 것이 좋다. 실물화상기로 그림책을 보여줄 경우는 전체를 보기 어려운 면이 있지만 책을 읽으면서 집중하거나 강조할 부분 등을 확대하거나 자세히 볼 수 있는 좋은 점이 있다. 장편일 경우는 아이들의 눈을 가끔 맞추면서 이야기를 놓치고 있는 아이들이 없는지 확인하면서 읽어준다. 장편을 읽을 때는 어린이들이 듣는 태도가 정착되어 있을 때 시작하는 것이 좋으며 인물이나 이야기의 흐름, 구성 등을 확인하거나 중간 중간 알려주는 것이 좋다.

어린이들은 잘 들을 수 있도록 환경을 정돈해야 한다. 주의를 끌만한 물건들을 책상에서 치우고 이야기를 잘 들을 준비가 되어 있는지 확인한 후 시작한다. 중간 중간 잘 듣지 않는 아이들은 이름을 이야기에 넣어주거나 내용에 관해 가볍게 질문하면서 같이 듣도록 도와준다. 저학년의 경우 교실을 돌아다니거나 다른 친구를 방해하지 않도록 해야 한다. 듣는 자세는 바르게 하되 들으면서 떠오른 생각이나 자신의 경험과 연결된 것은 자연스럽게 말할 수 있도록 자유스러운 분위기를 만들어준다.

라. 책 읽어주기의 과정에서 할 수 있는 질문은 어떤 것이 있는가?

처음 책의 표지를 보고 제목을 예상하거나, 인물이 하는 일, 각자의 경험 등에 대해서 질문해 호기심을 증폭시킨다. 또 그림책의 경우 그림만 처음부터 끝까지 보여준 후 내용을 상상해 보고 글과 같이 읽어준다. 그림 속의 숨은 그림이나 의미가 있는 그림 찾기, 주인공 이름 짓기, 뒷이야기 만들기 등의 질문은 짧은 시간 동안 어린이들과 이야기를 나눌 수 있는 활동이다. 장편의 경우 아이들에게 중요한 사건이나 흐름을 확인하면서 끝까지 긴장감을 가질 수 있도록 한다.

읽어주기 전에 다양한 방법으로 책 소개를 하면 좋다(미리 전시, 작가와 삽화가에 대한 짧은 토론, 책표지와 제목을 보고 예상해보기, 이미 알고 있는 다른 책의 주제·작가·삽화와 연관 지어보기). 책과 관련된 여러 가지 이야기나 학습과 관련하여 또는 시사적인 것이나 학급에서 있었던 일과 관련된 이야기를 하면서 시작하도록 한다. 다음은 책을 읽으면서 할 수 있는 질문이다.

① 책 제목을 큰 소리로 같이 읽어보세요. 읽은 적이 있어요? 혹시 우리가 읽은 책 중에서 이 책의 그림과 비슷한 책이 있었나요?
② 표지 그림을 보고 떠오르는 것을 말해보세요. 이 책은 무엇에 관한 이야기일까요?
③ 이 사람은 왜 이런 행동을 했을까요? 여러분이라면 어떻게 하겠어요?
④ 여러분도 이런 경험을 해 본 적이 있어요? 어떤 기분이었어요?
⑤ 지난 번 이야기에서 어떤 일이 있었나요?
⑥ 주인공이 말한 주문을 큰 소리로 같이 말해보세요
⑦ 다음에는 어떤 일이 일어날까요?

적당한 질문은 이야기를 흥미롭게 하지만 지나치게 질문을 많이 하거나 모르는 단어나 상황에 대해 자세히 설명하는 것은 이야기의 흐름을 끊기도 한다. 모르는 단어가 있을 경우에 간단하게 설명해 이야기의 이해를 돕는 정도에 그치고 여러 방향으로 나가지 않도록 조절해 줄 필요가 있다.

3) 책 읽어준 후 활동

책 읽어주기를 매일 한다면 책을 읽어주고 나서 독후 활동을 꼭 해야 한다는 생각을 하지 않는 것이 필요하다. 책 내용을 충실하게 전달하고 읽으면서 서로 느낌을 나누는 과정 자체가 독후 활동이기 때문이다. 만약 그 과정에서 좀 더 알고 싶거나 개별화를 필요로 하는 부분이 있다면 간단하게 느낌 한 줄 쓰기나 친구들과 이야기 나누기 등으로 가볍게 마무리 한다. 책 읽어주기는 과정 자체가 하나의 완결성을 가진 독서 활동이기 때문에 매번 독후 활동을 하게 되면 아이들에게 오히려 역효과를 줄 수도 있다. 무엇보다도 책 읽는 시간이 가장 즐겁고 책 속의 다양한 세상을 충분히 느낄 수 있는 경험이 되는 것이 우선되어야 한다. 책을 읽어준 후에 그저 학급문고에 꽂아두거나 도서관에 있다는 이야기만 해도 아이들은 책을 구해서 개별적으로 읽어보면서 자신의 느낌이나 생각을 더욱 긴밀하게 가질 수 있다.

책을 읽어주는 도중에 또는 읽어준 후에 아이들은 여러 가지 반응을 보이고 또 나름대로의 표현을 하고 싶어 한다. 그리고 이것은 매우 중요하게 다루어야 한다. 왜냐하면 같은 책이라도 서로 다른 아이들 간의 교류 속에서 서로 다른 의미가 유발될 수 있으며 한 사람이 같은 책을 읽을 때에도 시간에 따라 그 의미가 달라질 수 있기 때문이다. 그래서 크게 두 가지 유형의 활동을 주로 하는데, 첫째는 교사가 책을 읽어 줄 때 아이들이 각자 그 책에 대해 어떻게 각자 생각하는지에 대한 표현 활동이고, 둘째는 아이들 간에 이야기를 주고받으면서 그 과정 속에서 새로운 의미를 찾아내는 활동이다. 이런 활동을 하면서 작가가 의식적이든 무의식적이든 만들어 놓은 빈자리를 우리 아이들이 열심히 새로운 의미로 채워 놓는 것이다. 따라서 책 읽어주기 후 활동은 독서의 목적을 책의 내용을 해석하기보다는 개인적으로 충분히 체험하게 한다는 것에 중심을 두고 있다.

교사는 책 읽어주기 활동을 통해 책에 대한 아이들의 반응을 기록해 다음해에 참고하도록 해야 한다. 교실에 책 달력을 만들어 읽어준 책의 제목을 적고 한 달이 지난 후 아이들이 가장 재미있었던 책을 직접 뽑아 반응을 알아보며, 학년별로 매년 정리하여 책 선정 과정에 참고하도록 한다.

다음은 책 읽어주기 과정에서 책의 내용과 연관하여 자연스럽게 할 수 있는 활동으로 다양하게 활용할 수 있다.

상상하여 표현하기

✔ 이어지는 장면 상상하여 그리기
　▌「옛날 옛날에 파리 한 마리를 꿀꺽 삼킨 할머니가 살았는데요」-심스태백, 베틀북
　　할머니의 뱃속에 든 것에 관심이 많고, 할머니 배가 커질 때 그에 따른 감탄 문구가 많다. 작은 동물에서 점점 커지는 동물에 대한 예상을 한다. 다음에는 어떤 동물을 삼킬 것인가 각자 상상하여 그려 본다.

✔ 원하는 물건 상상하여 그리기
　▌「엄마의 의자」-베라 윌리엄스, 시공주니어
　　화재로 살림살이를 잃게 된 가족들이 유리병에 한푼 두푼 모아 사려고 하는 엄마의 의자, 직장에서 시달리다 돌아와서 푹 쉴 수 있는 엄마의 의자를 우리 아이들이 각자 그려 본다. 세상에서 가장 편하고 멋있는 의자를…… 갖가지 의자 전시장이 되고 말지만 가족의 사랑을 느낄 수 있는 재미있는 활동이다.

✔ 장면을 상상하여 글쓰기
　▌「밥데기 죽데기」-권정생, 창작과 비평사
　　늑대할머니가 마법의 똥 가루를 뿌려 철조망이 녹아내리는 장면을 통일의 순간으로 상상하여 뉴스 중계하는 방송대본을 쓰고 아나운서가 되어 방송해본다.

✔ 상상하여 편지쓰기
　▌「화요일의 두꺼비」-러셀 에릭슨, 사계절
　　퉁명스러운 올빼미 조지는 자기도 모르게 화요일이면 잡아먹으려던 두꺼비 워턴을 친구로 받아들이게 되는데 도망치던 워턴의 배낭에서 떨어진 종이쪽지에는 무엇이 쓰여 있었을까를 상상하여 써보게 함으로써 친구의 소중함을 느껴보는 기회를 가진다.

✔ 스탬프로 찍기

▌「손도장으로 그리는 세상」- 에드 엠벌리, 고슴도치

　「손바닥 동물원」- 한태희, 예림당

　　미술과 관련한 창의적인 그림책이다. 스탬프로 손도장을 찍어 자기가 나타내고 싶은 것을 표현하면서 창조의 기쁨을 느껴본다.

✔ 종이 인형 만들기

▌「엉뚱한 소피의 못 말리는 패션」- 수지 모건스턴, 비룡소

　　모둠 별로 소피의 몸(종이 인형)을 만들고, 주인공에게 여러 가지 옷을 디자인해서 종이 옷을 만든다. 인형을 만들고, 옷을 만들어 주는 동안 소피를 '우리 반 친구'처럼 생각하고 지낸다. 의자에도 앉히고, 인형 위에 물건이 놓여 있으면 "소피가 아프다"고 이야기하며 소피와 한 몸이 되어 지낸다.

✔ 색종이 오려 꾸미기

▌「아기 세모의 세 번째 생일」- 필립 세들레츠스키, 파랑새어린이

　　색종이로 세모 모양을 오려 책대로 꾸며보고, 나중에는 각자 창의적으로 다양한 제목으로 모양을 꾸며 보면서 책도 재미있어하지만 직접 조작해 보는 활동이라 활발하다.

✔ 극본 만들어 연극하기

▌「너하고 안 놀아」- 현덕, 창작과 비평사

　　이 책은 모둠별로 극본을 만들어 연극으로 꾸며 본다. 책 속의 짧은 이야기들을 상황설정을 해서 연극으로 표현하는 활동을 통해 책 속의 인물에 대한 이해를 높이는 즐거운 독후 활동이다.

✔ 미니북 또는 병풍그림책 만들기

　　옛이야기를 읽어줄 때는 이야기의 흐름을 알고 개인별로 미니북 만들기나 모둠별로 병풍그림책을 만들어본다.

가. 책 읽어주기 활용 수업

　　책 읽어주기 활동을 재량활동으로 연간 계획을 짜서 운영할 경우 책 읽어주기와 연관한 다양한 활동을 경험하여 책의 내용을 좀 더 개별화하고 다른 형식의 작품이나 활동으로 심화하여 운영할 수 있다. 이러한 활동은 어린이들의 창의적인 사고와 활동을 촉진시키고 책에 대한 이해를 돕고 읽은 것을 내면화 하는 데 도움이 된다.

다음 수업은 '엉뚱한 소피의 못 말리는 패션(수지 모건스턴, 비룡소)'을 책 읽어주기 수업으로 구안하여 아이들과 활동한 내용이다.

교수·학습 계획

차 시	주요 내용 및 활동
1/2 차시	• 책 읽어주기 • 독서퀴즈 풀기 • '내가 입고 싶은 옷' 그리거나 만들기
2/2 차시	• 모둠별로 옷 만들어 입히기 • 소피처럼 옷 입고 패션쇼 하기 • 랩 카드로 소피의 마음 말하기

학습 활동

✔ 책 제목 맞추기
   말놀이의 하나로 같이 읽었던 책 제목 맞추기로 흥미를 유발시킨다.
   이반쪽(반쪽이), 대각존지장(지각대장 존), 친꼬내마구용(내 친구 꼬마용), 통스부펑루키한(부루퉁한 스펑키), 어었를기또운야바가지입요(또야너구리가 기운 바지를 입었어요)

✔ 책의 그림을 보면서 내용 기억하기
   2차시에는 읽은 책의 그림을 실물화상기로 보여주면서 전체적인 내용을 기억한다.

✔ 독서퀴즈로 모둠별 대항하기
   중요한 책의 내용을 퀴즈로 만들어 모둠별 대항하기를 통해 동기를 유발시킨다.

✔ 모둠별로 만든 종이옷 소개하기
   우드락으로 아이들과 똑같은 크기로 사람 모형을 만들어 머리에서 발끝까지 옷, 머리, 악세사리 등으로 꾸미고 이름을 붙여서 소개한다.

✔ '나도 소피처럼' 패션쇼 하기
   소피처럼 나만의 개성을 표현할 수 있는 옷을 입고 와서 패션쇼를 하고 왜 그렇게 입고 왔는지 발표한다.

✔ 랩카드에 소피에 대한 내 생각 써서 랩으로 표현하거나 발표하기
   소피처럼 입는 경험을 하고 나서 소피에 대해서 어떻게 생각하는지 랩카드에 써서 친구들과 같이 소리 내어 읽어보거나 자신의 생각을 주장한다.

〈랩카드〉

엉	뚱	이		소	피	!	
못	말	리	는	패	션	!	

뒷부분 랩은 반 전체 어린이가 다 같이 말하고 앞부분은 랩처럼 말하듯이 발표한다.

〈나는 소피가 ○○했으면 좋겠어요!〉

나는 소피가

소피가 앞으로 어떻게 행동했으면 좋을지 생각하여 쓰는 활동이다.

나. 책 읽어주기를 도와주는 독서활동

① 릴레이 책 읽기

릴레이 책은 학급문고에서 좋은 책으로 정한 40권 중 한 권을 일주일의 시간을 주고 개인적으로 가지고 다니면서 읽고 매주 토요일 다음 친구에게 책을 주어 릴레이식으로 책을 전달한다고 해서 붙인 이름이다. 저학년의 경우 주로 그림책이나 간단한 책이기 때문에 일주일 동안 두 번 정도 릴레이 하여 책을 읽을 수 있다. 아이들에게 매일 릴레이 책 읽기를 알림장에 써주고 개인적으로 어떤 책을 읽고 있는지, 얼마나 재미있는지 서로 이야기하면서 한꺼번에 읽지 않도록 유도해준다. 교사가 흥미를 잃지 않도록 릴레이 책 중 재미있는 책을 보여주거나 열심히 읽는 어린이에게 칭찬을 통해 책을 끝까지 읽도록 도와주어야 한다.

릴레이 책은 읽고 나서 독후감을 1~2줄 정도만 쓰거나 별표로 평가하기, 책 소개하기, 30초 말하기, 선생님에게 느낌 말하기, 재미있었던 장면 말하기 등으로 다양하게 활용할 수 있다. 선생님과 느낌 나누기 시간이나 릴레이 할 때 아이들의 의견을 참고해 수준에 맞지 않거나 어려워하는 책은 다른 책으로 빨리 바꿔 주도록 한다. 릴레이 책은 아이들이 항상 가지고 다닐 수 있기 때문에 어디서든 볼 수 있으며 좋은 책을 늘 가까이 두고 읽을 수 있는 기회를 제공한다는 의미에서 효과적이다.

② 10분 독서

10분 독서는 책을 집중해서 읽는 습관을 가지도록 하는 데 유용하다. 수업 시작하기 전 10분 시간을 정해 놓고 책을 읽는 것인데 교사도 아이들과 함께 책을 읽는다. 10분 독서가 끝나면 책 달력에 그날 읽은 책의 제목과 쪽수를 쓴다. 짧은 시간이지만 어린이들이 책을 몰입해서 읽는 경험과 책 읽을 수 있는 시간을 확보할 수 있어 효과적이다. 10분 독서는 책 읽어주기 활동에서 읽은 책과 릴레이 책을 읽을 수 있는 시간을 주고 스스로 읽을 수 있는 능력을 길러준다.

3. 주제별 책 읽어주기

3월은 옛이야기로 책 읽어주기를 시작한다. 옛이야기는 이야기의 구성상 반복적 구조, 권선징악, 환타지, 모험 요소가 골고루 들어가 있어 저학년에서 고학년 모두 좋아하는 장르이다. 3월은 어린이들의 듣는 태도를 정착시키고 책에 대한 호기심과 흥미를 가질 수 있도록 해야 한다. 옛이야기는 그림책으로 봐도 재미있어 하지만 그림을 보지 않고 그냥 읽어줘도 다른 책보다 아주 잘 듣는다. 고학년도 옛이야기는 아주 좋아한다. 물론 이야기를 들려줄 때는 적당한 구어(口語)나 목소리의 조절, 교사의 몸동작도 필요하지만 옛이야기의 구성이나 소재 자체가 아이들을 끄는 매력이 있고 아이들에게 듣는 자세를 길러줄 수 있어 학기 초 한 달 정도 재미있는 옛이야기를 들려주는 것이 좋다.

〈옛이야기책 목록〉

책 제목	지은이	출판사
반쪽이	이억배 그림 / 이미애 저	보림
팥죽 할머니와 호랑이	조대인 저 / 최숙희 그림	보림
구렁덩덩 신선비	김중철 편	웅진주니어
쇠를 먹는 불가사리	정하섭 글 / 임연기 그림	길벗어린이
똥벼락	김회경 저 / 조혜란 그림	사계절
꿀꿀돼지	김중철 편 / 최민오 그림	웅진주니어
재주 많은 다섯 친구	양재홍 글 / 이춘길 그림	보림
훨훨 간다	김용철 그림 / 권정생 글	국민서관
두루미 아내	아가와 수미코 글 / 아카바 수에키치 그림	비룡소
줄줄이 꿴 호랑이	권문희 글, 그림	사계절

4, 5월에는 친구, 가족, 학교를 주제로 책 읽어주기 활동을 한다. 학급에서 조금씩 친구들과 친해지는 시기이기 때문에 자신의 생활과 관련된 다양한 이야기를 읽어준다. 3월에 이어 재미있는 소재의 외국 그림책 '지각대장 존, 눈사람 아저씨, 곰, 마녀 위니, 치과 의사 드소토 선생님, 괴물들이 사는 나라' 등 다양한 그림책을 읽어준다. 생각해 볼 거리가 있는 '돼지 책, 따로따로 행복하게, 까마귀 소년, 엄마의 의자'를 읽어주면서 아이들의 생활과 직접 연관시켜서 자기 이야기가 자연스럽게 나올 수 있도록 들려준다. 이 책들은 우정, 친구, 가족관계, 성역할, 왕따 등 다소 무거운 주제를 기발하게 다루고 있어 어린이들의 생각을 쉽게 풀어낼 수 있다.

이제 2~3일에 걸쳐서 읽어줄 수 있는 단편에 도전해도 좋다. 아직 듣기가 정착되지 않았다면 줄거리와 인물이 분명한 책으로 읽어야 지속적으로 읽어줄 수 있다. 학급의 규칙이나 친구 관계가 형성되는 시기이므로 '화요일의 두꺼비, 학교에 간 사자, 까막눈 삼디기, 내 짝꿍 최영대, 모르는 척' 등을 통해 왕따나 우정에 대해서 생각해 볼 수 있다.

〈학교, 친구, 가족 주제 책 목록〉

책 제목	지은이	출판사
화요일의 두꺼비	러셀 에릭슨 글 / 김종도 그림	사계절
종이밥	김환영 그림 / 김중미 저	낮은산
내 짝궁 최영대	정순희 그림 / 채인선 글	재미마주
지각대장 존	박상희 역 / 존 버닝햄 글, 그림	비룡소
따로따로 행복하게	배빗 콜	보림
까마귀 소년	야시마 타로 글, 그림 / 윤구병 역	비룡소
돼지책	앤서니 브라운 글, 그림 / 허은미	웅진주니어
까막눈 삼디기	원유순 글 / 이현미 그림	웅진주니어
모르는 척	우메다 순사쿠 저	길벗어린이
학교에 간 사자	필리파 피어스 글	햇살과 나무꾼 역
종이봉지 공주	로버트 문치 글 / 마이클 마첸코 그림 / 김태희 역	비룡소
엄마의 의자	베라 B. 윌리엄스 글, 그림 / 최순희 역	시공주니어
우리 가족입니다	이혜란	보림

6, 7월에는 전쟁, 통일, 장애와 관련된 책을 읽어준다. '밥데기 죽데기, 육촌형, 아주 특별한 우리 형, 우리 누나, 왔다갔다 우산아저씨, 전쟁, 여섯 사람, 평화는 어디에서 오나요, 평화는 힘이 세다, 루이 브라이, 내게는 소리를 듣지 못하는 여동생이 있습니다' 등의 책을 읽어준다. 이 책들은 단편이나 그림책이 아니기 때문에 책을 보여주면서 전체적인 줄거리를 이야기해주거나 그 중에 일부분만 며칠에 걸쳐 읽어준다. 루이 브라이는 점자를 만든 사람이라는 데 굉장히 흥미를 가지고 도서관에서 빌려서 읽는 아이들도 많다. '영모가 사라졌다'는 2~3주에 걸쳐서 읽어준다. 때로 1시간 내내 책을 읽는 경우도 있다. 묘사글이나 특별한 줄거리가 없는 부분도 애써 읽어준다. 가족 폭력에 관한 책이라 아이들은 영모과 같이 흥분하고 책상을 치며 화를 내기도 한다.

책 제목	지은이	출판사
밥데기 죽데기	권정생	바오로딸
육촌형	이현주 글 / 박철민 그림	보림
아주 특별한 우리 형	고정욱 글 / 송진헌 그림	대교출판
우리 누나	오카 슈조 저 / 김난주 역	웅진주니어
전쟁	아나이스 보즐라드 저 / 최윤정 역	비룡소
여섯사람	데이비드 매키 글, 그림	비룡소
평화는 어디에서 오나요	구드룬 파우제방 글 / 민애수 그림 / 김중철 엮음 / 신홍민 옮김	웅진 주니어
루이 브라이	마가렛 데이비슨 글 / 자넷 캠페어 그림	다산기획
왔다 갔다 우산 아저씨	공진하 저 / 변병준 그림	청년사
사라 버스를 타다	윌리엄 밀러 글 / 존 워드 그림 / 박찬석 역	사계절
평화는 힘이 세다	로라 자페 등 저 / 장석훈 역	푸른숲
세 강도	토미 웅게러 저 / 양희전 역	시공주니어
영모가 사라졌다	공지희 저 / 오상 그림	비룡소

여름방학이 끝나고 9월부터는 꾸준히 그림책을 계속 보여주면서 장편을 하나 정해 매일 조금씩 읽어준다. '종이밥'은 2주 정도에 걸쳐 읽어 주었는데 읽어줄 때마다 종이를 씹으면서 듣는 아이들이 있어 재미있게 읽었다. '학교에 간 사자, 학교에 간 개돌이' 등의 단편집은 하루에 하나씩 읽어주고, '수일이와 수일이' 같은 소재가 재미있는 책은 소개하는 정도로 짧게 읽어 아이들이 다양한 책을 선택하여 읽을 수 있게 해준다.

11월부터는 책을 읽을 때 책을 쓴 작가에 대해서도 자세하게 설명해준다. 우리가 읽은 책 중에서 같은 작가의 책도 찾아보고 작가의 개인적인 이야기도 들려주면 어떤 아이들은 '선생님, 이 아저씨 책은 그림이 왜 이렇게 커요?'하면서 나름대로 특징을 찾아보기도 한다. 혼자 읽어볼만한 그림책은 모둠별로 시간을 정해 돌려보게 한다. 돌려보고 간단하게 느낌을 돌아가면서 적거나 이어서 적도록 한다.

이때쯤 되면 이제 아이들의 독서 성향은 천차만별이다. 그림책만 매일 보는 아이, 도서관에서 장편이나 단편집도 빌려서 읽는 아이, 매일 같은 책만 보는 아이 등 아이들마다 보는 책도 독서량도 다르다. 아이들의 개인차는 무척 크다. 좋아하는 분야, 독서력, 이전의 경험 등이 모두 다르기 때문이다. 어떤 아이는 그림 있는 책은 시시하다고 싫어하고, 과학에 관해서는 통 관심도 없는 아이, 맘에 드는 책만 계속 읽는 아이, 읽어주는 것만 좋아하는 아이…… 모두가 다르다. 그런 개인차를 배려해주면서 늘 칭찬해주어야 한다.

책 읽어주기는 학년에 따라 또 학급 아이들의 성격이나 성향에 따라 매년 조금씩 책 읽는 과정이나 반응도 달라진다. 저학년, 고학년을 구별하여 읽어줄 책이 많이 달라질 수도 있겠지만 좋은 그림책은 전학년에 걸쳐 읽어주는 것이 좋다. 또 단편이나 장편도 학년보다는 아이들의 태도나 반응에 따라 자유롭게 운영할 수 있다. 물론 '인권, 전쟁, 민주주의, 역사' 등의 다소 무거운 주제를 가진 책은 고학년에 더 적합하겠지만 학년에 맞추어 다양한 책들이 나오고 있으므로 함께 읽어야 할 책의 주제를 정해 놓고 학년에 맞는 다양한 책을 찾아 읽는 것이 좋다.

우선 많이 읽어 주어야 한다. 함께 읽어서 책과 친해질 수 있는 시간도 마련해 주고, 관심사도 찾아내어야 한다. 새로운 세계에 대한 호기심이 싹트는 시기이므로 자신의 관심에 맞는 책도 함께 찾아보고 궁금증을 해결해 보는 과정을 거쳐야 한다. 그런 과정 속에서 책의 필요성과 유익함을 저절로 깨닫게 된다. 아이가 관심 있어 하는 분야의 책은 다양하게 접할 수 있도록 해서 깊이 있게 이해할 기회를 준다면 탐구력을 키우는 기초도 닦을 수 있다. 그리고 주변에 책을 읽을 여건을 준비해 주는 것도 무척 중요하다. 책을 읽는 환경이 만들어져야 아이들은 자연스럽게 책을 읽게 된다.

책 읽어주기의 가장 큰 목적은 아이들에게 책 읽는 즐거움을 알게 하는 데 있다. 책 읽어주기를 통해 아이들은 좀 더 많은 책을 읽게 되고 또 읽고 싶은 동기를 가지게 된다. 독서도 하나의 성향이기 때문에 모든 아이들이 책 읽기를 좋아하게 된다고는 할 수 없지만, 1년 동안 함께 책을 읽은 경험은 아이들에게 마음 속 깊이 남아 스스로 책을 찾아 읽을 수 있는 작은 힘이 될 것이다.

책 읽어주기는 아이들과 교사를 이어주는 큰 끈이며 함께 느끼고 생각할 수 있는 울타리를 만들어주는 좋은 학급 문화로, 어린이 문화를 만들어가는 발걸음이기도 하다. 무엇보다 책 읽어주기는 가르치는 것이 아니라 교사와 아이들이 함께 즐기는 것이다. 그래서 책 읽어주는 선생님은 행복하다.

제 2 장

동시 독서지도

1. 이백과 두보의 시, 그리고 우리 아이들

가끔 이백(李白)이란 당나라 시인이 몹시 부러울 때가 있다. 아름다운 경치 한번 보고, 그보다 아름다운 언어로 경치를 표현하였다는 그의 천재성이 부러움의 대상이다. 어찌 그렇게 쉽게 아름다운 시를 지었는지, 왜 나에게는 그런 능력이 없는지, 어느 날 나에게도 번개같이 번득이는 상상력이 찾아와 그처럼 아름답게 글을 써 역사에 남을 시 한 수 쓸 수 있다면 얼마나 좋을까 하는 공상까지 하게 된다. 아이들을 지도하다 보면 이백이란 분과 흡사한 성향을 보이는 아이들을 보게 된다. 쉽게 글을 써 내려갈 뿐만 아니라, 재미있고 기발한 아이디어가 숨어 있어 호기심을 발산하는 아이들을 보면 돌아가신 이백 시선(詩仙)이 환생하신 것은 아닌지 착각할 때도 있다.

이백 시선과 함께 동시대를 향유했던 두보(杜甫) 시인도 부러움의 대상이긴 마찬가지이다. 두보 시인은 잘 알려진 대로 부단히 노력한 분이다. 시 한 줄을 써 놓고도 다시 보고 다시 보면서 고치고 또 고쳤다고 하니, 그의 노력과 인내심 역시 천재성의 한 부분이라고 하겠다. 사회참여적인 시를 많이 지은 두보는 후천적으로 글쓰기에 주력한 사람의 표본을 보여준다. 처음부터 글을 잘 써내려가는 천재성이 없다면 꾸준히 글을 쓰거나 읽을 수 있는 인내심과 끈기라도 있어야 하는데, 나에겐 그것조차 부족하다는 것을 느낄 때면 쉽게 좌절하는 수가 많다.

우리의 시 교육현장을 되짚어 보면, 시 창작은 이백처럼 하기, 시 읽기는 두보처럼 하기를 강요하였다고 생각된다. 교사는 백일장 대회 치르듯이 소재나 제목, 호기심을 유발하기 위한 자료를 보여주고 학생들이 이백의 시처럼 아름다운 시를 쓰기를 기대한다. 반면 시를 읽을 때는 두보가 시를 쓰듯이 한 줄 한 줄 단어 하나하나에 주목하면서 단어의 의미와 작가의 의도, 수사법과 율을 찾도록 한다. 그러면서도 교육 목표는 '시를 즐겨 읽고 자연스럽게 좋아하도록 한다'로 명시하였다. 시를 좋아한다고 말하는 필자도 시 읽기와 쓰기에 어려움을 느낄진대, 아이들의 마음이야 오죽하겠는가?

우리 아이들은 이백도 아니고 두보도 아니다. 이백처럼 잘 쓰기를 기대해서도 안 되고 두보처럼 꼼꼼히 시를 들여다보도록 강요해서도 안 된다. 아이들에게 시는 즐겨 찾는 재미이어야 하고 쉽게 접근할 수 있는 놀이 같은 것이어야 한다. 필자의 관심 대상은 이런 저런 자료와 전략들로 유혹해도 쉽게 넘어 오지 않는 아이들에게 어떻게 하면 시를 재미있고 흥미롭게 읽고 쓰도록 유도하는 것이다. 시를 좋아하기보다 어려워하고 싫어하게 된 우리 아이들 앞으로 나아간다. 이를 위해 동시의 개념과 동시 지도의 방향을 알아보고 교육 현장에 적용하여 긍정적 효과를 얻은 활동들을 소개한다.

2. 동시란 무엇인가

동시(童詩)란 시의 한 분야로서 사물을 동심적(童心的) 정감으로 파악하여 쓴 시 형식의 글이다. 대상이 아이라는 특수성 때문에 '동(童)'자를 앞에 붙였을 뿐이지 동시는 시인이 쓰는 문학의 한 장르이다.

동시는 시가 갖는 조건 외에도 또 하나의 부대 조건이 있다. 표현의 의미에다 가치 창조라는 잠재적 의미가 강하게 요구된다는 점이다. 이것은 아동문학의 교육성 때문이다. 동시인은 어린이다운 마음을 바탕으로 아이들에게 새로운 경이와 호기심을 불러일으키고, 아이로 하여금 상상력의 세계로 이끄는 안내자가 되어야 하는 것이다.

동시는 반드시 아이만을 독자로 하여 쓰이진 않는다. 그렇다 하더라도 아동 문학 본래의 여러 조건을 갖추기 위해서는 시적 체험을 어린이가 이해할 수 있는 한계 안에서 소박하고 단순한 사상과 감정을 담아야 한다. 시적 체험에는 어른이 읽어야만 이해할 수 있는 폭 넓은 것과, 어린이가 읽어서 감동을 전달하고, 작품 속에 우러나오는 시적 감흥에 공감할 수 있는 좁은 것이 있다.

3. 동시 지도의 문제점은 무엇인가

어른들이 시를 읽지 않는 것은 어릴 때부터 시에 익숙하지 않았기 때문이다. 이것은 우리 가락을 들으면서도 그에 익숙하지 않아 부담스러워하는 우리 상황과 마찬가지다. 아무리 조상의 얼이 담겨 있는 문화라 할지라도 학습이 지속되지 않으면 둔감해지는 것이 이치이다. 학습하지 않음으로 생기는 전통문화의 단절은 시를 자꾸만 우리들 생활에서 멀어지게 하는 악순환을 양산한다. 이 매듭을 풀을 좋은 방법은 공교육에서 시를 향유하도록 지도하는 것이다.

1) 동시 내용 이해에 대한 지나친 강조

시를 보는 관점에 따라 독립된 작품으로 보는 객관론, 자연의 모방으로 보는 모방론, 즐거움과 교훈이라는 효용론, 잘 짜인 언어로 보는 표현론 등 다양한 이론이 있지만, 우리는 지금까지 시 교재를 지나치게 분석적인 방법으로 지도해 왔다. 대부분의 교사들은 동시 내용을 이해하는가를 가장 중요하게 생각한다. 물론 내용 이해가 무시되어야 한다는 지적은 아니다. 동시에 담겨 있는 이야기의 등장인물이나 사건을 이해하고 있는가, 동시에 나오는 낱말의 뜻을 이해하고 있는가와 같은 내용 이해가 수업 내용의 대부분을 차지해서는 안 된다는 것이다. 우리는 동시를 통하여 정보만을 얻을 필요는 없다. 동시는 언어의 축약을 통한 미적 표현이라고 볼 때, 동시의 내용 분석에 중점을 두게 되면 아이들이 동시에 대해 나름대로 자신의 느낌을 형성하는데 방해가 될 수 있다. 따라서 동시의 내용 분석 보다는 동시를 모티브로 하여 상상하기, 연상하기, 동시의 주인공과 동일시해보기 등의 활동으로 수업의 흐름을 이끌 필요가 있다. 동시의 내용을 바탕으로 가능한 다른 내용으로 확장해 보거나, 개인적인 경험과 연관 짓게 하는 것 등이 예가 될 수 있다.

2) 동시 감상을 방해하는 자료 사용

동시 감상을 위해 교사들이 사용하는 그림 자료나 움직이는 동영상들이 아이들의 동시 감상을 방해하는 경우를 자주 접하게 된다. 대부분의 연구 수업을 참관하다 보면 수업을 위한 자료를 제작한 것인지 자료를 보여주기 위한 수업을 하는 것인지 착각이 들 정도로 자료를 과다하게 투입하는 상황을 보게 된다. 흔히 교사들은 자신의 수업에 대한 열정과 아이들에 대한 관심을 수업 자료의 정도로 판단하려고 한다. 필자도 마찬가지이다. 수업을 위해 자료를 준비하고 있는 나를 보면서 자화자찬하지 않을 수 없게 된다. 또한 준비한 자료에 아이들이 적극적인 반응을 보여 주면 그 수업은 성공한 것으로 생각한다. 그러나 곰곰이 생각해 보면 내가 가르치려고 한 것을 아이들이 정말 잘 받아들였을지 의문이 남는다. 특히 저학년 아이들은 수업 내용과 자료의 내용을 쉽게 혼동하는 경향이 있다. 1학년 동시 수업에서 흥미 유발을 위한 도입 자료로 동영상을 보여주었더니, 아이들은 수업의 주된 내용이 그 자료인양 착각하고 있었다. 동시를 보고 감상하는 것이 아니라 필자가 보여준 흥미 유발 자료를 보고 자료를 감상하려고 하는 것이다. 동시에 집중하기 보다는 자료에 집중함으로써 발생한 결과이다. 자료의 투입을 신중히 고려하고 동시 읽기에 방해가 되지 않도록 수위를 조절해야 한다.

3) 낭송이 없는 암송

동시는 시 전체가 하나의 구조물로서 부분적으로 보기보다는 전체로 보아야 한다. 시는 전체로 볼 때 그 시가 가지고 있는 운율을 느낄 수 있고, 전체가 가지는 통일감을 느끼면서 심미적 느낌을 자극하게 되는 장르이다. 그러나 동시를 한 번 읽어주고 내용 분석에 들어가거나 동시를 전체로 들려주기보다는 부분으로 나누어 읽어주는 경향이 있으며, 동시를 읽어주면서 중간에 아이들에게 질문을 하는 경우도 있다. 그렇게 되면 시가 가지는 음악성을 맛보기 힘들 뿐 아니라 시의 감흥에 몰입하기 어렵게 된다. 따라서 교사는 동시를 들려줄 때 음악성을 살리면서 처음부터 끝까지 낭송을 해 주어야 하고, 필요할 때마다 여러 번 낭송을 해 주어야 하며 낭송하는 방법을 지도해야 한다. 이러한 낭송의 과정 없이 암송하기를 숙제로 내어, 다음 날 숙제검사를 한다면 시는 아이들의 친구가 될 리 없다. 시는 암송의 문학이다. 고대에는 '지성의 발현은 명작 시편의 반복적인 암송에 있었고 그것이 바로 교양이었다.'라고 했다. 지난 수세기 동안 아름다운 시를 외우는 것이 지성의 발현이요 교양이었던 것이다. 19세기에 들어서면서 시를 암송하던 습관이 차츰 없어지기 시작했고 이제는 시를 암송하는 사람을 거의 찾아볼 수 없다. 학자들은 그 원인을 19세기 말부터 프랑스를 중심으로 시작된 전통적인 운율법의 해방에서 찾기도 한다. 사람들은 이를 두고 '시의 해방'이라며 긍정적으로 평가했지만 그 뒤부터 차츰 시를 기억하고 암기하는 습관도 사라지기 시작했다. 암송이 사라지면서 자연스럽게 시는 주류에서 밀려나게 되었다. 말라르메는 '시의 위기'와 '사회의 위기' 사이에는 상관 관계가 있다고 주장했다. 암송의 부활은 명랑한 사회와 직결된다.

4. 동시 지도의 방향

동시지도의 최종 목표는 아이들이 스스로 동시를 즐겨 읽도록 하는데 있다. 교사가 강요하지 않아도, 시험 문제로 출제되지 않아도 시를 읽고 즐기는 아이로 키우는 것이 동시 감상 지도의 최종 목표이다.

동시를 지도한다는 것은 내용적인 측면과 방법적인 측면 두 영역으로 생각해 볼 수 있다. 먼저 내용적인 측면에서 시를 지도한다는 것은 '시가 무엇인가'를 가르친다는 의미이고 또 하나는 '구체적인 시작품'을 가르친다는 의미이다. '시가 무엇인가'를 가르치기 위해서는 구체적인 작품을 예로 들어야 할 것이고, '구체적인 시작품을 가르치기' 위해서는 시에 대한 일반적이고 개략적인 설명이 필요하게 되므로 이 둘은 동전의 양면과 같이 보완적인 관계에 있다. 더 자세히 살펴보면, '시가 무엇인가를 가르친다'는 의미는 시를 구성하고 있는 여러 문학적 장치와 요소를 파악하여 미적 가치를 판단하게 하는 인지적 영역이 강조되는 측면이고, '시작품을 가르친다'는 것은 독자에게 시에 대한 느낌과 감정을 불러일으키는 심미적 경험을 하게 한다는 정서적 영역이 강조되는 측면이라고 볼 수 있다. 아이들에게 동시를 지도하는 목적이 그야말로 '동시 즐기기'에 있다면, 교사는 심미적 접근법을 사용해야 한다. 이를 위해 좋은 동시를 고르는 일은 필연적이다. 동시를 보는 안목 즉 평가의 관점에 따라 동시 지도의 체계가 크게 달라지기 때문이다.

좋은 동시는 아이들의 마음이 진솔하고 꾸밈없게 묻어나는 생활 속의 동시를 말한다. 반면, 잘된 동시는 기법적으로 완성도가 높은 작품을 말한다. 교과서에 실리는 동시가 이른바 잘된 동시, 모범이 되는 글이라고 한다면, 아이들이 쓰는 대부분의 동시는 어린이들의 생활상이 꾸밈없이 나타나는 좋은 동시 부류에 속한다. 아이들의 동시 읽기 지도는 다소 완성도는 떨어지더라도 생활 동시, 좋은 동시 쪽에 지도의 초점을 맞추어야 한다. 생활 속에서 발현된 상상력을 느끼고 자신의 생각을 창의적으로 표현한 시를 읽도록 하는 것이 중요하기 때문이다. 좋은 동시를 읽으면서 차츰 잘된 동시도 이해할 수 있도록, 지도하여 심화발전 시켜야한다.

둘째, 방법적인 측면에서 '동시를 가르치는 것은 동시를 어떻게 읽고 쓰는가'를 지도하는 것이다. 다시 말해 동시 독서와 동시 창작의 방법을 지도해야 한다는 것이다. 동시 지도에서 소홀히 취급된 동시 창작은 동시 독서를 위해서 꼭 필요한 활동이다. 작가의 입장이 되어 동시를 지어 본다면 동시를 읽고 감정 이입을 하는데 보다 쉽게 접근할 수 있다. 동시 창작은 동시 독서의 가장 적극적인 독후 활동의 하나라고 볼 수 있다.

우리의 관심은 동시 독서에 있다. 동시 독서는 아이들이 시를 즐겨 읽도록 하기 위해 동시 읽기를 어떻게 가르쳐야 하는가에 대한 해답이다. 방법을 알면 사고가 자라듯이, 아이들의 심미적 경험을 자극하여 감흥을 불러일으키고 그것이 자연스럽게 아이들 자신의 것이 되도록 도와주는 것이 동시 독서지도의 방향이 되어야 한다.

5. 동시 독서지도의 세 단계

1) 동시 낭송하기

시를 이해하기 위해서는 시를 여러 번 읽지 않으면 안 된다. 시는 여러 번 읽는 동안에 섬세한 내재율까지도 이해하게 된다. 왜냐하면 시는 소리 내어 읽는 낭송문학이기 때문이다. 소리를 내어 읽는 동안 온 몸을 통해 리듬감이 전해오는 것이다. '낭독의 발견'이란 TV 프로그램에서 선천적 시각장애인인 한 소녀가 점자책으로 시를 낭송하는 것을 본 적이 있다. 그녀는 시를 노래를 부르듯이 낭송하고 있었고, 얼굴에는 무엇인가 상상하는 기색이 역력했다. 비록 앞을 볼 수는 없지만 시를 통해서 꿈을 꾼다고 그녀는 말했다. 이렇게 시의 이해는 읽기에서부터 시작된다. 읽기도 묵독이 아닌 낭송이어야 한다. 여러 번 읽음으로써 어린이들은 시를 외울 수 있게 되며, 이를 외움으로써 이해단계는 보다 완전해 진다.

2) 동시 감상하기

동시 감상 단계는 크게 두 가지로 나누어 생각 할 수 있다. 첫째, 다양한 독후 활동하기, 둘째, 다양한 동시와 대면하기이다. 시 교재를 대하면 감상 단계는 주제 찾기, 글감 찾기, 느낌 이야기하기 등으로 끝내는 경우가 많다. 독후 활동은 동시가 아닌 장르에서 사용하는 독후 활동들과 유사하다. 작품 이해와 느낌을 여러 가지 방법으로 표현해 보거나 장르를 변경해 보고, 나아가서 비판적 관점을 세우는 활동이 가능하다.

이와 함께 감상 단계에서 주의해야 할 것은 아이들에게 많은 작품을 소개하고 시를 대할 수 있는 기회를 제공해야 한다는 것이다. 교과서에 실린 시 한 편을 감상하는 것으로 감상이 끝났다고 생각하기 때문에 우리는 시 지도의 중요한 핵심인 '많은 시와의 대면'이라는 중요한 과정을 포기하는 결과를 가져오게 된다. 감상 단계에서 많은 시를 소개하고 아이들에게 대면시켜 주기 위해서는 단순히 시를 읽어 줄 수도 있고 제목 찾기, 소재 찾기나 빈칸 채우기 등의 활동을 겸하며 보다 흥미롭게 작품을 소개할 수 있다. 보다 효과적인 방법을 구안할 수 있다.

3) 동시 창작하기

아이들은 이해 단계와 감상 단계를 통하여 동시를 이해하고 감상함에 따라 스스로 동시를 써보고 싶은 생각을 갖게 되고, 이럴 때 자연스럽게 창작으로 유도할 수 있다. 주의할 것은 시간에 쫓겨 아이들이 쓴 시를 확인하지 않고 지나쳐서는 안 된다는 것이다. 아이가 쓴 시를 교실 뒤 벽에 게시하여 주거나 돌려 읽으면서 낭송하는 과정을 거쳐야한다. 자기가 쓴 시와 다른 사람이 쓴 시를 비교해보는 시간을 갖는 것은 창작 단계에서 반드시 거쳐야 할 매우 중요한 과정이며 이는 출판하기로 쉽게 접근할 수도 있다.

6. 단계에 따른 지도의 실제

1) 낭송 단계

가. 범독을 통한 동시의 음악성 찾기

처음 대하는 동시에 대하여 보다 친근감을 갖게 하는 데 꼭 필요한 것이 범독(範讀)이다. 시 낭송을 전문으로 하는 아나운서나 시 낭송가의 목소리를 녹음한 것도 유용하지만 교사의 말투까지 흉내 내는 아이들에겐 교사의 범독은 무엇보다 중요하다. 시어를 보면서 범독을 하고, 나중에는 교사 스스로 낭송을 해 줄 수 있어야 한다. 시의 음악성을 발견하도록 돕는 범독 활동의 순서는 다음과 같다.

> ① **눈감고 범독이나 낭송 듣기** : 아이들에게 눈을 감도록 제안한다. 눈을 감고 소리
> 에만 집중하다 보면 시어의 음악성을 느낄 수 있기 때문이다.
> ② **마음속으로 따라 읽기** : 책을 보면서 교사의 낭송을 다시 듣고 시를 마음속으로
> 따라 읽도록 한다.

③ 신체 반응하며 듣기 : 동시를 다시 읽어 주면서 운율에 맞게 손가락을 두드리거
나 손뼉을 치게 한다. 행과 행 사이에는 한번, 연과 연 사이에는 두세 번 정도
손뼉을 치게 한다. 처음에는 어색하지만 행과 연을 낭독할 때 발생하는 휴지(休
止)를 이해하는데 손쉬운 방법이다. 운율에 맞게 고개를 끄덕일 수도 있다. 흔히
합창을 할 때 박자를 맞추기 위해 고개를 양 옆으로 기울이면서 까딱까딱 하듯
이 시를 읽을 때도 행과 행사이 연과 연 사이에서 고개를 움직여 줄 수 있다.

위와 같은 활동은 범독을 들을 때 아이들의 집중력을 높여 주고 음악성도 느끼게
하는 일석이조의 효과가 있다.

나. 합창 낭송

문학단체에서 '시낭송회'처럼 소인수 학급에서는 혼자 낭송을 하거나 남녀가 짝을
지어 낭송하는 것이 보통이다. 그러나 다인수 학급과 같이 개별적으로 낭송할 수 없는
경우에는 합창독으로 지도하는 것이 효과적이다.

부분 합창독

✔ 후렴 합창독

독창자가 동시의 본문을 읽는다. 그동안 다른 아이들은 후렴구를 읽든지, 아니면 독창자를
따라 읽는다. 저학년에서는 책을 가장 잘 읽는 아이를 선정하여 돌아가며 낭독하게 한다. 이
러한 방법으로 읽을 수 있는 동시는 단순한 운율과 다양한 분위기를 지닌 것이라야 한다. 이
방법은 여러 가지로 응용될 수도 있는데, 가령, 두 명의 아이나 한 그룹의 아이들이 동시의
본문을 읽고 한두 명이 후렴을 읽을 수도 있다.

✔ 한 행씩 읽기

한 아이(2~3명의 아이나 한 그룹)가 동시의 1행이나 2행 또는 연을 읽는다. 그 뒤를 이어
다른 아이나 그룹의 아이들이 1행이나 2행, 또는 연을 연이어 읽으면서 이를 반복한다. 비교
적 짧은 동시나 두 행이 서로 조화를 이룬 2행 동시를 택하는 것이 좋으며 교사는 위와 같
은 방법으로 각 아이들이 한 행씩 이어가며 한편의 동시를 읽어나가는 동안, 이 동시가 제대
로 연결되어 가는지 주의 깊게 살펴보아야 한다. 만약, 동시가 계속적으로 연결되지 않는다
면 이를 계속할 필요가 없다. 그렇게 되면 동시의 의미가 끊어져 한편의 의미 있는 동시가
될 수 없기 때문이다. 따라서 먼저 읽는 아이들은 바로 다음에 읽는 아이들을 생각하여 정확
히 읽도록 해야 한다.

✔ 번갈아 읽기

목소리가 다른 두 그룹이 번갈아 가며 동시를 낭송한다. 예를 들어, 목소리가 '굵은' 소년들과 목소리가 '가는' 소녀들로 그룹을 나누어 대화 형식을 취할 수도 있고, 질문과 대답의 형식을 취하게 할 수도 있다. 이 방법은 가장 흔히 취하는 합창독의 형태로서, 그룹을 지을 때 단순하게 소년 그룹과 소녀 그룹으로 나눌 수도 있고, 좀 더 복잡하게 목소리의 높낮이에 따라 3~4명이 한 그룹이 되게 구성할 수도 있다. 낭독할 때 정확성이 요구되므로 기본적으로 중학년 이상에서 실시하는 것이 좋다. 그리고 읽어나가는 과정에서 아이들이 흥미를 잃지 않도록 양질의 동시를 택하는 데 특히 관심을 기울여야 한다. 주로 대화체 형식의 동시나 각 부분이 서로 상반되는 내용의 동시가 적합하다. 그러한 동시라야 아이들이 각각 목소리의 차이에 따라 자신의 역할을 충분히 소화해 낼 수 있기 때문이다.

전체 합창독

학급 전체 아이들이 한 목소리로 다함께 동시를 낭송한다. 이 방법은 가장 쉬워 보이지만 사실은 학급 아이 전체가 같은 억양, 같은 속도로 낭송해야 하기 때문에 제대로 하기에는 오히려 더 어려운 형태다. 그러므로 저학년 아이들에게는 너무 많은 분량을 주지 않도록 해야 한다. 모든 경우에 짧은 동시를 이용하는 것이 매우 중요하다. 그렇지 않으면 혼란스러워 본래의 목적을 달성할 수 없기 때문이다. 또한 크기와 높낮이, 리듬 등의 다양한 목소리를 적절히 함께 섞는 것이 중요하다. 이 방법의 추후 활동으로서, 전체적으로 읽는 동시를 극화하거나 팬터마임으로 꾸며볼 수 있다. 이를 위해서는 동요적 운율이 있는 동시가 적합하다.

합창독의 시연

학급 아이들이 동시를 읽을 때 교사는 합창 지휘하듯이 지휘를 할 수 있다. 합창이나 오케스트라의 지휘자를 상상해 보라. 한 손으로는 박자를 맞추고 한 손으로는 각 파트의 시작과 끝을 지적하면서 근사한 손짓으로 단원 전체의 통일감을 조절한다. 때로는 손을 젓는 범위를 작게도 하고 크게도 하면서 소리도 조절한다. 이와 같이 시를 낭송할 때도 한 손으로 아이의 말하는 속도를 조절하고 다른 손으로는 목소리 크기를 통제할 수 있다. 어색한 표현이나 억양, 투박한 목소리 등을 가능한 사용하지 않도록 적절히 노력하면서 어떤 특정 부분은 한 아이에게 맡긴다. 아이들이 동시를 암송하기 시작할 때 교사 자신도 계속 참여해야 한다. 아이들은 앞에서 지휘하는 교사를 바라보며 낭송에 더욱 집중하게 된다.

합창독은 다른 사람에게 보여주기 위한 것이 아니라, 근본적으로 동시를 감상하는 활동 차원에서 실시되어야 한다. 그러나 간단한 공연을 시도할 수 있다. 공연할 때는 반원 형태의 계단식으로 좌석을 배치하여 모든 사람들이 볼 수 있도록 한다. 그리고 왼쪽에 '가장 높은 목소리 그룹'을 배치하고, 중간에 '중간 목소리 그룹', 오른쪽에 '낮은 목소리 그룹'을 배치하고 독창자는 한 발짝 앞이나 한 쪽 끝에 위치하게 한다. 여기에 분단별로 간단한 동시 낭송 공연으로도 진행할 수도 있다. 배경 음악을 삽입하면 좋은 효과를 얻을 수 있다.

다. 개인 낭송

개인 낭송은 합창 낭송을 통해 자연스럽게 터득하도록 유도한다. 개인 낭송을 통해 학급 전체 아이들이 자신에게 시선을 집중하는 것을 느끼면 만족감을 갖게 된다.

개인 낭송을 할 때, 다른 아이들은 조용히 눈을 감고 낭송 친구의 목소리를 들으면서 시의 내용을 생각해 볼 수 있다. 때로는 다른 아이들이 약속된 배경 음악을 허밍(콧소리)으로 잔잔하게 불러 주어도 좋다. 합창 낭송을 바탕으로 개인 낭송 연습은 아래와 같은 절차를 따를 수 있다(소리의 정도는 아래 소리 표지판 참조).

> ① 1단계 : 동시 내용을 이해하게 하고 '0 소리'로 연습한다.
> ② 2단계 : '1 소리'로 2인 1조 짝을 지어 연습한다.
> ③ 3단계 : 동시 내용에 맞는 배경 음악을 선정하고 배경 음악에 맞추어 연습한다.

라. 배경 음악 투입 방법

동시의 분위기를 좌우하는 것이 배경 음악이다. 배경 음악은 경음악 종류가 좋고 동시의 내용과 잘 어울리는 것을 선정하도록 한다.

먼저, 소리의 크기를 분류해 보면 다음과 같다.

〈소리 표지판〉

소리의 크기	크기 정도	동시 낭송에 사용한 예
0 소리	소리 없음	눈으로 읽으며 연습할 때 소리
1 소리	두 사람이 들을 수 있을 정도의 소리	입술소리로 연습할 때 소리
2 소리	소집단이 들을 수 있을 정도의 소리	동시 낭송할 때 배경 음악 소리
3 소리	또박또박 발표할 때의 소리	동시 낭송 목소리, 낭송전후의 배경 음악 소리
4 소리	실외에서 뛰어 놀 때의 소리	*
5 소리	구령할 때의 소리	*

배경 음악 투입 단계는 다음과 같다.

〈배경 음악 투입 단계〉

단 계	내 용
1단계	낭송이 시작되기 전 배경 음악을 '3 소리'에 맞추기
2단계	낭송자가 단 위에 서서 인사를 하고 낭송할 준비가 되면 '2 소리'로 낮추기
3단계	낭송이 계속되는 동안 '2 소리'를 유지하기
4단계	낭송이 끝나면 다시 '3 소리'로 높여주기

마. 낭송회 준비물

① 녹음기나 CD 재생기

② 배경 음악 : 배경 음악은 경음악이 좋으나 개인낭송을 위해 아이들의 합창을 배경 음악으로 할 수도 있다.

③ 소리 표지판 : 낭송 연습시 사용하였으므로 소리의 크기에 대한 감을 익히도록 교실 뒤쪽에 배치하도록 한다.

④ 엔솔로지 : 낭송할 동시들을 묶은 모음집으로 청자를 위한 배려 차원에서 필요하다. 화일 홀더에 발표할 시를 끼우며 2~3개를 준비하여 릴레이식으로 사용한다. 단상에 서면 긴장하여 시의 내용을 잊어버리는 수가 있는데 이 때를 대비한 것이다.

⑤ 무대 : 시 낭송을 위한 무대를 만들 수도 있다. 시를 보고 떠오르는 장면을 무대로 꾸미면 낭송의 분위기는 한 층 고조된다. 먼저 작은 무대와 시인 인형을 만들어 낭송회 연습을 하는 것도 재미있다. 정사각형 종이를 이용하여 삼각무대 모형을 조립하여 떠오르는 장면을 입체적으로 그려본다(삼각무대 : 두 대각선의 접점인 정사각형의 중심에서 한 꼭지점까지만 칼로 자른 후, 잘려서 나뉜 두 삼각형을 겹쳐 밑면으로 하여 세운다). 여기에 찰흙이나 고무찰흙 또는 두꺼운 판지로 만든 등장인물을 세워 시인(시속의 화자)이 되어 무대 안에서 시를 낭송한다.

2) 감상 단계

가. 다양한 독후 활동으로 감상하기

✔ 그림 그리기

> **활동 과정**
> 1. 시의 내용(주제, 표현 방법, 분위기)을 전체적으로 파악하고 자신의 생각과 느낌을 정리한다.
> 2. 시에서 느끼고 생각한 점을 발표해 본다.
> 3. 시를 그림으로 표현할 방법을 찾아보고 구상한다(이야기 중심, 주제 중심, 이미지 중심).
> 4. 시에서 받은 느낌이나 생각을 자신이 선택한 방법에 따라 그림으로 표현한다.
> 5. 완성된 그림을 전시하고 시와 관련해서 작품을 설명해 준다.

✔ 시 이야기 쓰기

보통 아이들은 자기들의 세계를 잘 그려놓은 시를 좋아한다. 거기에는 그들 나름의 세계가 있는 것이다. 시에서 미쳐 다 드러나지 못한 뒷이야기들을 써 보는 것도 재미있다.

> **활동 과정**
> 1. 이미지 중심의 시보다는 생활 중심의 시를 선정하여 들려준다. 아이들의 실제 생활 주변에서 체험할 수 있거나 절실하게 와 닿는 생각을 그들의 생생한 말투로 그려낸 것이면 더욱 좋다.
> 2. 자신의 경험과 교류, 반응하여 이야기를 꾸민다.
> 3. 옛날이야기를 들려주듯이 감정을 넣어 이야기한다.

✔ 주인공을 찾아서

시에는 사물이나 주인공이 등장한다. 사물이나 주인공은 시를 이끌어 가는 주요 인물이다. 따라서 주인공의 성격이나 상황을 이해한다면 시를 보다 명확히 이해하고 가깝게 느낄 수 있을 것이다. 주인공이 그 상황에서 무슨 심정이었을까? 또 나 같으면 어땠을까? 주인공의 앞으로의 삶 등을 꼼꼼히 챙기다 보면 표면적인 감상을 넘어 새로운 사실과 시의 깊은 속뜻을 찾을 수 있을 것이다.

> **활동 과정**
> 1. 시속의 주인공의 상황이나 성격을 예상한다.
> 2. 상상한 주인공을 그려보거나 인물 소개를 써 본다.
> 3. 자신이 주인공이 되어 시의 상황을 상상 속에서 경험한다(주인공이 되어 그 날의 일기 쓰기 등의 활동을 해 본다).

✔ 시인과의 만남

시는 시인에 의해 씌어진다. 그래서 시인을 상상해보고 느껴보는 활동은 시를 읽고 느끼는데 많은 도움을 줄 것이다. 내가 직접 시인을 만난다면 어떤 걸 물어볼까? 내가 시인이라면 어떤 이야기를 할까 상상하다 보면 저절로 시속으로 빠져 들어가게 된다.

> **┃활동 과정**
> 1. 시를 읽고, 전체적인 느낌과 분위기, 내용을 알아본다.
> 2. 자신이 상상한 시인의 모습을 그려본다(성별, 나이, 직업, 성격, 취향).
> 3. 시인이 왜 그러한 시를 쓰게 되었나를 생각해 본다(시인의 성격, 관심, 처한 상황).
> 4. 자신이 상상한 시인의 모습을 그림으로 나타내거나 시인의 친구가 되어 소개하는 글을 써 본다.
> 5. 자신이 활동한 것을 가지고 친구들과 나누고 서로 비교한다.

✔ 자기 시로 바꾸어 쓰기

제재시를 이용하여 자신의 비슷한 경험을 생각하고 자신의 느낌과 생각으로 다시 써 보는 것도 좋다.

> **┃활동 과정**
> 1. 아동의 발달 단계와 정서에 적합한 시를 들려준다.
> 2. 시를 들으면서 떠오르는 낱말이나 생각을 간단히 메모하게 한다.
> 3. 시를 쓴 시인의 경험을 서로 이야기 해 본다.
> 4. 제재시와 비슷한 경험을 모둠 친구들과 이야기 해 보기
> 5. 그때의 느낌과 생각을 정리하여 같은 제목 혹은 다른 제목의 자기 시로 다시 써 본다.

비판적 관점을 세우는 전략

✔ 시어 고치기

시는 시인의 것이 아니라 읽는 순간부터 독자의 것일 수 있다. 그런 관점에서 맘에 들지 않는 부분이나 고치고 싶은 부분을 자기 것으로 고쳐 써 볼 수 있다. 이는 시를 비판적으로 바라보는 비평의 첫걸음이라고 할 수 있다.

> **┃활동 과정**
> 1. 시의 내용 중에서 맘에 들지 않거나 바꾸고 싶은 부분을 찾는다(단어, 행, 표현 방식, 첨가, 삭제 등).
> 2. 고치고 싶은 이유를 댈 수 있게 자신의 생각을 정리한다.
> 3. 어떻게 고칠 것인지 구상한다.
> 4. 전체의 흐름에 유의하며 일부분을 바꾸어 쓰거나 끼워 넣기, 덧붙여 쓰기를 해본다.
> 5. 고쳐 쓴 시가 의도한대로 자신의 느낌과 생각이 맞는지 다시 살펴보고 친구들과도 나누고 서로의 글을 비교한다.

나. 여러 가지 동시 대면하기

앞서도 말했듯이 감상 단계는 아이들에게 보다 많은 동시를 소개하고 맛보게 하는 과정이라는 점에서 매우 중요하다. 교사가 작품을 제시하는 방법에 대해서도 생각해볼 필요가 있다. 가장 손쉬운 방법으로 낭송해 주는 것이겠지만, 인쇄물로 준비할 수도 있고 다양한 매체를 이용하여 보다 흥미롭게 제시할 수도 있다.

① 동시 고르기

여러 가지 동시를 제시하고 주어진 조건에 따라 동시를 고르게 하는 활동은 많은 동시를 접하게 하기 용이하다. 동시를 고르려면 읽지 않을 수 없기 때문이다. 조건은 여러 가지로 줄 수 있다. 마음에 드는 동시를 고르거나 재미있는 동시, 읽으면 그림이 떠오르는 시 등을 고르게 할 수도 있고, 비판적인 시각을 기르기 위해 마음에 들지 않는 동시나 지루한 시 등을 골라보는 것도 좋다.

② 제목 붙이기

먼저 교사가 마련한 몇 편의 시에 대하여 제목을 붙인다. 유인물을 준비하면 아이들이 동시를 자세히 읽을 수 있어 효과적이다. 자신이 붙인 제목을 원래의 제목과 비교해 보기도 하고, 고학년에겐 제목을 붙인 이유를 설명해 보게 한다.

③ 글감 찾기

다음으로 소재(글감) 찾기이다. 한 편의 시에는 한 개의 소재가 있다. '시계'라는 소재가 있다고 한다면 먼저 어떤 시계인가를 말하게 한다. 예를 들면 집에서 흔히 볼 수 있는 원형 바늘 시계, 아니면 학교나 광장에 있는 시계탑, 뻐꾸기시계, 오래 된 골동품 등 소재를 브레인스토밍(Brainstorming)하여 마인드 맵(Mind Map)으로 작성할 수 있도록 지도하면 좋다.

④ 주제 찾기

다음은 주제 찾기다. 주제는 대체로 두 가지 유형으로 나타낼 수 있다. 하나는 주제를 간단하게 표현할 수도 있고 주제문으로 풀어서 표현할 수도 있다. 짧게 '즐거웠던 방학 생활'이나 '그리운 친구'로 나타낼 수도 있고, '새로운 학교가 낯설다'나 '할머니가 그립다' 등으로 나타낼 수도 있다.

⑤ 괄호 넣기

동시의 중간 중간 중요한 시어를 빈칸으로 만들어 아이들에게 자유롭게 채워 보도록 한다.

3) 창작 단계

산문은 일정한 목표를 두고 걸어가는 것이고 시는 흥이 나면 저절로 추게 되는 춤이라고 한다. 이 말은 시는 아름다운 말로만 쓰여야 한다는 고정 관념을 버려야 한다는 시형식의 자유분방함을 말한다. 즉, 활자에 대한 공포증을 없애고 자연스럽게 말하듯이 속삭이듯이 때로는 부르짖듯이 써야 한다는 말이다.

동시 창작은 아래와 같이 다섯 단계로 지도할 수 있다.

〈표 3〉 동시 창작 지도의 다섯 단계

단 계	과 정
1	무방향 쓰기와 미니워크숍
2	구상하기
3	동시 창작
4	고치고 다듬기
5	출판하기

가. 무방향 쓰기와 미니워크숍

무방향 쓰기는 텍스트를 쓰기 전에 어떤 방향의 제시나 단서의 제공 없이 통합적으로 창작을 하는 방법이다. 이러한 과정이 전통적인 작문 지도법 유형인 '방임형'과 다른 것은 글을 쓴 후 학급 인원들과 간단한 워크숍을 진행한다는 데 있다. 무방향 쓰기에 관여하는 창작 능력은 문제 발견 능력과 비평 능력이라고 할 수 있으며, 그 과정을 간략하게 나타내면 다음과 같은 활동으로 정리할 수 있다.

〈표 4〉 무방향 쓰기의 지도 과정

	무방향 쓰기	
활동의 흐름	자유롭게 표현하기	조정 하기
	텍스트 발표하기	
	텍스트 선정하기	
	텍스트에 대한 미니 워크숍	

미니 워크숍에서는 주로 학습자가 그 글을 쓰게 된 맥락이 무엇인지 살펴보고 창작 과정에서 이루어진 필자의 활동 내용에 대한 논의를 할 수 있다. 이와 더불어 작품 자체에 대한 평가도 할 수 있는데, 표현의 적절성이나 유희성에 대하여 이야기한다.

무엇을 보는 순간 머리에 떠오르는 생각이나 가슴에 울려오는 느낌은 살아있는 자신의 것이다. 그런 느낌이나 생각을 잡아서 자유롭게 생각을 쓰는 것이 '자유롭게 표현하기'이다. 이 단계에서 쓰인 글은 이전에 배운 글쓰기나 이전에 감상했던 시에 의존하여 쓰는 경우가 많은데, 자신이 쓰고자 하는 욕구에 의하여 쓰였기 때문에 다양한 토론 쟁점을 불러일으킬 수 있는 내용을 담고 있다. 또한 학급 안에서 하나의 작품을 선정하여 서로의 의견을 나누는 사이 학습자들의 글쓰기에 대한 관심을 모을 수 있다. 학습자들 사이에 일종의 모방 심리를 발동하게 하는 데도 유용하다.

동료의 작품을 평가하고 감상하는 과정은 흔히 쓰기 수업의 마지막 단계에서 이루어지는 것이 보통이다. 그러나 같은 또래 아이들이 쓴 본보기 글을 보면서 자신도 동시를 창작할 수 있다는 자신감을 가질 수 있도록 도와 줄 수 있다. 이러한 과정은 학생들의 학습 결과를 확인하고 정리함으로써 학습에 대한 계획을 세우는 데 의의가 있다고 하겠다. 물론 본보기의 글을 흉내내기보다는 사람마다 개성을 살려야 한다는 것을 강조해야 한다. 창작 수업에서 무방향 쓰기를 가장 첫 단계로 설정한 이유는 창작은 자기 표현의 글쓰기이므로 자발적인 창작 경험이 중요하기 때문이다.

나. 구상하기

어제와 오늘 사이(아주 가까운 시간)에 겪은 여러 가지 일들을 되살려서, 쓸거리가 될 만한 것들을 찾아 적어 보게 한다. 시라고 하면 무슨 거창한 것을 써야한다는 강박관념에 사로잡혀 있는 아이들에게 생활 속에서 있었던 평범한 일들을 글의 소재로 삼을 수 있도록 해야 한다. 학교, 집, 학원, 길거리에서 본 것, 들은 것, 생각한 것 등 모든 것이 시의 소재가 된다는 것을 가르쳐 주되, 가능하면 새로운 눈으로 자세하고 실감나게 표현할 수 있도록 유도한다. 브레인스토밍으로 다양한 생각을 떠올리게 하는 것도 좋다.

쓸거리 찾기에서 나온 여러 가지 일 가운데서 가장 또렷하게 마음에 남아있는 것을 하나 고르게 한다. 물론 글감 고르기를 제대로 못하는 아이나 글감을 하나 골랐다 하더라도, 감동이 있는 시가 나올 수 없다고 생각되는 글감을 고른 아이에게는 스스로 잘 고르는 능력이 길러질 때까지 골라 주는 것도 좋고, 아이 스스로 한계를 느끼면 다른 글감을 추천해 주는 것이 좋다. 물론 아이의 이야기를 잘 들어 본 뒤에 신중하게 골라 주어야 한다.

소재가 결정되면 자신의 경험을 되살려 보도록 한다. 당시의 상황, 모습, 표정, 느낌, 생각, 혼잣말, 대화, 자기도 모르게 튀어나왔던 말 따위를 생생하게 되살려 말해 보도록 유도한다. 이때 짝을 정하여 서로의 경험을 이야기하고 듣는 활동을 한다. 이러한 과정을 거치면서 시의 내용을 억지로 짜 맞추려고 하기 보다는 내가 하고자 하는 말, 그 당시의 나의 느낌을 더 또렷하게 잡을 수 있다.

다. 동시 창작하기

'구상하기' 단계에서 떠올랐던 그 감흥이 깨어지지 않게 쉬지 않고 바로 이어 차례대로 자세하게 써 내려가도록 한다. 자세하게 쓴다는 것은 그 일을 설명하는 것이 아니라, 마음의 움직임을 빠뜨리지 말고 자세하게 생생하게 잡아 쓴다는 것이다. 진정으로 토해 낸 말로 이루어진 시는 사람의 마음을 움직이고 깨끗하게 해 준다.

라. 고치고 다듬기

시가 완성된 다음에도 부족한 것은 보충하고, 맞지 않는 것은 고치고, 필요 없는 것은 빼어 버리고, 또 다듬어서 한 편의 시를 완성하게 한다. 빼어버리거나 고쳐 적을 때는 지우개로 지우지 말고, 같은 연필로 기호를 써서 고치게 하는 것이 좋다. 이렇게 하면 고치기 전과 후를 견주어 볼 수 있어 좋다. 행이나 연을 꼭 나누어야 한다는 원칙보다는 내용을 살려주는 쪽으로 지도하며, 자연스럽게 아이들 입에서 나온 사투리나 재미있는 말들은 억지로 표준말로 바꾸지 않아도 좋다. 또 고치기의 본보기가 될 만한 시를 칠판에 적어 놓고 아이들과 함께 고쳐보는 것도 좋은 공부가 된다.

마. 출판하기

'출판하기'는 여러 사람에게 자신이 창작한 시를 소개하는 발표 단계이다. 자신이 쓴 시를 여러 친구들 앞에서 낭독하고 서로 잘된 점을 찾으며 자기의 시와 견주어 보도록 한다. 감동 받은 점, 새롭고 재미있는 표현 등을 함께 찾아가면서 감상하는 것도 좋은 방법이 될 수 있다. 문집을 만들거나 시화를 그려 게시할 수도 있다. 학급 문집은 책의 형태로 작성할 수도 있으나 CD로 제작할 수도 있을 것이다. 또한 음성으로 발표를 할 수도 있다. 여기서는 여러 사람 앞에서 낭독하거나 낭독 테이프를 만들 수도 있을 것이다.

'출판하기'는 쓰기 수업 과정에서 부수적인 활동으로 받아들여지는 경우가 많다. 시간이 남으면 하고 그렇지 않으면 아예 시도조차 하지 않는 경우가 대부분이다. 그러나 출판하기는 '창작'에 대한 의욕과 흥미를 높여 줄 수 있는 방책으로서 창작 수업에서 반드시 행해져야 할 활동이다. 이는 반 친구부터 시작하여 주변의 사람들에게 시를 다시 한 번 읽게 하는 계기를 마련한다. 출판은 독서와 창작을 연결시켜 주는 연결고리 같은 것이다.

7. 시인의 사회를 꿈꾸며

필자는 시를 가르치는 것이 너무 기대되어 밤잠을 설쳤다고 말했던 중학교 국어 선생님을 아직도 기억한다. 나에겐 시가 이렇게 낯설기만 한데, 시가 도대체 무엇이기에 선생님의 마음을 그토록 설레게 했을까? 안타깝게도 선생님과 공부한 시가 무엇이었는지, 수업 내용이 무엇이었는지 기억나지는 않지만 필자의 시에 대한 관심을 불러일으켜 준 것은 선생님의 그 말씀 한마디였다. 선생님의 시에 대한 태도가 그대로 필자에게 전달된 것이다.

교사가 어떻게 시를 바라보고, 지도하느냐에 따라 아이들도 교사처럼 시를 바라고 이해한다. 교사들이 동시를 많이 읽고 새롭게 인식하며 동시 수업에 열정을 보이는 것이 아이들의 마음속에 동시를 뿌리내리게 하는 첫걸음이다. 동시 독서 교육의 목표는 새로운 이백(李白)을 발굴하는 것도 아니고 뼈를 깎는 인내로 시를 대하는 두보(杜甫)를 양산하는 것도 아니다. 남을 이해하지 못하는 사람은 시를 잘 읽을 수도 쓸 수도 없다. 시는 읽는 사람에게 무엇인가 푸근하게 안겨주고 생각에 잠기게 하기 때문이다. 시를 읽고 즐길 줄 아는 사람들이 사는 사회가 바로 시인의 사회이며 서로를 잘 이해하고 존중하는 사람다운 사회이다. 우리의 다음 세대를 아름다운 시인의 사회로 만드는 일은 교사들의 손에 달려 있다.

제 3 장

이야기 쓰기 독서지도

1. 이야기 쓰기를 활용한 독서지도의 개념과 의의

영화 '슈렉'을 본 적이 있는가? 파콰드 영주에게서 쫓겨난 동화 속 주인공들이 슈렉이 살고 있는 마을로 가면서부터 영화는 시작된다. 그 곳에 나오는 주인공에는 아기돼지 삼형제, 피터팬, 백설공주, 피리 부는 사나이, 빨간 모자의 늑대 등 여러 명이 다양하게 등장하고 있다. 따라서 이 영화를 더욱 재미있게 보려면 그와 같은 주인공들과 관련된 책들을 모두 읽어야 가능하다. 또한 파콰드 영주가 부인을 누구로 할 것인가를 결정하는 장면에서는 신데렐라, 백설공주, 피오나 공주 세 명이 등장한다. 실제 영화 속에서는 피오나 공주를 선택해 그와 관련된 이야기가 펼쳐진다. 그러나 만약 백설공주를 선택했다면 영화의 이야기는 달라졌을 것이다. 아마 슈렉이 일곱 명의 난장이들과 결투해서 백설공주를 빼오는 이야기가 전개되지 않았을까?

이 영화 한편이 이야기 쓰기를 활용한 독서지도와 관련된 모든 것을 대변해 주고 있다. 이야기 쓰기를 활용한 독서란 이처럼 책을 읽고서 그 내용을 그대로 받아들이는 것이 아니라, 독자가 자신의 경험을 바탕으로 새롭게 이야기를 만들어 보는 활동을 말한다. 그렇다면 이야기를 만들어 보는 활동, 그것은 어디에서 기인한 것이라 할 수 있을까? 그것은 인간의 역사와 관련지어 볼 수 있다. 인간의 역사는 이야기의 역사라 할 수 있다. 이야기는 인간의 삶과 밀접한 관련을 맺고 있다. 여기에서 이야기는 단순히 줄거리(story)를 지니고 있는 것만을 일컫는 것이 아니라, 주변에서 실제로 일어난 사소한 이야기로부터 다른 사람들의 살아가는 이야기와 누군가가 꾸며 낸 허구적인 이야기 등이 모두 포함된다고 할 수 있다. 이러한 이야기는 고정된 형태를 가지고 머물러 있는 것이 아니라 학습자의 삶에 따라 다양하게 변형될 수 있다. 이야기 쓰기는 학습자들에게 노래를 부르거나 그림을 그리거나 하는 것과 마찬가지로 본능적인 행위라 할 수 있다.

독서를 한 후에 그에 대한 이야기 쓰기를 하는 것은 읽은 책에 대한 감상을 심화시킬 뿐만 아니라 창작 학습까지도 꾀할 수 있는 방법이다. 또한 이야기 쓰기는 학습자들이 책에 대한 단순한 수동적 학습자에서 능동적 학습자로 변할 수 있게 한다. 궁극적으로는 독서를 한 후에 그것을 바탕으로 이야기 쓰기를 함으로써 창의력을 증대시킬 수 있는 학습 방법이라 할 수 있다.

이야기 쓰기를 활용한 독서지도 방법은 독서의 개념에서도 찾아 볼 수 있다. 독서는 단순히 책을 보는 것이라는 좁은 개념에서부터 책자를 포함한 다양한 형태의 매체와 나아가 사회, 문화 및 자연 환경과 개체 사이에서 일어나는 커뮤니케이션 활동으로서 새롭게 의미를 재구성하는 개인의 전략적 사고 과정이라는 넓은 개념까지 포함하고 있다. 여기서 '새롭게 의미를 재구성하는 개인의 전략적 사고 과정'이라는 말 속에서 이야기 쓰기를 활용한 독서의 개념을 살펴 볼 수 있다. 즉, 책자를 그 자체로 이해하고 받아들이는 것이 아니라 독자가 부여한 새로운 의미를 구현해 가야 하는 것이다. 이러한 과정은 책을 읽고 이야기 쓰기를 해보는 속에서 자연스럽게 이루어진다.

그렇다면 이야기 쓰기를 활용한 독서지도의 의의는 무엇일까? 우리는 책을 읽으므로 경험의 폭을 넓힐 수 있으며, 사고의 깊이를 확보할 수 있고, 더불어 높은 이상도 가질 수 있다. 그 중에서도 이야기 쓰기를 활용한 독서지도를 통해서는 사고의 깊이를 확보할 수 있다는 점을 부각시킬 수 있다. 사고의 깊이를 확보한다는 것은 상상력·추상적 사고력을 신장시키고 사고의 유연성을 형성하며 다원적 사고 능력을 기르는 것을 의미한다. 즉 독서를 하고 난 후 뒷이야기를 상상한다든지, 배경을 바꾸어 본다든지,

주제를 역전시킨다든지와 같은 활동을 통하여 상상력을 신장시킬 수 있을 뿐만 아니라, 하나로 고정된 사고에서 벗어나 다양한 관점에서 생각할 수 있도록 해 준다.

Tompkins는 아이들이 이야기 쓰기를 해야 하는 이유로 아래와 같이 일곱 가지를 제시하였는데 이를 통해서도 이야기 쓰기의 의의를 살펴볼 수 있다.

① 즐거움을 위해(to entertain)
② 예술적 표현을 촉진하기 위해(to foster artistic expression)
③ 쓰기의 기능과 가치를 탐구하기 위해(to explore the function and values of writing)
④ 상상력을 자극하기 위해(to stimulate imagination)
⑤ 사고의 명료화를 위해(to clarify thinking)
⑥ 자아 정체성 탐색을 위해(to search for identity)
⑦ 읽기와 쓰기 학습을 위해(to learn to read and write)

2. 이야기 쓰기를 활용한 독서지도 방법

이야기 쓰기를 활용한 독서지도 방법은 다시 쓰기, 장르 바꾸어 쓰기, 이야기 창작하여 쓰기와 같이 크게 세 부분으로 나누어 볼 수 있다.

1) 다시 쓰기

다시 쓰기는 말 그대로 책을 읽고 난 후에 생각나는 내용을 다시 써 보는 활동이다. 가장 쉬우면서도 줄거리를 쉽게 요약할 수 있는 전통적인 방법이라 할 수 있다. 읽은 책의 내용을 다른 사람에게 들려주듯이 요약해서 다시 써 보게 하면 되고, 쓰기를 잘 하지 못하는 저학년에게는 교사가 이야기를 몇 부분으로 나누어 짤막한 문장으로 제시한 후에 줄거리를 순서대로 배치하도록 한다. 그리고 그것을 바탕으로 다시 써 보게 하면 된다.

다시 쓰기는 이야기 쓰기의 기초 활동이라고 할 수 있지만, 읽은 책의 내용을 그대로 요약해서 써 볼 뿐이므로 학생들의 창의성이 많이 작용하지 않는다는 단점이 있다.

따라서 이런 단점을 보완하기 위해서는 책의 줄거리가 되는 몇 장의 그림을 가지고 줄거리의 순서대로 연결하여 써 보기를 한 후에, 그림의 순서를 학습자 나름대로 배열하여 이야기를 다시 써 보도록 할 수 있다.

2) 장르 바꾸어 쓰기

독서를 한 후에 책의 내용을 다양한 장르로 바꾸어 써 보는 활동이다. 이는 각 학년의 교육과정에서 다루고 있는 글의 종류에 맞게 선택하여 가르친다면 독서와 교과의 내용을 연결하는 좋은 활동이 될 것이다.

가. 일기로 쓰기

일기로 바꾸어 쓰는 활동은 많은 교사들이 현장에서 이용하고 있으며, 또 학생들 스스로도 독서감상문의 형태로 많이 쓰고 있는 활동이다. 이 활동의 장점은 독서 후 이야기 쓰기를 할 때 이야기의 내용을 1인칭 시점으로 쉽게 바꿀 수 있다는 것이다. 1인칭 시점으로 바꾸면 내가 책 속의 주인공이 되기 때문에 감정이입을 쉽게 할 수 있다. 즉, 주인공의 이야기를 마치 자신의 이야기인 것처럼 쉽게 가져올 수 있다. 전 학년에서 두루 이용할 수 있으나, 주로 저·중학년에서 이용하면 손쉽게 이야기 쓰기를 할 수 있는 활동이다.

일기 쓰기를 할 때는 주인공이 되어 일기쓰기만 하는 것이 아니라 주인공을 비롯한 주변의 다른 인물이 되어서도 일기를 쓰도록 하면 다양한 관점을 이끌어 낼 수 있다. 예를 들어 <심청전>을 읽고 일기쓰기를 할 때, 심청이 되어 일기쓰기, 심봉사가 되어 일기쓰기, 뺑덕어멈이 되어 일기쓰기를 하면 책 속에 등장하는 한 사건에 대해 학습자들이 다양한 사고를 할 수 있게 된다.

나. 편지글로 쓰기

일기쓰기와 더불어 가장 보편적으로 알려진 것으로는 편지글로 바꾸어 보는 활동이 있다. 주인공에게 편지쓰기, 책 속의 인물이 되어 다른 인물에게 편지쓰기, 작가에게 편지쓰기 전략이 있다.

주인공이 되어 일기쓰기나 편지쓰기를 할 때는 아래와 같이 A4 용지를 이용해서 주인공을 만드는 '책만들기' 활동을 한 후, 그 속에 일기나 편지쓰기를 하면 학생들에게 흥미를 유발할 수 있고, 스스로 주인공을 그리거나 만드는 표현 과정을 통해 주인공의 모습에 대해 상상하므로 주인공과 더 가까워지게 할 수도 있다.

주인공이 되어 일기쓰기·편지쓰기 등 주인공과 관련된 이야기 쓰기를 할 때 유용한 책 만들기 활동

다. 시를 이야기로, 이야기를 시로 쓰기

이 활동은 제7차 교육과정의 문학 내용 중에서 6학년의 "6) 작품을 다른 갈래로 표현한다"로 나와 있고, 그에 대한 수준별 학습 활동 중 심화 활동의 예로 "동화나 소설의 일부분을 시로 바꾸어 쓴다, 시를 동화나 소설로 바꾸어 쓴다"로 제시되어 있지만, 시를 공부한 전 학년에서 고르게 사용할 수 있다. 이 중에서 시를 이야기로 써 보는 활동을 하려면 시의 내용이 심미적인 것보다는 줄거리를 내포하고 있는 시를 선택하는 것이 좋다. 4학년 2학기 교과서의 시를 보면, 학습 목표가 '시를 읽고 주제를 찾을 수 있다'는 것이기 때문에, 교과서에 실린 대부분의 시가 주제를 포함하고 있어 이 활동을 하기에 비교적 수월하다.

시를 이야기로 쓰기	이야기를 시로 쓰기
동시 <울 엄마 보고>를 읽고	<북한 어린이들은 어떤 놀이를 할까?>를 읽고
4학년 학생 글	5학년 학생 글
학교가 끝나고 집으로 오는데 멀리서 엄마의 모습이 보였다. 나는 너무 반가워서 한걸음에 뛰어갔다. 그런데 나를 뒤따라오던 순이가 "야, 너희 할머니야?"라고 말했다. 나는 화가 나서 집으로 막 뛰어왔다. 순이의 말 때문에 밥도 먹기 싫고 잠도 안 온다. "치, 자기네 엄마도 늙었으면서……" 내일 아침에 순이를 만나면 따져야겠다. 울엄마가 순이네 엄마보다 훨씬 젊다고……	손 잡고 함께 놀자! 달려라 풍마야 말타기 놀이 진지를 사수하라 진놀이 빙빙, 안녕하세요 줄넘기 놀이 신나게 놀아보자 한겨레 동무들 손잡고 빙빙 돌자.

라. 대화문으로 쓰기

이 활동은 독서 후 내용을 극본으로 옮겨 쓰는 활동을 통해 비교적 쉽게 접근할 수 있다. 그러나 아직 극본을 많이 접하지 못한 저학년이나 극본쓰기를 다소 어려워하는 아이들에게는 4컷 정도의 만화를 주고서 말주머니를 채우도록 하면 쉽게 지도할 수 있다. 만약 학교나 학급에서 어린이 신문을 본다면 신문에 실려 있는 만화를 이용하여 이야기 쓰기를 하면 좋다. 이때, 그냥 쓰게 하는 것보다는 아래와 같이 '책 만들기' 활동 중에서 종이컵을 이용해서 만드는 '컵북'을 만든 후, 이야기를 하나하나 펼치면서 읽도록 하면 효과적으로 지도할 수 있을 뿐만 아니라 흥미도 유발할 수 있다.

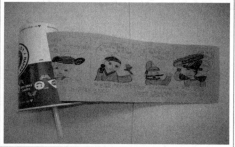
대화문 쓰기에 활용할 수 있는 책 만들기 활동

마. 기사문으로 쓰기

독서를 한 후에 3인칭으로 이야기 쓰기를 하기 가장 좋은 방법은 기사문 쓰기 활동이다. 기사문 쓰기는 독서를 한 후에 그 이야기를 실제로 일어난 사건으로 생각하고 기사문으로 작성해 보도록 하는 활동이다. 이때, 처음부터 기사문으로 바꾸어 쓰라고 하면 학생들이 다소 어려워하므로, 간단한 기자 수첩을 만들어서 자신이 책의 내용을 취재한 것처럼 작성해 보도록 한다. 기자 수첩은 육하원칙에 맞추어서 작성하는 것이 좋다. 이때 '언제, 어디서'가 잘 나타나 있지 않는 책일 경우에는 학생들이 자유롭게 지어보도록 한다. 예를 들어 <토끼와 거북이>를 읽었다면 "언제 : 200○년 ○월 ○일, 어디서 : 관악산 입구" 등과 같이 자신과 가까운 시점과 장소를 써 보도록 하면 학생들이 좀 더 실감나게 이야기를 쓸 수 있다.

기자 수첩이 완성되면 신문에 있는 헤드라인처럼 글의 제목도 지어보고, 기자 수첩에 있는 내용을 연결해서 기사문을 쓰도록 한다.

기자 수첩		제목 :
• 누가 : • 언제 : • 어디서 : • 무엇을 : • 어떻게 : • 왜 :	→	기사문 작성하기

바. 변호하는 글, 판결하는 글쓰기

변호하는 글쓰기와 판결하는 글쓰기는 독서토론과 함께 해 볼 수 있는 이야기 쓰기 활동이다. <심청전>을 읽고서 '심청이는 효녀인가'를 가지고 토론하기 전에, 내가 변호사가 되어 심청이를 변호하는 글쓰기를 해 볼 수 있다. 이 때 검사의 역할도 정해 '심청이는 효녀가 아니다'라는 글을 써 보도록 한다. 더불어 토론이 끝난 후에는 판사가 되어 판결하는 글쓰기를 하면 좋다. 판결하는 글쓰기는 학생들에게 공정하면서도 논리적인 글쓰기를 유도할 수 있다는 장점이 있다.

〈변호사가 되어 심청이 변호하는 글쓰기〉

> 심청이는 효녀라고 생각합니다. 아버지를 위해 자신의 목숨을 아까워하지 않고 버렸으니 어느 누구보다도 효녀라고 생각합니다.
> 또 왕비가 되어서 혼자 잘 살 수 있는데 아버지를 찾은 것을 보아서도 효녀가 맞다고 생각합니다.
>
> 〈3학년 학생 글〉

〈검사가 되어 심청이에 대해 글쓰기〉

> 심청이는 효녀가 아니라고 생각합니다. 심청이가 죽으면 자식을 가슴에 묻고 마음 아파하실 부모님 생각을 하지 못 했으니 진정한 효녀가 아니라고 생각합니다.
> 그리고 심청이가 죽은 후, 혼자서 밥을 해 드실 아버지를 생각한다면 심청이는 죽을 수 없다고 생각합니다.
>
> 〈3학년 학생 글〉

사. 묘사하는 글쓰기

묘사하는 글쓰기는 책 속에 등장하는 공간적 배경이나 책 속의 한 장면을 그림을 그리듯이 글로 나타내게 하면 된다. 이때 <이상한 나라 엘리스>를 읽고 '이상한 나라'에 대해 묘사하게 할 수도 있고, 책 속에 특별한 공간적 배경이 등장하지 않는다면 책의 한 장면을 사진 찍듯이 묘사 할 수도 있다. 공간을 묘사할 때는 중심을 정해 놓고 순서를 잡아 쓰도록 하면 좋다. 공간의 윗부분부터 쓸 것인지, 아래 부분부터 쓸 것인지, 아니면 앞부분부터 쓸 것인지, 뒷배경부터 쓸 것인지를 정해둔 다음에 쓰도록 한다. 6학년 1학기에 묘사하는 글쓰기가 나오므로 독서를 한 후에 이용하면 좋은 활동이 될 것이다.

아. 설명하는 글쓰기

설명하는 글쓰기는 책의 내용 속에 등장하는 어떤 일의 과정이나 방법을 글로 나타내는 활동으로 <호랑이와 나그네>를 읽고 나그네가 호랑이를 구해주는 과정을 설명해 주거나, 요즘 시중에 많이 나와 있는 <○○에서 살아남기>를 읽고 살아남는 과정이나 방법을 설명하게 하면 효과적으로 적용할 수 있다.

자. 비교·대조하는 글쓰기

비교·대조하는 글쓰기는 책 속에 등장하는 인물들끼리의 삶의 태도를 비교하거나 주인공과 나와의 공통점, 차이점을 찾아 글로 쓰도록 하는 것이다. 3학년 2학기에 두 사물 간에 공통점과 차이점을 찾는 것이 등장하므로 그 때 이용하면 효과적으로 적용할 수 있다.

차. 주장하는 글쓰기

주장하는 글쓰기는 책을 읽고 글 속에 제시되어 있는 주제를 가지고 주장하는 글을 써 보도록 하는 활동이다. 예를 들면 <레나 마리아>를 읽은 후 '긍정적인 태도를 갖자'로, <칠판 앞에 나가기 싫어>를 읽고 '자신감을 갖자'로 글을 쓴 학생들이 있었다. 또 <난 이제부터 남자다>를 읽고 '남·녀 차별을 하지 말자'로 <토끼와 거북이>를 읽고 '자만하지 말자, 끝까지 노력하자'로 주장하는 글쓰기를 할 수도 있다.

〈난 이제부터 남자다〉를 읽고 주장하는 글쓰기

이 책의 주인공인 수지는 가족 모두가 남녀차별을 하며 동생 재영이만 좋아하는 것을 보고 남자가 되기로 결심하였다. 얼마 되지 않아 가족들은 그 동안 수지가 얼마나 가슴 아파했는지 알고 가족간의 남녀차별부터 없애는 내용이다.

> 우리나라는 옛날부터 '남존여비'라 해서 남녀를 차별하는 기질이 있었다. 그러나 남자가 요리사가 될 수도 있고 여자도 운전을 할 수 있다. 남녀 간에는 차이는 인정해도 차별은 해서는 안 된다. 우리나라의 곳곳에 아직도 남아있는 남녀차별이 이제는 빨리 없어졌으면 좋겠다.
>
> 〈5학년 학생 글〉

3) 이야기 창작하여 쓰기

이야기 창작하여 쓰기는 이야기 쓰기를 활용한 독서지도 방법 중 가장 발전된 형태로서 다시 쓰기나 장르 바꾸어 쓰기보다 학생들의 창의력을 좀 더 요구하는 활동이라 할 수 있다. 여기에 쓰이는 활동들은 고정된 형태로 운영되기보다 교사들의 활용에 따라 다르게 쓰일 수도 있고, 여기에 제시된 것을 발전시켜 더욱 나은 활동들을 구안할 수도 있다.

가. 제목 보고 내용 예상하기

첫 번째 활동으로는 책 제목만 보고 책의 내용(줄거리)을 예상해 보는 활동이다. 책을 읽은 후에는 학생들이 그 내용을 자유롭게 써 보는데 제약이 있을 수 있으므로, 책의 표지와 제목만 보고 어떤 내용들이 펼쳐질지 상상해 보도록 하는 것이다. 어린이 신문 및 잡지에 보면 신간 책들을 광고하는 지면이 많이 나오는데 그 광고를 활용할 수도 있고, 인터넷에서 읽고 싶은 책을 검색한 후 책 그림을 인쇄해서 사용해도 좋은 자료가 될 것이다.

나. 이야기 기차 만들기

이야기 기차 만들기 활동은 개인으로 할 수도 있고 모둠별로 할 수도 있는 것으로, 주어진 이어주는 말에 맞게 이야기를 연결해 가는 활동이다. 예를 들어 <토끼와 거북이>를 가지고 개인으로 할 때는 교사가 먼저 '토끼와 거북이가 달리기 시합을 하였습니다. 그리고~, 그러나~, 그런데~'와 같이 학습지 중간 중간에 이어주는 말을 써 준다. 그러면 학생들은 제시된 이어주는 말에 맞추어 새로운 내용을 이어가게 하면 된다. 이것을 모둠으로 할 때는 맨 처음 학생이 '토끼와 거북이가 달리기 시합을 하였습니다. 그리고~'와 같이 이어주는 말까지 제시한 후 다음 친구에게 넘겨서 이야기를 이어가게 하는 방법이다. 모둠별로 이야기 짓기를 할 때 이용하면 학생들이 재미있어하고, 또 주어진 상황에 맞게 학생들이 이야기 쓰기를 하는 순발력도 엿볼 수 있다.

〈이야기 기차〉

'토끼와 거북이'를 읽고
토끼와 거북이가 달리기 시합을 하였습니다. 그래서
_____
_____그러나
_____
_____그런데

다. 그래, 선택했어!

예전에 TV 프로그램에서 한 개그맨이 나와 "그래, 선택했어~!" 하며 한 사건에 대해 A와 B로 나누어 결말을 예상해 보던 코너가 있었다. 이것을 이용해 이야기 창작하여 쓰기에 이용하면 좋은 활동이 된다. 즉, 책을 읽고 책의 결말을 학생들에게 예상해 보게 하는데 A로도 예상해 보고, B로도 예상해 봐서 결말을 이끌어가도록 유도할수 있다.

라. 구성 요소 바꾸어 쓰기

소설의 구성 요소인 주인공이나 배경 또는 사건을 바꾸어 이야기 창작하여 쓰기를할 수 있다. 주인공 바꾸어 쓰기는 '콩쥐'와 '팥쥐'를 바꾸거나 '백설공주'와 '왕비'의성격을 바꾸는 것과 같이 같은 작품 속에서 주인공 바꾸어 쓰기를 할 수도 있고, 다른작품 속의 주인공과 바꾸어 쓰기를 할 수도 있다. 배경 바꾸어 쓰기는 3학년 2학기 교과서 속에 등장하는 것과 같이 물을 만난 토끼와 거북이의 경주로 공간적 배경을 바꾸어 쓸 수 있고, 시간적 배경을 바꾸어 '현대판 춘향전' 등과 같이 쓸 수도 있다. 사건 바꾸어 쓰기는 <견우와 직녀>에서 임금님이 세상에 있는 모든 까치와 까마귀를 잡아두어 견우와 직녀가 만날 수 없는 상황을 제시하고, 견우와 직녀를 어떻게 하면 만나게 해 줄지 학습자 나름대로 바꾸어 쓰기를 유도할 수 있다.

구성요소 바꾸어 이야기 쓰기를 할 때는 책을 읽은 후에 바로 바꾸어 쓰기를 하기 보다는 인물이 바뀐 상황, 또는 사건이 바뀐 상황을 간단한 역할극 등으로 제시한 후, 이것을 어떻게 해결할지 생각해 본 후에 쓰도록 하면 학습자들이 좀 더 쉽게 접근할 수 있다.

〈물 속에서의 토끼와 거북이의 경주〉

제1회전 경주에서 거북이에게 진 토끼가 2회전 경주를 하자고 했습니다. 곰곰이 생각하던 거북이는 그럼 이번에는 물속에서 경주를 하자고 했습니다. 자신이 유리한 곳에서만 경주를 하자고 우길 수가 없어서 토끼는 그냥 승낙을 해 버렸습니다.
물속에서의 경주날! 거북이와 토끼는 모두 출발했습니다. 그런데 얼마가지 않아 토끼가 보이지 않는 것이었습니다. 거북이는 토끼가 걱정되어 이리저리 찾아보다가 물 속에서 허우적 거리고 있는 토끼를 발견했습니다. 거북이는 토끼를 등에 태우고 육지로 올라가 거북이에게 인공호흡을 시켜 정신이 들게 했습니다.
이번에도 진 토끼는 자신의 잘못을 인정하고 토끼와 거북이는 이제 둘도 없는 친구가 되었습니다.

〈3학년 학생 글〉

〈내가 쓴 견우와 직녀 2〉

견우는 동쪽에 직녀는 서쪽에 떨어져서 서로 너무 보고 싶었습니다. 그래서 서로가 만날 수 있는 칠월칠석만 기다렸습니다. 그런데 칠월칠석이 되어도 까치와 까마귀는 오지 않았습니다. 알고 보니 임금님이 까치와 까마귀들을 모두 잡아갔다고 합니다. 견우와 직녀는 너무 보고 싶었지만 만날 수 있는 방법이 없었습니다.
곰곰이 생각하던 견우는 은하수 강으로 자신이 타고 왔던 마차를 부셔서 매일 매일 조금씩 다리를 만들었습니다. 그리고 10년이 되어 드디어 다리를 다 만들 수 있었습니다. 견우는 그 다리를 건너 이제는 직녀와 함께 영원히 행복하게 살았습니다.

〈3학년 학생 글〉

마. 주제 역전시키기

책 속에는 언제나 주제가 있기 마련이다. 특히, 초등학교 어린이들의 책은 대부분 그렇다고 할 수 있다. 이러한 주제를 역전시켜 이야기를 쓸 수 있다. 영화 '슈렉'에서 대부분의 사람들은 피오나 공주와 슈렉이 진정한 사랑의 키스를 한다면, 피오나 공주가 예쁜 모습으로 되돌아 올 것이라고 생각했을 것이다. 그러나 영화 속 이야기는 피오나 공주가 예쁜 모습으로 돌아오지 않는 것으로 끝을 냈다. 이와 같이 주제를 역전시켜 쓰는 활동은 본래의 주제와 약간 다르게 결말을 이끌어 가는 것이다. 최근 TV 프로그램에서 <반전 드라마>라는 것을 한 적이 있다. 시청자들이 이야기가 끝났을 것이라고 생각하는 시점에서 반전을 일으켜 다시 이야기를 이끌어 가는 프로그램이었다. 이 드라마가 주제를 역전시켜 쓴 대표적인 예라 할 수 있다.

바. 책 속의 단어 연결하여 이야기 새로 쓰기

책 속의 단어를 연결해서 새로운 이야기 쓰기를 할 수 있다. 책을 읽고 난 후에 학생들에게 책 속에 있는 단어 중에서 생각나는 것을 10개 정도 말하게 한 뒤에, 그 단어들을 연결해서 학생들 나름대로 새로운 이야기를 쓰게 하는 것이다.

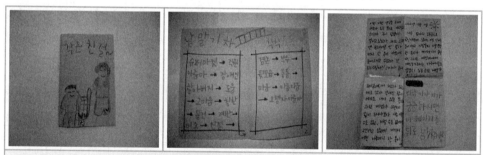

<작은 친절>이라는 책을 읽고, 생각나는 낱말로 낱말기차를 만든 후 새로운 이야기를 창작하여 한 장씩 넘기면서 읽을 수 있도록 한 권의 책 만들기 활동

사. 유래담 만들기

책을 읽고 책 속에 나오는 이야기로 학생들에게 유래담을 만들어 보게 할 수 있다. 유래담은 3학년 2학기 말하기·듣기 교과서의 <멸치의 꿈>과 4학년 1학기 읽기 교과서에 나오는 <까치의 재판>에서 찾아볼 수 있다. <멸치의 꿈>에서는 가자미가 멸치에게 맞아 눈이 한쪽으로 쏠렸다는 이야기, 이것을 본 꼴뚜기가 눈을 아래에 감추어 지금처럼 되었다는 것과, 구경하러 온 많은 물고기에게 갈치가 밟혀서 납작해졌다는 이야기가 나오며, <까치의 재판>에서는 참새가 총총거리며 다니는 것은 재판관인 까치에게 회초리로 장딴지를 맞아 그런 것이고, 파리가 앞다리를 비비는 것은 재판을 잘 해준 까치가 고마워서 그렇다는 이야기가 나온다. 이런 예처럼 읽은 책 속에서 우리 생활과 관련된 유래담을 이야기로 만들어 보는 것이다. 학생들이 유래담을 만든 것을 보면, <토끼와 거북이>를 읽고 토끼는 그 때부터 잠을 자지 않아 항상 눈이 빨개져 있다든지, <키다리 아저씨>를 읽고 제루사 애버트가 '주디'라는 가명을 쓰는 것으로 부터 연예인들이 가명을 쓰게 되었다와 같은 것을 만들어 냈다.

아. 주인공 · 장소 · 상황 뽑아 이야기 만들기

마지막 활동은 학기말에 사용하면 좋은 활동으로, 주인공 · 장소 · 상황을 뽑아서 새로운 이야기를 만들어 보는 활동이다. 먼저, 한 학기 동안 읽은 책의 제목으로 아래와 같이 개인 또는 학급 전체로 책나무를 만들어 본다. 그리고 읽은 책 속의 주인공의 이름을 한 주머니에 넣고, 책 속에 나오는 공간적 배경, 즉 장소는 다른 주머니에 넣고, 책 속의 사건 즉 상황도 한 주머니에 넣도록 한다. 그리고 각각의 주머니에서 한 가지씩 뽑은 후, 뽑은 주인공 · 장소 · 상황을 연결해서 새로운 이야기를 써 보도록 하는 것이다. 그러나 처음부터 3가지를 모두 연결하면 어려울 수 있으므로 주인공과 장소, 주인공과 상황과 같이 먼저 2가지를 연결해서 이야기 창작을 하도록 한다. 이 활동과 관련된 예를 들어 보면, 주인공 주머니에서는 <토끼와 거북이>를, 상황 주머니에서는 <베니스의 상인>에 나오는 살 1파운드를 떼어주는 상황을 뽑았다면, 그 두 가지를 연결해서 이야기를 만들어 내는 것이다. 이 수업을 5학년과 함께 하였다면, 이 때 꼭 그 해 즉 5학년 때 읽은 책의 내용만 넣는 것이 아니라, <토끼와 거북이>와 같이 기존에 학생들이 알고 있는 쉬운 이야기도 함께 넣어주어야 책을 많이 읽지 못한 학생들도 같이 참여시킬 수 있다.

| 개인으로 만든 '나의 책나무' | 학급 전체로 만든 '책나무' |

〈주인공 주머니 '토끼와 거북이', 상황 주머니 '베니스의 상인'을 뽑고 쓴 이야기〉

〈신 토끼와 거북전〉

5학년 학생 글

　오랜 옛날부터 토끼와 거북이는 둘도 없는 친구 사이였다. 그들은 사는 장소는 달랐지만 숲 속과 물속에 그들의 우정을 모르는 사람은 아무도 없을 정도로 사이가 좋았다.
　그러던 어느날, 동해의 용왕님께서 지독한 병에 걸리셨다. 용궁의 어의가 진단하기를 토끼의 간을 먹으면 용왕님께서 살 수 있다고 했다. 여러 대신들은 회의 끝에 용왕님을 살리기 위해 토끼를 잡아오기로 했다. 그리고는 토끼와 가장 친한 거북이에게 그 임무를 내렸다. 거북이는 그날부터 시름시름 걱정에 잠기기 시작하였다. 우정을 지키자니 충성심이 죽고, 충성심을 지키자니 우정이 죽는 상황이었다. 어느 날부터인가 친구인 거북이가 힘이 없는 걸 본 토끼는 그 이유를 물었다.

－중략－

　토끼는 거북이에게 다음과 같은 편지를 주고 용왕님이 도장을 받아오라고 했다.
　"저의 몸에서 간만을 드리도록 하겠습니다."

－중략－

　용왕님 앞에 선 날, 토끼는 자신있게 용왕의 도장이 찍힌 편지를 보여주며 "제 몸에서 간만 가져가십시오. 그러나 피 한 방울도 흘려서는 안 됩니다."라고 말하였다.
　지혜로운 토끼의 말을 들은 용왕은 그 지혜를 칭찬하고 토끼를 살려주었다.

위에서 설명한 이야기 쓰기를 활용한 독서지도 방법을 정리하여 나타내면 다음과
같다.

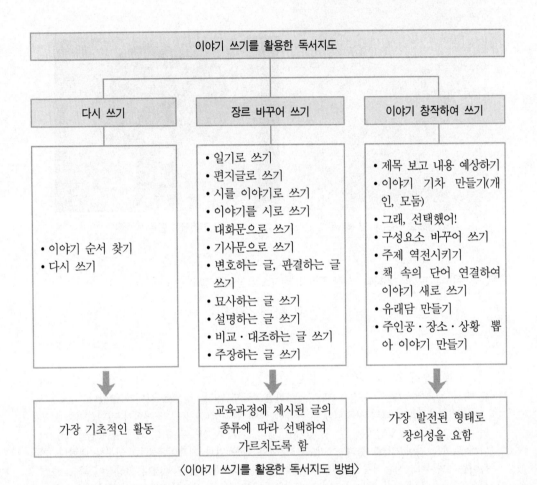

〈이야기 쓰기를 활용한 독서지도 방법〉

제 4 장

독서일기 쓰기를 통한 독서 습관 지도

1. 독서일기의 개념

1) 독서일기의 뜻

누구나 책을 읽고 나면 책에 대하여 좋든 나쁘든 어떤 생각이나 느낌을 떠올리기 마련이다. 단순하게 '재미있다', '좋다'라고 느끼기도 하고 책과 관련 있는 개인적인 경험을 떠올리면서 복합적인 감정을 드러내기도 한다. 더 나아가서 그 경험에서 가졌던 생각이나 느낌을 책에 대한 느낌과 종합해서 새로운 생각이나 느낌을 만들어내기도 한다. 굳이 개인적 경험과 연관 짓지 않더라도 책의 주제나 소재, 등장인물의 성격·행동 등을 비평하거나 자신의 생활에 적용해 보는 형태로 생각과 느낌을 표현할 수도 있다. 독서일기란, 이렇게 학생이 읽은 책과 관련하여 떠올리는 수많은 생각과 느낌 중에서 예전의 경험과 관련이 있거나 또는 생활에 적용해 보고 싶은 것 한 가지를 골라서 쓰되, 일정한 주기(週期)를 가지고 지속적으로 쓰는 글을 말한다.

2) 독서일기의 특성

독서일기는 책을 읽고 난 후의 생각이나 느낌을 쓴다는 점에서 볼 때 독후감쓰기와 공통점이 있고, 일기의 형식으로 쓴다는 점에서 보면 일기쓰기의 특성까지 두루 갖추고 있다. 이것을 정리하면 다음의 6가지로 구분할 수 있다.

첫째, 독서일기는 학생이 책을 읽고 떠오른 생각이나 느낌이 중심 내용이 된다. 다만, 학생이 생각이나 느낌을 떠올린 날과 책을 끝까지 다 읽은 날이 꼭 일치하지 않을 수 있다. 왜냐하면 책에 대한 적절한 생각과 느낌은 꼭 책을 다 읽은 날에만 떠오르는 것이 아니기 때문이다. 책표지만 보고서 또는 책을 읽는 중에 어떤 생각이나 느낌이 떠오를 수 있고, 책을 다 읽은 후에 심지어는 책을 읽고 어느 정도 시일이 지난 어떤 날에 생각이나 느낌이 떠오를 수도 있다.

둘째, 학생은 독서일기를 쓸 때, 책과 관련한 자신의 개인적인 경험을 예로 들어 설명하거나 제시한 의견에 대한 근거 자료로 활용할 수 있다. 특히, 읽는 책이 문학류일 때 그 내용 대부분이 현실 세계에서 일어날 수 있는 일들이기 때문에 학생이 그와 비슷하거나 똑같은 경험을 하였을 가능성이 크다. 그럴 때, 학생은 '나는 이럴 때 이렇게 생각하고 행동했었는데 등장인물은 이렇게 생각하고 행동하는구나', '그 때 나는 이렇게 해서 이러한 결과를 얻었는데 등장인물도 이렇게 행동해 보면 어떨까?' 등의 방법으로 등장인물에 대한 의견을 뒷받침하는 근거로 학생의 경험을 사용할 수 있다.

셋째, 학생은 예전에 책과 관련한 경험을 할 때 얻게 된 가치관이나 세계관에 근거해서 책 속의 내용을 비평한다. 사람은 경험을 통하여 세상을 바라보는 시각을 하나씩 형성해 내간다. 이 때, 사물에 대하여 긍정적인 시각을 가질 수도 있고 부정적인 시각을 가질 수도 있다. 이렇게 형성된 세계관이나 가치관은 사람에 따라 다를 수 있기 때문에, 동일 대상이라도 책의 내용에 대하여 글쓴이와 또는 나 외의 다른 독자와 전혀 다른 평가를 내릴 수 있다. 이럴 때 비평적 읽기가 가능하다. 학생은 책 속의 특정 사항에 대하여 왜 그렇게 생각하는지 그 이유를 분명하고 구체적으로 밝혀 씀으로써 남과 다른 독서일기를 완성하게 된다.

넷째, 학생은 독서일기를 쓰면서 책에서 얻은 좋은 아이디어를 실제 자신의 생활에 적용하고자 하는 계획을 세울 수 있다. 책을 읽다 보면 각양각색의 개성을 가진 작가들이 생각해낸 다채롭고 독특한 생각들을 많이 접할 수 있다. 이 중에는 평소에 학생이 생각지도 못한 기발한 아이디어가 많이 있다. 그래서 학생이 책을 읽으면서 '나도 한번 이렇게 해 봐야지'하는 생각들을 가질 수 있다. 예전에 미처 생각하지 못해서 좋은 결과를 내지 못했던 상황과 비슷한 상황을 또다시 접하게 되면, 이렇게 좋은 생각을 이러한 상황에 적용하면 이런 결과를 얻지 않을까 하는 생각들을 정리해 모의(模擬) 상황을 설정하여 직접 적용해 보는 형식으로 글을 쓸 수 있다.

다섯째, 독서일기는 표현 방법에 제한이 없다. 이것은 일기의 표현 형식에 제한이 없듯이 독서일기 또한 장르에 구애받지 않고 표현 방법을 다양하게 할 수 있다는 것을 말한다. 삼행시나 시, 편지, 만화 등 장르를 다양하게 할 수 있고, 수업 시간에 하는 것이라면 역할극, 마임, 율동 등 움직임으로 표현하고 활동 소감을 글로 남길 수도 있다. 선, 형, 색 등의 미술적 요소나 노래, 가락, 리듬 등의 음악적 요소를 가미하여 모둠별로 발표하는 방법으로 표현하는 것도 가능하다.

여섯째, 독서일기는 파일의 형식으로 포트폴리오하여 내용을 정리함으로써 여러 형태의 자료를 끊임없이 누가해나간다. 대부분의 학생은 공책에 생각이나 느낌을 쓰게 마련인데, 이는 학생에게 글로만 생각을 표현하게 하는 무언의 제약을 줄 수 있다. 글로써 생각을 다 표현할 수 있지만 보다 효과적이고 생생한 표현을 위해서는 그 범위를 좀 더 넓혀줄 필요가 있다. 예를 들면, A4 용지 크기를 기준으로 표현 내용에 따라서 그 크기를 조금씩 다르게 할 수 있다. 백지로 주기보다는 책 내용에 따라서 학생의 생각과 느낌을 가장 효과적으로 표현할 수 있는 방법을 고안하여, 그 때마다 조금씩 다른 형식을 제시해 주면 더욱 좋다. 이를 위해서는 공책처럼 일정한 형식에 정해진 분량으로 된 표현 양식을 사용하기보다 읽은 책의 내용에 맞게 표현 양식을 그때그때 정하는 것이 보다 합리적이다. 이 방식을 따르자면 학생이 독서일기를 써서 조금씩 다르게 표현한 결과물들이 나올 때마다 파일처럼 계속 누가해 나가게 된다.

3) 독서일기 쓰기와 일기쓰기의 비교

가. 독서일기 쓰기와 일기쓰기의 공통점

독서일기가 일기의 형식과 내용을 일부 따르는 것인 만큼 둘 사이에는 공통점이 많다. 먼저, 독서일기와 일기는 둘 다 학생이 특정 경험에서 떠올린 생각이나 느낌을 중심 내용으로 다룬다. 일기가 학생이 그 날 경험한 일에 대하여 떠오르는 생각이나 느낌을 중심으로 쓰는 글이라면, 독서일기 또한 학생이 책을 읽은 경험에 대하여 떠오르는 생각이나 느낌을 중심으로 글을 쓰는 것이라는 점에서 공통점이 있다. 글을 쓰기 전에 학생이 글을 쓰는 날짜를 기록하고 시작하는 것이 일치하고, 학생이 생각과 느낌을 표현하는 형식과 내용에 거의 제한을 받지 않는다는 것 또한 유사하다. 독서일기와 일기에서는 경험에 대한 학생의 생각이나 느낌이 개인적이고 주관적인 성향이 강할 뿐 아니라, 일정한 주기를 가지고 지속적으로 쓰는 글이라는 점에서 맥을 같이 한다.

나. 독서일기 쓰기와 일기쓰기의 차이점

독서일기 쓰기와 일기쓰기의 가장 큰 차이점은 독서의 유무(有無)에 있다. 독서일기는 학생이 책과 관련한 개인적인 경험을 연상하여 생각과 느낌을 표현하는 반면, 일기쓰기에서는 학생이 생활 속에서 경험하는 모든 것들에 대하여 떠오르는 생각이나 느낌을 표현한다. 그래서 독서일기 쓰기에서의 소재는 학생이 읽은 책과 관련 있는 경험이 그 대상이 되나, 일기쓰기에서는 학생이 일상에서 접하는 모든 경험이 다 소재가 될 수 있다. 여기서 관심을 둘 만한 사항은 학생들은 매일매일 비슷한 생활을 하기 때문에 날마다 새로운 경험을 할 가능성이 극히 드물다는 것이다. 주위를 살펴보면 비슷한 경험 속에서 조금씩 다른 생각을 하려고 무척이나 애쓰는 학생들의 모습을 쉽사리 발견할 수 있다. 생각만큼 좋은 일기를 쓰기 어려운 이유가 여기에 있다. 반면, 독서일기의 경우는 매일 새로운 책을 읽을 수 있기 때문에 학생이 조금만 노력하면 책 내용과 관련해서 어제와 다른 새로운 경험을 항상 끄집어낼 수 있다. 다만, 학생의 기억 속에서 책과 관련한 경험을 보다 쉽고 풍부하게 찾아낼 수 있도록 교사의 적절한 안내와 지도가 필요하다.

일기는 생활 속에서 소재를 취하기 때문에 학생이 특별한 관심이나 흥미가 없으면 새롭고 남다른 경험이 없는 한, 신변잡기적이면서 비슷비슷한 하루 생활에 대한 내용이 대부분이다. 특정 분야에 대한 학생의 관심이 남달리 많을 때는 그 분야에 관한 비슷비슷한 내용으로 일관할 때도 있다. 식습관에 비유하자면 한두 가지의 음식만을 집중적으로 먹는 편식과 같다고 하겠다. 독서일기의 경우는 학생이 읽은 책의 종류에 따라서 철학, 특정 전문 분야 등 인간이 발견한 모든 영역의 내용을 다 포괄할 수 있다. 이는 학생이 골고루 선택하려고 노력하지 않아도 읽는 책의 주제나 내용이 다양한 경험을 떠올리게 한다는 것을 뜻한다. 같은 류(類)의 창작동화라 하더라도 그 책이 내포한 주제나 소재가 다르기 때문이다.

위와 같은 이유 때문에 교사가 일기쓰기를 지도할 때 생활 속에서 오늘의 경험에서 어제와 다른 소재를 찾는 방법, 비슷한 소재 속에서 남다르고 적절한 주제를 선정하는 방법, 글을 짜임새 있게 쓰는 방법 등에 집중하게 된다. 하지만 독서일기 쓰기를 지도할 때는 좋은 책을 고르는 방법부터 책 내용을 바르고 정확하게 이해하는 방법, 책과 관련 있는 개인적인 경험을 연상하는 방법, 책의 주제나 등장인물의 생각과 말, 행동에 대하여 근거를 들어가며 비평하는 방법, 짜임새 있게 글쓰는 방법 등 보다 복잡한 지도 과정이 필요하다. 마지막으로, 일기를 쓸 때는 흔히 규격과 분량이 정해진 공책을 사용하지만, 독서일기의 경우는 포트폴리오 방식을 취하기 때문에 규격과 분량에 거의 제한이 없다.

4) 독후감상문쓰기와 독서일기 쓰기

가. 독서일기 쓰기와 독후감상문쓰기의 공통점

먼저, 둘 다 학생이 책을 읽고 떠오른 생각과 느낌을 표현한다는 점에서 공통점을 찾을 수 있다. 학생의 표현 능력에 따라서 생각과 느낌을 표현하는 데까지 이르지 못하고 대강의 내용만 요약하는 데서 그칠 경우가 있다. 이것 또한 읽은 책에 관한 내용을 쓰는 것이기 때문에 학생이 어떤 소재와 주제로 글을 쓸 것인가에 대해서 고민하는 시간을 줄일 수 있다. 둘째, 표현 방법이 다양하다. 최근 독서 교육의 중요성이 강조됨에 따라 다양한 독후감상 활동지가 아주 많이 개발되었다. 인터넷 검색 도구에 '독후감상문'이라는 단어를 써 넣기만 하면 수십 가지에 이르는 관련 자료를 얻을 수 있을 정도이다. 이것은 책을 읽고 떠오르는 생각과 느낌을 표현하는 방법이 그만큼 다양하다는 것을 나타낸다. 셋째, 책 내용에 대하여 학생 나름의 생각과 느낌을 표현한다는 점에서 주관적인 성격이 강하다고 할 수 있다. 사람마다 대상을 바라보는 시각이 다를 수 있고 생각하는 방법에 차이가 날 수 있다. 예를 들어, 학급에 35명의 학생이 있다면 동일한 책을 읽고 떠올린 생각과 느낌도 35가지가 나올 수 있다.

또, 책을 읽고 쓰는 글이기 때문에 반드시 글을 쓰기 전에 책 내용에 대하여 정확한 이해가 선행되어야 한다. 생각이 많고 감성이 풍부한 학생일 경우, 글 자체만을 보았을 때 책 내용과 관계없이 생각이 창의적이고 짜임새 있는 글을 쓸 수 있다. 그러나 독서일기 또는 독후감상문의 특성을 생각할 때, 책의 주제 또는 내용을 잘못 이해한 것에서 비롯한 생각과 느낌은 독서일기 또는 독후감상문으로서 그 가치를 찾을 수가 없다. 그 학생의 경우 책 내용을 바르게 이해하고 있는 다른 학생들과 토의·토론을 할 때 주제를 바르게 파악하고 있지 못하기 때문에 건실하고 활발한 대화를 나눌 수 없다. 핵심을 모르고 그저 생각과 느낌만 풍성한 창의적인 말과 글은 대상 없이 외치는 메아리와 같다고 할 수 있다.

나. 독후감상문 쓰기와 독서일기 쓰기의 차이점

학생들이 사용하는 독후감상문의 양식을 보면 보통 책을 읽은 기간과 독후감상문을 쓰는 날짜를 같이 기록하게 되어 있는 것이 많다. 책을 읽고 거기서 떠오르는 생각과 느낌을 쓰는 글이기 때문에 책을 읽은 기간이 중요한 의미가 있다고 생각하기 때문이다. 이렇게 책을 읽은 기간을 표시하게 하다 보니 주로 책을 마지막 장까지 다 읽은 연후에야 독후감상문을 쓰는 것이 관례인 것처럼 생각하는 학생들이 많다. 분량이 적은 책의 경우는 괜찮은데, 분량이 다소 많은 책의 경우는 아무리 재미있는 내용이라 하더라도 학생이 책을 다 읽었을 때 그 내용을 세세하게 기억하기 어렵다. 이런 특성 때문에 학생은 책을 읽은 즉시 떠오른 생각과 느낌이 사라지기 전에 빨리 글을 쓰고자 하는 경향이 있다. 학생의 이러한 고충을 고려해서 독후감상문 형식 중에 주인공 그리기, 인상 깊은 장면 그리기, 주인공에게 편지 쓰기 등 학생이 대강의 내용 또는 책이 전하는 주제에 대하여 대충 감만 잡고 있어도 학습지를 금방 뚝딱 해결할 수 있게끔 되어 있는 것들이 있다.

반면 독서일기는 책을 읽은 기간보다는 책을 읽고 떠오르는 생각과 느낌에 비중을 더 두기 때문에 일기를 쓰는 날짜를 중요하게 생각하고 그것을 기록하게 한다. 독서일기 쓰기에서는 책과 관련한 생각과 느낌이 학생이 책을 다 읽고 난 다음에만 떠오르는 것이 아니라는 것을 강조하기 때문이다. 책을 읽기 전에 책표지나 서문, 글쓴이 소개 등을 보고 생각이나 느낌이 떠오를 수도 있고, 책을 읽는 중에 등장인물의 생각이나 말, 행동 또는 중요 사건을 보고 떠오를 수도 있다. 더 나아가서 학생이 책을 다 읽고 그것과 관련 있는 예전의 경험을 떠올려서 생각과 느낌을 표현하는 것 뿐 아니라, 오늘 경험한 일로 인하여 예전에 읽었던 책 내용이 인상 깊게 떠오른다면 그것을 내용으로 하여 글을 쓸 수 있다. 독서일기 쓰기에서는 책과 관련해서 학생의 경험을 어떻게 접목시킬 것인지, 책의 주제 또는 등장인물의 사고에 대하여 학생의 가치관/세계관을 어떻게 비교할 것인지가 더 중요하다고 할 수 있다.

마지막으로, 독후감상문은 '독서 300운동'의 일환으로 학교/학급별로 정형화된 틀과 일정한 분량이 있는 독서기록장을 따로 마련해서 사용하는 경우가 많다. 학년에 따라 학생의 표현 능력에 차이가 나는 것을 고려하여 저·중·고 또는 저·고학년으로 구분하여 책자를 만들거나 다양한 표현 활동에 초점을 맞추어서 학년 구분 없이 여러 양식의 독후학습지로 책자 내용을 구성하기도 한다. 책을 많이 읽고 표현 활동이 왕성한 학생은 이렇게 주어진 기록장 한 권을 다 채우는 데 많은 시간이 걸리지 않는다. 그 학생은 담임 교사로부터 똑같은 새 기록장을 한권 더 받아서 예전에 했던 양식에 내용만 바꾸어 독후학습지를 누가해 간다. 이런 활동을 많이 할수록 좋지만 학생이 표현하고 싶은 양식을 임의로 활용할 수 없는 불편함이 있다. 독서일기에서는 자료를 포트폴리오함으로써 규격과 분량에 거의 제한을 두지 않아서 학생의 창의적이고 자율적인 표현 기회를 더욱 확대할 수 있다.

2. 독서 습관 형성을 위한 독서일기 쓰기 방법

1) 독서 환경 조성으로 독서 기회 확대하기

꾸준한 독서 습관을 기르려면 먼저 학생들이 책과 접할 수 있는 기회를 최대한 많이 가져야 한다. 학교마다 있는 도서관은 학생들이 서점까지 가지 않아도 읽고 싶은 책을 마음껏 읽을 수 있어서 독서 습관 형성에 중요한 역할을 한다. 그러나 쉬는 시간 또는 방과 후에야 이용 가능하고, 학교에 따라서 방학 때 이용 기간 및 시간에 제한을 두는 경우가 많아서 불편한 점이 있다. 이것을 보완할 수 있는 것이 교실의 작은 도서실화이다. 교실에 학급문고를 많이 확보해 두고, 또 수시로 교환하여 줄 수 있다면 학생들이 손쉽게 다독(多讀)할 수 있는 기회를 얻게 된다. 학급문고는 다음과 같은 방법으로 다량(多量) 확보할 수 있다.

① 매월 초에 한 학생 당 3~5권씩 학년 수준에 맞는 책을 학급에 제출하도록 한다.
② 출석번호 순으로 학생이 가지고 온 책의 목록을 작성한다.
③ 책꽂이에 꽂아 두고 여유 시간이 날 때마다 읽게 하되 집에는 가지고 가지 못하
　도록 한다.
④ 매월 마지막 주 토요일에 가지고 왔던 책을 다시 집으로 가져가게 한다.
⑤ 다음 달 월요일에 또 다른 책 3~5권을 가져오게 하여 한달 동안 교실에 둔다.

보다 많은 학급문고를 확보하고자 한다면 월별로 내는 학급문고 외에 아예 1년 동안 학급에 두고 읽게 할 마음이 있는 학생을 찾아서 원하는 만큼 책을 제출하게 한다. 이 책들은 월별로 교체하는 책과 구분하여 색지를 붙여 둠으로써 월말에 학생들이 되가져가는 책과 뒤섞이는 혼란을 방지한다. 이렇게 학급문고를 한 달에 한번 교체하게 되면 읽을 책이 없어서 독서를 못하겠다고 핑계 대는 학생 수가 점점 줄어드는 효과를 볼 수 있다. 읽든 읽지 않든, 눈에 띄는 책의 수가 많으면 그만큼 다양한 책을 접하게 되고, 그런 와중에 '이 책 한번 읽어볼까?' 하는 식으로 책에 대한 호기심을 가질 수 있다. 또, 학생이 읽고 싶을 때마다 읽을 수 있기 때문에 책과 접하는 시간이 그만

큼 많아지는 효과를 얻을 수 있다.

예시 학급문고 목록

4월 학급문고 목록

번호	이름	책	번호	이름	책
1	김경진	똥 봉투 들고 학교 가는 날 폭풍 마왕과 이반 왕자 안경 끼고 랄랄라	51	김나영	명견 래시 토끼와 거북 세 마리의 새끼돼지
2	김도일	똑딱똑딱 군고구마 잔치 침 튀기지 마세요	52	김도영	부끄럼양,말썽꾸러기쥐두마리이야기 게을러씨,글로스터의 재봉사 걱정씨,피터래빗이야기
3	김제현	당나귀 실베스터와 요술 조약돌 원시인은 살아 있다 자전거 도둑	53	김재연	거미 아난시 가슴 뭉클한 옛날 이야기 초대받은 아이들
⋮	⋮	⋮	⋮	⋮	⋮

2) 책제목으로 독서 흥미 불러일으키기

가. 독서 달력 활용

독서습관 형성을 위한 초기 단계에 적용하기 좋은 방법이다. 주위 달력들을 살펴보면 네모난 칸에 날짜만 큼직하게 적혀 있는 것이 있다. 그 달력의 형식을 본 따서 A4 용지를 넓게 두고 네모난 칸을 날짜 수만큼 만들되, 날짜를 왼쪽 윗부분에 조그맣게 쓴다. 그렇게 하면 여백이 많이 생겨서 학생이 글을 쓸 수 있는 공간을 쉽게 확보할 수 있다. 학생은 날짜별로 읽은 책의 제목만 기록한다. 생각과 느낌을 쓰지 않고 책의 분량이나 내용의 수준을 제한하지 않기 때문에 학생이 부담 없이 책을 읽는다.

학생이 매일 책을 읽는 것에 어느 정도 익숙해지면 제목 옆에 책에 대한 학생의 느낌을 '마음에 든다 / 그저 그렇다 / 마음에 들지 않는다'의 세 수준으로 구분해서 '◎,

○, △'로 표시하게 한다. 책 제목만 쓸 때는 책에 대한 학생의 생각과 느낌을 나타낼
방법이 없다. 표현 의욕이 왕성한 학생은 자신의 생각과 느낌을 나타낼 방법이 없어서
답답해 할 수 있다. 이런 학생들에게 위와 같이 감정을 기호로 표시하게 하면 책을 읽
는 또 다른 즐거움을 맛보게 할 수 있다.

〈독서달력〉

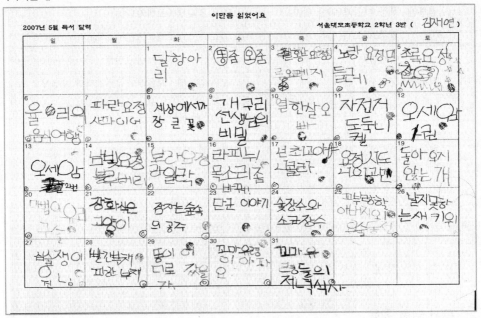

나. 독서탑 쌓기

말 그대로 학생이 읽은 책 제목을 탑 쌓듯이 아래에서 위로 하나씩 하나씩 적어가
는 방법이다. 제일 처음 읽은 책 제목이 제일 아래에 오고 나중에 읽은 책 제목일수록
위에 적히게 된다. 책에 대한 학생의 느낌까지 표시하게 하려면 '마음에 든다／그저
그렇다／마음에 들지 않는다'의 세 수준으로 느낌의 수준을 정한 다음 각각을 다른 색
의 사인펜 또는 색연필로 쓰거나 색칠하게 하면 좋다. 독서탑을 만드는 방법은 아주
간단하다. 먼저 전지(全紙) 등의 커다란 종이를 구해서 아래쪽에 출석 번호 순으로 학
생의 이름을 가로로 일정한 간격을 두고 적는다. 긴 제목을 쓸 때 옆 친구의 자리를

침범하지 않도록 학생 이름마다 연필로 연하게 칸을 그어 두면 좋다. 그런 다음에 교실 뒷칠판의 한 쪽에 잘 붙여 놓고 학생에게 책을 읽을 때마다 제목을 쓰게 하면 된다. 누가 책을 얼마만큼 읽었는지 금방 확인할 수 있어서 선의의 경쟁심까지 불러일으킬 수 있다.

3) 생각과 느낌 표현하기

가. 공책 활용

책을 읽고 떠오르는 생각이나 느낌은 학년에 관계없이 학생의 능력, 성향 등에 따라서 적을 수도 있고 많을 수도 있다. 그러나 그것을 글로 표현하는 양은 저학년일수록, 쓰기 능력이 떨어질수록 적어지는 것이 일반적인 현상이다. 교사가 이 점을 고려하여 학생에게 글쓰는 분량을 조금씩 차이 나게 쓰도록 지도할 수 있다. 이때는 독후감상문 한 편 당 A4 용지 한 장씩 쓰게 하는 것보다 공책을 사용하는 것이 실용적일 수 있다. 학년에 관계없이 줄공책을 사용하게 하면 편리하다. 처음에 독후감상문을 쓰는 날짜를 기록하게 하고, 그 다음 줄에 책 제목을 쓰게 한다. 그 아랫줄에 책을 읽고 떠오르는 생각과 느낌을 쓰고 싶은 만큼 쓰게 하면 한 편의 독후감상문이 완성된다. 다음 독후감상문을 쓸 때도 같은 순서로 반복하여 쓰게 한다. 다만, 공책의 크기가 A4 용지 크기보다 작기 때문에 나중에 한 권의 책으로 제본할 때 쑥 빠지지 않도록 신경을 써야 한다.

① 한두 문장으로 표현하기

한두 문장으로만 쓰게 하기 때문에 책을 읽고 떠오르는 생각과 느낌을 글로 표현하는 초기 단계에서 활용하기 좋다. 먼저 날짜를 쓰고, 다음 줄에 책 제목을 쓰게 한다. 첫 문장은 반드시 책에 대한 학생의 생각과 느낌을 핵심만 추려서 간결하게 쓸 수 있도록 한다. 그 다음에 그렇게 생각하는 이유를 쓰게 한다. '나는 ○○하다고 생각한다. 왜냐 하면 ○○하기 때문이다'처럼 일정한 양식을 제시하면 학생이 두 문장으로 책에 대한 느낌을 보다 쉽게 표현할 수 있다. 한 문장으로 표현하고자 할 때는 '○○

해서 ○○하다고 / ○○하게 생각한다'의 문장 표현 형태를 사용하게 하면 좋다. 많은 학생들이 글쓰는 것을 좋아하지 않지만 한두 문장으로 쓰라고 하면 쓸 분량이 적다는 매력 때문에 '그 정도면 간단하게 쓰겠다'라는 생각을 하게 된다.

〈독서공책 활용 방법 1-한두 문장으로 표현하기〉

✔ 4월 4일(이사라 학생)
① 2가지 질문으로 읽는 성서 : 예수님이 죽음을 당하시고 부활하실 때 기적 같았다. 왜냐하면 보통사람은 한번 죽으면 다시 태어날 수 없기 때문이다(예수님은 보통 사람이 아니라는 것을 알지만).

✔ 6월 17일(이정원 학생)
① 마법의 설탕 두 조각 : 엄마 아빠가 그 설탕을 먹고 렌켄의 말을 거역할 때마다 반으로 줄어들어서 신기했고, 렌켄의 엄마 아빠가 장난감 침대에서 주무시게 되자 재미있었다.

② 중심 문장과 뒷받침 문장으로 표현하기

문단의 개념을 이해하지만 여러 문단으로 글을 쓰는 능력이 다소 미흡한 학생들에게 적용할 수 있다. 한두 문장 표현법은 쓰기가 수월하지만 생각과 느낌을 구체적으로 표현하기 어려운 점이 있다. 이럴 때 먼저 생각과 느낌을 '나는 ○○라고 생각한다'는 형식으로 한 문장을 만들게 한다. 이어서 그렇게 생각하는 이유를 쓰게 하되 '왜냐 하면 ○○하기 때문이다'의 방법이 아니라, 여러 문장으로 나누어서 아주 구체적이고 자세하게 쓰게 한다. 많은 학생들이 '왜냐하면 ○○하기 때문이다' 이외의 방법으로 의견에 대한 이유를 쓰는 것에 대하여 낯설어 한다. 이는 교사가 쓰기 지도를 할 때 '왜냐하면~때문이다' 문장을 쓰지 못하도록 의도적으로 제한하여 주면, 학생들이 차츰 이유를 여러 문장으로 나누어서 구체적으로 쓸 수 있게 된다.

학생이 생각과 느낌을 집약해서 처음에 제시한 하나의 문장을 '중심 문장'이라고 하고 이어서 그것에 대하여 세세하게 설명한 문장들을 '뒷받침 문장'이라고 한다. 뒷받침 문장은 학생의 생활 경험을 예로 들게 하거나 책 또는 언론이나 인터넷 매체를 통하여 간접 경험한 것들을 예로 들어 설명하게 하면 좋다. 뒷받침 문장의 수는 5~8개 정도로 제한을 둘 수 있다.

〈독서공책 활용 방법 2 - 중심 문장과 뒷받침 문장으로 표현하기〉

✔ 6월 11일(최혜인 학생)

① 스칼렛 비니 : 나는 안 좋은 일이 있는 사람에게도 나중엔 좋은 일이 있다는 것을 깨달았
어요. 스칼렛도 집이 좁아서 불편한 일이 있지만, 결국 나중에는 야채성이 스칼렛의것이
됐잖아요. 나는 이 책을 읽고 정말 많은 것을 깨달았어요. 그런데 야채성이 나타난 것은
스칼렛 가족의 꿈 아닐까요? 진짜 사실이라면 나도 같이 살면 좋은데……. 야채성에 살
게 되니 스칼렛이 안 먹던 야채를 잘 먹지 않을까요?(단 초코릿은 안 먹구요) ㅋㅋ

③ 개요 짜기로 표현하기

　내가 왜 그런 생각을 갖게 되었는지 그 이유를 설명할 때, 여러 가지 내용을 쓰고
싶은데 각 항목별로 구체적인 사례 또는 설명을 길게 쓸 수 없는 학생에게 적용할 수
있다. 다시 말해서, 생각은 많은데 표현 능력이 부족한 학생이 부담 없이 사용할 수
있는 방법이다. 먼저 책에 대한 가장 핵심적인 생각과 느낌을 한 문장으로 만들어서
쓰게 한다. 생각과 느낌을 뒷받침할 수 있는 세부 항목을 3～4가지를 생각하게 하는
데, 문장이 아니라 낱말 또는 구(句) 중심으로 간단하게 쓰게 한다. 여기서 유의할 점은
쓰는 분량이 적은 만큼 각 이유들이 학생의 생각과 느낌을 충분히 뒷받침하는지, 타당
성과 합리성을 갖추고 있는지 다시 한 번 생각하게 한다. 이 때, 마인드 맵, 뿌리내리
기, 수레바퀴 굴리기, 기차 연결하기 등 개요 짜기의 틀을 다양하게 사용할 수 있다.

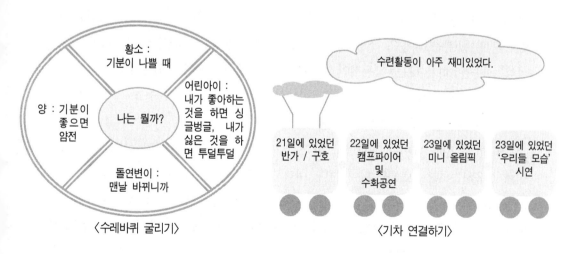

〈수레바퀴 굴리기〉　　　　　　　　　　　〈기차 연결하기〉

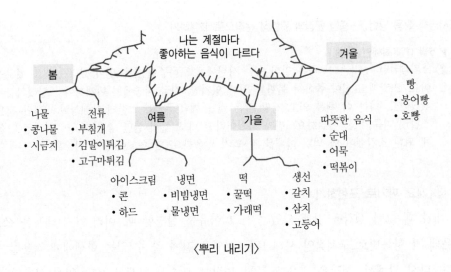

〈뿌리 내리기〉

나. 미니북 활용

알차고 짜임새 있게 글을 쓰는 것도 중요하지만 그러한 활동을 계속 반복할 때 학생이 지겨워할 수 있다. 책을 읽고 떠오른 생각과 느낌을 창의적이면서 정확하게 표현할 수 있다면 공책이 아닌 다른 양식으로 표현할 수 있게 하는 것도 좋다. 미니북의 경우는 학생이 출판사 사장이 된 듯한 즐거운 상상을 할 수 있고 책에 대한 이해에서 비평적 내용까지 고루 담을 수 있다. 미니북의 앞뒤 표지는 원본을 보고 그대로 베끼게 하기보다 책의 내용을 가장 잘 나타낸다고 생각하는 것을 특징적으로 표현할 수 있도록 한다. 본문 내용은 학생이 알아서 쓰게 하지 말고 등장인물 소개, 줄거리, '재미있는 / 슬픈 / 화가 나는 / 감동적인 / 무서운' 장면, 작가 또는 등장인물과의 인터뷰, 독서퀴즈, 낱말퍼즐, 내가 주인공이라면 등등 여러 내용들을 제시해 주고 그 중에서 각 쪽마다 하나씩 선택하여 표현하게 한다.

책 한 권 읽을 때마다 미니북도 한 권씩 완성하여 열권이 모이면 상표(賞票) 또는 이에 상응하는 다른 보상을 하여 준다. 미니북을 모을 때는 우유팩을 뚜껑 없는 상자 모양으로 잘라서 그 곳에 끼우게 한다. 열권을 다 채운 우유팩은 교실 한 쪽에 자리를 마련해서 우유팩에 학생 이름을 써서 놓아두게 한다. 그렇게 하면 학급문고를 뽑으러 가는 학생의 눈에 띌 것이고 자주 접하다 보면 '이 친구가 어떤 책을 읽었을까?', '책을 읽고 어떤 생각을 하였을까?'하는 생각이 들어서 미니북을 뽑아 읽을 것이다. 다른 친구가 읽고 표현한 생각과 느낌을 읽다가 '이 책을 한번 읽어볼까?' 하고 그 책을 찾아서 읽는 기회를 가질 수도 있고, '내가 이 책을 읽었을 때는 이런 생각을 했었는데' 하면서 직접 미니북을 만들 수도 있다. 이렇게 미니북을 학급문고처럼 활용하면 학생의 이해와 표현 의욕을 북돋우고 보다 많은 독서 기회를 제공할 수 있다.

다. 교과서 활용

① 읽기 방법의 전략화

교과서에 나오는 글을 읽는 것도 아주 중요한 독서 활동이다. 그저 시험을 보기 위한, 학교 공부만을 하기 위한 글이라고 생각하여 책에 나와 있는 질문 몇 가지만 대충 해결하고 넘어가지 않도록 한다. 교사가 글 내용과 관련해서 학생의 창의적이고 독특한 생각을 이끌어내는 활동을 계획하여 수업에 적용하면 일 년 내내 수업을 통한 독서지도를 할 수 있다. 학생은 학교에서 교사의 지도하에 꾸준하게 독서 활동을 하며, 공부하고 시험 점수를 잘 얻기 위해 읽는 줄 알았던 교과서 글들을 어떻게 읽느냐에 따라서 아주 재미있게 독서할 수 있다는 것을 알 기회를 가지게 된다. 특히 시, 동화 같은 문학류의 글을 다룰 때, 학생이 등장인물이 되었다고 가정하거나 등장인물이 내 앞에 있다고 생각하고 대화하듯이 읽게 하면 아주 재미있게 읽기 활동을 할 수 있다. 수업 시간에 사용할 있는 읽기 방법은 ① 등장인물 되어보기, ② 등장인물 의인화하기, ③ 등장인물과 대화하기의 세 가지 방법으로 구별할 수 있다.

✔ 등장인물 되어보기
- 글에서 이야기하는 사람이 누가 있는지 찾는다.
- 그 사람이 글에서 어떻게 생각하고 행동하는지 생각한다.
- 내가 그 사람이 되었다고 가정하고 질문에 맞게 생각하여 답을 쓴다.

✔ 등장인물 의인화하기
- 글에서 사람처럼 말하고 행동하는 인물이 누구인지 찾는다.
- 그 인물이 글에서 어떻게 생각하고 행동하는지 생각한다.
- 내가 그 인물이 되었다고 가정하고 질문에 주어진 상황에 맞게 생각하여 답을 쓴다.

위의 읽기 방법에 인터뷰하기, 소개하기, 무대 장치 꾸미기, 마임으로 표현하기 등 학생들이 수업에 적극적으로 참여할 만한 활동을 접목시키면 독서 활동을 더욱 활성화시킬 수 있다. 이 때, 교사가 학생에게 학습 활동을 하는 동안 글의 내용에 대하여 떠오른 생각이나 느낌을 간단하게 정리할 수 있는 학습지를 만들어 줄 수 있다. 결과물의 형태는 시, 줄글, 그림, 소감문, 인터뷰 내용 등 다양하게 사용할 수 있게 한다. 학생이 학습 결과물을 제출하면 그냥 개인 파일에 꽂아두게 하지 말고 모두 모아서 하나의 파일에 정리하여 둔다. 정리한 파일을 학급문고 책꽂이에 꽂아 두면, 학생들이 학급문고 빼서 읽듯이 수업 결과물 파일을 수시로 읽게 되므로 수업 내용에 대하여 자연스럽게 피드백까지 할 수 있다.

〈등장인물 되어보기 – 일기쓰기〉

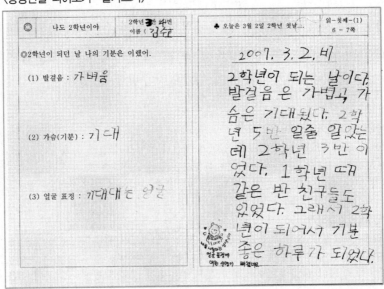

〈등장인물 의인화하기 – 마인드 맵〉

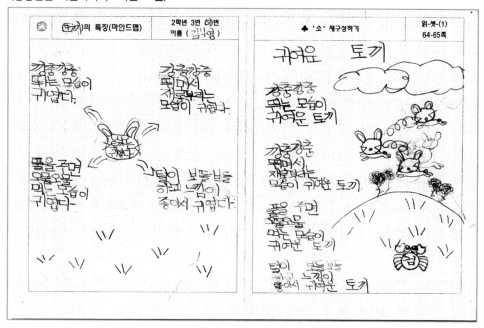

〈등장인물과 대화하기 – 인터뷰하기〉

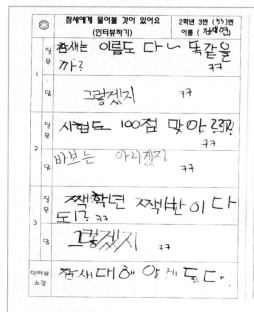
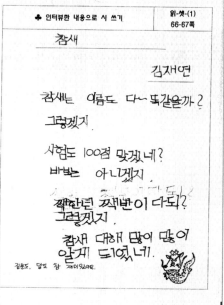

② 이야기 분석하기

이야기 요약법을 응용·확장한 것으로 책에 대한 직관적인 이미지부터 감상의 심화 단계까지 학생의 머릿속에서 일어나는 과정을 순차적으로 풀어서 표현할 수 있도록 하였다. 이야기 요약법(주인공 / 상황 / 동기 / 행동 / 방해 / 결과)은 사건 구성이 간단하고 분량이 짧은 글의 내용을 단번에 간추릴 때 좋다. 반면, 사건 구조가 복잡하고 장편인 글은 관점이 여러 가지로 나뉠 수 있기 때문에 전체 내용을 한 번에 요약하기 어렵다. 이를 보완해서 이야기 분석하기 방법에서는 읽기 전 활동부터 읽기 후 활동까지 모두 5장의 학습지로 구성해서 생각의 과정을 세분화시켰다. 학생이 읽기 전 상상 활동으로 책 내용에 대한 호기심을 유발하고, 이야기 요약하기 과정을 통하여 책 내용을 정확하고 바르게 이해한 다음, 읽기 후 활동에서 떠오르는 생각과 느낌에 맞게 이야기를 새롭게 재구성할 수 있도록 하였다.

학습지는 학생이 생각한 내용을 마인드 맵 형식으로 정리할 수 있게 구성한다. 가운데는 읽은 책 제목을 쓸 수 있게 칸을 비워 두고, 각 학습지마다 네 개의 큰 가지를 두어서 떠오르는 생각과 느낌을 낱말 또는 구 중심으로 간단하게 기록하게 한다.

〈읽는 중 활동 학습지 ①〉

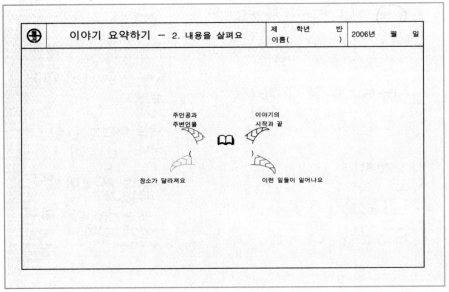

각 단계별 학습지에 들어갈 큰 가지의 내용을 정리하면 다음과 같다.

✔ 읽기 전 활동(1회) : 책에 대한 직관적인 이미지 형성
- 출판사 : 설립 취지, 출판 목적, 회사 로고 등
- 그림 : 앞표지, 뒤표지 그림 설명과 느낌
- 지은이 : 약력, 쓴 책, 하고 싶은 질문 등
- 인상 깊은 낱말(문장) : 낱말(문장)에 대한 느낌, 관련 있는 책 연상

✔ 읽는 중 활동(2회) : 책 내용에 대한 정확하고 바른 이해
⑦ • 주인공과 주변 인물 : 인물의 성격 및 행동에 대한 평가
- 이야기의 시작과 끝 : 사건의 발단과 결말 찾기
- 주요 사건들 : 이야기를 이끌어가는 주요 사건들의 전개 과정 설명
- 생각 및 행동의 변화 : 이야기 전개 과정 중에 인물들의 생각과 행동의 변화 과정을 전후 순서대로 설명
⑭ • 마음에 드는 사건 찾아 쓰고 그렇게 생각하는 이유 설명
- 고쳐서 쓰고 싶은 장면 찾아 쓰고 그렇게 생각하는 이유 설명
- 바꾸고 싶은 등장인물 : 인물의 성격을 바꾸거나 아예 삭제 또는 새로운 인물을 등장시켜 이야기 전개 과정에 변화를 줌
- 직접 그리고 싶은 장면 : 책에 나오는 삽화를 그대로 그리는 것이 아니라 머릿속에 상상한 장면을 그림

✔ 읽은 후 활동(2회) : 관련 경험 떠올리며 책에 대한 생각과 느낌 정리
⑦ • 관련 있는 경험 떠올리기 : 비슷하거나 정반대의 상황, 사건의 일부분과 관련
- 당시 나의 생각과 행동 : 관련 경험 당시 내가 했던 생각과 그에 따른 행동을 떠올리기
- 당시의 나에 대한 평가 : 일정 시간이 흐른 지금 그 당시 내가 했던 생각과 행동 다시 생각해 보기
- 등장인물에게 할 말 하기 : 나의 경험에 비추어 등장인물 중의 한 명을 정하여 하고 싶은 말하기
⑭ • 표현하고 싶은 대로 : 앞서 답한 여러 항목 중에서 표현하고 싶은 부분을 마음에 드는 방법으로 표현하기

---

③ 교과 관련 도서 활용

교과 내용을 가르칠 때 주제 또는 내용과 관련 있는 도서를 읽게 할 수 있다. 교과서가 아주 훌륭한 교수·학습 자료의 하나라면 교과 내용과 관련 있는 책 또한 교과서 내용을 보충하는 좋은 교수·학습 자료가 될 수 있다. 국어과에서 원전(原典)이 길

어서 전부 다 싣지 못하고 일부만 싣거나 원전의 내용을 교육 의도에 맞게 수정해서 제시한 글을 다룰 때, 학생에게 원전을 찾아서 읽게 하는 것은 이미 많은 교사들이 하고 있다. 위인과 관련하여 역사적 사실이나 당시의 사회·경제적 상황 등에 관한 자료를 찾을 때, 설명하는 글에서 설명 대상에 대한 책을 찾아 읽고 정보를 보충할 때, 주장하는 글에서 의견을 뒷받침할 또 다른 근거를 책에서 찾을 때 학생에게 책을 읽게 할 수 있다. 이런 활동들은 대부분 선택 또는 심화 단계에서 적용하기 때문에 학생의 활동 결과를 발표하는 것으로 끝내고 마는 경우가 많다. 교과서가 수업 목표를 달성하기 위하여 학생의 사고를 이끄는 체계적인 발문과 과제 수행 체제를 갖추고 있음을 고려할 때, 교과 관련 도서를 제시할 때도 교사가 어떤 형태로든 학생의 사고를 안내할 수 있어야 한다. 원활한 사고 작용을 돕고 수업 목표를 최대한 많은 학생이 성취할 수 있도록 하려면, 수고스럽지만 교사가 유목적적인 활동이나 학습지를 교육 내용에 맞추어서 설계하여 수업에 적용하는 것이 좋다.

〈교과 관련 도서 활용－슬기로운생활과〉

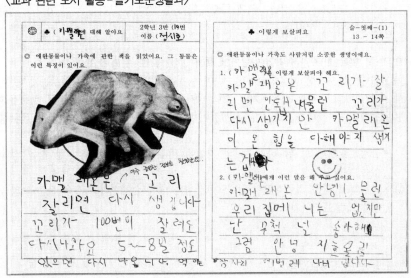

④ 권장도서 활용

'독서 300운동'의 일환으로 학교마다 학년별 권장도서 목록이 20권씩 또는 50권씩 정해져 있다. 보통 학교 도서관에 한두 권씩 구비하여 놓고 학생들에게 읽으라고 독려하는 경우가 많다. 이럴 때 목록을 나눠 주고 그냥 학생 개인이 알아서 읽게 하는 것보다 교사가 보다 적극적인 방법으로 권장도서를 읽게 하면 좋다. 예를 들면, 힘이 들더라도 교사가 권장도서를 일일이 읽고 각 책마다 내용에 대한 질문 5~6가지를 간결하게 만들어 제시할 수 있다. 이야기에서 주요한 사건에 해당하는 것, 등장인물의 성격, 상황에 따른 등장인물의 마음 상태, 만약 나라면 어떻게 하였을지 등에 대한 내용으로 질문을 구성한다.

학습지를 그냥 나누어 주는 것보다 권장도서 목록에 '학부모 / 선생님 확인'란을 만들어서 학생이 학습지를 해결할 때마다 부모님과 담임 선생님의 확인을 받게 하면 더욱 좋다. 이렇게 하려면 학습지를 누가하여 모을 수 있는 파일철이 필요하다. 학생 개별로 하나씩 준비하게 한 다음, '책벌레의 수다' 등 파일 제목을 재미있게 정해서 이름과 함께 표지에 붙여 준다. 처음 파일을 나눠 줄 때, A4 한 쪽 정도의 분량으로 책 읽는 방법, 권장도서 목록과 학습지 활용하는 방법, 책을 많이 읽었을 때의 보상 등에 대한 내용을 자세하게 안내해서 파일에 넣어 줄 수 있다. 교사의 직접적인 설명을 듣지 못한 학부모가 읽고 학생이 독서하는 것을 조력하는 데 도움이 된다. 일주일에 한 권 정도 읽도록 하는 것이 좋으나 학생의 독서 의욕에 따라서 일주일에 서너 권을 읽기도 하고, 한 권도 읽지 않을 수 있다. 학생에 따라서 적절하게 지도한다.

〈권장도서 활용 학습지〉

🔵	1. 감자꽃	읽기 방법	등장인물 의인화하기
	2학년 ( )반 ( )번 이름 ( )		

안녕? 나는 감자야. 시 〈감자꽃〉에 나오는 등장인물이야.

1. 나는 예쁜 꽃을 피우는데 무슨 색이냐면 (   )과 (   )이야.

2. 신기하게도 나는 꽃과 같은 색깔을 가지고 있어. 꽃이 자주색이면 나도 (   ), 꽃이 흰 색이면 나도 (   )이야.

3. 세상에는 원래 그런 일들이 있어. 내가 꽃과 같은 색을 가지고 있는 것도 태어날 때부터 그랬어. 이것 말고 지구가 생겨날 때부터 항상 그랬던 일들에는 또 무엇이 있을까?

3. 독서일기 쓰기 지도 시 유의할 점

1) 교사의 태도

가. 책을 읽는 자세

학생에게 독서지도를 하려면 먼저, 교사가 아동도서를 즐겁고 아주 흥미 있게 읽을 마음의 준비를 하고 있어야 한다. 교사가 책 내용에 흥미를 느끼지 못하면 책에 대하여 별다른 생각과 느낌을 가질 수 없어서 학생의 다양하고 창의적인 사고를 이끌어낼 발문(發問)을 생각하기 어렵다. 교사는 그저 그러한 일반적인 발문에 적극적으로 응답할 학생이 많지 않다는 것을 잊지 말아야 한다. 둘째, 독서지도를 하는 교사는 어른이고, 독서하는 학생은 어린이라는 것을 항상 잊지 않도록 한다. 같은 또래끼리 같은 책을 읽고서도 떠오르는 생각과 느낌이 다 다른데 하물며 나이 차이가 최소 몇 년에서 최고 몇 십 년까지 나는 교사와 학생 사이라면 그 정도의 차이는 더 클 것이다. 어른인 교사는 유아도서를 읽더라도 지금껏 살아온 인생 경험을 떠올리면서 다양하고 참신한 주제 및 생각거리를 풍성하게 찾아낼 수 있다. 어린이인 학생은 경험이 다양하지 못하기 때문에 책에 아무리 풍부하고 좋은 주제가 있다 하더라도, 그것을 하나 또는 둘 정도 찾아내는 안목을 가졌다고 할 수 있다. 교사는 이 점에 주의해서 책을 읽을 때 교사의 입장과 학생의 입장을 두루 고려해서 책 내용을 다양하게 이해하려고 노력하는 것이 좋다.

나. 독서일기 쓰기를 지도하는 자세

독서 습관은 단숨에 형성되는 것이 아니므로 학생을 지도할 때 긴 시간을 두고 끈기와 여유를 가지고 지도하도록 한다. 둘째, 학년 및 학생 수준에 맞추어서 발문을 체계적으로 할 수 있도록 계획하는 것이 좋다. 분량이 많고 여러 주제를 내포한 책일수록 고학년 학생에게 적합하지만 교사가 발문을 어떻게 하느냐에 따라서, 학생이 책 내용을 이해하는 정도가 현저하게 달라질 수 있다. 이와 반대로 생각해 볼 수도 있다.

교사가 발문 계획을 세워서 학생들에게 효과적으로 발문한다면, 아주 짧고 단순한 내용의 유아도서에서도 심도 있는 사회적 현안 또는 토론거리를 찾아낼 수 있다.

셋째, 수업 시간에 책을 읽어 줄 때는 읽으면서 즉각적이면서도 적극적인 반응을 다소 과장되게 보여주는 것이 좋다. 이 때, 교사의 감정에 대하여 학생의 생각을 물어볼 수 있다. 읽는 사람이 내용에 심취해서 읽으면 듣는 사람도 같이 몰입하게 마련이다. 그러나 듣기 활동이 다소 정적(靜的)이어서 학생이 아무 생각 없이 그저 듣고만 있거나 딴 생각을 할 수 있다. 이럴 때, 교사가 적극적이고 솔직하게 감정 표현을 하면 학생들도 단순히 듣기만 하던 태도에서 벗어나 생각과 느낌을 표현하면서 듣게 된다.

넷째, 권장도서 목록을 활용할 때는 상황에 따라서 즉흥적으로 책을 선정하기보다 개략적이라도 연간 지도계획을 세우고 지도하는 것이 좋다. 권장도서는 보통 20~50권 정도의 책을 선정한다. 그것들을 해당 학년 학생의 일반적인 수준에서 볼 때, 읽기 쉽거나 이해하기 쉬운 책, 분량이 많거나 내용이 어려운 책, 교사의 읽기 지도가 필요한 책, 교과 내용과 관련 있는 책 등으로 구분하여 둔다. 연중행사 및 교과 내용, 생활 및 자연의 변화 등을 고려해서 어느 시기에 어떤 책을 읽게 할 것인지 계획을 세운다. 이렇게 권장도서 읽기를 통하여 독서 습관을 형성하게 하려면 학생의 읽기 활동에 대하여 꾸준하고 지속적으로 확인해야 한다. 교사의 확인이 없으면 학생의 입장에서는 외재적 동기 유발이 되지 않아서, 책을 잘 읽다가도 힘들거나 흥미가 떨어지면 책을 멀리하게 될 수 있다.

2) 학년별 독서일기 쓰기 지도 시 유의점

✔ 동일 책을 1~6학년에게 두루 읽게 하여도 무방하다
  ① 질문의 수준을 달리 한다.
  ② 책을 읽는 관점을 단일화(저학년)와 다양화(고학년)한다.
  ③ 사고의 범위를 책(저학년)과 사회 전반(고학년)으로 한다.

✔ 학생의 결과물을 학년과 학생 수준에 맞추어서 평가한다
  ① 교사의 기대에 못 미친다고 하여 일일이 지적하지 않는다.
  ② 학급 전체의 작품을 모아서 하나의 파일로 만들어 학급문고로 개방한다.

③ 교사평가와 학생 상호평가의 비중을 적절하게 한다.

✔ **생각과 느낌의 표현 강도를 달리 한다**
① 표현 방법을 자세하게 하거나 핵심만 간단하게 지도한다.
② 문단의 개수를 1~2개나 3~7개로 구성할 수 있도록 한다.
③ 책에서 얻은 아이디어를 생활에 적용(저학년)하거나 경험에 비추어 비평하게(고학년) 한다.

제 1 장

독서 생활 지도

1. 독서 생활의 필요성

독서는 간접 경험과 상상력의 보물창고이고, 직접 어느 곳을 가보지 않아도, 그 삶을 살아보지 않아도 여러 곳을 가보고 여러 것을 체험할 수 있도록 도와주는 **해리 포터의 '마법 지팡이'**와 같은 것이다. 여타의 다른 것들이 담당하지 못하고 있는 인성교육이나 진로상담 등의 역할을 책이 할 수 있도록 하는 독서지도는 꼭 실천해야 할 정보화·개방화 시대의 지름길이다. 예로부터 독서는 인간 형성을 위한 교육의 도구요, 문화 창달의 주요 수단으로서 그 중요성을 인정받아 왔으며, 오늘날에도 독서는 학습자에게 건전한 인격 형성을 위한 필수적인 학습 활동일 뿐만 아니라, 정보 홍수 시대를 살아가는 현대인들에게도 지식과 정보를 능률적으로 받아들여 성공적인 삶을 이끌어가는 요건이 되고 있다.

'독서하고 있을 때 우리들의 뇌는 이미 자기의 활동 장소가 아니다. 그것은 남의 사상의 싸움터'라고 쇼펜하우어가 말한 것처럼 독서는 지은이와의 대화요, 새로운 세계와의 대화이다. 독서는 자주적인 학습이므로 누가 옆에서 가르쳐 주는 것이 아니며 독자 혼자서 이 많은 대화를 소화시켜야 한다. 이 소화 과정에서 지적 능력이 길러지는 것이다.

① 책을 읽지 않는 경향의 습관화를 방지하기 위하여
② 도서를 올바로 선택하지 못함으로써 일어나기 쉬운 흥미의 편향을 막기 위하여
③ 선택이 아무리 적당한 것이었다고 하더라도 이해력과 감상력의 부족으로 인하여 야기되기 쉬운 독서 효과의 둔화를 막기 위하여
④ 읽은 내용이 정확하더라도 그것을 자신의 피와 살로 섭취하여 생활에 응용하지 못하는 경우를 막기 위하여
⑤ 독서 문제아를 사전에 예방하고 또 치료하기 위하여

2. 독서 생활 지도의 방향

1) 독서지도의 변화

독서지도는 변화하고 있다. 독서와 논술 교육이 단순히 과외 활동으로 수행될 것이 아니라, 학교 교육과정과 연계하여 구체적인 지도 방안이 마련되어야 한다.

〈독서지도의 변화〉

어제의 독서지도	오늘의 독서지도
1. 독서 흥미 향상을 주목적	1. 생활상의 문제 해결을 위한 독서
2. 되도록 실시	2. 의무적으로 실시
3. 지도의 범위는 교과학습용 도서 이외의 과외의 독서물에 한함	3. 교과서를 포함한 전도서에 대하여 행함
4. 지도 방법을 교사가 선정	4. 아동 스스로 선택하는 힘을 길러줌
5. 교과서를 중시하고 이것을 독해하는 것을 중심으로 교과학습이 행해짐	5. 교과서는 학습의 안내서로 보고 기타 많은 도서자료를 활용하여 학습이 행해짐
6. 직접 참고서의 이용을 장려	6. 직접 참고서의 이용법이 지도됨
7. 수양서를 읽는 것이 장려되고 많은 고전이 지정됨	7. 수양서도 장려되지만 교훈적인 고전에 편중하지 않고 교양적 독서에 치중
8. 오락적 독서는 방치되든가 금지됨	8. 오락을 위한 독서의 장려
9. 서재 내의 독서가 중시	9. 생활 중 적당한 독서 기회의 발견을 지도
10. 격리된 독서활동이 중시됨	10. 독서에 관련하는 시청각 자료의 이용, 발표, 제작, 극화 등이 전체적으로 지도됨
11. 획일적임	11. 개개 아동들의 독서 생활이 진단되어 그 현실에 맞게 지도됨

12. 특히 우수한 독자의 출현을 환영하고 열등한 자는 묵살됨 13. 주로 국어교사가 지도를 맡음 14. 교과 학습 시간 외에 지도 15. 주로 가정에서 독서가 문제됨 16. 무계획, 우연의 기회에 지도 17. 지도 효과에 대해 평가	12. 개개의 개성 신장을 강조하며 열등자에게는 특수한 치료적 지도가 수반 13. 교사 전원이 책임 지도자이며 사서 교사가 이에 협력한다. 14. 교과 내외(內外)를 불문하고 교과 학습 중에 지도 15. 학교, 가정, 도서관에서 독서가 통일적으로 지도됨 16. 계획적 지도 17. 효과의 평가와 방법의 개선

2) 독서 생활 지도 요소

초등학교의 독서지도는 풍부한 독서 경험과 교육과정의 목표와 관련하여 독서 능력을 향상시키는 데 주안점을 두고 있다. 독서 능력이란 글을 읽고, 이해하고, 생각하는 힘을 기르는 것만이 아니고, 읽은 것을 생활 속에서 활용하고, 문제를 해결하는 것 등을 포함하고 있다. 독서의 기본은 책읽기에 대한 부담감을 없애는 일이다. 책은 얼마나 많이 읽느냐가 중요한 것이 아니라, 얼마나 깊이 자신의 눈으로 느끼느냐가 중요하다. 단순히 양과 글자에 집착한 독서는 지나갈 때 창밖을 보듯, TV를 보듯 그저 '보는 것'에 불과하다. 단순히 '보는 것'으로 독서가 자리 잡게 되면 진지하게 이야기의 구조와 전개에 집중하지 못하고, 건성으로 읽거나 마지막 결말만 읽는 나쁜 습관이 생길 수 있다.

기본 독서 자세 훈련

훈련 요소	훈련 내용
1) 책장 넘기기	• 책장을 넘길 때 소리가 나지 않도록 한다. • 왼손으로 책을 잡고 오른손 엄지로 살짝 넘긴다. • 손에 침을 묻혀 넘기지 않는다.
2) 책 잡는 법	• 양손으로 책의 중간 보다 약간 밑 부분을 잡는다. • 책과 눈이 직각이 되게 눈으로부터 30cm 띄운다.
3) 책읽는 자세	• 엎드려 읽지 않고 바른 자세로 읽는다. • 책과 시선이 직각이 되도록 한다.

3) 책읽는 자세	• 상체를 세우고 등을 등받이에 대고 앉는다. • 책을 오랫동안 읽을 때는 30분 읽고 10분씩 쉬는 방법으로 독서를 한다. • 책을 읽다가 중단했을 때는 도서 이용 카드를 꽂아 둔다.
4) 책의 간수법	• 책의 상하를 바르게 하여 책꽂이에 꽂아 둔다. • 책의 종류, 키 등을 고려하여 비슷한 것 끼리 꽂는다.
5) 책 다루는 법	• 책을 가지고 장난치지 않는다. • 책의 귀퉁이 부분이 구부러지지 않도록 유의한다.

학년별 독서 생활 지도 내용

학년	중 심 내 용	목 표
1	독서에 흥미를 갖는다.	• 쉬운 읽을거리에 흥미를 갖고 혼자서도 읽을 수 있다. • 바른 자세로 책을 읽고 책장을 넘기는 법을 알 수 있다. • 글자의 모양에 주의하여 읽을 수 있다.
2	흥미를 갖고 자유스러운 독서를 한다.	• 여러 가지 읽을거리에 흥미를 갖고 쉬운 읽을거리를 즐겨 읽을 수 있다. • 바른 자세로 책을 읽을 수 있다. • 글자를 바르게 읽을 수 있다.
3	다양한 독서를 한다.	• 여러 가지 읽을거리를 스스로 찾아서 읽을 수 있다. • 학급문고 이용에 힘쓴다.
4	독서의 양과 독서 영역을 넓힌다.	• 읽을거리를 널리 찾아 읽는 바람직한 독서 습관을 기를 수 있다. • 시의 글감과 주제를 알아보고, 그 표현이 잘된 부분을 찾을 수 있다. • 문학 작품에서 얻은 교훈이나 감동을 글로 쓰는 습관을 기를 수 있다.
5	좋은 책을 골라 읽는다.	• 참고 자료를 사용하여 조사하면서 읽을 수 있다. • 사전을 활용하여 책을 읽을 수 있다. • 한 편의 글에서 감동적인 부분을 찾아보고 느낀 점을 말할 수 있다.
6	독서의 습관을 이룬다.	• 글을 음미하며 읽어 잘된 표현을 알 수 있다. • 주체적, 비판적으로 읽을 수 있다. • 읽기의 목적이나 읽을거리의 형식에 알맞은 방법으로 읽을 수 있다.

독서 습관은 독서를 통한 올바른 인간 형성을 이룩하는 데 그 목적이 있다. 독서 습관의 형성은 읽을거리와 환경이 마련되고, 읽는 것에서 재미와 흥미를 느낄 수 있어야 하며, 어릴 때일수록 습관화하기가 용이하다. 독서 습관 지도는 독서 흥미, 독서 능력 등을 한층 더 발전시켜야 할 것이며 독서 영역을 확대시키는데 중점을 두고 지도해야 한다.

① 독서 분위기를 조성한다.
② 비판적이며 사색적인 독서를 하도록 지도한다.
③ 도서관 이용을 지도한다.

3) 독서 위생 지도

학생들의 생활상 좋고 나쁜 습관은 신체적인 측면이나 정신적인 측면에서도 크게 영향을 미친다는 것을 고려할 때, 정신적인 활동에 주로 의존하는 독서에서도 합리적인 습관을 가지게 할 필요가 있다. 학생들의 성장 단계에 알맞은 독서 자세와 독서 환경 선정 등 독서 위생에 대한 관심과 지도로 예상될 수 있는 장해를 예방 조치해 주는 일은 매우 중요하다. 독서 위생지도는 다음과 같다.

① 학생의 신체적 생리 기능을 잘 고려하여 독서하도록 올바른 습관을 길러준다.
② 독서 환경에서 독서 장애가 되는 모든 조건을 제거하고, 적극적으로 이것을 개선하여 독서 생활에 알맞은 정서를 만들어 준다.
③ 일찍부터 독서 위생에 관한 정확한 지식을 가지게 하며 항상 실생활에 적용할 수 있는 태도와 기능을 길러 준다.
④ 피로감을 덜 수 있는 독서 기술을 연구하여 실행하는 태도를 길러준다.
⑤ 도서를 취급할 때 특히 공공 재산인 도서를 이용할 경우 깨끗하게 다루도록 주의하도록 한다.
⑥ 독서 위생의 입장에서 좋은 도서를 선택하는 능력을 길러 준다.

3. 독서 생활 지도 방법

1) 독서 생활 지도 방법의 원리

① **자발성의 원리** : 독서는 개체의 적극적인 참여 없이는 이루어지기 어려운 활동이기 때문에 의욕을 갖고 자발적인 동기에 의하여 독서하도록 이끌어 준다.

② **흥미의 원리** : 책의 내용과 체계가 어린이의 흥미에 맞지 않으면 독서의 성과를 기대할 수 없다. 그러므로 흥미와 관심을 갖는 책을 선택해 주어 독서에 대한 흥미를 길러 주고, 나아가 그 흥미를 여러 방면에서 조화롭게 전개시켜 나갈 수 있도록 해야 한다.

③ **목적의 원리** : 목적 의식은 행동의 방향을 결정 해준다. 그러므로 읽기 시작하기 전에 먼저 목적을 확인하고, 그 목적에 적합한 독서를 시켜 나가도록 한다.

④ **능력의 원리** : 어린이의 독서 능력에 알맞은 독서 재료를 제공하여 그들의 능력을 점차 발달시키도록 하여야 한다. 그러기 위해서는 독서 능력을 진단하여 개인차에 따라 적절한 지도가 이루어져야 한다.

⑤ **통합의 원리** : 독서 생활로 독서 이외의 활동과 통합시켜 궁극적으로는 개인의 인격에 통합될 수 있도록 지도하여야 한다.

2) 독서 생활의 기초 조사

자신의 독서 경향과 독서 수준을 분석하고 독서 문제점을 해결하기 위한 일련의 과정이다. 자신의 적성과 진로 그리고 신체적, 정신적 조건과 독서 목적에 적합한 책을 선택하고 스스로 독서 계획을 수립하여 지속적이고, 효과적인 독서를 하기 위한 활동이다. 교사의 입장에서는 학생의 독서 수준과 능력을 정확하게 분석하여, 체계적인 독서 계획을 수립할 수 있도록 도와줄 뿐만 아니라, 독서 문제 해결에 필요한 정보를 제공해 준다.

✔ 독서 경향
 ① 최근에 읽은 도서명
 ② 특히 재미있었던 도서명
 ③ 좋아하는 도서의 종류(동화, 전기, 우화, 과학이야기 등)
 ④ 신문 가운데 좋아하는 기사

✔ 독서 동기
 ① 최근에 읽은 도서나 특히 재미있었던 도서를 읽게 된 동기
 ② 꼭 읽고 싶은 책이 있을 경우, 그 이유
 ③ 신문을 읽기 시작한 동기와 연령
 ④ 독서를 잘 하지 않는 이유

독서 활동

✔ 독서 시간
 ① 평상시 독서를 하는 시간
 ② 휴일과 주일의 생활 일정
 ③ 하루 평균 독서 시간
 ④ 다른 매스미디어와의 접촉시간

✔ 독서량
 ① 1개월 평균 독서 책수(단행본, 잡지, 만화 등)
 ② 서적, 잡지의 독자 비율

✔ 독서관
 ① 독서의 의의에 대한 이해
 ② 읽음으로서 얻어진 경험(감상문)
 ③ 독파하지 못했던 도서명과 그 이유
 ④ 자신의 독서 경향에 대한 평가

✔ 도서관 경험
 ① 도서관 이용 정도
 ② 도서관에서 곤란을 느꼈던 경험
 ③ 일반적인 검색법
 ④ 도서관에 대한 희망

✔ 독서 태도
  ① 독서를 좋아하는가? 싫어하는가?
  ② 좋아하거나 싫어하게 된 원인
  ③ 독서 안내(광고, 서평, 목록, 상담 등)의 이용 상황
  ④ 독서 기록을 하는가?

독서 환경

✔ 가정 장서
  ① 가정의 장서량과 종류(가족의 것과 자신의 것)
  ② 집에서 구독하는 신문, 잡지

✔ 집주변
  ① 서점의 유무와 집과의 거리
  ② 공공도서관(기타 독서시설의 유무, 이용도)

✔ 부모의 태도
  ① 아동들의 독서에 대한 부모의 관심, 태도(아동 도서에 대한 의견)
  ② 주로 지도한 사람과 지도 방법
  ③ 부모의 독서 상황
  ④ 부모의 교양 정도

✔ 설비
  ① 아동을 위한 공부방의 유무(전용, 공용별)
  ② 가족과 전등수의 관계(후자를 전자로 나눈 수치로 야간의 독서 자유도 추정)
  ③ 아동의 독서 장소와 텔레비전의 위치와의 관계
  ④ 텔레비전 시청의 지도와 채널 선택권

3) 독서 생활 평가 관점 및 카드 활용

순	평 가 관 점	점 수 비 중				
		1	2	3	4	5
1	도서의 선택이 알맞다.					
2	선택한 도서는 끝까지 성실하게 읽는다.					

3	독서한 후 독서록의 기록이 양호하다.				
4	독서 발표 및 독서토론에 적극 참여한다.				
5	도서 및 도서실의 이용 방법이 바르다.				

4) 스토리텔링을 통한 독서 생활

우리는 흔히 독서 교육이라 함은 읽고 쓰기를 꼽는다. 그 어느 때보다도 읽고 쓰기가 강조된 제7차 교육과정에서도 "읽기교육"이 가장 기본이라고 말하고 있다. 그러나 읽고 쓰는 문자 교육이 이루어진다고 독서 교육이 시작되는 것은 아니다. 독서는 독서 체험을 수반해야만 비로소 독서 교육이 가능해진다.

학교 교육을 제대로 잘 받기 위한 최소한의 능력은 바로 "듣는 힘"이라고 생각한다. 우리의 학교 교육은 초등학교, 중학교, 고등학교, 대학에 이르기까지 선생님이 설명하고 학생은 듣는 형식으로 이루어진다. 아무리 훌륭하고 유능한 교사가 아무리 뛰어난 수업을 전개해도, 수업을 받는 학생이 교사의 말을 흘려듣는다면 아무런 소용이 없다. 교사의 뛰어난 수업을 학생은 귀를 열어 듣고 받아들임으로써 비로소 훌륭한 수업이 성립되는 것이다.

다른 사람의 말을 잘 듣는 힘은 언제 어디서 누가 어떻게 길러주어야 하는 것일까? 그것은 갓난아기 때부터 초등학교에 입학할 시기에 가정에서 부모가 길러 주어야한다. 부모의 목소리로 읽어주는 책 이야기, 부모의 목소리로 들려주는 이야기를 통해 아이는 듣는 힘을 키우게 되고, 듣는 힘은 곧 정서적으로 안정된 모습의 독서 체험으로 발전되어 간다고 할 수 있다.

이야기를 들려주는 것, 책을 읽어 주는 것은 "듣는 독서"라고 표현 할 수 있다. 듣는 독서는 듣는 이로 하여금 독서 체험을 하도록 하여 그 자체만으로도 독서 교육의 효과를 높일 수가 있다. 이미지를 그리며 듣는 이야기는 상상력과 어휘력을 높일 뿐 아니라, 이해력을 수반하기 때문에 듣고 난 후 자신들이 끌어낸 표현 활동이나 발표는 사고력과 함께 창의력을 길러주는 요소가 된다. 잘 듣고 읽고 생각하여 말하는 활동은 독서 생활의 중요한 부분이다.

가. 독서와 대화

아이에게는 '책 읽어라, 책 읽어라' 하면서 자신들은 책을 읽지 않는 부모가 있다. 그런 집 아이들은 대개 책을 읽지 않는다. 이는 우리나라 속담인 "나는 바담 풍 해도 너는 바람풍 해라"는 어느 혀 짜라기 훈장님과 같은 경우가 될 것이다.

독서지도에 더욱 효과적인 방법은 부모가 같은 책을 읽고 토론하는 것이다. 같은 책이지만 어른의 입장에서 보는 것과 어린이의 입장에서 보는 것은 다르다. 두 세대는 성장 배경이 다르기 때문에 하나의 사건을 보는 관점이 다르다. 우리는 흔히 세대 차이라는 말을 쓴다. 이것은 서로의 성장배경을 이해하지 못하는데서 생기는 정신적인 틈이다.

어른의 견해를 들으며 아이는 어른의 세계를 이해하게 되고, 또 자신의 견해를 발표하면서 자신의 편견을 수정하게 될 것이다. 이런 환경 속에서 어린이들은 독서의 순기능에 습관화되어 독서를 좋아하게 될 것이다.

나. 상황별 독서

만약에 어떤 책이 사람의 영혼에 상처를 내는 경우가 있다면, 그 책은 존재할 가치가 없다. 어린이 책이 어떤 어린이의 영혼에 상처를 낸다면 그 어린이에게 책은 칼이나 총처럼 무서운 무기가 될 것이다. <콩쥐팥쥐>, <백설공주>와 같은 게모스토리는 작품으로서는 훌륭하지만, 치료 독서의 입장에서 보면 병을 주는 작품이 될 수도 있다. 책도 사람을 병들게 하고 죽게 할 수 있다. 특히 어른보다 어린이는 상처받기 쉽다는 것을 명심해야 한다. 독서 생활은 좋은 책을 꾸준히 읽어서 마음의 양식을 쌓아야 한다.

4. 독서 생활 지도 사례(1학년)

예시 연간 독서 생활 지도

단 계	지도 목표	지도 내용
독서 접근 단계 1단계(3~4월)	독서에 대한 흥미와 관심	독서의 중요성 및 의의, 학급문고의 수집, 도서 위원 선정
독서 발전 단계 2단계(5~7월)	독서 능력 신장	독서 기록장 활용, 독서 감상 발표회, 독서 편지 쓰기
독서 습관화 단계 3단계(8~2월)	독서의 생활화	건전한 독서 습관 갖기

독서 접근 단계

독서 자리를 설치하여 읽을 책과 읽을 공간을 제공하고, 독서활동 결과물을 게시할 수 있는 독서 환경판을 만들어 독서에 대한 흥미를 높였다.

① 동화책 읽어주기
② 재미있게 동시 외우기
③ 음독 지도
④ 아침 10분 독서
⑤ 독서 삽화 그리기
⑥ 도서실 활용

독서 발전 단계

학교에서 실시하는 독서 감상화 그리기 대회와 모범 독서왕 선발할 때도 학급 내 독서활동 결과를 그대로 반영해 주었다.

① 책 안내하기
② 비디오 감상 후 관련 책 소개하기
③ 시 감상하기
④ 독서 기능 신장 읽기 지도
⑤ 독서 감상화 그리기
⑥ 독서 편지 쓰기

　　교과와 관련된 책을 학급문고에서 찾아 소개해 줌으로써 독서력과 학습능력이 함께 신장되었고, 다양한 교수·학습을 전개하여 독서의 중요한 기능인 내용을 생각하며 읽는 습관이 형성되었으며, 문제해결력이 향상되었다.

① 독서 자랑하기(1분 스피치)
② 책 광고 만들기
③ 책 찾아오기 놀이
④ 책 이름 알아 맞추기 놀이
⑤ 책이름 빙고 놀이
⑥ 읽기 기능 신장 독서지도
⑦ 미니북 만들기
⑧ 독서 감상문 쓰기

예시　책과 함께 하는 즐거운 교실-『선생님, 아침 10분 독서 틀어 주세요』

　　수요일을 제외한 매일 아침 8시 50분이 되면 우리 반에서는 타이머가 돌아간다. TV 화면에 타이머를 띄어놓으면 아이들은 가방속의 책을 꺼내들고 읽기 시작한다. 그냥 책만 읽는다. 그리고 끝내는 신호음이 울리면 독서 그림일기를 꺼내 날짜와 날씨, 읽은 책 제목, 읽은 쪽수를 기록한다. 그리곤 읽은 쪽수에 선생님 혹은 부모님께서 선물한 책갈피를 살짝 꽂아 놓는다.

　　그런데 9시, 1교시가 시작 되었는데도 10분 독서하던 책을 그대로 들고 몰두하고 있는 아이를 발견한다.

　　"동렬아! 공부하자!"

　　"책 읽는 게 공부잖아요? 그냥 계속 읽으면 안 되나요?"

　　볼멘 표정으로 책을 책상 속에 넣는다.

　　"동렬!" 조용히 짧게 부르면 그제야 가방으로 책을 넣는다.

　　책 읽기를 공부라고 생각하는 우리 반 우등생과 아침마다 가벼운 실랑이를 벌이면서도 나는 즐겁다.

　　"그래, 그러면 동렬이가 방금 전에 읽은 책 이야기를 들려줄까?"

　　"서울로 전학 온 종민이라는 아이가 1교시가 끝나고 오줌을 누는데, 반 친구 덩치가 갑자기 변기를 향해 "왕, 거지, 왕, 거지!"를 외치는 거예요."

　　내 말이 끝나기가 무섭게 줄줄 책 속의 상황을 얘기하기 시작한다.

　　그러자 여기저기에서 "아, 그거 「짜장, 짬봉, 탕수육」이지?"

　　자, 이제부터는 이 상황을 자연스럽게 1교시 수업으로 끌어들여야 한다.

　　"why not?" 두 손을 어깨 위로 펼치며 모션을 시작하고 업- 다운, 업- 다운을 몇 번 반복하면서 책 이야기를 종결시킨다. 휴, 한바탕 소동이나 우리 교실에는 행복과 활기가 가득하다. 책 속에 담긴 가치관을 읽어내고 아이들의 눈높이에 맞는 책을 골라 가까이 놓아주는 것이 어른의 몫이라면, 책을 읽고 즐기는 가운데 스스로 생각을 키워 가는 것은 아이들의 몫이다.

"선생님, 무슨 책을 읽어 주실 거예요?"
'오늘 아침은 권정생 님의 ≪하느님의 눈물≫을 읽어 줄 거예요'라고 답하면 아이들은 분주해진다. 'my story'시간이 돌아왔기 때문이다. 이 시간은 아이들이 책의 내용에 좀 더 집중할 수 있도록 유도하는 시간으로, 책의 줄거리를 말해주지 않고, 표지와 제목만으로 아이들 스스로가 나름대로 자기만의 이야기를 만들어 자유롭게 발표하는 시간이다.

수업 시간마다 짓궂은 장난으로 곧잘 짝꿍을 울리는 기현이가 오늘도 제일 먼저 손을 든다.
"하느님이 양파를 까다 눈물을 흘리시는 이야기일 꺼 같아요. 어제 우리 엄마도 김장하시다 막 우셨어요. 그럼 하느님도 김치 만들다 그러신 건가?"
깔깔깔깔―기현이의 엉뚱한 발표에 아이들은 넘어갈 듯 웃는다.

같은 책을 보여줬는데도 어느 아이도 비슷하지 않고, 각기 다른 이야기를 만들어 내는 모습을 보면 '아이들의 이러한 상상력을 없애지 않고, 잘 키워나가야 할 텐데……' 하는 생각에 마음이 더욱 무거워지곤 한다.

대부분의 부모님들이나 선생님들은 아이가 다소 엉뚱하고, 있을 수 없는 이야기를 하면 중단시키거나 논리적이고 사실적인 것만 믿고 배울 것을 충고한다. 아이는 그 순간 상상력과 이야기, 독서에 대한 관심뿐만 아니라 자신감까지 잃을 수가 있다.

'my story' 시간은 아이들의 무한한 상상력을 마음껏 펼칠 수 있는 시간이 될 뿐 아니라, 자신이 기대했던 내용과 책의 실제 내용이 어떻게 다른지 비교하다 보면, 자연스럽게 책의 내용에 집중하게 되어 독서를 놀이의 일환으로 여길 수 있도록 도와준다. 이러한 'my story' 시간이 끝나면, 아이들은 내 주변으로 동그랗게 둘러앉아 이야기가 흘러나오길 기다린다.
"자, 그럼 시작해 볼까요? 하느님이 왜 우시는지, 어떻게 눈물을 흘리시는지 잘 들어 봅시다."

눈이 노랗고 털빛도 노란 돌이 토끼는 산에서 살았습니다. 어느 날 돌이 토끼는 문득 생각했습니다. (중략) "하느님, 하느님은 무얼 먹고 사셔요?" 어두운 하늘에서 부드러운 소리가 들렸습니다. "보리수나무 이슬하고 바람 한 줌, 그리고 아침 햇살 조금 마시고 살지." 〈이하 생략〉

아이들과 나는 싱그러운 햇살과 함께 호기심과 즐거운 마음으로 모두 하나가 된다. 매주 수요일 교사가 책을 읽어주거나, 아이들이 돌아가며 책을 읽어주는 아침 활동이 있는 날이다. 샘물처럼 지혜와 슬기가 충만해진다. 재미있는 이야기도 듣고, 자신이 직접 이야기를 읽어 줄 수 있는 기회도 있다. 이야기를 듣고 자신의 생각이나 느낌을 친구들과 토론하고 선생님의 지도를 받을 수 있기 때문이다.

좋은 책을 아이와 함께 읽고, 함께 생각하고, 함께 상상해 보니 사고는 더욱 깊어지고 서로의 독창적인 생각을 공유할 수 있다. 이 과정을 이끌어 나가는 주된 방법은 대화이며, 이것이 바로 참된 독서 교육의 모습이다.

자, 오늘 사회 시간에는 어떤 책 이야기가 펼쳐질까?

『어느 새, 둘은 첫 번째 황제의 지배를 받고 있는 고대 중국의 진 나라로 간다. 황제의 이름은 시황제였다. 잭과 애니는 책을 찾기 위해 농부가 된 학자 아저씨와 함께 황실 도서관으로 향한다. 가면서 중국의 집과 가게와 사람들 구경도 한다. 그런데 궁궐의 뜰 쪽에서 갑자기 검은 연기가 피어올랐다. 급히 가보니 시황제가 병사들을 시켜 책을 불태우고 있지 않은가. 잭과 애니가 찾는 책도 거기에 끼어 있었다. 애니는 용기를 내 냉큼 그 책을 가지고 왔다. 그리고 병사들이 쫓아오자 얼른 도망쳤다. 아이둘이 몸을 숨긴 곳은 무덤이었다. 피라미드처럼 거대한 무덤이었다. 그런데 그만 길을 잃어버렸다.』

귀를 쫑긋 세우고 학습독서를 해온 명주 이야기에 따라 반 아이들은 「마법의 시간여행」 중국 역사 속으로 빠져든다. 그리고 상상한 것을 글로 써 내려간다. 상상으로만 글을 쓸 경우, 비논리적으로 되지 않을까 걱정하였으나 그것은 기우였다. 글이라는 게 어디 아무렇게나 쓸 수 있겠는가? 굳이 강조하지 않더라도 아이들이 머릿속으로만 마음대로 상상하던 것을 글로 표현하기 전에 자신의 말이 논리적으로 어긋남이 없도록 노력하게 된다. 글을 써 보면 알지만, "말이 되게" 써야 한다는 전제가 있다. 말로 아무렇게나 쏟아버릴 때와는 전혀 다른 행위이기 때문이다. 책을 읽고 나면 제대로 읽었는지 확인하는 방법으로 학교나 집에서 독후감을 쓰게 했기 때문에, 아이들은 독후감 쓰기를 싫어하면서도 써야만 한다는 강박 관념에 빠져있다. "이렇게 저렇게 써야 한다."고 말하지 않고도, 그냥 자신의 생각대로 자유롭게 표현하게 내버려 두면 술술 논술이라는 기차를 타게 된다.

우리 아이들이 독서의 세계, 그 즐거운 세계로 넘나들 수 있도록 해주고 즐거움과 함께 읽을 수 있는 책, 재미 이상의 무엇이 느껴지는 책을 교육과정과 만나게 해주는 것이 어느새 나의 사명이 되었다. "책 읽는 것이 우리 삶을 살찌우게 하고, 기름진 마음 밭을 가꾸어주는 것이니 책을 많이 읽어라"고 아무리 말을 하여도 아이들은 그걸 다 받아들이지 못한다. 그러니까 책을 읽으면 무엇이 어떻게 좋은지 교실에서 스스로 찾아갈 수 있도록 하여야 한다.

무슨 독서 감상문 발표회를 해서 상을 준다거나, 독서록을 보고 많이 기록된 사람에겐 상을 준다는 식의 외부적인 자극이 도리어 아이들의 독서 습관에 악영향을 끼칠 수도 있다. 우리 반의 한 아이는 하루에 50권을 읽었다며 독서록에 표시해 와서는 스티커를 달라며 아침마다 떼를 쓰곤 한다.

"채희야, 정말 어제 50권이나 읽었어? 어디보자. 선생님한테 무슨 내용인지 말해 줄래? 선생님이 읽지 않은 책도 우리 채희는 많이 읽었네."

그러자, 채희의 얼굴이 금방 달아오르며 손가락을 뜯기 시작한다.

"사실은요?…… 현주는 매일 독서 사과 스티커를 많이 받잖아요. 그런데 나는 매일 한 장밖에 못 받아서, 내 사과나무는 사과가 별로 없어요. 그래서 집 책장에 있는 책 제목만 다 적어왔어요……"

우물쭈물 말하며 금방이라도 울 것 같은 아이의 얼굴을 보고 있으니 순간적으로 아차 하는 생각과 함께 아이에게 미안한 생각이 들었다. 독서기록 누적을 통한 다독 중심의 독서를 유도하면 아이들이 더욱 자극을 받을 것이라고 생각했는데, 그저 그 기록에 급급할 뿐 도리어 독서를 더욱 멀리하게 된다는 사실을 알게 되는 순간이었기 때문이다.

집에 와 대학생인 딸아이에게 아침의 일을 말했더니, 골똘히 생각하던 딸의 입에서도 같은 말이 흘러나왔다.

"맞어, 엄마. 나도 그것 때문에 더 책 읽기가 싫었던 것 같아. 그리고 왠지 선생님한테 잘 보이려고 별로 읽기도 싫은 위인전만 잔뜩 써 가고, 내가 읽은 재미있었던 책들은 적지 않고 말이야."

그런 일시적인 자극을 주고 친구와 독서량에 있어서 경쟁하는 분위기를 만드는 방법이 아닌, 자신이 어떤 이야기를 좋아하는지 하루에 몇 장 정도 읽었을 때 적당하다고 생각되는지를 찾아주는 즉, 자신만의 책 읽는 방법과 습관을 길러주는 방법을 찾는 것이 시급하다고 생각되었다. 그럼으로써 그저 단순히 공부의 연장선으로 독서를 하는 것이 아니라, 살면서 사회인이 되고 노인이 되어도 삶의 휴식처이자 인도자로써 책을 찾도록 해야 할 것이다. 요즘 아이들이 특별히 책 읽기를 싫어해서 그건 것은 아니라고 생각한다. 물론 아이들의 흥미를 끄는 TV 프로그램, 비디오물, 여러 가지 오락기 따위가 아이들과 너무 가까워져 있는 탓도 조금은 있다. 그러나 속 깊이 들여다보면 그것들은 아주 조그만 원인일 뿐이다.

올 학급 담임을 맡으면서 말은 하지 않았지만 담임이 책을 좋아한다는 것을 눈치 채도록 하였다. 아침자습 시간이나, 점심시간, 청소 시간에 잠깐잠깐 틈이 나는 대로 책을 읽는 모습을 보여 주었다. 또 공부 시간이 시작되었는데도 책만 보고 있다가 아이들이 부를 때까지 책에 빠져 있기도 하였다.

"그동안 나는 어디서나 안식을 찾아보았지만, 책을 들고 한쪽 구석에 앉아 있을 때를 제외하고는 아무 곳에도 그것은 없었다"는 중세 독일의 사상가이며 성직자인 토마스 아 켄피의 말을 떠올리게 하는 하경, 지현, 준원, 봉건의 평화로운 모습을 보면서 독서의 중요성을 강조할 것이 아니라, 먼저 단계적인 지도 계획을 세워놓고, 교사와 학부모가 먼저 책 읽는 모습으로 의도적으로 이끌어야 하겠다고 다짐을 해 본다.

아이들의 발달 단계에 알맞은 책을 선택하는 도서 선택 지도나 책을 읽을 때는 어디에 관점을 두고 읽는 것이 좋은지, 읽고 나서는 어떻게 하는 것인지 따위의 구체적인 지도 요소와 계획을 세워 꾸준히 지도할 때, TV 오락프로나 비디오, 전자 오락기에 빼앗긴 우리 아이들의 넋을 되찾을 수 있을 것이다.

5. 상황별 독서 생활 지도

1) 독후감 쓰기 지도

독후감 쓰기는 학교에서 가장 흔한 활동이다. 가장 흔하지만 교사가 잘 가르치기

까다롭고 학생도 쓰기 어려워한다. 널리 퍼진 독후감 쓰기 방법은 동기(動機)를 먼저 쓰고 줄거리를 이어 쓴 다음에 감상을 붙이는 것이다. 그러나 동기-줄거리-감상으로 짜인 독후감 구성은 학교에서 하는 글쓰기 중에서 성공률이 아주 낮다.

"책을 읽고 감상을 써라. 줄거리가 많으면 안 된다."

"그런데 어떻게 감상을 써야 하는지 모르겠어요."

"아니 왜 감상을 못 써? 책장을 처음 펼쳐서 덮을 때까지 네 머릿속에서 떠오른 내용을 그대로 옮겨봐. 별 게 아니야."

이 대화에서 교사는 자신이 독후감 쓰기를 어떻게 하는지 학생에게 가르쳤다고 여긴다. 그렇지만 학생은 어떻게 해야 할지를 모른다고 대답한다. 교사는 가르쳤다고 하고 학생은 모르겠다고 하는 상황이다. 학생은 감상 위주로 글을 써야 한다는 사실은 알겠는데, 어떻게 해서 감상 위주로 글을 쓸 수 있는지를 모르겠다는 것이다. 자기 삶의 문제 상황에서 이 책이 어떤 실마리를 주었다고 생각하면 표현은 생생해진다. 거기에 이어서 그 문제 상황과 관련된 책 내용이 긴장감 있게 정리된다. 그 뒤로 문제 상황에 어울리는 책 내용 정리에 따른 자기 생각과 고민이 제대로 표현될 수 있다.

① 주인공과 대화를 하는 것처럼 쓴다.
② 주인공의 행동을 자신의 생활과 연결시켜 쓴다.
③ 생각한 대로 솔직하게 쓴다.
④ 다른 사람의 글을 모방하는 것보다는 자기의 경험, 사고, 감상을 소중히 여긴다.
⑤ 즐거운 마음으로 쓴다.
⑥ 줄거리보다는 감상 중심의 기록을 한다.
⑦ 감상의 내용을 자세하게 쓴다.
⑧ 항상 '왜'라는 질문을 한다.
⑨ 읽다가 아름다운 말이나 문구를 메모해 둔다.
⑩ 지속적으로 독서 기록이 되도록 한다.

2) 도서관 활용 독서 생활 지도

수학 교과라면 수학 책을 도서관에서 뽑아 읽고 학생이 기억하고 싶은 내용을 정리하게 하는 방법으로 할 수 있다. 교사는 학생들을 학교 도서관에 데리고 가서 눈길이 가는 수학 책을 한 권씩 뽑아오라고 한 다음, 첫 시간은 그냥 마음대로 수학 책을 읽게 한다. 두 번째 시간이 되면, 교사가 하얀 종이를 한 장씩 나누어준 뒤에, 학생이 고른 책에서 기억하고 싶은 부분을 종이 한 쪽 분량으로 정리해서 내게 한다. 이때는 그 내용을 기억하는 일이 자신에게 어떤 의미가 있는지 조금 쓰게 해도 좋다. 책 읽는 시간이 한 시간뿐이어서 바쁘거든, 그 시간을 한 시간쯤 더 늘려도 된다.

도서관에서 교과 관련 책을 뽑아 읽는 이 활동은 수업 시간 안에서 모두 이루어진다. 한두 시간 자유롭게 그 분야의 책을 읽고, 다음 시간에는 눈에 뜨인 부분을 정리하는 방법이어서 부담이 적다. 이 활동에서 얻는 것은, 수학 과목에 관심 없는 학생들에게 흥미를 불러일으키는 일이다. 그 과목에 관심이 깊은 학생들은 이 활동으로 더 깊게 그 교과에 다가설 계기를 얻게 된다.

이 방법은 다른 교과에서도 쓸 수 있는데, 교사가 미리 학교 도서관에 가서 자기 교과 관련 책 가운데 학생들이 볼 만한 책이 어느 정도 되는지 살피는 준비만 하면 된다. 만약 그 책의 수가 한 학급 학생 수보다 훨씬 더 많지 않으면, 도서관 담당 교사에게 관련 책을 더 갖추도록 요구해서, 학생들이 책을 고르는 맛을 느낄 수 있도록 해주어야 한다.

체육과라면 학생들을 도서관에 데리고 가서 마음에 드는 건강과 운동에 대한 책을 고른 뒤에 자기에게 맞는 운동 방법을 정리하게 할 수 있다. '축구에 대해 조사해오라, 월드컵에 대해 조사해오라'는 식으로 과제를 내주면 학생들이 책을 찾아 읽을 수가 없다. 그 교사가 가르치는 학생들 수는 보통 백 명이 넘을 텐데, 특정한 종류의 운동에 대한 책을 그만큼 학교 도서관에서 갖추고 있을 수가 없기 때문이다. 그래서 학생들이 도서관을 활용할 수 있게 주제를 넓게 제시하는 것이 좋다.

그밖에 같은 책을 한 학급 학생 수만큼 도서관에 갖추어 두고, 그 책을 수업 시간에 같이 읽고 교사와 학생이 대화하는 방법도 있다. 한 시간은 몇 쪽부터 몇 쪽까지 읽고, 그 다음 시간에 그 읽은 부분에 대해 대화를 나누는 것이다. 이런 활동들은 교사와 학생 부담이 모두 적고, 수업 시간도 두세 시간이면 된다. 자기 교과에서 학생들이 볼만한 책을 조사해서 도서관에 갖추어달라고 요구하는 준비만 하면 된다.

독서 단계별 활동표

눈감고 책들이 여러분에게 하는 말 생각해 보기
① 나는 깨끗한 모습이 좋아요 더러워지면 슬퍼요 ② 접거나 찢거나 낙서하면 미워요 ③ 재미있고 신나고 즐겁게 읽어주면 나도 신나요 ④ 많은 친구들이 나를 찾을수록 기뻐요 ⑤ 당신의 맑은 눈을 오래 보고 싶어요 정성껏 읽어주세요 ⑥ 제자리에 꽂아 주세요 다른 집에선 잠이 오지 않거든요 ⑦ 잃어버리지 마세요 저는 발이 없거든요 ⑧ 제 친구들도 많이 사랑해 주세요

책을 읽기 전	• 책을 사랑하는 마음 갖기 • 읽는 목적 생각하며 사전 계획 세우기
책을 읽을 때	• 햇빛이 직접 들거나 어두운 곳은 피하고 밝은 곳에서 읽기 • 바른 자세로 조용히 읽기 • 이야기의 주인공, 상황, 동기, 행동, 결말 생각하며 읽기
책을 읽고 나서	• 3분 말하기(책 소개) • 독서 일기, 퍼즐/퀴즈 • 독서토론하기 • 극본 구성 및 역할극하기 • 읽은 책 광고 만들기 • 불량도서 모의재판 • 이야기 책 만들기 • 등장인물과 인터뷰하기 • 이야기 바꾸기 및 상상하여 꾸미기 • 책의 작가나 주인공에게 편지 쓰기 • 이야기 줄거리 생각하며 만화나 그림 그리기

독서 권장 표어

시 기	독서 권장 표어 게시 내용
1월	오늘 배우지 아니하고 내일이 있다고 말하지 말라.
2월	책이란 저장되어 있는 지식이다.
3월	사람은 음식물로 체력을 배양하고, 독서로 정신력을 배양한다.
4월	책 읽는 민족은 번영하고, 책 읽는 국민은 발전한다. ─ 안병욱
5월	책은 말하지 않는 선생님이다.
6월	독서한 사람은 비록 걱정이 있으되 뜻이 상하지 않는다. ─ 순자
7월	그저 생각하고, 생활을 위해 독서하라. ─ 베이컨
8월	머리를 깨끗이 하는 데에 독서만큼 좋은 방법은 없다. 건전한 오락 가운데 가장 권장해야 할 것은 자연과 벗하는 것과 독서하는 것 두 가지라 하겠다.
9월	꿀벌이 꽃을 대하듯 책을 소중히 대하자.
10월	독서의 참다운 기쁨은 몇 번이고 다시 읽는 것이다.
11월	책을 산다는 것은 가장 어려운 일이고, 또 가장 아름다운 일이고, 가장 멋진 일이고, 가장 즐거운 일이다.
12월	가난한 자는 책으로 말미암아 부자가 되고 부자는 책으로 말미암아 존귀해진다.

나의 독서 생활 카드

학년   반   번 이름:

순서	시작	끝낸 날	책 제목	지은이	출판사	감상결과					선생님 확인란
						아주 좋았다	약간 좋았다	그저 그랬다	재미 없다	기타	
1											
2											
3											
4											
5											
6											
7											
8											
9											
10											
11											
12											
13											
14											
15											
16											
17											
18											
19											
20											
21											
22											
23											
24											
25											
26											
27											
28											
29											
30											
31											

독서 카드

월 일 ~ 월 일	책이름	지은이
책을 읽었으면 ○에 색칠을 하세요		
월(月, MONDAY) ○		
화(火, TUESDAY) ○		
수(水, WEDNESDAY) ○		
목(木, THURSDAY) ○		
금(金, FRIDAY) ○		
토(土, SATURDAY) ○	뒷면에 1주일동안 읽은 책 중에서 가장 기억에 남는 책 속의 등장인물을 그려보세요.	
일(日, SUNDAY) ○		
일주일 동안 최소한 5일 이상 읽었습니다. 부모 확인(사인)	예 아니오	

이 카드는 (월요일) 선생님께 제출하세요.

감동 깊은 책 달력 (   )월

• 책에서 감동 깊은 장면을 그려 봅시다.						
• 책이름 : • 지은이 : • 출판사 :		• 가장 가슴에 새기고 싶은 말(구절)을 씁시다.				
• 위의 장면을 설명하고 자기 자신의 생각과 느낌을 써봅시다.						
일	월	화	수	목	금	토

초등학교   학년   반   이름:

활동 중심 독서 행사

월	독 서 행 사	내 용
1	독서 일기 쓰기	• 방학 동안 독서한 내용을 매일 일기장에 옮겨 쓴다. • 독서한 내용 중 감동적인 문장들을 기록한다.
2	학급 문집 만들기	• 독서 후 표현 활동을 통해 누적된 작품을 중심으로 학급 문집을 제작하여 전시한다.
3	속담 풀이 대회	• 속담 및 격언을 주고 풀이하기, 주어진 상황에 맞는 속담 쓰기
4	과학도서 읽고 감상화 그리기	• 과학의 달 행사와 병행하여 과학도서를 읽고 과학 상상화를 그리고 내용을 발표하게 하여 우수 어린이는 표창함
5	독후감 쓰기	• 독후감의 여러 형식(느낌, 편지글, 일기, 동시 형식 등)에 의해 독후감을 쓰게 하여 우수작 표창
6	독서퀴즈 대회	• 필독 도서를 중심으로 문제를 출제하여 퀴즈 형식으로 풀게 하고 학년별 퀴즈왕을 뽑아 시상함
7	동시 암송 대회 시화전	• 동시 암송 발표회를 갖고 암송왕 선발 • 시 형식 독후감이나 창작 동시 또는 독후화를 그려 판넬로 제작하여 전시회를 개최함
9	독서 편지 쓰기	• 자신이 독서한 책의 주인공이나 지은이에게 편지 쓰기 • 친구에게 자기가 읽은 책을 권유하는 독서 편지 쓰기
10	독서 발표회	• 가장 인상 깊었던 책을 중심으로 독서 발표회를 갖는다. • 저학년은 동화 구연대회를 실시한다.
11	독서 경시 대회	• 독서 경시 대회를 통해 자신의 독서 태도 및 과정을 평가하는 시간을 갖는다.
12	국어사전 찾기 대회	• 국어사전 찾는 법을 지도하고 책 속의 어려운 낱말을 국어사전에서 빨리 찾기 대회 실시

제 2 장

도서관 활용 독서 교육

1. 도서관 활용 독서 교육

1) 도서관 활용 독서 교육의 개념

도서관 활용 독서 교육이란 도서관의 자료와 시설을 활용하는 독서 교육을 의미한다. 이것은 도서관이라는 공간을 활용하는 것보다 도서관에 있는 다양한 자료와 시설을 활용하는 독서 교육을 말한다.

도서관 활용 독서 교육은 학습 목표에 따라 학습 과제를 학생들에게 제시한다. 학생들은 각자에게 주어진 과제를 해결하기 위해 도서관 자료와 시설을 활용하게 된다. 이 과정에서 습득한 지식을 배경으로 학생들은 교과 수업에서 학습 과정에 주도적으로 참여하게 함으로써 창의적인 학습능력을 신장시킨다. 독서를 통해 학생들 스스로 학습한 내용들 사이의 관계를 이해할 수 있으며 각 교과에서 사고하고 문제를 해결하는 방법을 학습하게 함으로써 궁극적으로 자기 주도적인 학습을 가능하게 한다.

2) 학교 도서관의 정의와 교육적 역할

가. 학교 도서관의 정의

도서관 활용 독서 교육을 효과적으로 실시하려면 학교 도서관 운영의 활성화와 직결된다. 학교 도서관에 관하여 '도서관 및 독서진흥법'에 의하면 학교 도서관이란 '고등학교 이하의 각급 학교에서 교원과 학생의 교수·학습활동을 지원함을 주된 목적으로 하는 도서관 또는 도서실'이라 규정하고 있다.

한국도서관협회에서는 학교 도서관의 목적을 다음과 같이 규정하고 있다.

① 학교 도서관은 교수·학습활동에 필요한 다양한 정보자료, 기기, 시설을 갖추고, 사서 교사의 전문적인 봉사를 통하여 학생 중심의 자기주도적인 학습을 실현한다.
② 학교 도서관은 학생에게 과제 해결에 필요한 정보 및 자료의 선택과 수집, 분석과 종합, 평가와 해석, 표현 능력을 길러주어 평생 학습의 기틀을 마련한다.
③ 학교 도서관은 학생 개개인의 능력과 수준에 알맞은 다양한 정보와 매체를 활용할 수 있도록 지원함으로써 탐구학습과 창의력 개발에 기여한다.
④ 학교 도서관은 교과학습, 특별활동, 학교 행사 등 교육 활동과 연계한 독서 교육을 실시하여 학생의 인성교육에 기여한다.
⑤ 학교 도서관은 학생들의 도서관 활동을 통하여 민주시민의 태도와 공공심을 길러준다.
⑥ 학교 도서관은 교직원과 학생의 이용에 지장이 없는 범위 내에서 지역 주민에게 시설과 자료를 개방함으로써 지역 문화 발전에 기여한다.

나. 학교 도서관의 교육적 역할

'학교 도서관은 학교의 심장이다'라는 Fargo의 말처럼 학교 교육에서 차지하는 역할이 중요하다.

① 학교 도서관은 교육 활동의 중심지(Education Center)이다. 학교 도서관은 다음과

같은 적극적이며 활동적인 교육 기능을 수행한다.

- 도서관 이용 지도 및 도서관 자료의 활용법 지도
- 좋은 시민으로서의 사회성 지도
- 독서지도
- 효과적인 학습 방법 지도

② 학교 도서관은 정보 이용의 중심지(Information Center)이다. 학교 도서관은 교육 목적 달성에 필요한 자료의 중심지이다. 학교 도서관에서 관리하는 자료는 도서관 및 독서진흥법에 다음과 같이 규정되어 있다.

도서관 자료라 함은 도서관이 수집·정리·분석·보존·축적하는 도서·기록·소책자·연속간행물·악보·지도·사진·그림 등 각종 인쇄자료, 영화필름, 슬라이드, 음반, 비디오물, 마이크로형태물, 테이프 등 각종 시청각자료, 전산화자료, 공문서 등의 행정자료, 향토자료, 기타 도서관봉사…를 위하여 필요한 자료를 말한다.

③ 학교 도서관은 정서 함양의 중심지(Recreation Center)이다. 학교 도서관은 정서가 발달하는 청소년기에 건전하고 명랑한 문학작품을 비롯하여 고귀한 음악, 미술 작품은 물론, 청소년을 바르고 씩씩하게 할 수 있는 스포츠에 관한 자료까지도 제공함으로써 청소년의 취미와 교양을 높여줄 뿐만 아니라 이로 인하여 건전한 성장을 돕는다.

2. 학교 도서관 운영

1) 학교 도서관 운영 원칙

학교 도서관을 효율적이고 책임 있게 운영하려면 다음과 같은 원칙을 준수해야 한다.

① 학교 도서관 서비스에 관한 정책은 학교 도서관의 목적과 우선 사업, 학교 교육 과정과 연계된 서비스를 분명하게 공식화해야 한다.
② 학교 도서관은 전문적인 기준에 따라 조직화하고 유지되어야 한다.
③ 학교 도서관의 서비스는 학교공동체의 모든 구성원이 접근할 수 있어야 하고,

지역사회의 상황을 고려하여 운영되어야 한다.

④ 학교 도서관은 교사 및 사서 교사, 학부모, 행정가, 정보전문가, 지역사회와 상호 협력을 촉진하여야 한다.

⑤ 학교 도서관 운영 예산은 학교 예산의 5% 이상을 확보해야 한다.

⑥ 학교 도서관의 장서 구성은 학생 1인당 10권 이상을 갖추어야 한다. 소규모 학교일지라도 학생들의 연령과 능력에 따라 적절히 선택할 수 있도록 최신간 도서를 2,500권 이상을 소장해야 한다. 장서의 60% 이상은 교육과정과 관련된 비소설류의 자료여야 한다.

2) 사서 교사의 역할

① 사서 교사는 전문 자격을 갖추어야 하며, 학교 도서관 운영 계획을 수립하고 관리, 운영해야 한다.

② 사서 교사는 담임 교사와 협력에 의한 교육과정 운영은 학교 도서관 서비스의 핵심이다. 따라서 담임 교사와 협력하여 교육과정을 개발하고, 수업을 전개하며 평가해야 한다.

③ 사서 교사는 담임 교사와 협력하여 학생들의 정보활용능력을 향상시켜야 한다.

사서 교사의 분야별 구체적 업무는 다음과 같다.

〈사서 교사의 업무〉

구분	도서관 운영 업무	교사 업무	사서 업무
일일 업무	• 자료비품 관리 • 타 기관과의 업무 협조 • 홈페이지 관리	• 협력 수업 • 학교 도서관 이용지도 (정보와 도서관) • 도서반 활동 지도	• 자료의 구입 및 정리 • 참고봉사 • 독서 자료의 조사연구 및 내용소개 • 교사의 수업 준비에 대한 협력 • 자료의 대출
주간 업무	• 홍보 게시판 관리(신간도서 목록 제시) • 독서방송	• 계발활동지도 • 교수·학습 자료 제작	• 교과별 구입 희망 자료 분석 • 연체자 관리

월간 업무	• 소식지 발간	• 협력수업을 위한 교과별 협 의회 참석 • 협력수업 시간표 작성	• 도서 대출 현황 조사

학기
업무
	• 도서관 관련 문서 및 서류
	  정리
		• 도서관 관련 행사실시
		  - 전시회
		  - 발표회
		• 다독자 표창
		• 정보와 도서관 평가
		• 계발 활동 평가
			• 자료 기증 운동
			• 홍보자료 제작
			• 도서 자료 선정 위원회 주관

학교 업무	• 연간 운영계획 수립 • 예산의 편성 • 운영 결과의 평가 및 개선 • 도서관 관련 조직	• 교육과정 편성위원회 참석 • 도서반 선발 및 운영계획 수립	• 장서 점검 • 제적 및 폐기 • 교과별 참고 자료 안내 • 추천도서 목록 작성 • 교사를 위한 편람 제작

3) 자료의 분류

도서관에 소장된 모든 정보 자료들을 그 주제와 형태에 의해서 구분하고 체계화시켜 관리하기 위하여 청구 기호를 사용한다.

청구 기호는 서가상의 배열 위치를 표시해 주는 기호로써 모든 자료가 개별화 되도록 구성하여야 한다. 청구 기호는 기본적으로 분류 기호와 도서 기호로 구성되어 있고, 필요에 따라서 별치 기호나 권차 기호, 복본 기호가 부가된다.

〈청구 기호의 예〉

교	⟶	별치 기호
813.8	⟶	분류 기호(번호)
최56o	⟶	도서 기호(저자 기호)
v.2	⟶	권차 기호
c.5	⟶	복본 기호

* 최승환(1996), 5학년 3반 청개구리들 2, 둥지

가. 별치 기호

별치 기호는 자료의 형태, 용도 등에 따른 소장 위치와 이용의 제한 등을 나타내는 것으로써 일반 자료를 제외한 참고 도서류와 시청각 자료 등에 대해서 일정한 약자를 부여하는 것이다.

나. 분류 기호

분류 기호는 한국도서관협회의 한국 십진분류법에 따른다. 한국 십진분류법(KDC : Korean Decimal Classification)은 그 구성 원칙의 대부분이 미국의 도서관에서 많이 사용하고 있는 듀이십진분류표(DDC)에 근간을 두고 지식의 전 분야를 10개의 주류로 나눈 후 하나하나의 주류를 다시 10개의 강으로 구분하고, 강을 다시 목으로 구분하고, 목은 다시 10개의 세목으로 나누어 10진법으로 필요한 만큼 세분하여 나가는 계층 구조로서, 분류 기호는 아라비아 숫자만을 사용한다.

총류(000)	총류는 형식류로서 철학(100)~역사(900)에 이르기까지 어디에도 속하지 않는 전체적인 성격을 갖는 류를 의미한다. 따라서 일반 백과사전, 일반 논문집, 일반 사회단체, 일반 전집(총서) 등과 같이 어느 특정 주제에 없는 일반적인 것을 분류하며, 특정 주제에 한정되면 그 주제 아래에 분류한다.
철학(100)	철학류는 종합적 지식 체계를 조직하고 탐구적 진실을 체계적으로 설명하려는 것으로서 철학 일반에 한하며 특정 주제의 철학은 그 주제 아래에 분류한다.
종교(200)	종교류는 신앙에 관한 것이다.
사회과학(300)	사회과학류는 사회 또는 사회 현상을 대상으로 하는 과학적 인식이며, 사회 현상에서 그 법칙을 규명하는 과학을 포함한다.
순수과학(400)	순수과학류는 자연 법칙을 규명하여 이론으로 전개하는 학문이다.
기술과학(500)	기술과학류는 순수과학에서 발견한 법칙을 인간 생활에 유용하게 응용하는 학문이다.
예술(600)	예술류는 일반적으로 회화나 조각, 음악 등의 미적 작품을 형성시키는 인간의 창조 활동이다.
언어(700)	언어류는 인간의 사회생활에 있어 의사소통을 위한 매개체라고 할 수 있다.
문학(800)	문학류는 언어를 문자화하여 인간 생활을 예술적으로 재현하는 것으로 문학에 관한 저작과 문학 작품이 포함된다. 문학에 관한 저작은 연구 주제에 따라 분류하지만 문학 작품은 국어에 따라 분류되며, 어학과 같이 완전한 조기성을 이루고 있다.
역사(900)	역사류는 지역과 시간이 중요한 분류 특성이 되며, 역사, 지리, 전기로 이루어져 있다.

다. 도서 기호(저자 기호)

도서 기호는 같은 분류 기호 내에서 이차적으로 구분하기 위한 기호이다. 도서 기호는 저자 기호와 저작 표시(도서명의 초성)로 이루어진다. 저자 기호란 저자명을 숫자화한 것으로서 같은 분류 기호 내의 도서를 저자명순(가나다순, ABC순)으로 배열하는 방법으로 같은 저자의 저작을 서가 배열상 한 곳에 모아주는 역할을 한다. 우리나라에서는 이재철의 저자 기호표를 사용한다.

〈이재철 동서 저자 기호표(제5표)〉

자음기호			모음기호 ㅊ 다음에 붙을 경우는 제외		ㅊ에 붙는 모음기호	
ㄱ		1	ㅏ	2	ㅏ	2
ㄴ		19	ㅐ	3	ㅓ	3
ㄷ	ㄸ	2	ㅓ	4	ㅗ	4
ㄹ		29	ㅗ	5	ㅜ	5
ㅁ		3	ㅜ	6	ㅣ	6
ㅂ	ㅃ	4	ㅡ	7		
ㅅ	ㅆ	5	ㅣ	8		
ㅇ	ㅉ	6				
ㅈ	ㅉ	7				
ㅊ		8				
ㅋ		87				
ㅌ		88				
ㅍ		89				
ㅎ		9				

라. 권책 번호 및 복본 표시

① 권책 번호

한 도서가 두 책 이상으로 되어 있는 경우, 각 책을 구분하기 위해 저자 기호 아래에 권책 번호를 표시한다.

예시 〈황금박쥐 형제의 모험 1〉과 〈황금박쥐 형제의 모험 2〉

〈황금박쥐 형제의 모험 1〉 이상권 장편동화 / 창작과 비평사	〈황금박쥐 형제의 모험 2〉 이상권 장편동화 / 창작과 비평사
813.8 이52ㅎ V.1	813.8 이52ㅎ V.2

② 복본 표시

복본인 도서는 권책 번호 다음에 서양서는 'C.', 동양서는 등호(=) 뒤에 해당 복본 숫자를 기입한다.

〈10 말하는 백과 사전〉 시루스 박사 / 크리스티안 뒤센 · 카르멩 마루사 지음 / 고승희 옮김	〈세계 교과서에 실린 명작 동화 17〉 인도 고학년 동화 / 심정순 옮김		
031 뒤54ㅅ V.10 c.3	892.8 심74ㅅ V.17 =5	또는	892.8 심74ㅅ V.17 c.5

4) DLS 시스템

가. 개요

디지털 자료실 지원센터는 교육청 단위의 설치된 표준화된 학교 도서관 업무 지원 시스템으로서 교육청 관내의 개별 학교 도서관의 도서업무(수서, 목록구축, 대출/반납 등)를 자동화함은 물론 웹 기반의 독서 지원 기능(독서 교육 정보 제공, 독후 표현활동 등)을 통합적으로 서비스하는 체계이다.

나. 주요기능

① 학교 도서관의 업무를 지원한다. 학교 도서관의 도서 구입이나 목록 정리, 자료

검색, 대출반납, 통계 처리 업무를 교육청 시스템을 통해 통합적으로 처리한다. 특히 목록 정리는 교육청에 구축된 종합 목록을 활용함으로써 목록 구축의 중복 문제를 해결할 수 있다.

② 각종 정보를 서로 연계하여 활용할 수 있다. 개별 학교의 목록이 교육청 단위에서 종합적으로 구축되므로, 다른 학교나 공공 도서관에 소장하고 있는 정보를 통합검색 할 수 있다.

③ 독서 교육 지원정보와 서비스를 제공한다. 인터넷을 활용한 독서 교육 정보를 제공한다. 국가 단위에서 체계적으로 정리한 교과별 관련 도서목록이나 전문가에 의해 제공되는 독서 교육정보 및 독서지도가 이루어진다.

④ 교육정보 유통기관과 정보를 연계한다. 국립 및 공공도서관이나 에듀넷, 각 시도교육청의 교수·학습정보를 서로 연계하여 제공한다.

5) 좋은 책 선정 방법

도서관 자료의 선정 및 구입은 학교 도서관 운영 위원회(도서 자료 선정 위원회, 학습 자료 선정 위원회, 국어 교과 협의회)를 개최하여 집행한다. 사서 교사는 위원회의 간사로 활동한다. 좋은 책의 선정은 다음의 여러 면을 검토해야 한다.

좋은 책의 개념

① 책은 읽혀야만 비로소 그 가치와 사명을 다하게 되는 것이다. '좋은 책'의 개념은 '읽힌 책'에서 출발하는 것이다.
② 좋은 책은 독자의 적극적 독서 행위에서 만들어진다. 즉, 독자의 능동적인 독서활동으로 좋은 책을 만나게 한다.
③ 독서의 원리는 '독자에게 적서를 적기에' 제공하는 것이다. 적서의 원리에 따라 어떤 독자에게 적절한 책이 그 상황에서는 '좋은 책'이다.
④ 좋은 책은 독자의 발달 단계에 맞는 것이어야 한다.

이해성	① 어린이가 이해할 수 있는 알기 쉬운 책이다. ② 글자, 낱말, 글의 짜임에서 어린이들이 알기 쉬운 것이다. ③ 제재나 영역에서 어린이들의 생활에 친근한 내용인 것이다. ④ 어린이의 사고 범위를 벗어나지 않는 주제인 것이다.
흥미성	① 재미있어야 한다. ② 책의 제재가 어린이들로부터 흥미를 가질 수 있는 책이다.
예술성	문학적인 작품뿐만 아니라 실용적인 글이나 설명적인 글의 경우에도 주제, 제재, 글 쓰는 방법 등의 예술성을 분석해야 한다.
교육성	교육적이거나 교훈적인 책이다.

① 소재는 어린이들에게 친숙한 것
② 주제는 뚜렷해야 하고 어린이들이 생활과 밀접한 문제 또는 관심사
③ 사건의 극적인 전개와 줄거리가 단순하고 뚜렷한 것
④ 유머와 재치가 있는 것

저 자	① 어린이에 대한 관심도 ② 어린이 도서 전문 집필자 ③ 외국서 원저자의 경우 종교적 · 인종적 · 이념적 공평성
번역자	① 국어와 원저 언어 사용의 능통성 ② 원저에 대한 풍부한 지식
출 판	① 어린이 도서의 전문 출판사 ② 출판년도
책의 구성	① 서명과 주제, 내용의 일치 ② 목차의 정확도 ③ 색인의 유무 ④ 저자 소개(원저자의 국적)
표현면에서 고려할 점	① 어휘 수준 ② 문장 수준

	③ 문학적 예술성 ④ 번역서의 경우 의역 수준
도서 형태	① 책의 표지는 매력적인 그림과 선명한 색상으로 된 것 ② 활자의 크기 및 글씨체는 어린이의 발달에 알맞은 활자 크기이며 읽기 편한 글씨체 ③ 인쇄상태는 선명한 것 ④ 삽화는 본문 이해에 도움을 주고 본문의 내용과 그림이 맞는 것 ⑤ 지질은 뒷면에 인쇄된 것이 보이지 않는 것 ⑥ 제본은 성인용보다 튼튼해야 하며 이중 제본된 것
추천·수상 여부	① 권위 있는 기관의 추천도서 ② 어린이도서에 수여되는 상의 수상

장르별 도서 선정 기준

창작동화	① 어린이가 삶의 주체 ② 꿈을 심어주는 것 ③ 생명 존중 ④ 우리의 역사적, 문화적 정서 ⑤ 더불어 사는 삶을 지향 ⑥ 정확한 지식
과학도서	① 과학에 대한 맹목적 추종이 배제된 것 ② 저자가 명시된 것(유명 인사의 감수, 추천이 없는 것) ③ 어린이의 어휘 수준에 맞는 학술 용어 사용 ④ 적절한 그림이나 삽화로 설명된 것
역사도서	① 역사적 사실에 기인하고 집필자의 주관이 개입되지 않은 것 ② 과거에 대한 성찰과 미래를 설계할 수 있는 능력을 배양할 수 있는 것
전기	① 역사적 사실과 부합하는 것 ② 위인은 어릴 때부터 비범하다는 인식을 주는 과장이 없는 것 ③ 인물, 때, 장소, 사건 등이 사실처럼 생생하게 묘사한 것
좋은 만화의 조건	① 상상력과 창의력을 길러 줄 수 있는 것 ② 감동과 교훈을 주는 것 ③ 건전한 가치관을 가진 사람의 생활을 그린 것 ④ 어린이의 눈과 마음으로 사물을 보는 것 ⑤ 바른 어법, 표준어, 맞춤법을 지킨 것 ⑥ 인물의 묘사가 우리 겨레의 얼굴 모습을 하고 있는 것

6) 독서 프로그램 운영

학교에서는 다양한 독서 프로그램을 운영하고 있다. 10분 독서, 독서 300운동, 독후감 쓰기 대회, 독후감상화 그리기 대회, 다독상, 이달의 독서왕, 독서 인증제, 독서 퀴즈 대회 등이다.

이러한 독서 프로그램에서는 독서동기를 고려해야 한다. 독서동기는 '독서 행위를 촉발하고 지속적으로 유지하며 강화시키는 독자의 다면적인 심리구조'이다. 독서동기가 높은 학생일수록 독서를 오래 지속할 수 있다. 반면 독서동기가 낮은 독자는 독서에 흥미를 느끼지 못하고, 독서를 지속하기 힘들어한다. 독서동기가 낮은 학생들에게는 독서동기를 높여주는 과정이 무엇보다 중요하다. 이들 학생에게 독서에 관심을 갖게 하고 책과 친해지게 해야 한다.

학교 도서관 이용 활성화를 위해 다음과 같은 다양한 프로그램을 운영한다.

① **도서관 홈페이지 운영** : 전자 도서관을 지향하며 도서 및 정보 자료 검색, 독서 행사 알림, 신간 안내 등
② **독서게시판** : 도서관 소식 및 신간도서 안내, 서평
③ **도서 전시회 및 도서 바자회, 도서 기증 행사**
④ **독서 동아리 운영**
⑤ **도서관 도우미 운영**
⑥ **방학 중 독서교실 운영**
⑦ **책갈피 나누어 주기**
⑧ **도서관 이용 홍보** : 학교 방송 및 신문, 담임 훈화

예시 학교 도서관 운영 교육과정

✔ 목적
독서의 생활화를 통하여 독서능력을 향상시키고, 자율적 학습태도를 향상시키며, 건전한 가치관을 기른다.

✔ 방침

① 자기 주도적 학습 능력 신장을 위해 독서 교육을 활성화한다.

② 학교와 가정을 연계한 '독서 300운동'을 적극 추진한다.

   - '좋은 책 목록'을 학년별로 50권씩 선정, 안내하여 읽기를 권장한다.

③ 학급문고의 설치를 활성화한다.

④ 학교 도서관의 도서대출 및 정리업무는 사서 교사와 5~6학년 도서부원을 적극 활용한다.

✔ 세부계획

1) 학급문고의 설치

- 학급문고를 통해서 어린이들이 쉽게 책과 가까워질 수 있도록 학급문고 설치의 의의와 교육적 가치를 어린이들에게 지도한다.
- 가능한 한 '좋은 책 목록'에 있는 책들을 수합하여 각 학급별로 학급문고를 관리 운영한다.
- 수합된 도서는 학년말에 책을 낸 어린이가 가져감을 원칙으로 하되, 기증하는 책들은 그 교실에 보관하여 다음 학년이 활용하도록 한다.
- 각 학급에서는 도서위원을 선정하여 학급문고를 관리하게 한다.

2) 학교 도서관 운영

▌도서관 개방 및 이용시간

① 개인별 자유열람 : 12시 20분~16시 00분(단, 토요일은 제외)

② 학급 단위의 열람 : 2주 1회 정도 별도 시간표에 의해 도서관 수업 실시

▌열람 및 대출 방법

① 학급단위 대출

- 도서관 담당 교사나 사서 교사에게 연락하여 필요한 책을 대출
- 도서를 반납할 때는 도서관 담당 교사에게 연락한 후, 도서관으로 반납

② 개인별 자유열람 및 대출

   i) 열람 방법

- 희망도서를 책꽂이에서 찾는다.
- 원하는 자리에서 조용히 책을 읽는다.
- 책을 읽은 뒤, 반드시 책수레에 반납을 한다.

   ii) 대출

- 대출은 1회 2권으로 하며, 대출기간은 1주일로 한다.
- 대출 받을 책을 컴퓨터에 개인 대출카드를 이용하여 전산처리한다.
- 분실 시에는 같은 책으로 변상하도록 한다.
- 반납일자를 지키지 않은 어린이에게는 사서 교사가 대출부를 확인하여 경고장을 발송하며, 도서관 담당교사 및 담임이 지도한다.

   iii) 대출 절차

   희망도서를 찾는다. → 대출도서를 사서 교사에게 가져온다. → 사서 교사는 컴퓨터에 입력한다. → 사서 교사는 아동들에게 반납 날짜를 꼭 알려준다.

▌사서 교사의 도서관 운영

① 목적 : 도서관 운영에 필요한 인적자원을 확보하고 학교와 지역사회와의 유대강화를 목

적으로 한다.
　② 활동 : 도서관 개방시간 동안 어린이 독서활동 지도, 도서관 관리, 도서 열람, 도서 대출
　　및 반납 업무를 담당한다. 반납된 도서의 정리 및 분류를 담당한다.
┃도서관 개방 일자
　① 1학기 : 3월 셋째 주부터 개방
　② 2학기 : 9월 첫째 주부터 개방

7) 학교 도서관 이용 활성화 방안

학교 도서관 이용을 활성화 하려면 독서 프로그램 운영으로 부족하다. 많은 학생들이 도서관 이용에 대한 부담감을 줄이고 편안한 마음으로 이용할 수 있게 해야 한다.

① **학교 도서관에 대한 개념 바꾸기** : '학교 도서관은 책을 읽거나 빌리는 곳이다'라는 인식을 벗어나야 한다. 이 곳은 정보 획득뿐만 아니라, 교육, 문화, 레저, 휴식의 공간으로 의미를 확대해서 영화 감상 또는 음악 감상을 할 수 있는 문화 공간도 설치해야 한다.

② **오고 싶은 도서관** : 쾌적한 환경 조성 및 냉난방을 잘 하여 적정 온도를 유지한다.

③ **학교 교육과정과 연계 운영** : 학교 수업 시간에 학교 도서관 활용 수업을 실시하여 학교 도서관 이용을 생활화해야 한다.

④ **독서 고정 시간표 운영** : 교과 시간 및 학급 활동, 재량활동 등의 시간에 학교 도서관에서 활동할 수 있는 시간을 교육과정 편성 시 배당한다. 주1시간 또는 격주1시간으로 고정 시간표를 운영한다. 교과 시간에는 학교 도서관 활용 수업을 실시하고, 기타 시간에는 도서관 이용 지도 및 독서 시간을 운영할 수 있다.

⑤ **정기 간행물 및 잡지 구독** : 학생 수준에 맞는 정기 간행물을 구입하여 열람하게 되면 많은 월간 독자들을 도서관으로 자연스럽게 유인할 수 있다. 컴퓨터 및 과학 관련은 물론이거니와 많은 독자를 확보하고 있는 영화 또는 만화도 고려할 필요가 있다. 정기 간행물은 학년 초 도서 및 자료 구입 시 연간 구독을 신청한다.

⑥ **학부모 및 지역 사회에 개방** : 학부모 및 일반인을 위한 자료 및 공간을 마련하여

교육과정 운영에 지장이 없는 범위 내에서 개방하여 학교 도서관의 정보 자료 및 모든 자료를 무료로 이용할 수 있게 한다. 컴퓨터 및 복사기, 스캐너 등을 이용하려면 문구점에서 값비싸게 이용하고 있으므로 학교 도서관에서 무료로 이용하게 되면 학교 도서관에 대한 호평이 있을 것이다. 특히 학부모는 가정 독서 교육의 중요한 자원이므로 학부모 참여는 독서 교육의 효과가 매우 크다고 할 수 있다.

⑦ 전교사 참여의 학교 도서관 운영 : 학교 도서관은 사서 교사 혼자 힘으로 운영할 수 없고, 모든 구성원의 동참 및 협조 하에 정상적인 운영을 할 수 있다. 도서관 운영 위원회나 도서관 자료 선정 및 구입 시 전(全)교사가 참여함으로써 주인 의식을 갖고 능동적인 참여가 가능하다.

8) 학교 도서관의 발전 방향

정보사회에서 강조되고 있는 학습자 중심의 교육은 교사의 안내에 의한 학습 과제나 정보 문제를 학생 스스로 해결하는 과정에서 교과서 이외의 다양한 형태의 정보매체를 활용하게 된다. 학교 도서관은 본질적으로 학습 활동에 필요한 정보매체를 수집하고 조직하여 제공하는 곳이므로 사대적 변화에 부응하여야 한다. 학교 도서관이 학교 교육과정 운영의 중심이 되기 위해서는 다음의 조건을 충족시켜야 한다.

① 학교 교육과정 운영에 적합한 자료 운영 : 학교 도서관은 학교 교육과정과 일치하는 자료를 소장하고 이들 자료를 교육 현장에 제공하여 교육과정 운영에 직접 이바지할 수 있어야 한다.

② 교육자료 센터 체제로 전환 : 학교 도서관은 단순한 문헌자료 중심의 운영을 지양하고 도서 자료와 함께 컴퓨터 및 시청각 기자재 등을 수용하여 모든 교육 자료를 통합 운영해야 한다. 멀티미디어화 된 학교 도서관 자체를 교육 활동 공간으로 활용되어야 한다.

③ 적극적 봉사 : 학교 도서관을 찾는 이용자에게만 봉사함을 넘어 소장한 자료와

봉사 역량을 직접 교육할 수 있어야 한다. 또한 인쇄매체 활용 독서 교육 차원을 넘어 영상매체, 전자매체의 활용능력까지도 지도하여 정보 교육의 산실이 되어야 한다.

3. 학교 도서관 활용 독서 교육 방법

학교 도서관 이용 활성화 및 독서 교육은 전교사의 참여로 학교 도서관 이용을 할 수 있도록 지도해야 한다. 교사가 학교 도서관 활용 수업을 하게 되면, 자연스럽게 학교 도서관을 이용하게 되고 독서동기를 부여하게 될 것이다. 학교 도서관 이용 교육을 먼저 시행하고, 학교 도서관 활용 수업을 시행하는 것이 효과적이다.

1) 학교 도서관 이용 교육

가. 학교 도서관 이용 교육의 의미

학교 도서관 이용 교육은 도서관에 소장되어 있는 다양한 정보 매체를 활용하여 학생이 학습 과제를 스스로 해결하고 학습 경험을 보다 풍부하게 할 수 있는 지식과 기술을 습득하도록 하는 교육으로 문제해결 학습이나 조사·연구를 위한 자율적인 학습을 위한 소양 교육으로서의 특징을 갖는다.

즉 학교 도서관 이용 교육은 자율적인 학습과 주체적인 학습 활동에 필요한 능력을 교육하는 것이며, 더 나아가 단순한 문제 해결이나 조사·연구의 분야에 그치지 않고 일상생활 등에도 적용하고, 학생 각자의 평생 학습 과정에서 자료의 정보를 활용하는 능력과 습관을 형성하는 데 필요한 지식·기능·태도를 교육하기 위한 것이다.

나. 학교 도서관 이용 교육의 목적

도서관 이용 교육은 도서관이 소장하고 있는 다양한 학습 자료를 학생들이 자신의 요구에 맞게 적절하게 이용할 수 있도록 자료의 선정과 내용 분석, 적용 및 표현 능력 등 정보 활용 능력을 길러주는 것을 목적으로 한다. 이를 보다 구체적으로 살펴보면 다음과 같다.

영 역	목 적
지 식	• 학교 도서관의 교육적 기능과 역할을 이해하고 활용할 수 있다 • 학교 도서관이 제공하는 자료에 대한 탐색, 분석 방법을 습득한다.
기 능	• 도서관이 소장하고 있는 다양한 자료의 종류와 이용 방법을 습득하여 이를 정보 과제 해결에 활용함으로써 자기주도적인 학습능력을 기른다. • 다양하고 체계적인 독서 활동을 통하여 문제해결 능력과 사고력을 기른다. • 자신의 발달 단계와 수준에 맞는 도서관 자료를 활용함으로써 매체를 비판적으로 수용할 수 있다.
태 도	• 도서관의 역할을 이해함으로써 친근감을 느끼고 도서관 이용을 생활화한다. • 공공시설인 도서관 및 도서관 자료를 이용하는 경험을 통하여 민주 시민으로서 가져야할 시민성, 사회성, 공공심을 갖도록 한다.

다. 학교 도서관 이용 교육의 성격

학교 도서관 이용 교육은 도서관이 소장하고 있는 자료의 효율적인 활용과 건전한 이용 태도 등을 지도하기 위한 것으로 학교 도서관이 도서 자료 중심의 제한적 운영에서 벗어나 교수·학습 자료 센터화 되면서 학교 도서관의 전통적인 교육 활동이었던 독서 교육과 도서관 이용 교육은 점차 정보교육으로 확대·발전하고 있는 추세이다.

제6차 교육과정의 '정보와 매체'와 제7차 교육과정의 '정보와 도서관'이 개발되어 학교 도서관과 사서 교사를 중심으로 교육과정이 운영됨으로써 도서관 이용 교육은 교육과정 형태로 발전하였다.

학교 도서관 이용 교육과 정보교육은 학생들의 정보 활용능력을 육성하는데 그 목적이 있기 때문에 '정보와 도서관'을 통한 정보 교육의 관점에서 실시하는 것이 바람직하지만, 학교 교육과정 편성, 수업시수, 학교 도서관 담당자의 유형 등을 고려하여 각각 실시할 수도 있다. 일반적으로 단기간에 도서관 이용 교육의 전통적인 내용만을 지도하고자 할 때에는 도서관 이용 교육의 형식을 취하고 장기적으로 정보 활용능력을 지도하고자 할 때에는 '정보와 도서관'을 교육과정으로 한다.

라. '정보와 도서관' 교육과정

① '정보와 도서관' 교육과정의 성격과 내용

'정보와 도서관' 과목은 재량 활동 시간을 활용하여 초등학교 4~6학년에서 선택하여 이수할 수 있는 과목으로, 학생들이 도서관을 자연스럽게 이용하여 독서를 생활화하고 정보를 이용하여 자신의 과제를 해결할 수 있는 정보능력을 길러주기 위한 것이다.

오늘날 우리는 문헌자료, 영상자료, 전자 통신 자료, 인터넷 등을 이용하여 많은 양의 정보를 언제든지 이용할 수 있는 급변하는 사회에 살고 있다. 이러한 사회에서 학생들은 자신이 접하는 정보원으로부터 정보를 스스로 탐구하고 이해하여, 그 정보를 효과적으로 재구성하고 종합하여 창의적인 생각과 지식을 창출해 내는 것이 중요하다. 이러한 정보능력을 개발하는 것은 곧 앞으로의 교육이 추구하는 진정한 학습이며 자기 주도적인 학습과 평생 학습의 기초이다.

'정보와 도서관' 과목은 일상생활 속에서 학생들이 접하는 주제를 중심으로 정보를 이용한 문제해결에 중점을 두는 실습 위주의 교과이다. 또 학교에서 배우는 국어, 도덕, 사회, 수학, 과학, 실과, 체육, 음악, 미술, 영어 등 다른 모든 과목과의 협동 수업을 강조한다. 다시 말하여, 다른 과목에 나오는 주제를 중심으로 도서관의 다양한 자료와 정보를 이용하여 문제해결을 할 수 있도록 돕는다. 이 과목은 학생들이 정보 중심지로서 도서관을 올바르게 이용하는 능력과 습관을 함양할 수 있도록 하는 데 중점을 두고 있다.

② 초등학교 정보와 도서관 내용 체계

영 역	내 용		
도서관의 이해	• 여러 가지 정보와 도서관 • 정보와 문제 해결	• 독서와 시청 • 저작권	
정보 과제 정하기	• 독서	• 도서관 영역	• 일상생활 연계 영역

정보 과제 정하기		• 교과 학습 연계 영역(자기 주도적 학습 영역)	
정보 찾아 이해하기	문헌정보	• 도서 • 잡지	• 신문 • 참고도서
	영상정보	• 비디오 • 영화	• 텔레비전 • 유선방송과 위성방송
	전자통신정보	• 전자 자료 • 인터넷	• PC 통신 • 통합 매체
	문헌정보와 독서	• 독서의 의미 • 독서의 방법	• 여러 가지 독서 정보
	영상정보와 시청	• 시청의 의미 • 시청의 방법	• 여러 가지 시청 정보
정보 종합하고 표현하기	감상의 표현	• 독후 감상의 표현	• 시청 후 감상의 표현
	정보의 표현	• 정보 종합하기 • 컴퓨터로 정보 표현하기	• 글로 표현하기
정보 이용 과정 되돌아보기		• 효과성	• 효율성

2) 도서관 활용 수업

가. 도서관 활용 수업의 의미

도서관 활용 수업은 각 교과에서 도서관 자료와 시설을 활용하여 교과의 학습목표를 효과적으로 달성하려는 교육활동이다. 담임 교사와 도서관 담당자가 수업활동을 계획하는 과정에서부터 평가까지 협력하는 교육 활동이다.

도서관 활용 수업은 단순히 도서관으로의 이동 수업이 아니라, 도서관이 소장하고 있는 자료와 시설 그리고 전문 운영 인력의 봉사를 종합적으로 활용하는 자원기반학습의 성격을 갖는다. 특히 도서관 활용 수업에서는 다양한 형태의 수업자료를 필요로 하기 때문에 담임 교사 혼자서 모든 자료를 찾고 준비하여 수업을 진행하기는 어렵고 또 그렇게 할 경우에 충분한 수업의 효과를 기대하기 어렵다. 그러나 자료 전문가인 사서 교사가 자료를 찾아주고 조언을 하는 등 담임 교사와 긴밀한 협력관계를 갖고 교수 과정을 계획하고 교수 활동에 참여한다면 교육 목적을 훨씬 효과적으로 달성할 수 있을 것이다. 담임 교사와 사서 교사가 함께 하는 수업이 도서관에서 이루어짐으로 써 학생들은 자연스럽게 도서관을 찾게 되고 자료 활용 학습 및 정보 활용 능력을 함 양할 수 있다.

나. 도서관 활용 수업의 필요성

도서관 활용수업은 기존의 교사와 교과서 중심의 교육과정 운영에서 벗어나 학생 의 자기 주도적 학습을 위한 새로운 학습방법이다. 도서관 활용 수업은 학습 자료가 집합된 장소에서 담임 교사와 사서 교사의 교수·학습 협력 모형을 시행함으로써 충 분하고 정확한 정보 자료를 수집할 수 있어 학습 효과를 높일 수 있고, 정보 활용의 기회가 부여됨으로써 올바른 정보의 선택과 활용의 시각이 길러진다.

학교 도서관 운영편람에서는 도서관 활용 수업의 필요성을 6가지 측면에서 설명하 고 있다.

① **다양한 학습 활동 전개** : 도서관 활용수업은 교실 중심의 제한된 교육환경에서 탈 피하여 다양한 정보와 체험 그리고 협력을 통해서 개별학습, 모둠학습, 토론, 문 제해결활동 등 다양한 교수·학습 활동을 전개할 수 있다.

② **통합적 교수·학습 전개** : 독자적으로 운영되고 있는 교과수업의 한계를 벗어나 교과별 통합 주제 학습, 범교과 학습 등을 전개할 수 있다.

③ **문제해결 능력 및 자기 주도적 학습능력 신장** : 도서관 활용수업은 학습자가 학습 목표 및 학습방책을 정하고 학습결과를 평가하도록 함으로써 학생의 자기 주도 적 학습 능력을 신장시키고 정보를 수집, 분석, 종합하여 새로운 정보를 창출해 낼 수 있는 창의력과 문제해결 능력을 신장시킬 수 있다.

④ **능동적인 학습 참여** : 다양한 교수·학습 자료를 활용한 학습 경험을 제공하여 실생활과 관련된 주제를 탐색하고, 자신에게 흥미 있는 정보를 선택, 활용하여 도서관 환경을 통한 능동적인 학습 참여를 유도할 수 있다.

⑤ **평생 교육의 기반 조성** : 교실수업의 물리적, 공간적 제한을 벗어난 학습 환경을

통해 교수·학습의 장, 독서의 장, 문화공간의 장 등으로 교육의 장을 확대하여 사고의 폭과 경험을 넓히는 평생 교육의 장으로서 역할을 담당한다.

⑥ **지식기반사회에 대응하는 인재 양성** : 지식기반 사회는 학생들이 필요한 지식을 찾고 이를 가공하여 유용하게 활용할 수 있는 능력이 필수이다. 지식 전달 위주의 전통적 교육 패러다임에서 벗어나 학생 스스로 지식을 구성하는 능력을 길러줄 수 있는 새로운 교육 패러다임이 요구되고, 이러한 요구는 도서관 활용 수업을 통하여 이루어질 수 있다.

다. 도서관 활용수업의 절차

일반 교과의 도서관 활용 수업을 원활히 하기 위해서는 수업 전에 담임 교사와 사서 교사의 협력이 절실히 요구된다. 특히 교육과정 운영에 필요한 자료를 파악하여 선정하고 구비함으로써 도서관에서의 수업이 소기의 목적을 달성할 수 있도록 해야 한다.

도서관 활용 수업은 대상 교과 및 단원 선정, 교수·학습 자료 준비, 교수·학습 기자재 설정, 수업, 평가 등을 전개된다.

〈도서관 활용 수업 전개 과정〉

계획 세우기	• 교육과정을 고려하여 도서관 활용수업 대상 교과를 선정한다. • 도서관 활용수업의 유형을 분석한다. • 도서관 활용수업을 위한 시간표를 작성하여 관리한다. • 담임 교사는 사서 교사와 함께 도서관 활용수업용 지도안을 작성한다.
교수·학습 자료 준비하기	• 도서관 활용수업에 필요한 다양한 정보원을 수집 분석한다. • 도서관 활용수업에 필요한 유용한 정보를 사서 교사로부터 얻는다. • 교과별 단원별로 활용수업에 필요한 자료를 수집한다. • 수집한 자료를 학습목표에 맞게 재구성한다. • 준비한 자료의 교육적 활용법을 사서 교사와 협의한다.
계획 세우기	• 교육과정을 고려하여 도서관 활용수업 대상 교과를 선정한다. • 도서관 활용수업의 유형을 분석한다. • 도서관 활용수업을 위한 시간표를 작성하여 관리한다. • 담임 교사는 사서 교사와 함께 도서관 활용수업용 지도안을 작성한다.
교수·학습 자료 준비하기	• 도서관 활용수업에 필요한 다양한 정보원을 수집 분석한다. • 도서관 활용수업에 필요한 유용한 정보를 사서 교사로부터 얻는다.

교수 · 학습 자료 준비하기	• 교과별 단원별로 활용수업에 필요한 자료를 수집한다. • 수집한 자료를 학습목표에 맞게 재구성한다. • 준비한 자료의 교육적 활용법을 사서 교사와 협의한다.
교수 · 학습 기자재 설정하기	• 도서관 활용수업에 필요한 기자재의 수요를 파악한다. • 도서관 활용수업에 필요한 기자재를 설정한다. • 기자재활용에 필요한 유용한 정보를 교과교사에게 제공한다.
도서관 활용수업 실시하기	• 학습목표와 수업전개 방법을 지도한다. • 학습 자료의 검색방법을 지도한다. • 학습과제 해결방법을 지도한다. • 학습결과물의 작성법을 지도한다.
도서관 활용수업 평가하기	• 학습 자료에 대한 만족도를 측정한다. • 학습 자료에 대한 추가수요를 파악하여 장서개발에 반영한다. • 기자재에 대한 만족도를 측정한다. • 기자재에 대한 추가수요를 파악하여 시설 · 설비 예산에 반영한다.

예시 도서관 활용 수업 방법

도서관 활용 수업에서는 탐구과제 및 학습 유형이 명확해야 한다. 수업 후에는 반드시 그 결과를 발표할 시간을 마련해야 한다. 다음은 도서관에서 활용할 수 있는 수업 방법이다.

✔ 도서관 이용 학습
  ① 책의 역사에 대해 설명한다.
  ② 자료의 분류와 저자 기호에 대해 설명한다.
  ③ 도서관 이용 방법을 지도한다.
  ④ 과제를 제시하고 활동한다.

✔ 자료 찾기 수업
  ① 학습 과제를 제시한다.
  ② 관련된 자료를 찾는다.
  ③ 모둠별로 찾은 내용을 발표한다.

✔ 탐구 학습
  ① 탐구 과제를 제시한다.
  ② 모둠별로 자료를 검색, 정리한다.
  ③ 발표 준비를 한다.
  ④ 모둠별로 발표한다.

✔ 도서관 견학하기
① 학습 과제를 정한다.
② 인근 도서관과 사전 협조한다.
③ 견학 후 (반드시) 학습 내용을 정리하고 발표한다.

✔ 용어 사전 만들기 학습
① 모둠별로 어려운 용어에 대한 분야를 선택한다.
② 모둠별 구성원별 역할 분담을 한다.
③ 자료를 검색하고 정리한다.
④ 전 모둠의 자료를 통합한다.
⑤ 정리한 용어에 대한 발표(퀴즈대회)를 한다.

제 3 장

학부모를 위한 독서 상담

중세 이래로 독서(Reading)는 쓰기(Writing), 셈하기(Arithmetic)와 함께 '3R'이라고 하여 모든 학습의 기본으로 인식되어 왔다. 이 중에서도 특히 독서는 모든 교과 학습의 기초가 된다. 능숙한 독자와 미숙한 독자의 독서 능력은 곧장 학업 성취도에 영향을 미치기 때문이다. 능숙한 독자는 자신의 읽기 전략에 따라 책을 읽으며 핵심어, 화제, 주제문장, 주제, 중심 내용, 요약하기 활동 등을 잘 한다. 반면 미숙한 독자들은 능숙한 독자들에 비해 독해 능력이 떨어진다. 이와 같은 학생들의 독서 능력에 대한 문제는 교사뿐만 아니라 학부모들도 인식하고 있다.

학기 초가 되면 학부모들은 자녀의 학습 지도에 관한 상담을 하기 위해 담임 선생님을 찾아 나선다. 학부모들의 자녀 교육에 대한 상담은 주로 학기 초에는 학업에 관한 것이며, 학기 중반으로 갈수록 상담의 내용은 학업을 포함하여 학교생활, 교우 관계까지 확대 된다. 특히, 상담 내용 중 빠지지 않는 것이 자녀들의 독서에 관한 내용이다. 그런데 학부모들의 상담 내용을 잘 들여다보면 독서에 대한 오해가 적지 않다. 그 대표적인 것이 '독서는 교과 활동과는 다르다'는 생각이다. 일부의 학부모들은 교과서 공부는 독서라 생각하지 않고, 교과서 외의 책을 읽는 것만을 독서라고 생각한다. 그래서 고학년으로 올라갈수록 독서보다는 시험공부를 하라고 말하기도 한다. 그러나 독서는 교과서 읽기와 다르지 않다. 교과서 읽기도 독서이고, 교과서를 해설해 놓은 참고서 읽기도 독서이고, 또 교과서 내용과는 무관한 책 읽기도 독서이다. 책의 내용과 독서 목적, 그리고 독서 상황에 따라 독서 방법과 인지적 작용이 다를 수 있는데, 이렇게 독서 방법과 사고 작용을 조절해가며 읽는 독서가 오히려 좋은 독서이자 훌륭한 독서 훈련이 된다.

학부모들은 자녀의 독서에 대해 궁금해 하는 것은 무엇이며, 교사는 독서에 대한 상담을 요청하는 학부모들에게 어떤 말을 해주어야 할까? 일반적으로 학부모들이 선생님에게 문의하는 내용을 중심으로 소개하면서, 그에 대한 적절한 답변을 제시하고자 한다.

1. 독서 능력과 도서 선정

책을 고르는 것은 독자에 대한 요인과 책에 대한 요인으로 나누어 생각할 수 있다. 독자에 대한 요인은 학생의 독서 능력에 맞는 책을 선정해야 함을 의미하며, 책에 대한 요인은 책의 종류와 내용이 학생에게 적합해야 한다는 것을 의미한다. 학부모들이 궁금해 하는 독서 상담을 독서 능력, 독서 흥미, 도서 선정을 사례 중심으로 엮어 제시한다.

상담 1 우리 아이 독서 능력이 다른 아이들에 비해 떨어지는 것 같아요. 우리 아이 수준이라면 어느 정도의 독서 능력을 가져야 하나요?

우선, 독서 능력이란 책을 읽고 이해하는 능력이라고 간단히 말할 수 있습니다. 책을 읽고 이해한다는 말은 상당히 포괄적이지요. 책을 읽고 이해하는 능력을 좀 더 자세히 분석해 보면 글자를 아는 능력, 문장을 이해하는 능력, 문단이나 사건의 의미를 이해하는 능력, 정서적으로 반응하는 능력, 책을 읽은 후 생각을 종합하는 능력, 비판적으로 생각하는 능력 등으로 나누어 생각할 수 있습니다. 이러한 독서 능력들은 나이에 따른 독서 특성과 분리해서 생각할 수 없습니다. 우선 각 연령에서 나타나는 독서의 특성은 다음과 같습니다.

초기 독서기(출생에서 5세까지)

아이들은 구체적인 개념을 형성하기 위해 감각적인 접촉과 신체적 조작 활동을 하며 직관을 사용합니다. 지각에 바탕을 두고 결론지으며 언어로 표현하는데 어려움을 겪습니다. 이 시기에 빠른 속도로 언어를 배우게 됩니다. 출생 이전부터 글을 읽기 전까지의 독서기를 의미합니다. 독서를 하기 위한 인지 및 사회성이 발달되는 시기입니다. 부모의 이야기를 들을 수 있을 정도의 안정된 심리 상태가 준비되며, 글자를 쓰고 읽을 수는 없지만 음성 언어의 소통은 가능하여 언어적 준비가 완성되고, 단어와 문자의 형태를 파악하고 기억하는 인지적인 준비, 타인과 더불어 주의를 기울이고 생각할 줄 아는 사회성이 발달됩니다. 문자를 배우기 이전의 독서준비기에 할 수 있는 독서경험은 주로 대화나 이야기 들려주기 등입니다. 따라서 이 시기에는 많은 이야기를 들려줄 필요가 있습니다.

독서 입문기(유치원에서 1학년까지)

초기 독서 단계란 아동이 글자를 처음 배우기 시작하면서 완전하게 소리 내어 읽을 수 있을 때까지의 읽기 학습 기간을 말합니다. 문자의 기초학습이 시작되는 시기로 그림책과 이야기듣기를 좋아하고 어휘력이 증가되며, 자신의 생각과 문자를 맞출 수 있는 능력이 생깁니다.

기초 독서기(2학년에서 3학년까지)

독립성과 유창성이 증진됩니다. 글을 소리 내어 읽는 것이 자동화 되어감에 따라 학생들은 글의 의미에 좀 더 집중할 수 있습니다. 단순히 문자의 식별뿐만이 아니고 문장의 독해가 가능하여 쉬운 자료를 읽기 시작합니다. 문장의 전후 관계를 알고 의미 있는 문장의 실마리를 찾아낼 수 있으며, 소리내어 읽기 등의 초기 독서기술을 구사할 수 있습니다. 이 시기가 되면 점차로 독립해서 단순한 책을 열심히 읽는 것을 기대할 수 있으며 독서 습관을 위해서도 중요한 시기가 됩니다.

독립 독서기(4학년에서 6학년까지)

이 단계의 주된 특징은 학습을 위해서 책을 읽는데, 주로 국어 시간에 배운 어휘나 독해 전략을 폭넓게 적용합니다. 독서하는 방법에서도 이해력과 책 읽는 속도가 증가하고, 독서 기술이 발달합니다. 독서 기술이 성숙하여 다독할 수 있으며 어휘력이 최고 수준에 가깝게 되는 시기로, 독서의 속도를 자유롭게 할 수도 있고 내용의 평가 및 감상, 속독과 정독이 가능한 시기입니다. 일반적으로 초등학교 3학년 후반부로부터 6학년에 걸쳐있는 시기로 학습이나 독서능력의 다리를 잘 건너야 하는 과도기입니다. 일생의 좋은 독서 습관을 위한 매우 중요한 시기로 자연스럽게 독서의 즐거움을 느끼도록 세심한 배려가 필요합니다.

추상적 독서기(7학년 이상)

독서에 대한 흥미는 보다 다양해지고 개인화 되어 갑니다. 이 단계의 학생들은 거의 최소한의 독서만 하게 되지만 독서 태도가 세련되어 갑니다. 독서능력이 완숙에 이르는 시기로, 다독하는 경향으로부터 목적을 가진 독서를 하게 되어 자신이 필요한 독서 자료의 선택이 가능해지고 독서 기술도 숙달하게 됩니다. 여태까지 익혀 온 독서의 기술을 강화하면서 읽은 자료에 대해 공감하고, 같은 주제의 다른 책을 비교하며 읽을 수 있는 독서활동을 전개합니다.

위와 같은 독서 능력은 일반적인 것으로 개인의 독서 습관에 따라 차이가 있습니다. 하지만 독서 능력은 타고나는 것이 아니라 올바른 독서 훈련에 의한 것임을 알아야 합니다. 학생들의 독서 능력이 떨어지는지 아니면 다른 학생들과 비슷한지를 알아보기 위해서는 교과서의 글을 사용해 알아보는 것이 가장 좋습니다. 교과서는 학생들의 수준에 맞는 글을 선정합니다. 교과서의 글에 나오는 물음에 답할 수 있는 정도라면 그 학생은 연령 수준에 맞는 독서 능력을 가졌다고 생각하면 됩니다. 따라서 자녀의 독서 능력이 위에서 제시한 일반적인 독서 능력보다 떨어질 경우에는 학생의 독서 습관 및 전략에 대해 고민해 보아야 합니다.

상담 2 독서 동기나 흥미도 학년에 따라 달라지나요?

독서 동기는 다음의 질문과 관련이 있습니다. '무엇 때문에 책을 읽는가?', '책 읽는 것이 왜 좋은가?' 또는 '왜 책을 읽으려고 하는가?', '어떤 종류의 책을 좋아하는가?' 독서에 흥미가 없다는 것은 책을 읽고 싶은 마음이 없다는 것입니다. 흥미가 없는 이유가 무엇일까를 생각해보기 위해 반대되는 경우를 생각해볼 필요가 있습니다. 책을 좋아하는 아이는 왜 책을 좋아하는가 하는 물음입니다. 책을 좋아하는 아이는 크게 두 가지로 나누어 생각할 수 있습니다. 내적 동기와 외적 동기가 그것입니다.

내적 동기란 독서 욕구가 발동하는 경우에 생깁니다. 책에 왠지 끌린다거나, 책 속에 몰입 될 때 희열을 느낀다거나 하는 경우입니다. 또한 자기가 궁금해 하는 분야에 대해 책을 스스로 찾아 읽는 것을 말합니다. 외적 동기란 책을 읽는 목적을 외부에서 찾는 것을 말합니다. 선생님께 칭찬을 받기 위하거나, 독후감을 써야 하기 때문에 책을 읽는다거나, 책의 내용이 짧고 그림이 잘 나와 있어 책을 읽는다거나 하는 등이 외적 동기에 해당됩니다. 물론 외적 동기보다는 내적 동기가 더 중요합니다.

외적 동기는 외부의 영향이 없으면 책을 손에서 놓게 되는 경우가 많습니다. 즉, 독후감 과제가 없으면 책을 읽지 않고, 책을 읽어 선생님이나 부모님께 칭찬을 받을 일이 없으면 책을 읽지 않고, 책이 두꺼워 보이면 책을 읽지 않기 때문입니다. 그러나 내적 동기는 자발성을 전제로 하는 것이므로 외부 환경에 관계없이 책을 읽게 됩니다. 그러나 실생활에서 내적 동기와 외적 동기를 구별하기 힘들고 때론 구별할 수 없을 정도로 나타나기도 합니다. 예를 들어 재미있는 영화를 보고 그 이야기를 직접 읽어보고 싶다거나, 서점에 걸린 베스트셀러 목록을 보고 '나도 읽어 봐야지.'라고 생각을 하고 책을 읽는 것들은 그것이 내적 동기인지 외적 동기인지 구분하기 힘들고 굳이 구분할 필요도 없습니다. 책을 읽는 계기가 주어졌다는 것이 중요합니다.

독서 흥미는 연령에 따라 자연스럽게 변화합니다. 그러나 자연스럽게 변화한다고 해서 관심을 두지 않아도 된다는 것은 아닙니다. 독서 흥미가 꾸준히 유지될 수 있도록 학년에 맞는 적절한 지도가 필요합니다. 독서 능력에 맞는 혹은 조금은 도전적인 과제를 주는 방법이 그 예입니다. 독서 동기와 흥미는 학생들의 인지, 사회성 발달과 밀접한 관련을 맺고 있습니다.

초등학교 저학년의 경우 유치원 단계에서 공교육 체제로 들어오면서 자기(自己) 중심적 사고에서 점차 벗어나게 됩니다. 취학 전, 주로 가정에서 생활하면서 모든 것이 자기 중심적입니다. 하루의 대부분을 부모님과 생활하고 부모님이 모든 것을 자기에게 맞추어주기 때문에 사고 자체를 자기 위주로 합니다. 이러한 사고는 학교에 들어가면서 점차 바뀝니다. 학교생활을 하면서 다른 사람들과 함께 살아가는 방법을 배우고, 눈치도 익혀가면서, 어떻게 하면 선생님의 칭찬을 많이 받을까 생각도 합니다. 그러나 자기 중심적 사고에서 아직 벗어나지 못해 선생님과 개별적인 관계를 유지하려고 노력합니다. 또한 인지 발달 단계 특성상 우화, 옛날이야기, 위인에 관한 이야기, 동물에 관한 이야기 등 등장인물이 제한적이고, 사건이 한 두 개의 간단한 이야기에 흥미를 가집니다. 또한 독서에 대한 내적 동기보다는 외적 동기가 유효한 시기이므로 학생에게 적절한 독서 과제를 부여하는 것이 독서 흥미 발달에 중요합니다.

중학년의 경우 자기 중심적 사고에서 완전히 벗어나 또래 집단에서 사회생활을 적응하는 시기입니다. 또한 정서적으로도 안정적이고 활발해지고, 어휘량이 급격히 늘어나는 시기입니다. 친구들과 함께 보내는 시간이 많아지고, 독립적으로 독서를 하려는 성향도 나타납니다. 특히, 자신이 즐겨 있는 분야가 생기며, 즐겨 읽는 분야의 책과 내용에 대해 자부심을 느끼기도 합니다. 물활론적(物活論的) 사고에서 벗어나 과학적 논리적 사고를 형성하기도 합니다. 따라서 새로운 것에 대한 호기심이 많이 생기고, 사실과 허구를 구별할 수 있습니다. 이 시기 아이들의 독서 흥미는 친구와의 경쟁을 통해 높일 수 있습니다. 또한 집단 독서 또한 독서 흥미를 높이는 방법이 될 수 있습니다. 집단 독서를 할 때에는 미리 책을 읽고 생각해야 할 과제를 주어 책을 읽는 목적을 분명히 해야 합니다.

고학년의 경우 독서 동기나 흥미가 지극히 개인적입니다. 여기서 '개인적'의 의미는 독서의 외적 동기가 크게 작용하지 않는다는 점입니다. 독서보다는 자신에 대한 혹은 친구들에 대한 관심, 친구들의 문화에 들어가려는데 관심이 많습니다. 그 결과 독서에는 크게 관심을 두지 않는 경우가 많습니다. 물론 이미 자발적 독서 능력을 갖춘 학생의 경우는 깊이 있는 독서와 폭넓은 독서가 이루어집니다. 굳이 독서를 하라고 권장하지 않아도 혼자서 내적 동기 때문에 독서가 이루어집니다. 따라서 이 시기의 독서 흥미는 기존의 틀에 박힌 독서 방법보다 조금은 색다르고 신선한 방법을 추구하는 것이 좋습니다. 예를 들어 작가와 만나는 기회를 갖는다거나, 좋아하는 친구끼리 책을 바꾸어보게 한다거나, 자신의 진로와 관계하는 책을 보게 한다거나 함으로써 독서 동기 및 흥미를 유발시키는 것이 좋습니다.

자녀에게 맞는 책은 독서의 목적이 무엇인가에 따라 달라질 수 있으나 일반적으로 크게 세 가지로 구분해 볼 수 있습니다. 연령에 맞는 책과 성격에 맞는 책 그리고 일반적으로 좋은 책이 그것입니다. 연령에 맞는 책이란 고학년 학생이 저학년 학생에게 적합한 책을 권하는 것은 좋지 않고, 인지 능력 혹은 독서 능력에 맞는 책을 선정해야 함을 말하는 것이며, 특성에 맞는 책이란 인성, 독서 습관, 태도 등과 관련지어 교정(矯正) 혹은 치료의 목적으로 책을 선정하는 것을 말합니다. 마지막으로 일반적으로 좋은 책이란 연령과 성격에 관계없이 아이들에게 권할만한 책을 말합니다.

우선 나이에 맞는 책을 살펴보겠습니다. 초등학교 1~2학년 시기는 학교에 들어오면서 본격적으로 책을 읽는 시기입니다. 유아 시기에 부모님이 책을 읽어주는 방식에서 벗어나 학교에서 홀로 책을 읽어 나가야 합니다. 교실 여기저기에 책이 있고, 선생님은 학생들에게 책을 읽으라고 권합니다. 또한 책을 읽고 독후 활동을 숙제로 해야 합니다. 교과서로 학습을 시작하는 만큼 책을 읽고 의미로 받아들이는 환경에 처하게 된 것입니다. 이 시기에는 자칫 독서가 즐거워서 하는 것보다는 스트레스로 받아들여질 수 있습니다. 따라서 이 시기의 학생들에게는 환경에 잘 적응해나가는 내용이 담긴 종류의 글이나, 간결하고 핵심 내용이나 주제가 명확히 드러나는 책이 좋습니다. 초등학교에 들어갔다고 해서 책을 읽어주는 활동을 멀리해서는 안 됩니다. 여전히 책을 읽어 주면서 또한 책을 권하는 것이 좋습니다.

초등학교 3~4학년이 되면 책 읽어주는 시기에서 완전히 벗어나고 혼자서 책을 고르고 읽는 독립적인 독서 활동에 접어듭니다. 또한 학교 학습의 양이 증가하는 시기이기도 합니다. 따라서 이 시기는 다양한 종류의 책을 권하는 것이 좋고, 상상력과 호기심을 자극할 수 있는 책들이 좋습니다. 상상력과 호기심은 지적인 호기심으로 바뀌며 호기심의 발동은 학습에도 긍정적인 영향을 줍니다. 책을 고르는 것 역시 학생에게 위임하는 것도 좋습니다. 직접 서점에 가거나 학교 도서관을 이용하여 책을 선정하여 읽게 하고, 책의 수준이 자신에게 적합한지를 스스로 판단하게 합니다. 이 시기는 독서를 가장 좋아하는 초등학교 시기로서 평소에 학생이 관심을 적게 가지던 책을 은근히

권해보는 것도 좋은 방법입니다.

　초등학교 5~6학년이 되면 책을 읽는 양이 떨어집니다. 독서보다는 다른 분야에 관심이 많이 가기 때문입니다. 음악, 옷, 놀이, 친구 관계 등이 그 예입니다. 이 시기에 맞는 책을 권한다면 자신의 진로와 관련한 책이나, 넓은 세상을 볼 수 있는 책들이 좋을 것입니다. 일반적으로 우리들이 알고 있는 고전적인 위인들보다는 최근 떠오르거나, 비교적 아이들 세계에서 잘 알려진 인물들에 관한 책, 그리고 그에 관한 직업을 소재로 한 책 등이 좋을 것입니다. 박물관이나 미술관을 다녀 온 후 그 분야와 관련한 책을 권하는 것도 좋습니다. 친구와의 관계를 대단히 중요하게 생각하는 때이기도 한 만큼 친구의 문제를 다룬 내용의 책들도 권할 만합니다. 하지만 앞서 밝혔듯이 책을 멀리하는 시기인 만큼 억지로 강요하는 것보다는 다양한 문화를 접하게 하고, 독서 역시 그러한 문화를 누리는 것 중의 한 가지라는 생각을 가지도록 할 필요가 있습니다.

　이젠 아이들의 특성에 맞는 책을 어떻게 고를지 생각해보겠습니다. 학부모님들의 가장 일반적인 걱정거리 중의 하나가 '우리 아이는 주의가 산만해서 책을 잘 안 읽어요'와 관련된 것입니다. 이런 아이들의 경우 책을 읽는 훈련이 되어 있지 않은 경우가 많습니다. 비교적 짧은 내용을 다루는 책을 중심으로 선정해야 하고, 내용이 재미있는 것으로 선정해야 합니다. 이런 아이들은 책을 선정하는 것 못지않게 중요한 것이 책을 같이 읽는 것입니다. 또한 적절한 교훈이 들어 있는 책이 좋습니다. 나쁜 행동을 해서 반성을 하는 과정이 잘 드러나는 이야기, 안 좋은 버릇을 고쳐나가는 이야기 등 그 학생과 관련된 특성이 드러나는 책을 고를 필요가 있습니다. 글자가 많은 것을 싫어하고 만화책만 좋아하는 학생들도 걱정의 대상입니다. 물론 만화가 안 좋다는 이야기는 아닙니다. 글자가 많은 것을 벌써부터 싫증내고, 귀찮아하는 것입니다. 이러한 학생들은 짧은 이야기를 묶은 책이 좋습니다. 이솝 우화, 전래 동화 등의 비교적 짧은 이야기들로 엮인 책이 아이들의 독서 습관을 바로 잡는데 도움을 줄 수 있습니다. 그리고 만화의 비율을 점차 줄여 나가는 것을 아이와 협상하는 것도 좋은 방법입니다.

2. 학년별 독서지도

여기에서 다룰 내용은 '독서지도 방법'이다. 아마도 독서에 대해 학부모들이 가장 궁금해 하는 내용일 수 있을 것이다. 독서지도를 잘하면 학생들이 글을 잘 읽을 수 있다는 생각, 혹은 독서지도를 잘하면 학생들이 책을 즐겨 읽을 수 있다는 생각을 하기 때문이다. 또 한 가지는 독서를 잘하면 공부를 잘 할 수 있다는 생각을 하기 때문이다. 그러나 이러한 학부모들의 궁금증 못지않게 학부모들의 독서에 대한 오(誤)개념 또한 크다고 할 수 있다. 따라서 학년별 독서지도 방법과 독서와 학습과의 관계 그리고 학부모들이 가지고 있는 독서에 대한 오해들에 대해 알아보고자 한다.

상담 4   우리 아이 학년에 맞는 독서지도는 어떻게 해야 합니까?

우선 저학년들은 글을 정확하게 읽고, 소리 내어 읽게 하는 훈련이 필요합니다. 또한 그 느낌을 말로 표현하는 것이 좋습니다. 쓰기까지 한다면 더욱 좋겠으나 쓰기를 싫어한다면 굳이 강요할 필요는 없습니다. 이야기를 나누는 것만으로도 충분합니다. 책을 정확하게 읽는 것은 저학년이기 때문에 중요합니다. 중학년으로 가면 소리 내어 책을 읽지 않고 묵독을 하게 됩니다. 묵독을 한다는 것은 눈으로 읽고, 머릿속으로 생각한다는 것입니다. 정확히 읽는 연습이 부족하면 묵독 역시 어렵습니다. 저학년의 경우 말하기를 좋아하므로 독서 후 말을 많이 하게 하는 것이 독서에 흥미도 높여줄 수 있고, 독서 능력도 향상시킬 수 있는 방법입니다. 소리 내어 읽기 싫어한다면 부모님과 번갈아 가면서 읽는 방법도 있습니다. 한 문장씩 혹은 한 페이지씩 번갈아가면서 소리 내어 읽습니다. 학생은 부모님이 읽는 방법을 배우게 되고, 자신의 발음을 교정할 수 있는 기회를 갖게 됩니다.

책을 읽다가 가끔은 질문을 해야 합니다. 학생이 의미를 정확히 이해하고 있는지 혹은 기억하고 있는지를 알아보기 위해서입니다. 읽는 것에 집중하다보면 앞에 읽은 내용을 잊어버리기 십상입니다. 아니 잊어버리는 것이 당연할 수 있습니다. 중간 중간 아이에게 던지는 물음은 아이가 내용을 한 번 점검하게 하는 기회를 갖게 합니다. '인어 공주'를 읽다가 '인어 공주 부모님은 왜 막내가 바다 위로 가면 안 된다고 했지?', '어, 엄마가 앞에 내용을 잊어버렸네. 인어 공주가 마녀를 만나 어떻게 했지?', '마녀가 준 약을 먹고 인어 공주는 어떻게 되었을까?' 이처럼 책을 읽는 과정에서 아이가 내용을 말 할 수 있는 기회를 주는 것이 좋습니다. 이러한 훈련은 후에 책을 읽다가 자기 점검을 할 수 있는 능력을 키워줍니다.

중학년이 되면 소리내어 읽기보다는 눈으로 책을 읽게 됩니다. 초등학교 학생들 중 독서량이 가장 많은 시기이기도 합니다. 학교생활의 특성과 아이들이 발달 단계의 특성에 따라 친구들이 많이 생기고, 자신이 좋아하는 일들이 생깁니다. 운동, 컴퓨터, 독서 등 여유가 있을 때 주로 하는 것이 있습니다. 독서에도 점점 취향이 생깁니다. 동화, 과학, 역사, 위인전, 탐정, 만화 등 자신이 좋아하는 분야의 책을 많이 읽습니다. 독서 습관이 형성되는 시기이기도 합니다. 그래서 이 시기의 독서 훈련이 대단히 중요합니다. 이 시기에는 부모님이 독서를 같이 하는 것이 좋습니다. 그리고 책에 대해 이야기를 나누는 것이 좋습니다. 저학년의 경우 책을 동시에 읽으면서 이야기 하였다면 이 시기에는 서로가 책을 읽은 후 대화하는 것이 좋습니다. 책을 읽고 어떤 대화를 해야 할지 모르는 경우가 있습니다. 동화나 위인전의 경우 가장 중요한 사건, 그 다음 중요한 사건들을 말하기, 인물의 마음을 변화시킨 계기를 찾아 말해보기, 등장인물들의 성격 말해보기, 이야기와 관련한 자신의 경험 말해보기, 상황 바꾸어 보기 등의 대화 내용이 좋습니다. 과학이나 역사 종류의 책은 핵심 내용이 무엇인지를 말해보게 하고, 왜 그것을 핵심 내용이라고 생각하는지를 말해보게 합니다. 또한 글의 전체 내용을 그림으로 구조화해보는 활동도 좋습니다.

이와 같이 중학년의 독서는 폭넓게 읽는 것보다는 깊게 읽는 연습이 더욱 중요합니다. 자칫 책을 읽는 양에 너무 집착하다보면 책을 훑고 지나갑니다. 그렇게 되면 책을 읽고 중요한 내용이 무엇인지 모르고 넘어가거나, 생각해야 할 것을 생각하지 않고 넘어갑니다. 책을 읽는다는 것은 책의 내용과, 필자와 독자와의 대화입니다. 즉, 깊게 읽는다는 것은 충분히 대화를 하고 자신의 의미로 받아들인다는 것입니다. 따라서 이 시기에는 책을 읽고 생각하는 시간을 많이 갖게 하는 깊이 읽는 연습이 필요합니다.

고학년이 되면 자신에게 필요한 책을 고를 수 있는 능력을 갖게 됩니다. 그리고 때에 따라서는 필요한 부분만을 찾아 읽기도 합니다. 직접 자신에게 맞는 책을 고르고, 책을 읽으면서 책에 대한 평가도 합니다. 중학년 때 깊이 있는 책읽기 연습을 하였다면 고학년 때는 폭넓은 책읽기가 필요합니다. 책이라고 해서 꼭 정형화 된 책을 의미하는 것은 아닙니다. 신문 읽기, 잡지 읽기, 박물관 읽기(견학), 미술관 읽기(견학), 서점 읽기 등 앎의 양식을 다양하게 할 수 있는 문화를 접하는 것이 좋습니다. 독서라고 해서 반드시 문자로 된 것만을 읽는 것은 아닙니다. 인간은 앎의 양식을 다양한 방법으로 표현합니다. 그림으로, 음악으로, 영화 등으로 작가의 상상력을 동원합니다. 어쩌면 책은 다양한 앎의 방식을 글로 옮겨놓은 것입니다. 따라서 다양한 앎의 방식을 글로만 접하는 것보다 실제 접해봄으로 글의 의미를 체득(體得)할 수 있습니다.

하지만 고학년이라고 해서 모두 이러한 방식으로 책을 읽어야 한다는 것은 아닙니다. 독서 능력 발달의 단계는 어느 한 단계에서 바로 위 단계를 거치지 않고 뛰어 넘을 수는 없습니다. 즉, 깊이 있는 독서 습관이 길들여 있지 않을 때에는 폭넓은 독서가 큰 의미는 없습니다. 폭넓게 읽더라도 생각하는 힘이 약하기 때문입니다. 따라서 중학년 때 깊이 있는 책읽기 훈련이 되어있지 않다면 고학년 때라도 반드시 깊이 있는 책을 읽는 연습을 해야 합니다.

이 시기는 또한 글쓰기 능력이 신장되는 단계이기도 합니다. 따라서 독서 후 자신의 감상으로 충분히 표현할 수 있는 기회를 가져야 합니다. 책에 대한 자신의 감상을 정리할 때 도움을 받을 수 있는 것이 다른 사람이 쓴 글입니다. 비평문이라면 더욱 좋습니다. 비평문은 독자가 책을 읽고 자기 나름의 평가를 한 글을 말합니다. 책을 비판하기도 하고, 분석하기도 하고, 책을 통해 자신을 되돌아보기도 합니다. 책을 읽는 목적이 사람마다 다르고, 책을 읽은 후 생각하는 것이 다르므로 다른 사람들이 책을 읽고 느낀 것을 읽는다는 것은 책에 대한 다양한 관점을 읽는다는 것입니다. 즉 폭넓게 책을 읽는다는 것은 비단 여러 종류의 책, 다양한 형식의 앎의 방식을 읽는 것 이외에 같은 책에 대한 다른 사람들의 관점을 읽는다는 것도 의미합니다.

학부모들의 대부분은 독서를 도서관이나 서점에 있는 책을 읽는 정도로 생각하는 경향이 있습니다. 그러나 독서는 일반적인 책뿐만 아니라 교과서, 신문, 잡지, 가전제품의 설명서, 소프트웨어 설명서 읽기 등도 모두 포함하는 개념입니다. 따라서 독서를 잘 한다는 것은 교과서를 잘 읽는다는 의미를 포함합니다. 일반적인 독서와 차이가 있다면 다른 독서 전략을 사용해야 한다는 것입니다.

독서 전략이란 읽고자 하는 책의 특성, 그리고 독자가 책을 읽고 난 후 획득해야 할 인지적 혹은 정의적 특성에 따라 책을 읽는 방법을 달리하는 것을 뜻합니다. 예를 들어 문학 작품을 읽는 전략과 역사책을 읽는 전략은 달라야 합니다. 그리고 과학책을 읽는 전략과 신문의 사설을 읽는 전략 역시 달라야 합니다. 교과서는 각기 다른 앎의 방식을 적용해 놓은 지식들을 체계적으로 엮어 놓은 책입니다. 따라서 교과마다의 교과서를 공부하는 방법 역시 달라야 합니다.

그러나 교과가 다르더라도 공통적인 학습의 기본 특성은 글의 이해입니다. 독서 능력이 떨어진다는 것은 이해력이 떨어진다는 의미입니다. 글을 이해하지 못하면 글에 담긴 교과적 의미를 추론해 내지 못합니다. 그 결과 학습 능력이 떨어지게 됩니다. 이해력이 떨어지는 이유는 글을 읽고 생각해보는 기회를 자주 갖지 않았기 때문입니다. 그리고 글을 읽고 무엇을 생각해야 하는지 모르기 때문입니다.

글에 대한 이해력이 떨어지면 이는 독서뿐만 아니라 다른 교과 학습에도 영향을 미치는 것은 당연합니다. 수학, 사회, 과학 교과서를 읽는 것 역시 독서라고 하였습니다. 수학 문제를 해결하기 위해서는 수학적 사고를 하기 이전에 글을 읽고 이해를 할 수 있어야 합니다. 그 다음 수학적 사고를 합니다. 사회는 글을 읽고 핵심 정보를 찾아내고, 그 핵심 정보와 관련한 부가적(附加的) 정보를 엮어나가는 능력이 필요합니다. 글을 읽고 어떤 내용이 핵심인지 모른다면 그 학생은 독서 이해 능력이 떨어진다고 할 수 있습니다.

각 교과에 맞는 독서 전략을 습득하였다면 그 다음은 교과적 사고를 할 수 있어야 합니다. 수학적 사고, 과학적 사고, 역사적 사고, 예술적 사고 등이 그것입니다. 교과적 사고를 할 수 있기 위해서는 각 교과적 사고가 잘 드러나는 책들을 많이 보아야 합니다. 교과적 사고가 드러나는 책들은 개념과 원리, 원인과 결과 또는 사실 간의 관계들을 지면에 글로 풀어놓았습니다. 학교 공부와 시험의 경우 교과서에 담긴 지식을 기억하고, 이해하고 활용할 수 있는지를 검사하는 경우가 대부분입니다. 아래의 표는 학생들의 교과적 사고를 알아보기 위한 일반적인 인지적 과정과 지식을 분류한 표입니다.

〈교과학습 혹은 평가에 활용되는 지식과 인지과정 분류표〉

인지과정 지식차원	1 기억하다	2 이해하다	3 적용하다	4 분석하다	5 평가하다	6 창안하다
	낮은 수준			⟶		높은 수준
A 사실적 지식	교과나 교과의 문제를 해결하기 위해 숙지해야 할 기본적 요소로서 전문용어에 대한 지식, 구체적 사실과 요소에 대한 지식이 해당됩니다.					
B 개념적 지식	요소들이 통합적으로 기능하도록 하는 상위구조 내에서 기본요소들 사이의 상호관계에 대한 지식으로 분류와 유목(類目)에 대한 지식, 원리와 일반화에 대한 지식, 이론, 모형, 구조에 대한 지식이 해당됩니다.					
C 절차적 지식	어떤 것을 수행하는 방법, 탐구방법, 기능을 활용하기 위한 기준, 알고리즘, 기법, 방법 등으로 교과의 특수한 기능과 알고리즘에 대한 지식, 교과에 특수한 기법과 방법에 대한 지식, 적절한 절차의 사용 시점을 결정하기 위한 기준에 대한 지식이 포함됩니다.					

학교 학습은 위 표에서 제시한 지식의 차원을 벗어나지 않습니다. 교과서에 구조화된 혹은 글로 표현된 다양한 형태의 지식을 이해하고, 의미화 할 수 있기 위해서는 교과적 지식을 이해, 적용, 분석, 평가하는 훈련이 필요합니다. 이와 같이 교과 공부라고 하는 것은 넓은 의미의 독서 전략이라고 할 수 있습니다. 따라서 교과의 특성에 따른 독서 전략을 수립할 필요가 있습니다.

상담 6 책은 좋아하는데 공부는 싫어하고, 공부는 잘하는데 책은 싫어하는 아이들이 있어요. 어떻게 지도해야 하나요?

책 읽는 것도 좋아하고, 공부도 잘한다면 금상첨화이겠지요. 모든 학부모님들이 바라는 것이기도 하구요. 그러나 모든 아이들이 그런 것은 아니어서 걱정되는 것이 사실입니다. 공부와 독서의 관계를 구분해보면 위 금상첨화의 경우를 빼면 세 가지입니다. 천만다행인 경우는 책을 좋아하는데 공부를 싫어하는 아이, 공부는 싫어하는데 책은 좋아하는 아이, 그리고 설상가상인 경우가 책도 싫어하고, 공부도 싫어하는 아이들입니다. 이 세 가지의 경우에 따라 아이들을 어떻게 지도해야 할 지 생각해봅니다.

책 읽기는 좋아하는데 공부는 못하는 아이

이런 아이들은 시간이 나면 책을 읽는 아이들이 대부분입니다. 보통 독서 마니아라고도 말하는데 쉬는 시간, 수업 시간 가리지 않고 책을 봅니다. 상대적으로 친구들과 대화하는 시간도 적습니다. 수업 시간 선생님께 집중을 못하고 지적당하는 경우도 많지요. 이와 같이 독서에만 몰입하는 학생들에게 공부를 강요하는 것은 역효과를 가져올 수 있습니다. 주변에서 자신의 존재감을 느껴주지 않는다고 생각하기 때문에 자신만의 세계에 안주하려고 합니다. 그래서 일정한 틀 속에 들어가는 것을 싫어하고, 공부도 정해진 틀 속에서 학습하는 과정이라고 생각하기 때문에 싫어합니다. 이런 학생들은 학습에 대한 성취감을 많이 얻을 수 있는 기회를 가져야 합니다. 예를 들어 교과서 내용과 관련한 책들을 학생에게 선물하거나, 교과서 수록 도서들을 읽도록 권합니다. 이는 예습의 효과를 보는 것으로 수업 시간 그 학생이 발표할 수 있는 기회를 많이 제공하게 됩니다. 발표 회수가 많아지면 자연스럽게 선생님과 동료로부터 인정을 받게 되고 그 결과 자존감(自尊感)을 느끼게 됩니다. 이것이 공부에 재미를 느끼는 시작입니다. 억지로 학생에게 공부하라고 말할 필요도 없어지고, 부모님은 학생에게 필요한 책만을 제공하면 됩니다. 이후 좋지 않은 독서 습관에 대해 학생과 대화를 하며 풀어 가면 좋을 것입니다.

책 읽기는 싫어하는데 공부는 잘하는 아이

이런 학생들은 일반적으로 말해 머리가 좋은 학생들입니다. 그나마 다행이지요. 그러나 그 다행스러움이 오래 가지는 못합니다. 학년이 올라갈수록 교과서 지식만으로는 부족하기 때문입니다. 많은 독서를 통해 차곡차곡 지식을 습득해 나가는 학생들에 비해 이런 학생들은 많지 않은 교과 수업 내용을 전략적으로 공부해서 결과를 얻기 때문에 상대적으로 가용(可用)할 수 있는 지식의 양이 적습니다. 이런 학생들은 독서에 재미를 느낄 수 있는 경험을 제공하는 것이 중요합니다. 설령 공부에 잠시 소홀하더라도 책을 가까이 하는 버릇을 들일 필요가 있습니다. 다행스럽게도 이와 같은 특성을 보이는 학생들은 학교 학습과 관련한 공부를 어떻게 해야 하는지를 이미 터득하고 있는 경우가 많습니다.

독서에 재미를 느끼도록 하는 방법으로 과제 독서가 있습니다. 공부를 잘하는 학생들의 특성 중의 하나가 경쟁적이며, 외적 동기를 많이 가지고 있다는 것입니다. 따라서 독서에 대한 외적 동기를 부여함으로써 독서를 하도록 하는 방법이 유효합니다. 독서량을 미리 정해놓고, 성공적이라면 그에 적당한 보상을 합니다. 과제 독서의 내용으로는 문학 작품이 좋습니다. 공부를 잘하는 학생들은 지식이 명료하게 드러나는 글을 잘 읽는 반면 긴 호흡이거나 의미가 숨겨진 글, 글에 숨겨진 정서를 읽어야 하는 글에 대해서는 약한 면을 보입니다. 따라서 독서의 기회를 제공하되 상대적으로 취약한 문학 작품을 제공하는 것이 좋습니다. 또한 과제를 줄 때에는 책을 읽기 전 생각할 내용을 미리 주는 것이 좋습니다. 자신에게 필요한 부분만을 읽고 넘어갈 염려가 있으므로 생각거리를 미리 주어 그 부분에 대한 사고를 집중하며 글을 읽을 수 있도록 해야 합니다.

자녀가 이런 특성을 보일 경우 독서 전략을 의심해 보아야 합니다. 글을 읽고 중요한 내용이 무엇인지를 알지 못하고, 글을 읽고 나서도 기억을 잘 못하는 학생들입니다. 이러한 학생들은 짧은 글을 중심으로 읽고 중요한 내용에 밑줄을 긋는 연습을 해야 합니다. 그리고 밑줄을 긋는 연습에 적응이 되면 왜 그 부분이 중요한지를 설명해 보게 해야 합니다. 설명할 수 있을 정도가 되면 밑줄 그은 부분이 왜 중요한지 학생 스스로 판단할 수 있다는 것입니다. 짧은 글을 선정 할 때에는 핵심 정보가 잘 드러나는 것에서부터 시작해야 합니다. 일반적으로 문단을 구성할 때에는 핵심 정보를 중심으로 하며 그에 따른 부가 정보들을 배치합니다. 문단에서 핵심 정보를 찾아낼 때, 글 전체에서 중요 내용을 찾을 수 있는 기초가 마련됩니다.

독서 전략이 없는 것 이외에 독서 환경이 잘 갖추어져 있지 않고, 독서의 기회가 없어서 이와 같은 결과를 초래합니다. 원인을 독서 기회의 부족으로 보는 것입니다. 따라서 책을 읽을 때 항상 같이 읽고 이야기하는 활동이 필요합니다. 부모님이 함께 할 수 없다면 지역 공공 도서관 사서 선생님을 활용합니다. 가정에서는 독서 환경을 마련해 주어야 합니다. 학생이 읽고 싶어 하는 책이 있다면 책을 빌려 볼 수 있도록 하며, 독서 시간을 계획할 수도 있습니다. 또한 월간 독서 계획을 잡아주는 것도 좋은 방법입니다. 이와 같이 계획적인 독서가 진행 될 때 학생이 독서에 흥미를 느끼고, 동시에 공부하는 데에도 흥미를 느낄 것입니다.

3. 독서토론과 논술

여기에서 다룰 내용은 '독서토론과 논술'에 관한 것이다. 최근 대입 논술에 대한 학부모들의 관심이 폭발적으로 증가하면서 이에 따라 논술의 기초라 할 수 있는 독서토론에 대한 관심 또한 높아지고 있다. 그러나 독서토론과 논술이 상호 어떤 관계에 있는지에 대해서는 모른 채 무작정 독서토론을 강조하기도 한다. 이 글에서 독서토론은 근본적으로 독서를 잘 할 수 있도록 하는 방법이며, 독서토론을 통해 독서를 잘 하고 그 바탕에서 생각을 확장시키는 것이 글쓰기에서 가장 중요한 내용 생성력을 높일 수 있다고 생각한다.

상담 7　독서토론이 중요하다고 하는데 왜 그런가요?

혼자 책을 읽고 독후 활동을 하는 것과 여럿이 같은 책을 읽고 책에 대해 토론하는 것은 어떤 차이가 있을까요? 불과 10년 전까지만 해도 학습은 개인의 인지 발달 수준에 따라 일어난다는 이론이 절대적이었습니다. 성숙하면서 자연스럽게 인지능력이 높아지고 그 때 적절한 학습을 해야 한다는 것이었죠. 피아제의 인지발달 이론이 대표적인 것인데 피아제의 이론에 따르면 구체적 조작기, 형식적 조작기와 같은 시기에 맞는 학습 능력이 있고, 그러한 능력에 맞는 학습을 해야 한다는 것이었습니다. 그러나 최근에는 '사회 구성주의' 학습 이론을 더 타당하게 생각합니다. '사회 구성주의'란 동료 집단이나 사회생활 속에서 학습이 이루어진다는 것입니다. 개인의 발달 정도가 있고 교사나 부모 혹은 자기보다 더 높은 인지 능력을 가진 사람들에 의해 발달될 수 있는 즉 잠재적 발달 능력이 있다는 것입니다. 두 능력 사이의 간격을 근접(近接)발달영역이라고 하는데 이 근접발달영역에서 학습이 일어난다는 이론입니다. 독서토론은 사회 구성주의 이론에 적합한 학습 모델입니다.

독서토론의 장면을 생각해 봅니다. 읽은 책의 주제에 대해 이야기하는 장면을 생각해봅시다. 학생들은 저마다 주제를 이야기합니다. 그리고 왜 그렇게 생각했는지도 이야기합니다. 때로는 두 작품을 비교하기도 하고, 이야기에 나오는 인물이 성격과 행동에 대한 자신의 생각을 이야기하기도 합니다. 혼자서 책을 읽고 독후 활동을 할 때에는 혼자만의 생각을 하고 쓸 뿐이지만 독서토론을 하면 여러 동료들의 생각을 들을 수 있습니다. 자신이 미처 생각하지 못한 부분에 대해 새롭게 알게 되고, 때론 자신의 생각이 옳다고 끝까지 주장하기도 합니다. 책을 읽고 그렇게 한 번 두 번 기회가 지나가면 작품을 어떻게 읽어나가야 할지 자기도 모르는 사이에 알게 됩니다. 책을 읽으면서 자연스럽게 떠오르고, 떠오르는 생각에 따라 작품을 이해하고 비평합니다. 바로 독서토론이 가지는 장점인 것입니다. 또한 독서토론은 책을 읽고 난 후 내용에 대해 다시 생각해야 하므로 이해와 기억에 효과적입니다. 이해와 기억에 효과적이라는 것은 지식으로 축적이 되고 후에 그 지식을 활용할 수 있는 기반을 마련한다는 의미도 가집니다.

독서토론은 비단 이뿐만이 아닙니다. 토론은 우리들의 생각을 새로운 방향으로 이끌어 사고력을 신장시켜줄 뿐만 아니라, 집단사고 결정의 주요 요인으로 작용하는 의사소통 능력과 방법을 배양시켜 줍니다. 특히 책을 읽고 여러 가지 의견에 대해 상호 이야기를 나누는 과정은, 독서 내용을 심화시키며 조리 있게 발표하는 힘과 함께 건전한 판단력을 길러줍니다. 또한 독서토론에 참가하는 사람은 한 권의 같은 책을 선정하여 일정 기간에 다 읽고, 각자의 느낌이나 문제점을 중심으로 상호 교환하면서 얻은 공통된 주제와 결론은, 각 개인의 생각과 비교하여 자기 나름대로 결론을 얻어내는 토론 과정을 밟기 때문에, 의미 파악 능력과 의사 결정 과정을 체험할 수 있습니다.

상담 8   가정에서 독서토론을 어떻게 지도할 수 있나요?

독서토론의 형식을 다양하게 전개할 수 있습니다. 토론이라고 해서 꼭 정형화할 필요는 없습니다. 책을 읽고 자녀와 대화하는 것이 가장 기본적이고도 중요한 토론입니다. '우리 독서토론 해볼까?'가 아니라, '엄마는 책을 이렇게 읽었는데, 넌 어떻게 읽었니?'라는 식으로 자녀가 수다를 떤다는 생각이 들 정도로 대화를 이끄는 것이 좋습니다. 말을 많이 하게 하는 것이 독서토론의 목적이기 때문입니다. 자녀와 책을 읽고 이야기하기 위해서는 부모는 최대한 말을 줄이고 학생이 말을 할 수 있는 기회를 많이 만들어야 합니다. 때로는 모르는 척, 때로는 대단히 궁금한 척, 그리고 때로는 생각을 정리해서 말하는 방법을 보여주는 등의 다양한 역할을 부모가 수행할 수 있어야 합니다. 따라서 미리 책을 읽고 이야기 할 것을 생각해두거나 메모해 두는 것이 꼭 필요합니다.

자녀와의 개별적인 토론 방식 이외에 친구들과 모여 함께하는 모둠형 토론도 생각할 수 있습니다. 또한 모둠 구성원이 같은 책을 읽었는지 다른 책을 읽었는지에 따라

토론 방식이 달라지기도 합니다. 모둠형 토론에서는 다른 책을 읽었다면 번갈아 가며 책을 소개하고, 그 책을 읽으면서 자신이 생각하는 주제와 내용 그리고 느낀 점을 발표합니다. 서로 같은 책을 읽었다면 한 사람이 책 소개를 하고, 다른 아이들은 책 소개에 대한 다른 생각이 있을 경우 말을 합니다. 예를 들어 주제를 다르게 생각했거나, 내용이 다른 경우입니다. 일단 토론 주제가 잡히면 토론 주제에 관한 여러 의견이 나오도록 유도하는 것이 좋습니다. 따라서 독서토론 초기에는 부모님이 토론 지도법을 익혀 지도하고, 아이들이 익숙해지면 스스로 할 수 있도록 해야 합니다. 모둠형 토론에서는 질문이 많이 나올수록 활발해집니다. 질문을 한다는 것은 책에 대한 혹은 발표한 아이에 대한 의문점을 말하는 것에서 의미를 찾을 수 있으며, 질문을 받는 아이는 질문에 대해 다시 사고하게 되므로 사고할 수 있는 자극이 됩니다.

모둠형 토론 중의 한 가지가 찬반 토론입니다. 찬반형 토론 주제를 정해놓고 두 패로 나누어 토론하면 토론의 흥미와 재미를 느끼게 할 수 있습니다. 텔레비전에서 진행하는 찬반 토론을 보여주고, 그와 유사한 방식의 토론지도는 학생들의 자발적 참여를 이끕니다. 토론이 끝난 다음에는 토론에 대한 평을 해주고, 개별 아이들의 발표에 대한 평가도 해준다면 토론 능력이 향상될 것이고, 더 향상된 수준을 기대할 수 있습니다.

토론이 끝나게 되면 책 내용과 토론 내용을 정리해서 이야기 해 주는 것이 좋습니다. 다음에 읽을 책에 대한 간단한 소개, 생각하고 읽을거리 등을 미리 알려주면 아이들이 책을 읽는데 도움이 됩니다.

〈가정에서 만들 수 있는 토론 일지〉

책 이름		토론일시	
토론회 참석자		장 소	
주 제			
토론회 내용			
결 론			

아이들은 글쓰기를 어려워합니다. 글쓰기가 왜 어렵냐고 물어보면 무엇을 써야 할지 모른다고 합니다. 그리고 어떻게 써야할 지 모른다고 합니다. 독서토론을 통해 발생하는 풍부한 생각들과 의견들은 아이들에게 쓸 내용을 제공합니다. 쓸 내용이 많아진다면 쓰기는 다음의 문제입니다. 적절한 쓰기 전략을 활용하면 꽤 수준 높은 글을 쓸 수가 있습니다. 풍부한 독서와 토론을 통해 만들어지는 내용은 자신의 간접 경험에서 나타나는 것이므로 독자에게 친근하게 다가갈 수 있을 것입니다. 독서토론은 세 마리의 토끼를 잡는 활동입니다. 독서지도나 독서토론을 통해 일단 책 읽는 방법을 익히고 나면 그때부터는 자발적 독서가 이루어집니다. 자신이 책을 어떻게 읽어야 할지 알고 읽는 것이지요. 또한 내용이 풍부한 쓰기가 될 것입니다.

독서토론은 글을 잘 쓰는 방법이 아닌 사고를 열어주는 활동입니다. 한 가지 주제 혹은 논제에 대해 어떠한 생각들이 나올 수 있는지를 경험하고 그러한 생각들을 몇 가지 항목에 따라 분류할 수 있습니다. 주제와 관점에 대한 스키마를 형성하는 것입니다. 스키마란 개인이 가지는 경험 혹은 지식의 총체를 가리키는 말입니다. 스키마의 중요성에 대해 알아봅니다. 1972년 미국의 언어학자 바틀렛은 <100년 동안이나 비어 있던 낡은 성을 탐험하는 소년들의 이야기>를 써서 자신이 가르치고 있는 학생들에게 읽혔습니다. 그는 한 반 학생들에게 '집을 사는 사람'이라고 생각하면서 이 책을 읽으라고 말하고, 다른 반 학생들에게는 '도둑'이라고 생각하며 책을 읽으라고 했습니다. 그리고 학생들이 책을 다 읽은 후에, 그 책을 읽고 알게 된 내용을 종이에 적어 내라고 했습니다. 그 결과 부동산 주인이 되어 그 책을 읽은 아이들은 못이 빠진 마룻장의 수, 깨진 유리창의 수, 물이 새는 천정의 위치 등을 정확하게 적어놓았습니다. 그러나 도둑이 되어 읽은 아이들은 값나가는 보석함의 위치, 귀중품인 도자기의 위치와 숨을 수 있는 골방과 밖으로 무사히 나갈 수 있는 비밀통로의 위치 등을 정확히 기술해 놓았습니다. 이는 작가가 써놓은 내용은 일정하지만, 독자는 자신의 머릿속에 들어있는 스키마의 종류에 따라 책의 내용을 선택하게 된다는 것을 증명합니다.

독서토론을 통해 얻을 수 있는 스키마는 바로 다양성에 있습니다. 토론에 참여하는 아이들은 위 이야기에서처럼 '집을 사는 사람'이 되어 보기도 하고, '도둑'의 역할도 합니다. 논술에 표현될 내용의 다양성을 담보하는 활동인 것입니다. 그러나 내용이 충만하다고 해서 글쓰기 방법까지 느는 것은 아닙니다. 논술하는 방법, 즉 글을 쓰는 전략은 또 다른 방법이므로 쓰기 전략 역시 습득해야 합니다.

상담 10 독후 활동을 싫어하는 아이들은 어떻게 지도해야 할까요?

사실 글쓰기를 좋아하는 사람은 별로 없습니다. 또한 책을 읽는 것은 좋아하지만 독후감을 쓰는 것을 싫어하는 것은 어쩌면 당연한 것입니다. 우리 스스로도 학생 시절 독후감 쓰기가 가장 싫어하는 숙제 중의 한 가지였음을 생각해 볼 필요가 있습니다. 학교 교사나 학부모 모두 아이가 책을 잘 읽었는가를 확인하기 위한 방법으로 독후감 검사를 활용합니다. 또한 독후감을 잘 썼으면 아이가 책을 잘 읽었구나 생각합니다. 독후감을 잘 썼다면 책을 잘 읽었다는 것으로 간주할 수 있지만 독후감을 잘 못썼다고 해서 책을 잘 읽지 않았다고 할 수 있을까요? 그건 아닌 것 같습니다. 또 한 가지 학부모들이 독후감에 대해 가지고 있는 생각은 긴 독후감일수록 좋은 독후감이라는 것입니다. 정말 그럴까요? 물론 긴 독후감이 좋은 독후감일 수도 있지만 꼭 그러한 것은 아닙니다.

학생들이 독후감을 쓰도록 하기 위해 과제를 내주지만 이는 물가에 말을 데려가는 격입니다. 말을 물가에 데려갈 수는 있지만 물을 먹이지는 못합니다. 학생들 역시 과제를 내 줄 수는 있지만 좋은 독후감에 관한 좋은 생각을 하게 할 수는 없습니다. 한 편을 쓰더라도, 쓰고 싶을 때, 쓸 내용을 충분히 마련한 다음 쓰게 하는 것이 좋습니다. 그렇다고 해서 독후감을 안 써도 좋다는 것은 아닙니다. 독후감에 대한 고정 관념에서 벗어나는 것이 좋습니다. 독후감을 간단히 독서 후 메모라고 생각을 하고 형식도 자유롭게 하게 하는 것이 좋습니다. 가장 쉽고 좋은 효율적인 방법은 자기만의 독서 노트를 만드는 것입니다. 요점만을 간단히, 책을 읽으면서 생각한 내용, 혹은 인상적인 부분 등 꼭 필요한 부분만 쓰게 하고 공책 한 장, 한 장 모아나가 책으로 만들어 주면,

'○○○의 독서 노트'가 되는 것입니다. 독서 노트 만드는 것이 성공적이라면 더 이상 독후감을 쓰라고 권유하거나 과제를 내 줄 필요가 없습니다. 간단한 독서 노트의 형식은 다음과 같습니다.

〈학생이 쉽게 쓸 수 있는 독서 노트〉

책 이름		저 자	
읽은 시기		책의 종류	
핵심 내용 또는 줄거리			
인상적인 내용			
책에 대한 나의 생각			

아이가 핵심 내용 또는 줄거리를 쓰는 방법에 대해 잘 모른다면 책에 대한 몇 가지 물음을 써 주어도 좋습니다. 그 물음들은 책의 내용 중에 가장 중요하다고 생각하는 것으로 해야 합니다.

독서 후에 인상 적인 부분을 쓰게 하거나, 기억나는 부분이나 표현 등을 쓰게 하면 기억이 나지 않는다는 반응을 보일 때도 있습니다. 독서 중에 형광펜이나 연필을 이용해서 중요한 부분에 표시하고 책 개 부분에 메모를 하거나 포스트잇을 사용해서 그때그때의 느낀 점이나 궁금한 점을 기록해 두면 책을 읽은 후 독서 노트를 기록하기에 훨씬 수월합니다. 한 권의 책을 읽고 그 만족감을 누리는 것을 권장할 수도 있지만 책을 읽은 후에 전체적으로 한 번 생각해보는 것도 중요합니다. 또는 독서 노트를 작성하기 전에, 차례를 다시 펼쳐서 전체적인 흐름과 내용 그리고 저자가 전달하고자 하는 내용을 머릿속에서 정리해보도록 하는 것도 중요합니다. 그 후에 각 장의 중요한 부분을 확인하여 정리하고 이를 체계적인 독서 노트로 작성하게 되면, 독서를 통해서 획득한 지식을 기억할 수 있으며, 더 나아가 자신의 중요한 정신적 자산이 됩니다.

4. 가정의 독서지도

학교에서 책을 즐겨 읽는 학생들은 가정에서 책을 읽는 버릇을 부지불식간에 습득한 학생들이다. 가정의 독서 환경은 고스란히 학생에게 학습이 된다. 그 만큼 가정에서의 독서 환경이 중요하다는 의미이다. 그러나 가정에서의 독서 환경과 학생의 독서능력 및 태도가 높은 상관 관계를 가지고 있음에도 불구하고 정작 학부모들 자신들은 책을 읽지 않고, 자녀들에게 책 읽기를 강요하고 있다. 여기에서는 이와 같은 문제의식에서 출발하여 가정에서 효과적으로 독서지도를 할 수 있는 방법들을 중심으로 알아본다.

상담 11 가정에서의 독서지도는 어떻게 체계적으로 할 수 있을까요?

가정에서의 독서지도의 중점은 올바른 독서 환경을 만드는 것과 체계적인 독서지도를 꾸준히 하는 것입니다. 독서 습관의 형성과 발달을 위해서도 가정의 분위기와 주변의 여건을 조성해 주어야 합니다. 외부의 방해 없이 자녀들이 독서하는 기쁨을 마음껏 누릴 수 있는 물리적, 심리적, 사회 문화적 조건들을 갖추어 주는 것이 중요합니다. 우선 자녀가 책을 읽을 때에는 집안의 분위기를 조용하고 차분하게 해 주고, 자녀가 책을 읽을 때에는 말이나 심부름을 시키지 않아야 합니다. 그리고 될 수 있는 대로 책상과 책장을 마련해 주며, 외부로부터 방해받지 않고 책을 읽을 수 있는 시간과 장소를 마련해 줍니다. 마지막으로 책을 읽은 후에는 격려를 해주어 지속적으로 독서할 수 있도록 해주어야 합니다.

학부모들이 잘못 생각하는 것 중의 하나는 책만 사주면 읽는 것은 학생의 책임이라는 것입니다. 책을 사준다고 해서 독서 환경을 마련하기 위한 부모의 역할이 끝난것은 아닙니다. 오히려 책은 학생이 도서관에서 빌려볼 수도 있습니다. 학생이 책을 볼때에는 부모님도 함께 책을 읽는 것이 좋습니다. 같은 책을 읽는 다면 더욱 좋겠지요. 학생이 책을 보는 동안 부모님이 텔레비전을 본다면, 그것은 학생에게 책을 보지 말라는 신호와 같습니다. 또한 학생이 독서하는 동안은 집안의 분위기를 안정적으로 만들어야 합니다. 집안의 분위기가 안정적일 때 학생이 집중을 잘 할 수 있습니다.

체계적인 독서 교육 역시 독서 환경을 만들어주는 만큼 중요합니다. 가정에 알맞은 독서 계획은 자녀의 상황과 처지에 맞는 계획을 세우는 것으로부터 시작됩니다. 계획에는 자녀의 연령과 발달을 고려하여 세우는 장기 계획은 물론, 책 한 권의 읽을 때 하루 얼마만큼의 시간을 내서 어떻게 읽을 지에 대해 생각해 보는 단기 계획도 포함됩니다. 체계적인 독서를 위해서는 부모가 자녀의 발달 수준에 따라 무엇을 읽혀야 하는지를 먼저 알아두고, 자녀와 서점에 동행하여 책에 대한 정보를 주고 서점에 대해 친숙하게 만듭니다. 그리고 자녀가 읽고 싶어 하는 책의 순서를 함께 정하고 일 단위, 주 단위, 월 단위, 년 단위, 학년별로 읽어야 할 책의 양과 종류를 결정합니다. 독서지도 계획표의 예를 보겠습니다.

〈가정에서 만들 수 있는 독서 계획〉

월/주	시간	주제	지도방법	독서자료	독후 활동
3/1	4	글을 읽고 요약하기	과제로 제시	과학 서적	독서 노트 정리
3/2	4	위인의 삶 이해하기	대화하기	백범일지	독서 블로그
3/3	4	등장인물 성격 알기	가족 토론	어린왕자	독서 노트 정리
3/4	4	두 작품비교하기	독서토론	별 / 소나기	독서 블로그

자녀의 독서지도 계획은 독서의 목적을 어디에 두느냐에 따라 달라질 수 있습니다. 독서 전략이나 독서 습관을 위한 독서지도인지, 학습을 위한 독서지도인지 혹은 인성 교육을 위한 독서 인지를 명확히 하고 독서 계획을 수립하면 더욱 효과가 있을 것입니다. 또한 부모님이 일방적으로 계획을 하는 것보다는 자녀와 함께 계획을 세우고 최대한 구체적으로 세워 실행 가능성을 높이도록 해야 합니다.

상담 12 가족끼리 할 수 있는 독서 활동에는 어떤 것들이 있을까요?

가족 모두가 참여하는 독서활동은 독서 분위기를 형성하고 가족 독서 문화를 만드는 지름길입니다. 가족 모두가 참여할 수 있는 독서 활동에는 가족 독서 규칙 만들기, 밥상머리 독서토론, 가족 독서 신문 만들기 등이 있습니다.

① 가족 독서 규칙 만들기 : 가족 독서 규칙은 가족 모두가 참여해서 만드는 것이 좋습니다. 크게 만들어서 집안의 잘 보이는 곳에 게시하는 것이 좋습니다. 다음은 가족 독서 규칙의 예입니다.

> ✔ 우리 가족 독서 규칙
> 1. 집에 오면 매일 30분 이상의 독서 시간을 갖습니다.
> 2. 가족끼리의 선물을 책으로 합니다.
> 3. 가족 독서토론은 한 달에 한 번씩 합니다.
> 4. 한 달에 한 번은 가족 모두 서점에 갑니다.
> 5. 매달 1회 독서 신문을 발간합니다.
> 6. 각자의 독서 노트를 마련하여 기록해 나갑니다.

② 밥상머리 독서토론회 : 독서토론은 가족 모두가 같은 책을 읽는 방법과 각자 다른 책을 읽고 서로 이야기해주는 방법이 있습니다. 두 가지 모두 번갈아 가며 운영하는 것이 효과적입니다. 독서토론은 기록해 두면 나중에 독서 신문을 만드는데 도움이 됩니다. 다음은 가족 독서토론의 예입니다.

가족 독서토론회 활동 계획 세우기					
토론 일시			장 소		
토론 주제			읽을 책명		
가족 토론회에서의 역할을 정하여 보자.					
사회자	지은이 소개	줄거리 낭독	기 록	인물성격조사	기타준비
토론 주제에 따른 자세한 토론거리를 몇 가지 정하여 보자. 1. 2. 3.					

〈독서토론회 기록지〉

밥상머리 독서토론회					
토론 일시			장 소		
도 서 명					
토론 주제					
사 회 자	지은이 소개	줄거리 낭독	기 록	인물 성격 조사	기타 준비
• 토론의 내용					
• 좋았던 점과 반성할 점					

③ **가족 독서 신문** : 가족 독서 신문은 정기적으로 발간하고, 가족 전체의 글을 골고루 싣는 것이 좋습니다. 또한 독서토론의 내용을 그대로 기록하고, 다른 가족이나 본받을 만한 독서 활동을 기사로 하는 것도 좋습니다. 아래는 가족 독서 신문의 한 예입니다.

창간호	북(Book) 소리		우리가족
발행인 : 이사랑 편집인 : 이보람	발행일 : 2010년 5월 25일 창간일 : 2010년 5월 25일		이○○, 오○○ 이○○, 이○○

'맛있는 빵집'을 읽고

이보람

'맛있는 빵집'은 이야기의 주인공인 다미의 동네에 있는 빵집의 이름이다. 어느 날 맛있는 빵집 앞에 으리으리하게 생긴 '프랑스 빵집'이 생겼고 사람들은 '맛있는 빵집'보다는 '프랑스 빵집'으로 갔다. 그러던 어느 날 '맛있는 빵집' 앞에 "빵을 좋아하는 분은 누구든지 가져가세요"라는 글이 쓰여 있었다. 사람들은 처음에는 쭈뼛거렸지만 곧, 빵 봉지를 하나 둘 집어 갔다. 다음날, 그다음 날에도 여전히 빵들이 놓여있자 이 소문은 점점 사람들 사이에 퍼져나갔다. 하지만 맞은편에 있는 '프랑스 빵집'의 젊은 주인은 '맛있는 빵집'의 그런 행동이 달갑지 않았다. 다미는 할머니 심부름으로 단팥빵을 사러 가게 되었는데 그때 빵 아저씨한테 물었다. "아저씨, 왜 날마다 빵을 공짜로 주시는 거예요?" 그러자 아저씨는 어렵고 힘든 분들에게 빵 한 번 대접한 적이 없었던 게 부끄러웠고 늦었지만 그 고마움을 조금이라도 갚으려고 하는 일이라고 했다. 몇 달 뒤 새나라 회사에서 사원들에게 간식으로 '맛있는 빵집'의 빵을 주겠다고 하였다.

마지막 부분을 읽을 때는 착한 사람은 하늘이 도와주는구나 생각했다. 그리고 항상 희망을 잃지 말아야겠다고 생각했다. 그리고 어렵고 힘든 분들에게 빵 한 번 대접한 적이 없었던 게 부끄러웠고 늦었지만 그 고마움을 조금이라도 갚으려고 하는 일이라고 했다.

위인들의 독서

이사랑

유명한 위인들은 어렸을 때부터 책을 많이 읽었다고 한다. 어렸을 때부터 책읽기를 좋아하고 즐겼던 위인에 대해 알아보자.

세종대왕은 어려서부터 책읽기를 좋아했고 똑똑했다. 어느 날 세종대왕이 너무 책을 많이 봐서 병에 걸렸다. 세종대왕의 아버지 태종은 세종대왕의 책을 모조리 버리게 하였다. 하지만 세종대왕은 병풍 사이에 끼워 놓은 책을 읽고 또 읽었다. 완전 외울 정도 많이 읽었다. 그 책은 중국의 훌륭한 사람 2명이 서로 편지를 주고받은 것을 기록해 놓은 것이다. 세종대왕은 이렇게 책을 좋아하고 많이 읽었다.

누구든 커서 훌륭한 사람이 되고 싶어 한다. 대부분을 훌륭한 사람들은 책을 많이 읽었다. 책을 가까이 하도록 하자.

'문학의 집'을 다녀와서

엄마

지난 6월 16일 오후 남산 기슭에 자리한 「문학의 집·서울」에서 어린이들을 위한 독서공간으로 "책 읽는 방"을 개방하였습니다. 푸른 잔디밭 주변의 야생초들과 은행나무, 단풍나무, 밤나무 등 여러 종류의 나무들이 우거져 자연의 향기를 느낄 수 있었습니다. 동화책 속에서 본 듯한 아담하고 예쁜 하얀 2층 양옥집은 인상적이었으며 아이들의 정서와 감성을 키워주고 자연과 벗 삼아 좋은 책을 접하며 아이들의 미래를 조금 더 생각할 수 있는 공간이었습니다.

아이들이 보다 즐거운 분위기 속에서 책을 읽을 수 있도록 좋은 책을 선정해서 독서지도도 해 주시고 독후감 공모, 종이접기 등 가족과 함께 할 수 있는 다양한 프로그램을 진행할 예정이라고 합니다. 쉬는 토요일 집에서 TV나 컴퓨터 앞에만 앉아 있는 아이들 손을 잡고 한 번 가 볼 생각입니다.

요즘 1년에 책을 한 권도 읽지 않는 사람이 많다고 합니다. TV·컴퓨터 때문에 어른·아이 할 것 없이 컴퓨터 게임할 시간은 있어도 책 한 권 읽을 시간은 없다고 합니다. 인터넷을 통해서 아무리 많은 정보를 얻는다 해도 책을 통한 생각이나 깊은 감동은 주지 못할 것입니다.

"하루라도 책을 읽지 않으면 가시가 돋는다"는 안중근 의사의 말씀처럼 좋은 책 많이 읽고 마음을 풍성하게 살찌우는 우리 가족이 되었으면 합니다.

　　방학이 되면 지역의 도서관들은 학교를 통해서 혹은 지역 기관의 광고, 그리고 인터넷 홈페이지를 통해서 독서 프로그램에 대한 안내를 합니다. 그리고 학기 중 주말을 이용하여 도서관 프로그램을 운영합니다. 특히 주 5일 수업제에 따른 토요 휴무일에 학생들을 위한 유익한 프로그램을 마련하고 있습니다. 지역 공공 도서관의 프로그램을 이용하면 전문 사서의 도움을 받아 학생들의 독서지도를 할 수 있습니다. 다음은 서울의 한 공공도서관의 독서프로그램입니다. 특히, 바쁜 사회생활로 인하여 자녀의 독서지도에 신경을 쓰지 못하는 학부모님들에게는 매우 유익한 프로그램입니다.

〈독서 교실 시간표〉

시간 ＼ 날짜	1/8(월)	1/9(화)	1/10(수)	1/11(목)	1/12(금)
09:30~10:00	입교식	읽은 책 다시 맛보기	읽은 책 다시 맛보기	읽은 책 다시 맛보기	독서퍼즐 & 독후내용발표 (담당사서)
10:00~10:50	친구 소개, 도서관! 아하 그렇군요	발표력·논리력 ·리더십 교실 −생각이 술술, 말이 술술−	작가선생님과 만나요 −감성훈련−	조상들의 공부방 −영상 및 직접 체험−	
11:00~11:50	어떤 책을 읽을까?				수료식
12:00~12:50	점 심 시 간				
13:00~13:50	집으로……	독후활동은 어떻게 할까?	책 만들기 (담당사서)	책 광고 제작 −모둠활동− (담당사서)	집으로……
14:00~14:50					
준비물	• 필기도구 : 2007. 1. 8(월)~12(금) • 도 시 락 : 2007. 1. 9(화)~11(목)				

※서울 정독도서관의 겨울방학 독서프로그램

　　다음과 같은 계획을 세우면 지역의 도서관을 훨씬 더 효율적으로 활용할 수 있습니다.

　　① 도서관 활용 계획을 세운다 : 학생과 도서관에 가는 날을 정하고 정기적으로 이용

하는 것이 좋습니다. 책 읽는 분위기에 익숙해지고 도서관에 대해 편안한 마음
이 들게 할 수 있기 때문입니다.

② **가족 대출 카드를 만든다** : 대출 가능한 도서관의 경우 온 가족의 이름으로 가입
한 후 각자 읽고 싶은 책을 빌리는 것도 좋습니다.

③ **도서관 프로그램 일정을 파악합니다** : 도서관에서는 도서 제공뿐 아니라 전시실,
영상실 등에서 무료로 다양한 프로그램을 진행합니다. 도서관 프로그램을 잘
활용하면 큰 돈 들이지 않고 다양한 문화 체험을 즐길 수 있습니다.

④ **도서관 친구를 만든다** : 도서관에 자주 오는 또래가 있다면 아이와 친구로 만들어
주어도 좋습니다. 함께 독서토론도 하고, 도시락도 함께 먹으면 소풍 나온 기분
도 느낄 것입니다.

〈각 지역 공공도서관〉

	서울특별시 공공 도서관		
1	강남도서관	강남구 삼성동 28	02)3488-4744
2	강동도서관	강동구 길동 362	02)483-0528
3	명성교회도서관	강동구 명일동 341-2	02)440-9141
4	서울시립강서도서관	강서구 등촌동 520-6	02)2653-1234
5	개포도서관	강남구 개포2동 139	02)3462-1986~9
6	고척도서관	구로구 고척2동 산9-14	02)2615-0524
7	구로도서관	구로구 구로5동 106 -1	02)861-6491~5
8	남산도서관	용산구 후암동 30-84	02)754-7338
9	도봉도서관	도봉구 우이동길 214	02)906-2666
10	동대문도서관	동대문구 신설동 109-4	02)2254-1844
11	동작도서관	동작구 노량진2동 310-150	02)823-6417
12	서대문도서관	서대문구 연희3동 1-116	02)396-3157~9
13	이진아기념도서관	서대문구 현저동 101	02)360-8600~3
14	송파도서관	송파구 오금동 51	02)404-7917
15	거마도서정보센터	송파구 거여동 195-1	02)449-5032
16	양천도서관	양천구 목5동 905	02)2643-3417~8

서울특별시 공공 도서관			
17	서울어린이도서관	종로구 사직로 96(사직동1-28)	02)736-8911~3
18	용산도서관	용산구 후암동 30-90	02)754-2569
19	정독도서관	종로구 화동2번지	02)2011-5772
20	종로도서관	종로구 사직동 1-28번지	02)737-1701
21	고덕평생학습관	강동구 고덕동길 295	02)427-2029
22	마포평생학습관	마포구 서교동 341-1	02)3141-4764
23	마포평생학습관아현분관	마포구 아현1동 602-1	02)362-1809
24	영등포평생학습관	영등포구 당산동 121-22	02)2676-8883
25	중계평생학습관	노원구 중계3동 508	02)979-1742~5
26	중랑구립정보도서관	중랑구 묵1동 22	02)490-9114
27	중랑구립면목정보도서관	중랑구 면목1동 115-18	02)432-4120
28	성동구립도서관	성동구 문화원길 20	02)2290-4600~1
29	금천구립도서관	금천구 독산4동 375-2	02)863-9544
30	광진정보도서관	광진구 광장동 113	02)3437-5092~5
31	강북문화정보센터	강북구 번2동 산 27-108번지	02)945-7575
32	강북청소년문화정보센터	강북구 큰마을115	02)986-9581
33	솔샘문화정보센터	강북구 솔샘길160	02)945-1327
34	은평구립도서관	은평구 불광2동 산59-32	02)385-1671
35	대조꿈나무 어린이도서실	은평구 대조동 214-7	02)382-3959
36	도봉문화정보센터	도봉구 창동길 133번지	02)900-1835~8
37	성북정보도서관	성북구 상월곡동 24-348	02)962-1081
38	관악문화관도서관	관악구 신림9동 209-1	02)887-6890
39	아리랑정보도서관	성북구 돈암동 영화의 거리 5-1	02)3291-4990
40	노원어린이도서관	노원구 중계4동 356번지	02)933-7145
41	구로꿈나무도서관	구로구 구로동 741-27	02)860-2383
42	구립서초어린이도서관	서초구 서초동 1336-1	02)3471-1337
43	논현문화정보마당	강남구 논현동 58-13	02)515-1178
44	논현도서관	강남구 논현동 논현문화복지회관 6층	02)3443-7650
45	대치도서관	강남구 대치동 316 은마상가 2층	02-565-6666

서울특별시 공공 도서관			
46	대치4동 즐거운도서관	강남구 상나무길(대치동 928-22)	02)565-7533
47	청담도서관	강남구 청담동 청담문화복지회관 7층	02)540-7042
48	정다운도서관	강남구 청담동 35-10	02)512-9326
49	학산기술도서관	종로구 평창동 466-9	02)396-3916
50	4.19혁명기념도서관	종로구 평동 166	02)732-0419
51	한국사회과학도서관	종로구 사직동 304-28	02)738-5015
52	LG상남도서관	종로구 원서동 136	02)708-3701
53	오류도서관	구로구 오류1동 13-15	02)2613-8983
54	한국학생도서관	중구 묵정동 18-27	02)2275-0753
55	노원정보도서관	노원구 상계10동 686 온수근린공원내	950-0050
56	글빛정보도서관	관악구 봉천동 산89-19	878-7460
57	봉천2동작은도서관	관악구 봉천2동 1703-1	877-7182
58	성동구립금호도서관	성동구 금호동 1가 668	2282-5454
59	서초어린이책마을	서초구 서초3동 1535-6 서초유스센터 6층	3486-1318

부산광역시 공공 도서관			
1	부산광역시립시민도서관	부산진구 초읍동 산51-1	051)810-8200
2	부산광역시립중앙도서관	중구 보수동 1가 산3-41	051)248-5751
3	부산광역시립중앙도서관수정분관	동구 수정1동 1032-21	051)464-8979
4	부전도서관	부산진구 부전2동 168 -269번지	051)802-5901
5	반송도서관	해운대구 반송1동 717-8	051)545-0102
6	해운대도서관	해운대구 우1동 379	051)742-2167~9
7	구덕도서관	서구 서대신동 3가 산2	051)254-0921~3
8	서동도서관	금정구 서1동 150-73	051)522-0456
9	구포도서관	북구 구포2동 1139-1	051)330-6300
10	사하도서관	사하구 괴정1동 1040-31	051)203-0571
11	연산도서관	연제구 연산9동 255-1	051)759-3359
12	명장도서관	동래구 명장1동 611-4	051)527-0582-3

부산광역시 공공 도서관			
13	부산강서도서관	강서구 대저2동 2011-2	051)973-5274
14	남구도서관	남구 대연5동 도서관길 65	051)607-4781~3
15	동구도서관	동구 범일4동 산81-28	051)440-4891
16	북구 디지털도서관	북구 도서관길 42	051)341-1932
17	영도도서관	영도구 남항동 2가 236-4	051)413-6053
18	반여도서관	해운대구 반여3동 1575-78	051)749-5731~2
19	수영구도서관	수영구 남천역 3길 147	051)610-4510~4
20	금정도서관	금정구 금정도서관길 59	051)519-5601~2
21	기장도서관	기장군 동부리 444-2	051)724-3071~3
22	사상도서관	사상구 덕포2동 24-65번지	051)310-7971~2
23	추리문학관	해운대구 중2동 1483-6	051)743-0480
24	빅뱅놀이체험도서관	금정구 금성동 151	051)517-5111

대구광역시 공공 도서관			
1	대구광역시립중앙도서관	중구 문화길 28번지	053)420-2700
2	대구광역시립중앙도서관달성분관	중구 달성동 209-9	053)561-1248
3	대구광역시립동부도서관	동구 도서관길 10	053)603-6114
4	대구광역시립동부도서관신천분관	동구 신천1동 685-8번지	053)425-7922
5	대구광역시립서부도서관	서구 앞못5길 22	053)560-8800~2
6	대구광역시립남부도서관	남구 앞산순환도로 235	053)620-5500
7	대구광역시립북부도서관	북구 옥산로 101	053)350-0800
8	대구광역시립효목도서관	수성구 화랑공원길 54	053)740-5505
9	대구광역시립두류도서관	달서구 두류공원로 369번지	053)650-0200
10	대구광역시립대봉도서관	중구 대봉1동 111	053)430-7740~2
11	대구광역시립달성도서관	달성군 현풍면 부리 350-4	053)614-1347
12	대구학생문화센터	달서구 용산동 230-6	053)550-7188
13	새벗도서관	달서구 이곡동 1224-6	053)582-4784

울산광역시 공공 도서관		
1	울산중부도서관	중구 북정동 350-5	052)211-3172
2	울산남부도서관	남구 옥동 1397-12	052)275-7726
3	울산동부도서관	동구 서부동 257-14	052)236-0465
4	울주도서관	울주군 언양읍 어음리 238-2	052)264-0773
5	울산북구기적의도서관	북구 중산동 570-2	052)286-9004
6	울산농소3동도서관	북구 천곡동 421-12	052)219-7557

광주광역시 공공 도서관		
1	광주중앙도서관	동구 동명동 143-14	062)607-1330
2	광주학생독립운동기념회관	동구 황금동 56-1	062)221-5500
3	금호교육문화회관	남구 월산2동 226-49	062)360-6600
4	광주학생교육문화회관	서구 상무민주로 77	062)380-8850
5	광주송정도서관	광산구 소촌동 산4-1	062)941-9411
6	광주광역시립 무등도서관	북구 우산로136(우산동 213-4)	062)264-9857
7	광주광역시립 사직도서관	남구 서양길 189(양림동 108-8)	062)671-0568
8	광주광역시립 산수도서관	동구 경양로100(산수2동 401-58)	062)232-6694
9	서구공공도서관	서구 금호동 789번지	062)654-4306
10	광주북구일곡도서관	북구 일곡동 850-1	062)575-3457
11	광산구립도서관	광산구 신가동 870번지	062)955-6777
12	광주남구문화정보도서관	남구 봉선로 284	062)654-8953

대전광역시 공공 도서관		
1	대전학생교육문화원	중구 목동 126	042)229-1400
2	대전평생학습관	중구 대흥동 418-1	042)253-7515
3	한밭도서관	중구 문화동 145-3	042)580-4114
4	용운도서관	동구 용운동 389-2	042)285-2370
5	대전동구 성남도서관	동구 성남동 193-26	042)636-7157
6	대전동구 가오도서관	동구 가오동 194	042)285-3223

대전광역시 공공 도서관			
7	대전가오도서관 판암분관	동구 판암동 719-1	042)272-7605
8	문화정보관	동구 가양2동 22-4	042)628-8169
9	갈마도서관	서구 갈마동 427-45	042)533-4283
10	가수원도서관	서구 가수원동 88	042)543-0051
11	유성도서관	유성구 가정동 37	042)863-4184
12	진잠도서관	유성구 원내동 68-6	042)542-3117
13	구즉도서관	유성구 송강동 157번지	042)933-9801
14	안산도서관	대덕구 법동 284-2	042)633-2797~8
15	신탄진도서관	대덕구 신탄진동 150-9	042)936-2797

인천광역시 공공 도서관			
1	인천광역시북구도서관	부평구 도서관길 19	032)519-9024, 8
2	인천광역시중앙도서관	남동구 시청앞길 9	032)421-1151
3	인천광역시 부평도서관	부평구 십정동 186-454	032)522-3898
4	인천광역시 주안도서관	남구 석바위공원길 105번지	032)437-5302
5	인천광역시 화도진도서관	동구 화수동 140-60	032)763-8132
6	인천광역시 서구도서관	서구 건지골1길 89	032)578-0862
7	계양도서관	계양구 계산동 907-4	032)555-6426~7
8	인천광역시 연수도서관	연수구 배수지길19	032)814-7540, 50, 60
9	인천광역시립도서관	중구 율목동 242	032)764-9931~2
10	강화군립도서관	강화군 강화읍 관청리 산301-2	032)932-8264
11	백령도서관	옹진군 백령면 진촌리 689-4	032)880-2788

참고문헌

강백향(2005), 『교사의 책 읽어주기 활동이 문학경험 제공에 미치는 영향』, 아주대학교 석사학위논문.

_____(2005), 『초등 공부 독서가 전부다』, 한스미디어.

교육부(1999), 『국어과 교육과정 해설』, 대한교과서 주식회사.

_____(1999), 『초등학교교육과정해설(ii)』, 대한교과서주식회사.

_____(1999b), 『초등학교 교육과정』, 대한교과서 주식회사.

교육인적자원부·서울특별시교육청(2003), 『학교 도서관 운영 편람』.

국어과교수학습연구소(2006), 『국어과 읽기 자료집』.

권혁준 외(2006), 『살아 있는 동화읽기 깊이 있는 삶 읽기』, 정인출판사.

김기선(2004), 「미디어 텍스트 재구성을 활용한 이야기 창작 지도 방법 연구」, 서울교대대학원.

김선민(2005), 『쓰기 교수·학습론』, 한국학술정보

_____(2006), 「수리·과학적 문제해결과 언어」, 『국어 교육』 제120호, 한국어교육학회.

김순옥(2005), 『엄마가 읽어야 아이가 똑똑해진다』, 작은 책방.

김영희(2003), 『책 읽기를 좋아하는 아이로 키우는 부모의 지혜』, 아침나라.

김용철 외(2003), 『정보와 도서관 교과교육학』, 한국도서관협회.

김유미(1998), 『온몸으로 하는 학습』, 도서출판 진우.

김창원(1998), 『시교육과 텍스트 해석』, 서울대학교출판부.

김혜영(2006), 『논술지도 방법론』, 경남대학교출판부.

_____(2006), 『독서지도 방법론』, 위즈덤 북.

남미영(2002), 『엄마가 어떻게 독서지도를 할까』, 대교출판.

노명완(1988), 『국어교육론』, 한샘.

_____(1996), 『사고력을 기르는 국어과 교육』, 대한교과서.

_____(2002), 『문식성 연구』, 박이정.

노명완·이차숙(2002), 『文識性 硏究』, 박이정

노명완·박영목·권경안(1989), 『국어과교육』, 갑을출판사.

노명완·정혜승·옥현진(2005), 『창조적 지식기반사회와 국어과교육-교육과정모형탐구를 중심으로』,
　　　박이정.

다니엘 페나크(2006), 『소설처럼』, 문지 스펙트럼.

대구동평초등학교(2006), 『도서관 활용 독서 교육 연구학교 보고서』.

독서지도 연구모임(2003), 『창의적인 독서지도 77가지』, 해오름.

린다 플라워, 원진숙·황정현 옮김(1998), 『글쓰기의 문제해결 전략』, 동문선.

문학과문학교육연구소(2001), 『창작교육, 어떻게 할 것인가』, 푸른사상.

박영옥(2005), 『글 잘 쓰는 아이가 공부도 잘한다』, 화니북스.

박종덕(2005), 『국어 논술교육론』, 박이정.

박희진(2005), 『반응 활성화를 위한 문학 토의 방법』, 『학습자 중심의 초등 문학 교육 방법』, 박이정.

方仁泰(2001), 『文化生産 讀解敎育論』, 한국초등교육 제12권 제2호, 서울교육대학교 초등교육연구소.

_____(2002), 『국어교육과 국문학』, 역락.

_____(2005), 「국어과 독해수업의 평가 방안」, 한국초등국어교육 제26, 27집, 한국초등국어교육학회.

_____(2006), 『自主的 한국어 교육론-문화생산의 원리와 방법』, 역락.

_____(2006), 「학교 독서 교육의 실태와 문제」, 초등국어교육 제15호, 서울교대 초등국어교육연구소.

방인태·이향근·정지영·김광일·문민영(2006), 『초등 시 창작 교육론』, 역락.

부산광역시 동부교육청(2003), 『아동문학지도의 실제』.

서울시교육과학연구원(2000), 『자기주도적 학습력을 키우는 독서 교육』.

_____(2005), 『초등논술 이젠 학교가 이끌어야 한다』.

서울특별시교육청(2005), 『초등 독서 지도 자료』.

_____(2005), 『학력신장과 독서』.

_____(2006), 『수업과 함께 하는 초등독서』.

송기호(2006), 『학교 도서관 운영의 실제(개정판)』, 한국도서관협회.

송승훈(1998), 『달라진 책 읽기 풍경』, 중등우리교육 통권 제104호, 우리교육.

신동구(2000), 「연극놀이를 활용한 희곡지도 방안연구」, 서울교육대학교 대학원.

신동구 외(2000), 『교육연극의 이론과 실제』, 연극과 인간.

신동구 외(2000), 「소꿉놀이」, 『아이들과 함께 하는 교육연극』, 우리교육.

신동구 외(2004), 『국어교육과 교육연극의 방법과 실제』, 박이정.

신헌재 외(1993), 『독서 교육의 이론과 방법』, 서광학술자료사.

아우구스또 보알, 민혜숙 역(1985), 『민중연극론』, 창작과 비평사.

아침독서추진본부(2006), 『아침독서10분』, 청어람 미디어.

알베르토 망구엘, 정명진 역(2000), 『독서의 역사』, 세종서적.

양재한·김수경·김석임(2003), 『어린이 독서지도론』, 태일사.

원진숙(1995), 『논술교육론』, 박이정.

이경화(2001), 『읽기 교육의 원리와 방법』, 박이정.

_____(2003), 「창의성 신장을 위한 국어과 교수-학습 분석」, <청람어문 26집>, 청람어문교육학회.

_____(2005), 「도서관 활용 독서 교육의 방안」, 청람어문교육 32권, 청람어문교육학회.

이병기(2006), 『정보매체와 교수매체론』, 조은글터.

이성애 외(2002), 『학교 도서관 운영의 첫걸음』, 태일사.

이재승(2002), 『글쓰기 교육의 원리와 방법』, 교육과학사.

_____(2005), 『좋은 국어 수업 어떻게 할 것인가?』, (주)교학사.

이주섭 외 (2004), 『국어과 창의성 신장 방안』, 박이정.

이지호(2004), 『글쓰기와 글쓰기 교육』, 서울대학교출판부.

이차숙(1992), 「유아의 그림이야기책 읽기 활동에서 어머니의 매개적 역할이 유아의 문식성 발달 과
　　　　　정에 미치는 효과」, 고려대학교 박사학위 논문.

이희숙(2005), 『책읽는 교실』, 디드로.

임성미(2006), 『독서논술 3, 4, 5학년 때 잡아야 한다』, 북하우스.

임태섭(1997), 『스피치 커뮤니케이션』, 연암사.

전국초등국어교과 구리남양주모임(2002), 『그림동화로 여는 국어 수업』, 나라말.

전인숙(2004), 『자기조정 학습을 통한 스피치 능력 신장 방안 연구』, 서울교대석사학위논문.

정기철(2001), 『창의력 개발을 위한 독서 교육법과 독서신문 만들기』, 역락.

정태선(1999), 『글쓰기 파피루스①』, 미래M&B.

_____(2000), 『글쓰기 파피루스②』, 미래M&B.

조월례(2005), 『아이읽기 책읽기』, 사계절 출판사.

주니어김영사(2006), 『책으로 함께 사는 세상을 열다』.

천경록·이경화 역 (2003), 『독서지도론』, 박이정.

최현섭 외(1997), 『국어교육학개론』, 삼지원.

폴 존슨(2005), 『북아트를 통한 글쓰기』, 어린이북.

푸른책들(2006), 『열려라 독서논술』.

한선혜(2004), 「일기쓰기를 활용한 주제표현 방법 지도 연구」, 서울교대대학원.

한철우 외(2002), 『과정 중심 독서지도』, 교학사.

Anderson 외(2001), 강현석 외 역, 『교육과정 수업 평가를 위한 새로운 분류학－Bloom 교육목표 분류학의 개정』, 아카데미프레스.

Buehl, Doug, *Classroom Strategies for Interactive Learning*(노명완·정혜승 역, 『교실 수업 전략』, 박이정, 2006).

Case, Doug·Wilson, Ken(1986), *Off-Stage*, Heinemann Educational books London.

Chaney, A. L. & Burk, T. L.(1998), *Teaching Oral Communication in Grades K-8*, Allyn and Bacon.

Cottrel, June(1987), *Creative Drama in the Classroom Grade 1-3*, Lincolnwood.

_____(1987), *Creative Drama in the Classroom Grade 4-6*, Lincolnwood.

Courtney, Richard(1989), *Play, Drama & Thought*, Simon & Piere.

Dole, J. A., B. M. Taylor, M. F. Graves, P. V. D. Broek (eds)(2000), *Reading for Meaning-Fostering Comprehension in the Middle Grades*, International Reading Association, New York : Teachers College Press.

Donovan, M. S, Bransford, J. D. & Pellegrino, J. W.(2000), *How People Learn : Brain, Mind, Experience, and School*, Washington : National Academy Press.

Hynds. S. & Rubin, D. L (eds)(1990), *Perspectives on Talk and Learning*, NCTE.

John D. MacNeil(1984), *Reading comprehension Scott*, Foresman and company.

King, Nancy(1995), *Playing their Part*, Heineman.

Larry Andrews(2004), *Language Exploration and Awareness*, Lawrence erlabaum associates, publishers.

Lee, Savid(2001), *Cognitive Linguistics : An Introduction*, OXFORD University Press(임지룡 · 김동환 역, 『인지언어학 입문』, 한국문화사, 2004).

Maley, Alan · Duff, Alan(1995), *Drama techniques in language learning*, Cambridge university press.

McCaslin, Nellie(1996), *Creative Drama in the Classroom and Beyond*, Longman.

McNeil, J. D.(1992), Reading Comprehension : *New Directions for classroom Practice.(3rd)*, Harper-Collins Publishers.

Michael L. Kamil, Peter B. Mosenthal, P. David Pearson & Rebecca Barr(2000), *Handbook of reading research Volume Ⅲ*, Lawrence erlabaum associates, publishers.

Newman, D., Griffin, P., Cole, M. (eds)(1989), *The Construction Zone-Working for cognitive change in school*, Cambridg University Press.

Osborn, Alex F.(1963), *'Applied Imagination' Principle and Procedures of Creative Problem-Solving*, Charls Scribner's Sons(신세호 외 공역, 『창의력 개발을 위한 교육』, 교육과학사, 1999).

P ⅱ rto, Jane(2004), *Understanding Creativity*, Great Potential Press, Inc..

Polya, George(1971), *How to Solve It*, Ptinceton University Press(우정호 역, 『어떻게 문제를 풀 것인가』, 교우사, 2005).

Raphael, T. E. 외(2004), *Book club plus-A literacy framework for the primary grades*, Small planet communiations, INC.

Raphael, T. E., & Hiebert, E. H.(1996), *Creating integrated approach to literacy instruction*, Florida : Harcourt Brace & Company.

Read, Stephen K., *Cognition : Theory and Applications*(박권생 역, 『인지심리학 : 이론과 적용』, 시그마프레스, 2000).

Robert B. Ruddell, Martha Rapp Ruddel, Kharry Singer(eds), *Theoretical Models and Processes of Reading : Fourth Edition*, International Reading Association.

Smith, E. Brooks, Goodman, Kenneth S., Meredith, Robert(1987), *Language and Thinking in school*, Richard C. Owen Publishers, inc.

Smith, F.(1994), *Understanding Reading : A Psycholinguistic Analysis of Reading and Learning to Read(5th)*, New Jersey : Lawrence Erlbaum Associates, Publishers Hillsdale.

Stanek, Lou Willet(1993), *Whole Language : Literature, Learning*, and Literacy, The H. W. Wilson Company.

Steinberg, Danny D.(1993), *An Introduction to Psycholinguistics, Longmann Group UK Limeted*(박경자 · 이재근 역, 『심리언어학 입문』, 한신문화사, 1996).

Sternberg, Robert J. & Smith, Edward E.(1988), *The Psychology Of Human Thought*, Cambridge University Press(이영애 역, 『인간사고의 심리학』, 교문사, 1996).

Sternberg, Robert J. & Williams, Wendy M.(2002), *Educational Psychology*, Person Educational Inc (전윤식 외 역, 『교육심리학』, 시그마프레스, 2003).

Stewig,John Warren · Buege,Carol(1994), *Dramatizing Literature in whole Language Classrooms*, Columbia University.

Vacca, J. L. & Vacca, R. T. 외(2006), *Reading and learning to read*, Pearson education Inc.

William G. Brozo & Michele L. Simpson(1995), *Readers, Teachers, Learners Expanding Literacy in Secondary Schools(2th)*, New Jersey, Prentice-Hall.

Wood, David · Grant, Janet(1997), *Theatre for Children*, faber and faber.

Young, K. S. & Travis, H. P.(2004), *Oral Communication*, Waveland Press.

저자 소개(집필순)

방인태(方仁泰) | 서울대 대학원 국문학과, 문학박사, 서울교육대학교 교수
김선민(金善敏) | 고려대 대학원 박사과정, 서울 인왕초등학교 교사
전인숙(全仁淑) | 고려대 대학원 박사과정, 서울 한천초등학교 교사
장애자(張愛子) | 고려대 교육대학원, 교육학 석사, 서울 동교초등학교 교감
배창빈(裵昶彬) | 서울교대 교육대학원, 교육학 석사, 서울 가인초등학교 교사
신동구(申東九) | 서울교대 교육대학원, 교육학 석사, 서울 구로남초등학교 교사
김명수(金明洙) | 서울교대 교육대학원, 교육학 석사, 안산 학현초등학교 교사
이향근(李香根) | 서울교대 교육대학원, 교육학 석사, 서울 신봉초등학교 교사
김기선(金基宣) | 서울교대 교육대학원, 교육학 석사, 서울 당곡초등학교 교사
한선혜(韓善惠) | 서울교대 교육대학원, 교육학 석사, 서울 대모초등학교 교사
이정숙(李貞淑) | 서울교대 교육대학원, 교육학 석사, 서울 대모초등학교 교사
양승만(梁丞万) | 서울교대 교육대학원, 교육학 석사, 서울 유현초등학교 교사
이병승(李炳承) | 고려대 대학원 박사과정, 서울 남산초등학교 교사

서울교육대학교 초등국어교육연구소 교육총서 2

초등학교 독서 교육

인 쇄 2007년 7월 20일
발 행 2007년 7월 30일
지은이 방인태 김선민 전인숙 장애자 배창빈 신동구
　　　　 김명수 이향근 김기선 한선혜 이정숙 양승만 이병승
펴낸이 이대현
편 집 이소희
펴낸곳 도서출판 역락
　　　　 서울 서초구 반포4동 577-25 문창빌딩 2층
　　　　 전화 3409-2058, 3409-2060 I FAX 3409-2059
　　　　 이메일 youkrack@hanmail.net
　　　　 등록 1999년 4월 19일 제303-2002-000014호
ISBN　978-89-5556-553-9-93370

정 가 13,000원

* 잘못된 책은 교환해 드립니다.